先父遺照

謹以此書敬獻給先父　黃樹畛居士

先父生平事略

　　父親生於民國二十二年農曆七月十六日山東省牟平縣養馬島鎮中原村，十四歲離家，十六歲（三十八年）從軍，五十年八月一日派任桃園縣平鎮市東勢國小級任教師，七十七年冬退休，（國曆）八十六年十一月二十一日因病辭世於桃園家中。

序

王開府

　　禪宗是中國獨創的佛教宗派，它是中國與印度智慧的巧妙結合，深入中國文化與生活之中，產生無與倫比的影響。禪宗被視為教外別傳、不立文字，但祖師弘傳禪法，也不能完全離於文字。歷代傳下禪宗文獻為數不少，其中特別引人注意的便是大量的公案。禪宗公案不僅成為參悟的重要憑藉，也成為文學作品的雋永題材。

　　歷代對連篇累牘的公案，作了許許多多的詮釋，但是對詮釋的理論進行系統的研究，尚稱鮮見。筆者忝為連忠博士論文的指導教授，對他有志建立公案的詮釋系統，頗感興趣，也意想其可能遭遇的困難。不過，就禪宗研究的學術立場來說，這是相當有意義的嘗試。現在連忠將論文出版成書，讓更多的讀者能對公案的學術性研究，有了較系統的了解，助益匪淺。

　　本書採取了《大乘起信論》體、相、用的理論架構，來進行公案的研究。雖然《起信論》的作者問題，學者頗有爭議。但《起信論》對中國佛教尤其禪宗的影響，卻是不容置疑的。「體」「用」一對範疇，是中國哲學的重要特色。中國哲學與佛學中的「體」，並不全等於西方哲學的「本體」，連忠在書中作了詳盡的闡述。

　　《起信論》在體、用之外，又加了「相」範疇，是相當有創意的。《起信論》以一「眾生心」為體，此心攝一切世間法、出世間法。顯示此體的，是「心真如相」（心真如門）；顯示此體相、用的，是「心生滅因緣相」（心生滅門）。體，是由一切法真如平等不增減來說；相，是指如來藏具足的無量性功德；用，是指能生一切世間、出世間善因果。印順法師《大乘起信論講記》說：「大乘體是真如平等性；大乘相是大乘的稱性功德；大乘用是大乘的種種作用。」總之，心的體、相、用都顯

示了大乘的法義。

連忠將上述體、相、用，進一步引伸爲大乘佛法的佛性本體論、修證境界論與修行功夫論，使意思更爲顯明。不過，如果依《起信論》的原文來看，「用」是指「能生一切世間、出世間善因果」，其含義除了菩薩在因地修行之善因果外，也可以廣義地包含佛果位之「與真如等，遍一切處」的「自然而有不思議業種種之用」(見《起信論》)，這就不是「修行功夫論」所能涵蓋了。或許連忠將來可以就此廣義的「用」，繼續抉發其義。

本書討論了有關體、相、用的相關論題，如「佛性本體」、「見地」、「開悟」、「公案語言」、「啓悟原理」與「參究方法」等。這些論題的探討，都有相當的難度，連忠並未避重就輕地予以略過，而作了相當深入的論述，可見爲學用心之處。此外，書中又整理出許多有用之圖表，頗有參考價值。連忠過去寫有關「宗密」的論著，甚爲學界所稱道；如今更上一層樓，宏觀禪宗公案的思想體系，建立詮釋的理論架構，開啓了禪學研究的一個新向度，其於學術之貢獻，可以預見。筆者不揣愚陋，特爲序。

自　序

黃連忠

天空清澈了

天空清澈了，雲霽散開了
我在花蓮群山的腳下，蔚藍的海岸邊
俯仰天地，一口吸盡穹蒼
吞吐古昔禪者的呼吸
掬引洞明智慧的清露
以默然無言的心聲
注記公案的傳奇……

　　二十年前，筆者尚就讀位於台北北投復興高中的時候，開始對禪宗公案產生了濃厚的興趣，往往樹下燈前山嵐雲飛之處，玄想一則公案，頓覺人世白雲蒼狗變幻綺麗，在年輕成長的生命中注入了巨大的問號：我從何處來，欲往何處去？

　　當時洪澤南老師幽默風趣，時常告誡筆者要「和光同塵」，或許睿智的師長如他已看出筆者心中的性格，二十年來心靈獨行於天地之間，默然無言面對冷眼流言，但持一心一念發之於正，歸於菩提，以觀世音菩薩之慈悲眼與地藏菩薩之大願心為學習目標，雖然筆者渺小如草芥，但願眾生與我皆能心朗如萬里晴空，光明遍照。

　　想來人生已是一大公案，但是在公案的背後，卻有無限廣大的因緣交錯之網，二十年前玩味深思而不可得的禪宗公案，二十年後卻成為博士論文研究的主題，或許一念初動，竟成百劫緣起。記得曾經在一場學術研討會中，有位學長以略帶輕蔑的口吻說：「禪宗公案是要實證乃知

的，竟然有人還以邏輯與範疇研究它，太好笑了！」這位學者說得並沒有錯，可是他並不知道筆者在二十年前就已經知道這個道理了，但是二十年來筆者以佛教徒的眼光，檢視台灣佛教的發展，發現許多令人深憂的問題，其中一項就是對於佛教學術研究的提昇，希望佛教能夠隨著時代的脈動而融和而有創意的開展，不僅能夠與時代的思潮對話，也能夠為苦難的眾生指引出一條人生光明的道路。筆者二十年來，雖然對佛法毫無實證或殊勝的體驗，但是反復深思，認為二十年來積累的禪宗知識，或許可以透過本論文的提出，架構出一條方便的橋樑，以供對禪宗公案有興趣的人參考，協助他們以簡單的原則初步認識公案的成立背景、語言與特質。當然其中必有許多筆者主觀的謬見，對於明眼人來說，恐怕覺得此篇論文又是鬧劇一場，毫無意義的。不過筆者存著「佈髮掩泥」的誠心，願拙文化作一條虹橋，溝通學術與公案的兩岸，功雖未竟，但愚願足矣！

　　筆者在二十年中檢閱禪宗史料，發現禪宗史可以粗分十項階段，或許判攝未臻週延，但也算是對廿一世紀禪悟中興的期許。第一階段是「梵禪初立」，第二階段是「達摩西來」，第三階段是「六祖普傳」，第四階段是「南禪席捲」，第五階段是「五家分流」，第六階段是「公案教學」，第七階段是「文字禪風」，第八階段是「禪七鍛鍊」，第九階段是「附禪末流」，第十階段也是現在到未來的「禪悟中興」。至於筆者雖然自己無法做到，但是勉勵有志於佛法研究或弘法者，可以具備以下十項全能的現代禪師的基本要求：其一是對禪宗史的通貫了解與禪學思想發展的學術認識，其二是擁有佛學或相關學科的博士正式學位，其三是戒律與禪定的修持，其四是禪宗教學方法與教育理念的注重，其五是現代觀念與時代脈動的掌握，其六是閉關的修持與系統化的訓練，其七是重視教育制度與生活資糧的配合，其八是注意佛教各宗各派思想的融通，其九是強調與世間學的對話與協調，其十是重視佛教與其他學科的科際整合。或許透過對宗教的修持與學術的研究互相發明，互證成立，更能彰顯佛

教或禪宗存在於世間的價值。

　　愚淺如我，一生一世醉心於佛法以至於忘我，生如幻，死若夢，如今蝸居花蓮，俯仰天地蒼茫，沉沉隱隱，感恩先父生我育我之劬勞，感謝母親慈愛的關懷養育，更感謝曾經教導我的師長及善知識們，讓我得以成長。其中，博士論文的指導教授王開府老師學養俱豐，慈悲寬厚，是我為學做人的典範。碩士論文指導教授龔鵬程校長博雅風流，示我以宏大的格局，指點我問學的途徑。淡江的高柏園老師是我啓蒙的恩師，王仁鈞老師是我心靈依存的師長，師大的黃慶萱老師及陳文華老師都是十分關心我的恩師，佛光山的星雲大師恩遇提攜，依空法師對我十年以上的照顧關愛，慧炬鄭振煌老師對我的耳提面命，藍吉富老師對我的鼓勵支持，樂崇輝老師對我二十年來的慈悲教誨，熊琬老師對我論文的斧正鼓勵，洪啓嵩老師對我禪定學的教導，還有慈濟證嚴法師的開示慈悲與獎學金的贊助，法鼓山聖嚴法師對我的開示引導，另外花蓮師院民間文學所所長楊振良老師對我的知遇提攜，萬卷樓梁錦興總經理對我的呵護，最後是六年來長伴我左右西南風的麗梅，都是我一心感恩的人，尚有許多我至心感謝而未能一一提舉的師長朋友，都是我生命中閃耀的光輝。

　　拙文初成，粗疏難免，尚祈海內外方家，明眼大德，不吝指正。

目　　錄

第一章　導論──問題的產生與研究方法論

第一節　本文研究之目的與價值

　　本文是延續著筆者碩士論文《宗密禪教一致與和會儒道思想之研究》的探討方向，繼續以禪宗思想爲研究的主題，期待能夠更深入禪宗公案的探討，以爲發明禪宗思想的義理及其特質。

　　禪宗可以說是印度文化與中國文化融和的產物，特別是唐代以後，已經成爲中國佛教的代表宗派。不僅如此，禪宗的思想更是深化到文學、哲學、藝術、社會、經濟、政治等各項層面，除了影響中國人的思維及價值觀之外，對於文化的深層滲透與生活語言的影響，更是在無形中如水銀洩地般融入了吾人生命之中而不自覺。其中，特別是語錄公案，最能具體反映出禪宗思想的智慧與價值，也是最爲貼近吾人生活的珍貴遺產。然而，語錄公案卻是禪宗研究主題中，最容易被學者忽略的研究課題。一般而言，禪宗的研究，可以分成四項主題，分別是禪宗史與文獻、禪學思想與禪法、語錄公案及禪宗的叢林制度等。[1]研究禪宗的學者，多半留心禪宗史的演變，如胡適、印順法師等。對於禪學思想與禪法特質的探討，也是學者關注的焦點，如聖嚴法師、冉雲華等。至於叢林的制度，是屬於清

---

[1] 日本學者沖本己對禪宗思想研究的看法，以爲思想的研究，包含了分成㈠、語錄·燈史，㈡、清規，㈢、（禪學）諸論等三種，請參閱平川彰著、許明銀譯：《佛學研究入門》，台北：法爾出版社，1990 年 5 月，頁 457。

規戒律研究的範圍，與禪宗的思想特質，並非息息相關。至於語錄公案的研究，由於語錄公案本來是禪宗文獻的主體結構，禪宗思想也具體呈現在禪師的語錄公案中，所以禪宗的思想研究理應以此為主幹。然而，語錄公案卻是禪宗研究課題中，最容易被忽略及難以下手的主題，特別是要從公案矛盾及非邏輯的語言、動作或是圖像中，清理出思想的特質與意義。因為其中牽涉了歷代禪師對公案的態度，是從宗教修持的立場，反對禪宗學人閱讀公案的權利，他們的出發點是基於公案無法以情識的妄見或是理性的解讀而獲得了解，更無法以私意的附會解釋得到真實的法益。換句話說，唯有開悟的禪師，才能對公案做出合法與合理的解釋，可是在闡釋公案的過程中，禪師援引了比興意味濃厚的詩偈，或是隱晦不明的文字加以譬喻，結果又形成公案中的公案。更有甚者，早期禪師在日常生活中點撥指教學人悟道的經過，也形成了禪宗的公案，進一步成為後代禪師教學的素材。但不同的是，早期禪師在生活中自然形成的公案，到了後來卻成為上課的教材，後代的禪師不但沒有將早期公案隱晦的宗旨加以釐清，反而添油加醋的再給予各種指意不明的詮釋，同時又反對學人廣讀公案，或是不在禪師的指導下自我參究公案。至於一般的文士或是知識份子，雖然擁有閱讀公案的自由，但是卻被傳統的禪師視為「扯葛藤」般的沒有意義，也得不到開悟的禪師肯定的信解認可，禪師們口徑一致的說「開悟了以後就會知道公案的意義」。因此，公案的作品就成為傳統禪宗「開悟者」專屬的閱讀典籍，世人是無法理解的。從以上的現象看來，公案與「禪」一樣被列入「不可說」的範圍，傳之愈廣，誤會愈深，直至近代，更形嚴重。

當然，禪師有其宗教實踐的立場與一套修行理論作為根據，也基於慈悲心的緣故，才對公案採取如此的態度。但是，隨著時代環境與文化思潮的變遷，禪宗公案已不再僅屬於開悟者閱讀或解釋的

專利，必須面對現代學術研究的挑戰及回應，也必須合乎客觀學術
研究精神的檢驗與探討。可是相對的，傳統以來對公案的疏離態度，
以及缺乏一套合理的解釋系統，使得近代學者對公案的探討，始終
徘徊在人生哲理啓發的解釋上，或是文學美感的捕捉，或是缺乏系
統的義理疏解，或是延續傳統修持的立場而引證公案再加神秘的詮
釋。因此，吾人不禁要問，公案難道真的無法成爲現代學術研究的
主題嗎？答案也不盡如此，如日本禪學大師鈴木大拙（1870-1966），
一生就致力於公案的研究與弘揚，已經將公案的詮釋從高遠玄妙拉
回到日常平實，貢獻是不容置疑的。其他國內外的諸多學者，或從
語言學的立場分析公案的口語詞，或從文字訓詁的立場與敦煌變文
的文字做比較研究，或從公案形式的結構及語言的特徵，分析公案
的邏輯等等。[2]可是在公案思想的義理層面，卻始終難以見到相關週
延的哲學範疇的發表，當然也就無法成立研究分析的系統。因此，
缺乏討論的哲學範疇，就無法安立詮釋的系統，也就無法發展出公
案的研究方法論。所以，本文研究的學術動機與目標，就是試圖爲
禪宗公案建構一套解釋的哲學系統，能夠回應現代學術研究的挑戰
及檢驗。並且透過合理及適宜的範疇，釐清研究的層面，揭顯公案
思想義理的底蘊，爲禪宗公案學術化的研究，舖設通往研究的方法
論建構與更爲深入公案思想的康莊大道，正是本文研究之目的與希
望達成之學術價值。

---

[2] 禪宗語錄中大量記載了生活的口語，因此對於語錄公案的研究，就必須通過對「口
語詞」的了解，大陸學者袁賓、盧烈紅在這一方面有深入的研究；在語言文字及
敦煌學涉及的研究領域中，潘重規及大陸學者楊曾文、蘇淵雷等有相關研究的發
表。

第二節 以往研究之成果與檢討

近百年來，對於禪宗的研究，大體上可以分成四個討論的主軸，也分別環繞著相關的研究主題而開展。第一主軸是禪宗史與禪宗文獻的研究，主要的人物是胡適、印順法師、藍吉富、楊曾文、杜繼文、魏道儒、關口真大、阿部肇一、鈴木哲雄等。主要是以敦煌變文中禪宗典籍的發現及研究爲起點，以禪宗史實的考證或文獻的處理爲主要的研究。第二主軸是禪學思想與禪法的研究，主要的人物有冉雲華、楊惠南、恆清法師、方立天、洪修平、賴永海、忽滑谷快天等。主要是以禪學的研究方法，歷代禪師的禪學思想爲研究課題。第三主軸是語錄公案的研究，主要的人物是太虛大師、虛雲老和尙、巴壺天、聖嚴法師、吳汝鈞、久松真一等，延續傳統公案的參究及詮釋爲主，也對禪法有進一步的研究。第四主軸是禪宗的叢林制度的探討，主要的人物有南懷瑾、姜韻華等，比較重視叢林與中國社會的互動關係。以上四項，各有豐富的研究成果，也各有特色。如日本佛教學者，長於文獻的研究；台灣的學者，精於思想的分析；大陸學者偏重歷史的敘述，以及文獻的考釋。特別是最近十年，海峽兩岸的禪宗研究，有突飛猛進的進步趨勢及精采的研究成果。[3]研究禪宗的年輕學者如雨後春筍般冒出，研究的主題，也不斷擴大及深化，其中洪修平與杜保瑞皆有相當程度的研究成果。[4]然而，在公案的研究成果方面，主要還是以傳統的解釋模式，或是從語言

---

[3] 杜保瑞在〈大陸近十年來禪宗哲學研究成果與方法之評析稿〉一文中，指出大陸十年來的禪學研究，在研究的方法上主要是以「思想史研究法」進行的探討，值得進一步的關注。

[4] 洪修平對禪宗的研究有《中國禪學思想史綱》、《禪宗思想的形成與發展》等專著，研究範圍著重於禪宗思想及歷史的形成。杜保瑞在《功夫理論與境界哲學》中，從中國哲學的形上學研究進路，檢討禪宗功夫的方法論，進而說明禪宗哲學的研究方法，爲禪宗學術化研究的領域中，提供了一項思考的方向，值得進一步觀察。

現象去分析公案的義理，比較缺乏整體的系統。綜合而言，以往研究公案的成果及其問題的檢討，可以分為以下三點：

第一，有關於禪宗語錄公案的文獻探討，除了佛光山《禪藏》的現代標點、藍吉富《禪宗全書》的收錄及《嘉興藏》中語錄的介紹之外，[5]深入研究者並不多。[6]

第二，有關於禪宗語錄中的口語詞研究，在大陸學者方面有袁賓的《禪宗著作詞語彙釋》，對於禪宗口語詞有全面深入而獨到的研究，有系統的徵引文獻143種，分別詮釋歷代公案中396條口語詞，每條口語詞詳記出處，旁參多家，精於訓詁，揭明底蘊，是目前研究禪宗口語詞的權威代表性著作。

第三，有關於禪宗公案的思想義理之研究，一直是禪宗研究主題中最為困難的部分，除了前文述及的背景因素之外，還有一項重要的原因，就是近現代學術研究的規格，並不完全適用於禪宗公案訴求主觀體驗的精神。其中，公案若要符合現代學術研究的規範，除了具備討論的範疇之外，最重要的還是本體論的建構。本體論的建構，是中國哲學史研究在近代學術發展中的歷史性要求與指標性的標誌。其中，特別是中國哲學與佛學思想史研究的主要課題與討論核心，也象徵了佛學研究從主觀的身心體驗或是文字思想的義理詮釋，逐漸的走向更為寬廣的客觀化研究方向。值得注意的是，所

---

[5] 有關於藍吉富對嘉興藏禪言語錄的介紹，有重大的發現，他說：「《嘉興藏》的續編正是明末清初的佛教史料大集。此外，就各部書的性質來分，分佈的數量大體如下所列：㈠禪宗語錄：二四六部……可見此中以禪宗語錄為多，所佔百分比約80%。這些語錄的著述時代仍以明清二代為主。……從上面的統計數字，我們可以清楚地發現，《嘉興藏》續編的主要內容是明末清初的禪宗典籍。為數高達二百多部的禪宗著述的出現，其必引起該期禪宗史研究的革命，是可以逆料的。喻之為明清禪宗史研究的『敦煌發現』，當不為過。」見藍吉富著：〈嘉興大藏經的特色及其史料價值〉，收於釋聖嚴等著：《佛教的思想與文化》，台北：法光出版社，1991年4月初版，頁262。

[6] 如陳寅恪《中國佛教史籍概論》的研究路線及研究成果，後人難有繼者，已不見有特出的研究成果。

謂的「現代的學術研究」，筆者以爲應該不只是單獨指涉爲「客觀化」、「現象化」、「物質化」（「唯物化」）或是「數量化」（「數位化」）等趨勢，而應該是包含「客觀比較與主觀批判的協調」、「物質現象與精神本質的雙重探討」與「數量顯示與全體觀照的平等理解」等全方位的開展。因此，中國哲學史中佛學思想本體論的研究或是禪宗公案的研究，自然不是以西方哲學的本體論爲其基本涵義，而是以佛教心性論的佛性思想爲主要的內涵。因此，要從佛性本體論的建構，安立公案思想的理論來源，給予形而上的超越根據，才能保障修證境界與修行工夫的成立可能。

第三節　本文研究之範圍與架構

　　由於禪宗的語錄公案文獻，十分龐雜且卷帙繁多，同時前後期的公案形式結構，有很大的出入。特別是北宋以後，以文字禪爲主的公案詮釋，或拈提，或評頌，已經失去了早期公案素樸的原形，也難以展現禪宗生活啓悟教育的禪法特質。同時，再加上筆者學力有限，所以選擇了北宋初年頒布的《景德傳燈錄》爲研究取材的主要部分。主要原因有下列四點：

　　第一，《景德傳燈錄》雖名爲「傳燈錄」，[7]但是收錄了印度、中國禪宗及禪宗以外的禪師並有語錄者達 976 位，未輯錄語錄而敘其法系者

---

[7] 所謂「傳燈錄」，是指載錄禪宗歷代傳法機緣的著作。其中的「燈」或是「傳燈」，是指以心傳心，以法傳人，有如燈火相傳一般，輾轉而不絕，可能取自《維摩詰經》的「無盡燈」的典故。「傳燈錄」的體例，濫觴於南北朝時代，但是正式的「傳燈錄」作品則是出現於禪宗成立以後，而且經過一番蘊釀，到了宋代達於極盛，其中又以《景德傳燈錄》爲最主要的代表。

達 743 位，合計載有禪師共 1719 位。[8]雖然在《景德傳燈錄》目前主要的六個版本中，所載錄禪師的數目並不一樣，[9]但從已收錄的內容來看，幾乎包含從印度到中國北宋以前所有禪師的語錄，可見其蒐羅之廣，又能兼收禪門各派傳承法系的禪師，因此以取材而言，是具備了最基本的條件。

第二，《景德傳燈錄》雖名為「傳燈錄」，但是其主要性質還是一種集成語錄的典籍，如增永靈鳳就曾指出：「《景德傳燈錄》收有印度、中國禪宗各祖師之名，並一一列其法系以說明禪門傳燈相承之次第。其次，明載各祖師之俗姓、世系、出生地、修行經歷、住地、示寂年代、世壽諡號等，並以列傳方式敘述禪道之發展，故知其為研究禪史之首要資料。不過，嚴格說來，《景德傳燈錄》之主旨並不在於記載禪宗的歷史，或敘述禪僧的傳記，要在傳述各祖師師資證契之機緣語句，以其機緣語句為中心而編纂成書。故知《景德傳燈錄》實為一種集成語錄之典籍。」[10]所以《景德傳燈錄》雖以「傳燈錄」為書名，實際內涵卻是從唐五代以來迄於北宋的禪師語錄總集。

第三，《景德傳燈錄》雖名為「傳燈錄」，但是內容記敘禪宗史實的錯謬甚多，而且主要性質還是一種集成語錄的典籍，而此語錄記載的實際內容是「公案」，同時這些公案保留了較為原始的型態，記錄了從唐初到北宋的禪師言行，雖然也經過楊億等文人以官修的方式加以修飾，但是整體上仍然保有公案純樸的形式，較能反映禪宗思想的原貌。由於在北宋以後出現了以「評古」、「頌古」等文字禪的形式，卻逐漸的遠離禪宗原來的風貌。相對的，《景德傳燈錄》收錄各家各派的語錄非常多，

---

[8] 《景德傳燈錄》各卷禪師編序及統計表，依新文豐印之普慧藏本為統計依憑。請參閱附錄表 1。

[9] 目前《景德傳燈錄》有六個主要的版本，分別是「福州東禪寺版」、「四部叢刊本」、「法宝錄記載之古版」、「高麗本」、「普慧藏本」與「大正藏本」，以上又可分為四類，其人數統計詳如附錄表 2。

[10] 見增永靈鳳：〈景德傳燈錄之研究〉，《佛光學報》第 6 期，高雄：佛光山宗務委員會發行，1981 年 5 月出版，頁 187。

在內容篇幅上也十分平均，可謂集唐五代北宋初年公案之大成，也具體呈現了禪宗思想的面貌。

第四，禪宗從六祖惠能以後，逐漸以祖師的開示與機緣語錄爲教學的主要教材，所以真正能夠代表禪宗的應該就是禪宗的語錄公案，換句話說，吾人所認識的禪宗，除了相關禪宗史的典籍與禪學著作之外，就是以禪宗的語錄公案爲主所呈現的禪宗風貌。因此，《景德傳燈錄》的推出，立刻就成爲北宋以後禪宗的根本宗典、禪宗概說與禪學教材，其重要性及地位則是不言可喻的。所以透過《景德傳燈錄》語錄公案的研究，可以深入禪學思想的堂奧，可以發明禪宗義理的底蘊，可以彰顯禪悟修持的特質。

基於以上四項理由，所以本文選擇了《景德傳燈錄》爲公案研究的取材範圍中心，但不以此爲限，除了大量的參考現代學者的研究成果之外，也旁及了禪宗其他的文獻。

至於本文研究的架構，主要是得自於宗密禪教一致理論的靈感，從《大乘起信論》中「法」與「義」的格局，舖展一分爲三——體相用範疇的研究系統。宗密的禪教一致，主要是「以教證禪」與「禪教相資」的立場，希望能將禪宗的實踐與佛教教義的理論相結合，一方面不讓禪宗過度強調主觀體驗而輕忽經論的價值，另一方面也不願見到禪師個人的形像崇拜及產生依人不依法的情況。本文走的路線是「以論（《大乘起信論》）釋禪」與「範疇論禪」的系統，強調從《大乘起信論》中詮釋「摩訶衍」（大乘佛法）的「法」即是眾生心，此心攝持一切世間與出世間法，也就是「實相」，本文將此連繫爲「悟」的範疇，那解釋「悟」（心）的「義」，即是體相用三大，本文設置爲「體相用」範疇。換句話說，「體相用」範疇的「義」是詮釋「悟」範疇的「心」，如此的研究系統，主要是來自於《大乘起信論》的「法」與「義」對稱的思想格局。同時，禪宗公案在思想義理的預設是環繞著「悟」而開展的，「悟」也是佛教最爲核心的觀念之一，其中又以禪宗特別講求「悟」的見地、悟

境與修行工夫的理論。所以，在禪宗語錄公案的內容裏，或顯或隱，都是扣緊了「悟」的主題而環繞開展的。因此，研究「悟」的本質及原理，能夠深入了解禪宗精闢的思想，能夠揭示禪宗教義的底蘊。本文即是以體相用範疇，分別研究「悟」的佛性本體、修證境界與修行工夫論，並且統攝爲一開而三的整體系統研究，成爲研究的主體架構。

第四節　本文研究之進程與方法

在中國哲學史上，「體、相、用」範疇的建立，主要是由《大乘起信論》所提出，但是其來源之一卻是中國古代的重要概念──「體用觀」。體用範疇是中國哲學發展中最爲重要與最具代表性的一對本體論範疇，也是最能表達中國哲學特有的思維方式與意識形態的範疇。由於體相用範疇具備開放詮釋與會通比較的功能，可以成爲學術研究的公共模型與研究方法的思考進路。因此，從體相用範疇深入探討禪宗公案的思想，具有理論的根據、詮釋的方便與系統的分析三大優點。至於本文具體的研究進程與研究方法，共有以下三項的進程及重點：

第一項進程，本文在第二章，首先處理禪宗公案的形成演變與影響價值。研究的進路，是分成四節：首先探討禪宗公案的定義、起源與形成，以爲「公案」有廣義與狹義的界義，從廣義的角度觀察，主要是包括了語言文字、動作行爲、圖像符號與思想觀念等一切能夠呈現「禪機」的表達方式；至於狹義的公案是從歷代學人與相關典籍中，介紹並分析「公案」的定義及釋名，而且擬出六項抽象的原則。至於禪宗公案的起源，本文是依照歷史發展的遠近與禪

法施設的名詞來設定研究的兩大方向，並且試從西天二十八祖說看公案的形成。至於「公案」一詞的出現與公案發生的歷史原因，本文是從〈黃檗斷際禪師宛陵錄〉中發現其內容有趙州禪師（778-897）「狗子無佛性」的著名公案爲參究對象的紀錄。再進而分析「公案」爲什麼會發生於中國的歷史因素，以爲是爲了突破菩提達摩以來，禪宗思想與修行方法發展上的一個瓶頸。這也是本文的觀察重點之一。接著，在第二節討論禪宗公案的形式、演變與發展，分別說明公案文獻與文類的形成，以及公案表達形式的轉變。其中，本文討論的重點放在禪師表達禪機的公案模式，其演變與發展的過程如何。在第三節說明禪宗公案的分類、結構與作用，分別介紹公案的分類原則及討論主題，以及公案的組織結構、實際的作用及功能等。第四節則是說明禪宗公案的特質、影響與價值，分別詮釋公案的語言特性及思想特質，分析公案對後世的影響及評價等問題。

　　第二項進程，本文在第三章介紹研究公案的哲學範疇，分析從體相用範疇的成立及其對禪宗公案思想研究的意義與價值。研究的進路，主要是從哲學範疇的定義，進一步討論中國哲學體用及體相用範疇的形成，希望能從中國哲學範疇的建立中，也建立起中國哲學的主體性，進而說明「體、相、用」範疇的建立，主要是由《大乘起信論》所提出，而且是適用於探討禪宗公案的思想。然後，以體相用範疇對禪宗的影響及其對公案研究的意義與價值爲主題，更深入的分析《大乘起信論》體相用範疇的成立對禪宗思想的影響，介紹從體相用範疇建構公案研究的學術系統與方法進路，並且說明此範疇的成立對公案研究的學術價值與現代意義。

　　第三項進程，本文在第四、五、六章中，以完整的系統，分別介紹公案「體」範疇的「佛性本體論」、「相」範疇的「修證境界論」與「用」範疇的「修行工夫論」。這三項部分是環繞著「悟」爲中心，一開爲三的分別討論悟的「體」、「相」及「用」。實際

的研究進路與方法是說明何謂本體論？然後介紹西方哲學與中國哲學本體論的基本差異，確定佛教具有佛性本體論的思想，也探討惠能本體論思想的特質。接著，闡述禪宗佛性論的形成，從禪宗根本性質說明教外別傳到《壇經》傳宗的各項經論依據的轉變，再進一步的說明如來禪與祖師禪的佛性本體論的差異，以及歸結佛性本體論的理論根據。此外，「體」範疇另一項意義，就是從根本見地的成立保障成佛的可能性與實踐之依據，並且以為建構禪宗佛性本體論的義理系統。接著在第五章中討論的主題是公案修證境界論，也就是禪宗開悟的理論，說明從開悟思想論禪宗公案修證境界論的形成與意義，進而釐清開悟的定義、內容、原理與條件，再將開悟加以分類並討論其中含蘊的意義。不僅如此，由於開悟是內證的主觀體驗，所以必須從語錄公案中探討開悟的語詞風格，以及分析禪師對悟境現象的描述之中，是否相應於開悟的見地與修行工夫的實踐。然後，分析禪宗公案修證境界論的思想，特別是開悟的次第歷程與相應果位的說明，可以進一步的說明修證境界論是合乎於「相」範疇的「功德報身」義。接者，再說明開悟的公案教學系統與檢證標準。第六章，則是探討禪宗公案修行工夫論的思想，分別是從三個子題切入：其一，是探討解讀公案語言的條件與方法；其二，說明禪師啟悟學人的教學方法；其三，介紹禪宗學人的修行要領與參究公案的方法。有關於公案語言口語詞的解讀條件與方法，也是回應第二章探討的公案語言特性，做進一步深入及具體的研究。然後分析公案語言非邏輯與動作語言的解讀方法。在教學方法的層面，本文試以見地、證量、心力與配合生活因緣的啟悟為操作模型，以為禪師有一套教學的策略，是明不說破、暗設機關與痛下殺手的風格，並且扣端激發的方法為啟悟的原理。最後，說明禪宗學人的初機修行要領是發心立願為首、開悟見地為先與攝心無住的工夫理論。此外，具體的說明參究公案話頭與發起疑情的進階過程，並且

提出知、明、默、疑、契、證六位參究公案話頭的歷程與方法爲歸結，以及說明禪宗的學人「入鄽垂手」濟度世間眾生而體現和光同塵的相貌。

第二章　禪宗公案的形成、演變、影響與價值

第一節　禪宗公案的定義、起源與形成

一、公案的定義

　　何謂「公案」？公案原本是指古代朝廷府衙官方的案牘文書或是官府判決是非的案例與案件文卷，也就是政府的法律命令或是判決公布的紀錄。唐代以後，禪宗的禪師們藉此公案的名稱及其精神意涵，用以說明及比喻歷代的禪宗祖師對於弟子的禪法開示的教化紀錄或是前輩祖師的言行範例，這項紀錄或範例可能包含了言語、動作或是各種表達方式的機緣，形成口頭的傳說與文字的載錄，並且具備獨特的思想意涵或是禪機的隱喻，後來也成爲禪宗學人思考的主題或是參究的對象，甚至成爲參禪修行的座右銘。因此，後來的禪師們將以前禪師及其弟子應對的機緣紀錄，視爲朝廷官方公布的法律命令或是判決案例一般，可以藉此引導弟子離斷是非，判別迷悟，所以禪師延續的使用這些啓發禪悟的實錄或案例，做爲開導弟子的憑藉與指南，因此稱爲「公案」。後來禪宗的公案，逐漸的發展爲禪學研究中專門的學科，即被稱爲「公案學」。

　　「公案」有廣義與狹義的界義。若從廣義的角度而言，則是包含了語言文字、動作行爲、圖像符號與思想觀念（意識型態）等一切能夠呈現「禪機」的表達方式，而此禪機包含禪悟的心性本體、證悟境界與教學方法等相關的範圍與範疇。廣義的說：禪宗的出現

即是一大公案，從《大梵天王問佛決疑經》中的「釋迦牟尼佛拈花微笑」開始，[1]經歷了後世楷定的西天二十八祖祖序、以及中國的禪宗初祖到六祖，乃至於六祖以後的五家七宗的傳承系統，即是禪宗出現於世一大公案的歷史演進。至於在文獻記載部分，除了相關的經典與論著之外，凡是涉及「禪機」或「禪悟」啓發的文字紀錄，包含了禪宗祖師們的開示法語、「上堂」或「小參」所發表的看法、語錄、偈頌、燈史等典籍中，記敘了個別獨立、啓悟學人又饒富禪機旨趣的典故，可資爲後代習禪者引證、學習或研究的對象，都可視爲廣義的「公案」。因此，符合廣義的公案定義，具備了以下四項條件：

第一，在形式上必須經由口語傳述與文字記載，然後形成傳世憑資參究的典據。

第二，在思想上，必須具備問題意識的引導，然後形成言語、行爲或各種表達方式的問答應對模式。

第三，在目的上必須含蘊啓發禪悟的契機，然後形成正確知見而體證悟性的教學目標與內容。

第四，在方法上必須超越二元對立的思考模式，然後形成修證

---

[1] 現存《大梵天王問佛決疑經》有一卷本及二卷本，略稱《問佛決疑經》。目前收錄於《卍續藏》第 87 冊。主要內容是敘述釋迦牟尼佛在靈山法會上，拈花微笑而付囑摩訶迦葉禪宗正法眼藏的禪宗歷史。二卷本計有二十四品，一卷本計有七品。本經的拈花微笑典故，除了《卍續藏》外不見載於中國歷代諸經錄中，唯見於《祖堂集》中引《涅槃經》的類似說法或是宋人傳聞，故疑爲古代中國禪宗學者所偽造。在明·通容輯著的《祖庭鉗鎚錄》，於卷下附錄的「宗門雜錄(四條)」，在「拈花」條目下有一段記載：「王荊公（王安石）問佛慧泉禪師云：『禪家所謂世尊拈花，出在何典？』泉云：『藏經亦不載。』公曰：『余頃在翰苑，偶見『大梵天王問佛決疑經』三卷，因閱之，經文所載甚詳，……此經多談帝王事佛請問，所以秘藏，世無聞者。』」見《卍續藏經》第 114 冊，頁 769 上及藍吉富主編：《禪宗全書》第 33 冊，頁 169 上。引文中的經文是「三卷」，現存一卷本或二卷本，但由此經可知北宋時的王安石已看到此經，對成立的年代考證具有高度的學術價值。另有關此經是中國佛教徒所偽託的論證，請參閱忽滑谷快天《禪學思想史》上卷第二編第一章。至於佛陀拈花微笑而摩訶迦葉受囑正法之事，具載於北本《涅槃經》卷二。

依憑的入禪門徑。

　　以上四項條件在「公案」的成立上，或隱或顯，未必每一則公案在形式上符合以上的四項條件，但是在精神上的特質，則是必然包含在內的。

　　相對的，狹義的「公案」的界義，除了上述四項必備的條件之外，則是很難用精確的界限來加以釐清，如《大藏經索引》的 30 項分類中的「禪觀」項目內，並沒有「公案」的條目。[2]此外在日本駒澤大學編著並於 1993 年 3 月 10 日新版發行的《新版禪學大辭典》中，對於禪籍分類中編有「公案」一項，收錄了《碧巖集》、《擊節錄》、《從容錄》、《無門關》等十四種禪籍，顯然是以典籍的主要性質為分類的依據，卻也收錄了「拈古」、「頌古」、「評唱」、「公案代別」等相關於「公案」的文類性質，至於古代禪師與近代學者的研究心得中，對於「公案」一詞的界定意義，筆者依照台灣出版日期為序整理成下列表述：

歷代學人暨相關典籍對於「公案」定義釋名一覽表			
	編撰者或典籍名稱	時代	對　於　公　案　的　定　義　或　釋　名
1	圜悟克勤《碧巖集》，頁 221 中。	1125	古人事不獲已，對機垂示，後人喚作公案。
2	〈碧巖集三教老人序〉，頁 139 中。	1304	嘗謂祖教之書謂之公案者，倡於唐而盛於宋，其來尚矣。

2　《大藏經索引》是日本《大正新脩大藏經》的內容索引，主要是日本大藏經學術研究會邀請日本六所佛教大學共同負責編纂。本書中的用語選擇是以漢譯大藏經為準，採取綜合的研究方法，每一頁選出五十個學術用語，分別配於五十種分類的項目中。這五十種的分類項目是以印度撰述部分為主要中心，逐項再分若干細目。本索引的主要特色是根據最新的研究成果，以梵語及巴利語等音譯固有名詞為要點，同時也儘量附註羅馬拼音的原文。本索引功用甚廣，可以查出某一項術語在某一部經書中的用例、定義、異名及在各宗派的觀點，或是查出五十種分類項目的各項主題相關資料，同時也可以看出近代佛教學術研究中主要探討的主題，因此對於佛教研究的主題開拓具有重大意義。

3	中峰明本〈山房夜話〉，頁107。	1319	公案者，乃喻乎公府之案牘也。……夫佛祖之機緣，目之曰公案亦爾。……夫公案者，即爍情識昏暗之慧炬也，……所謂公案者，惟識法者懼，苟非其人詎可窺其彷彿也。……蓋前輩既爲人所師，不得已而酬酢，一言半句流落叢林，後之承虛接響者，目之爲公案。
4	大建《禪林寶訓音義》，頁270下。	1635	乃喻公府之案牘也，法之所在而王道治焉。……夫佛祖機緣，目之謂公案亦由之乎，蓋非一人臆見，乃百千開示同稟至埋也。
5	南懷瑾《禪海》，頁24。	1973	公案者，亦如儒家所稱學案，非徒爲講述典故記事之學，實爲前賢力學心得之敘述，使後世學者，得以觀摩奮發，印證心得也。
6	南懷瑾《禪海》，頁26。	1973	（南懷瑾引金聖嘆對公案的定義與批判）清人金聖嘆鑽研佛學至深，常以易理詮釋佛法，且留心禪宗，曾批判古德公案，……考死囚者，取官與囚一一往復語，備書而刀刻之曰案。……近世不知何賢，取歷代聖人垂機接物之云爲，凡若干章，輯而成書，名曰公案，是甚得用案字之法。
7	巴壺天〈禪宗公案之透視〉，頁53。	1978	禪宗祖師們的語錄，是表現他們禪的內在的經驗記錄，不只是箇人的傳記，而且是佛法的記述，因爲在他們，人和佛法是不二的，人就是佛法，佛法就是人。他們間的問答機緣，後人稱爲公案，那是什意思呢？綜合碧巖錄、雲棲正訛集，及中峰廣錄山房夜話的解釋，大意是說：「公案是公府的案牘，所以剖斷是非；祖師們對機垂示所用的語言和動作，所以剖斷迷悟。」這樣說來，公案是能喻，祖師的垂示是所喻，能喻與所喻，倒是十分切合的。
8	孫心源（無礙）〈禪公案的意義與價值〉，頁62。	1980	關於公案的意義，喻之以公府案牘，中峰明本於山房夜話：「公即聖賢一其轍，案乃聖賢記所理之正文」，又明大建的禪林寶訓音義曰：「夫佛祖機緣，目之謂公案亦由之乎，蓋非一人臆見，乃百千開示同稟至理也。」畢竟由於公案來觸及人生根本問題爲重心。所由於其人之智識程度，依其人之精神內容，對問答應酬，有種種態度，也是當然的趣向。

9	馮作民‧宋秀玲《禪語錄上冊》，頁 12-13。	1982	所謂「公案」，就是法院判例的意思，如果稱為「先例」也無不可。這是借用法學術語，古時稱為「公府案牘」，是屬於衙門的公文書，任何人都不得侵犯，不過重要的可能是作成判例的過程。的確不錯，公案乃是以天下之理來規制萬人，然而絕對不是枯燥的抽象原理，不論任何時候都被視為人間語言的具象。所謂「公案」這句話，有一度徹底歸還一個人的必要。
10	中村元著‧余萬居譯《中國佛教發展史》上冊，頁 421。	1984	公案與語錄相提並論，且與國家法令相同，足可使萬人畏懼的，便是公案。是許多優秀禪者的言行和相互問答的紀錄。
11	柳田聖山《中國禪思想史》，頁 135。	1985	所謂公案，原來是裁判的規例的意思；但它與後來的裁判的意思比較，卻偏向一個真確的實例方面去，因而特別被賦予「公」的名字。可以說，這是極其特殊的東西，是我自己的事，但這又是在任何地方都能發生的事，是不能增也不能減的歷史現實的片斷，故有公的意思。所謂公，這裏面顯明地包含一個前提，這即是一個新的傳統的形成。一般來說，有關法律的真理性，應就個別的判例來了解；抽象的真理，離開個別的判例，不管它是怎樣的永恆的真理，都不能說為是法律。公案雖然稱為公判，但有一點不能忽視的是，此中有我自己的主體性在，它有一種趨向根原性的層面的質的變化的意義。
12	正果法師《禪宗大意》，頁 291。	1986	「公案」，就是公府的案牘，即法律命令，至為嚴肅而不可違犯，可以為定法，可以斷是非。從上佛祖的垂示，是宗門的正令，用以判斷學人的迷悟。故宗門祖師大德，比擬佛祖的應化機緣，拈提的越格言語動作，名之為公案。
13	鈴木大拙《禪與藝術》，頁 137。	1988	從字面上看，公案意指「公共文案」或「權威的法範」——這是唐朝末年一個流行的名詞。現在，它表示某一古代禪師的軼事，或某一禪師與和尚之間的問答，或某一禪師提出的陳述或問，所有這些都是用來了悟禪道的工具。當然，最初並沒有我們今天所謂的公案，它是後代禪師們竭盡心力想出來的人為工具，他們用這種工具在根器較薄的弟子們心中造成禪意識的發展。

14	鈴木大拙著，徐進夫譯《開悟第一》，頁79。	1988	什麼是公案呢?所謂「公案」，據一位權威說，意思就是「建立評判標準的公共案例」，而禪的體悟是否正確，即以此作為測驗的準則。一般而言，公案就是古代禪師所作的某種陳述，或對學者所做的某種答語。
15	鈴木大拙，佛洛姆原著，孟祥森譯《禪與心理分析》，頁80。	1989	公案是禪師給弟子的難題。然而，「難題」並不是個很好的用詞，我喜歡日文或中文的公案二字。「公」原義為「公開的」，「案」是一個「文案」。但「一個公開的文案」卻是與禪根本不相關的。禪的「文案」是我們每個人生到這世界來時所帶來的文案，並且在他離開之前得設法解明的。
16	陳榮波《禪海之筏》，頁228。	1989	公案是用來啟發修行人作為明心見性的題材，以便直契於佛心，洞察人生之究竟。……何謂公案？它本是「公府的案牘，所以剖斷是非」，現引伸為「祖師門應機垂示所用的語言和動作，所以剖斷迷悟」。
17	野上俊靜等《中國佛教史概說》，頁130。	1989	公案，本為公門官府的案牘，是指沒有模範先例的案件。那是誘導弟子，並且作為一個指針，極為關便的開悟手段，然此已和禪之本來的頓悟直證的旨趣相背。
18	釋恆清〈禪淨融合主義的思維方法〉，頁244。	1991	公案基本上是借助對一些禪師的簡短語錄或他們對某些問題所做的答案的參究，而達到證悟的方法。
19	李淼《禪宗與中國古代詩歌藝術》，頁50。	1993	公案，原指官府判決是非的案例，禪宗借以指前輩祖師所謂「古德」的言行範例，以之作為公案以參悟領會其中的禪意。
20	江燦騰《現代中國佛教史新論》，頁78。	1994	所謂「公案」或「公案禪」，就是將前輩禪師中一些較具特色和參考價值的「悟道過程及方法」當作一種「典範」來參考。這當中包括師徒的對話、動作、疑難、克服疑難、乃至悟道見性等。簡言之，即是一種禪修的「範例」。
21	陳祖武《中國學案史》，頁135。	1994	在禪師語錄中，多以簡略的語句，記述宗門師弟、賓主問對，含蓄地暗示自身義法所在，既以此說理，亦以此傳法。此類蘊涵「機鋒」的語句，禪門中稱之為「公案」，意欲據此以判斷是非。
22	歐陽宜璋《碧巖集的語言風格研究——以構詞法為中心》，頁40。	1994	所謂「公案」，據元三教老人〈碧巖集序〉中所言，認為「公案」二字原為法官判案的模範案例，這些舊案例集結成書，成為日後用以判案的習慣法。後用以譬喻盛行於唐、宋的禪家語錄，記錄古代禪德上堂開示、與人對談或答問時的語言，以為接引初機和勘辨機用的依據。

23	杜繼文、魏道儒《中國禪宗通史》，頁386。	1995	（魏道儒）公案一詞原指官府用以判決是非的案牘，禪宗用來特指前代師的言行範例。
24	吳汝鈞《中國佛學的現代詮釋》，頁202。	1995	所謂公案，即是一則有關覺悟經驗的個案、事例（case）。
25	見黃夏年主編，溫金玉撰《禪宗三百題》，頁585。	1996	唐末五代以來，禪宗內部行腳參禪之風大為盛行。在師徒機語問答之中，形成了許多固定問答句式。禪師們將這些機語問答記錄下來，彙集為語錄，作為參禪、坐禪者的指示，久而久之，便變成了修禪者思考研究的一種對象或坐禪的座右銘，並作為後代依憑的法式，後人將此稱為「公案」。
26	洪修平《中國禪學思想史綱》，頁240。	1996	所謂公案，原指官府判決是非的案例，禪宗借用它專指前輩祖師的言行範例，用來判斷是非迷悟。
27	黃河濤《禪與中國藝術精神的嬗變》，頁362。	1997	「公案」，原指公府判決的案例，禪宗借用它專指前輩禪師的言行規範，從中領會禪的意義。一般地說，凡前輩禪師的「上堂」或「小參」所發表的看法，相互對機垂示所用的語言和動作，都可稱為公案。現存的全部禪師的「語錄」或「偈頌」，也都是公案。所以，公案又名「話頭」或古則。
28	楊維中《禪學研究》，頁248。	1998	「公案」原指官府判決是非的案例，禪宗用其專指前輩祖師的言行範例，用來建立禪悟的評判標準，參公案以求開悟，成為禪宗一種修行方法。

　　從上述表列的定義中，不難看出下列六項較為抽象的原則：

　　第一，古代禪師針對學人的根機所垂示開導的言行範例或動作行為，目的是指示禪悟的奧秘或是激發疑團、收攝心念，以為禪修的必經路徑。

　　第二，從公府案牘判例的權威，樹立祖師開示的合理與正當性，做為禪法判攝的價值標準。

　　第三，公案是禪宗祖師教學的一種施設，也是一種方便，也成為後代禪宗教學的一種形式，學禪行者也由公案而獲得入門的門徑。

　　第四，公案從禪宗祖師在生活中的應機垂示的禪機，進而形成口頭的傳說與文字語錄，再進而形成後代禪師教學的素材與方便，

引之為禪學上權威性的案牘判例，後來又經過拈提、頌古、評唱、代別等各種文字禪的發展形式。因此，公案的原始意義不斷在擴充，不斷有新的創造性的詮釋，賦予其更為廣大而複雜的界義。

第五，狹義的公案，必須結合實際的事例，亦即禪宗語錄中文字記載的問答敍述或動作行為。換句話說，每一則公案都有其獨立性格，從獨立性格的實際事例，進而才能說明一個獨立公案的意義。

第六，狹義的公案，不論在形成或傳播的過程中以言語、動作與文字而成為修行的憑藉，都必然扣緊禪宗的修持，是一種禪宗的宗教實踐，具有高度的宗教精神。

此外，「公案」的泛稱也很多，如汾陽善昭作《公案代別百則》，即是對公案作出修正性的詮釋，以玄言妙語進而統一公案中的答語，換句話說，「公案代別」是對公案或他人禪語的解釋與短評，也是公案的另一種名稱。[3]再如頌古、拈古、評唱、機鋒、機緣、機用、機語、機鏡、鬥機鋒、禪機、棒喝、舉、提唱等皆可視實際的事例而成為公案的別稱，下文將進一步解釋與說明。

二、公案的起源

至於禪宗公案的起源，可以依照歷史發展的遠近與禪法施設的名詞設定兩大方向來說明。首先從歷史發展來看，在《大梵天王問佛決疑經》中付法摩訶迦葉則是禪宗傳說成立的第一公案：

　　爾時如來，坐此寶座，受此蓮華，無說無言，但拈蓮華。入

---

[3] 關於「公案代別」，唐汾陽善昭(941-1024)在《汾陽無德禪師語錄》中曾加以定義說明：「室中請益古人公案，未盡善者，請以代之，語不格者，請以別之，故目之為代別。」其中，「未盡善者」與「語不格者」都是指公案的語意未盡，所以給與「代語」及「別語」的進一步修正性的解釋，或是相關詮釋的短評。

大會中，八萬四千人天時大眾，皆止默然。於時長老摩訶迦
葉，見佛拈華示眾佛事，即今廓然，破顏微笑。佛即告言：
「是也！我有正法眼藏涅盤（槃）妙心，實相無相，微妙法
門，不立文字，教外別傳，總持任持，凡夫成佛，第一義諦，
今方付屬摩訶迦葉。」（《大梵天王問佛決疑經》（一卷本）·拈華品
第二）

　　這一段具備宗教神話式象徵的美麗傳說，在二卷本也有類似的
記載，頗有近代學者質疑此部經是偽經。[4]可是從近代詮釋學的立場
而言，此部經的付法傳說，自然有其主觀詮釋的價值，也為後世禪
宗的形成與成立，提供了極為重要的理論根據與歷史佐證，即使是
偽造的，亦具備詮釋學的意義。

　　從此項付法迦葉的傳說紀錄，為禪宗公案的歷史淵源與禪法特
色分別提供了重要的研究素材。在歷史淵源方面，從付法迦葉之後
形成了禪宗西天二十八祖的傳承體系，[5]到了中國之後，成為禪學「燈

---

[4] 在日本佛學界普遍存有對「付法傳燈」質疑的看法，特別是從遠古六佛的代代相
傳而至釋迦牟尼佛，這一段無法以人類目前的歷史或科技考證的敘述文字，皆視
為宗教的虛構傳說而不可信，如鈴木大拙就曾經指出：「過去六佛既然皆有傳偈
留存，那麼介於釋迦牟尼與菩提達摩之間的這些祖師又怎能例外呢？或者，他們
之中如有任何一位曾有任何偈子的話，那麼，其餘各位又為何不可以有呢？因
此，他們不但各有傳法偈留傳下來，而且在傳法之前悉皆冠以如下的語句：『吾
以正法眼藏密付於汝，汝當護持。』毫無疑問的是，所有這些，都是由早期禪史
執筆人發揮高度史實想像而來的虛構產物，不用說，顯然是因為受到崇拜正統信
仰的過度熱心鼓動所致。」見鈴木大拙著，徐進夫譯：《歷史發展》，台北：志文
出版社，1989 年 10 再版，頁 156。

[5] 日本學者中村元曾經指出禪宗祖師相承的首次發現，乃是 708 年在敦煌出土的《楞
伽師資記》：「這本書的內容恰如其書名，主要在記載楞伽經弘傳中的師資相承，
並為各師作傳記述之。其中「楞伽經」（四卷本）的譯者求那跋陀羅（394-468）
被視為第一祖，相承其教的菩提達摩則為第二祖，以下為第三祖慧可、第四祖僧
璨、第五祖道信、第六祖弘忍、第七祖神秀、第八祖普寂，次第傳燈。宋朝（南
朝）以來，大德禪師代代相承，歷代傳燈者至唐朝為止共八代，這就是禪宗相承
之說的開始。」見日本中村元著，余萬居譯：《中國佛教發展史》，台北：天華出
版事業股份有限公司，1984 年 5 月 1 日出版，頁 241。

史」或「傳燈錄」中主要的敘述對象，也爲中國禪宗與印度佛教連
上了臍帶，建立了不可分割的文化整體性與禪宗式的道統傳承，發
展成爲中國的禪宗史觀與文化意識，並且直承於釋迦牟尼佛的涅槃
妙心與心地法門，保障並成立了中國禪法的正當性與合理性。其次，
在禪法特色方面，釋迦牟尼佛「無說無言，但拈蓮花入大會中」的
行爲舉動，已經構成一幅圖像的象徵，非常生活化與具象化，同時
可以說是後代公案的雛形，以及祖師教學的典範。釋迦牟尼佛運用
生活中真實的事物，一項具體的圖像，象徵並指示了禪悟的涅槃境
界與禪法修持的要領，爲後世的禪宗公案舖設了理論基礎與模型軌
道，建立了生活化與圖像化的教學方法，影響可謂深遠。

　　此外，在禪法施設的名詞──「公案」的起源與形成中，也必
須回溯到燈史的祖師傳承及中國歷代祖師的語錄中才能清楚的說
明。從「公案」這項名詞確定之前，除了在《大梵天王問佛決疑經》
中的紀錄之外，成書於五代南唐保大十年（952）由泉州招慶寺靜、
筠二禪師編著的《祖堂集》，在卷一部分引用了《涅槃經》中付法
之說：

　　　《涅槃經》云：「爾時世尊欲涅槃時，迦葉不在眾會。佛告
　　　諸大弟子：『迦葉來時，可令宣揚正法。』又云：『吾有清
　　　淨法眼，涅槃妙心，實相無相，微妙正法付囑於汝，汝善護
　　　持。』並勅阿難嗣二傳化，無令斷絕，而說偈曰：『法本法
　　　無法，無法法亦法。今付無法時，法法何曾法？』」[6]

　　在這一段引文中，不僅確立了摩訶迦葉傳承釋迦牟尼佛的正法
之法統，也付囑阿難爲紹承迦葉的二祖之祖位，爲後世禪宗奠定了

---

[6] 見南唐靜、筠禪師編著：《祖堂集》，台北：新文豐出版公司，1987 年 6 月台 1
版，頁 12b。

傳承系統合理性的基磐。

三、從西天二十八祖說看公案的形成

　　雖然，「西天二十八祖說」一直是禪宗歷史研究中的懸疑奇案，不僅受到歷來學者們的質疑，同時也引發許多複雜與深刻的思想論題，如「禪宗正統說」[7]、「達摩祖師的真實性」[8]、「禪宗系譜的製造」[9]，以及相關的傳法偈頌、生平述略等研究。

---

[7] 有關禪宗祖師的「正統」或「法統」問題，一直是禪宗研究中具有政治意味的研究主題，因為牽涉的相關層面很廣，包括禪宗宗派或祖師與朝廷的關係，以及官方如何認定邪正的依據，由此可以看出歷代的宗教政策，禪宗與政治乃至於社會的關係。其中，中國佛教又以禪宗的宗譜說最是受到中國儒家倫理政治與制度的影響，從保障世襲傳承的世俗利益到維護精神特質的圖騰象徵，祖統說都有不可磨滅的重要地位。至於爭論的歷史起點，誠如冉雲華指出：「宋人所記的的禪宗祖譜，自然不是他們的創舉，而是有所根據，而所根據的文獻，是唐代所編的《寶林傳》。……日本學者經過數代學術研究者的努力，從敦煌遺書中總算清理出禪宗祖師論的淵源。依照日本學者的考證，禪宗祖師論的說法，是借用《付法藏因緣傳》的。其後出現敦煌本《祖師傳教——西天廿八祖唐來六祖》，最後再有《寶林傳》及《聖胄集》二書。」見冉雲華著：《從印度佛教到中國佛教——敦煌遺書與中國禪宗歷史研究》，台北：東大圖書股份有限公司，1995 年 11 月初版，頁 100-101。

[8] 有關於達摩的研究，一直是禪宗思想與歷史研究的基磐，其中包括達摩這位歷史人物的真實性、禪宗祖統說或西天二十八祖說的關鍵地位、達摩傳奇形象的塑造與二入四行論思想的討論等，都是禪宗研究中的重要課題。在達摩其人的真實性方面，請參閱洪修平著：《禪宗思想的形成與發展》，高雄：佛光出版社，1991 年 10 月初版，頁 106。此外，在達摩祖師二入四行論的研究方面，冉雲華說：「其中集大成者應為柳田聖山教授，他於 1969 年出版《達摩の語錄〔二入四行論〕》。」見冉雲華著：《從印度佛教到中國佛教——敦煌遺書與中國禪宗歷史研究》，頁 102。

[9] 據杜繼文指出：「禪宗製造宗譜，始於弘忍的諸大門徒，……古人有『數典忘祖』的諺語，禪宗有『數典造祖』的陋習。……宗譜之作，在禪宗或有許多不得已的苦衷，爭取合法化，求得生存權，是禪宗自始至終都面臨的一個特殊任務。」見杜繼文、魏道儒著：《中國禪宗通史》，江蘇：江蘇古籍出版社，1995 年 2 月第 1 版第 2 次印刷，頁 20-21。由於禪宗宗譜的問題關涉甚廣，對於中國哲學與文學的影響也甚大，如朱熹的《伊洛淵源錄》宋代黃庭堅的「江西詩派」，容或取法於禪宗的宗譜說。

從《付法藏因緣傳》[10]、《楞伽師資記》、《寶林傳》、《圓覺經大疏鈔》、《祖堂集》到《景德傳燈錄》中西天二十八祖說的確立，日本學者柳田聖山在《初期禪宗史書の研究》一書中，羅列了包括了《壇經序》、《摩訶止觀》等十五種典籍，編成「禪宗東西祖統對照表」，頗能看出在不同時代不同典籍中祖序及各種不同法號的差異。[11]

在《祖堂集》中首度羅列了賢劫七佛的生平述略，暗示了古佛心燈傳承的殊勝地位，然後從初祖迦葉、二祖阿難到二十八祖菩提達摩，又以慧可接續為二十九祖，直到三十三祖惠能和尚，接續了印度與中國的法統為一體，再從卷三開始分別敘述了歷代的禪宗祖師，其體例與內容都影響了後代的禪宗燈錄體史書，包括《景德傳燈錄》等。特別值得注意的是：從迦葉到達摩的敘述中，已經有後世公案的對話模式，不過其特色，可以分為神通說法、神通付法、言語詰問與動作行為四類，筆者綜合《祖堂集》與《景德傳燈錄》的西天二十八祖的說法，整理如下：

摩訶迦葉傳二祖，《祖堂集》中載迦葉以神通考驗阿難，後持

---

[10] 《付法藏因緣傳》，又稱《付法藏因緣經》、《付法藏經》、《付法藏傳》、《付法傳》。目前收錄於大正藏第 50 冊，凡六卷，元魏吉迦夜、曇曜共譯。內容是記述釋迦牟尼佛入滅後，迦葉、阿難等二十三位印度祖師嫡嫡付法相傳的事蹟與傳法的世系。其中，最後一位祖師師子尊者，為罽賓國王彌羅掘所殺害，付法遂至此而斷絕。中國的天台宗、禪宗都重視本傳，以此為付法相承之依憑。

[11] 大陸學者楊曾文教授曾經將敦博本《六祖壇經》與其他禪宗史籍如《歷代法寶記》、《寶林傳》等比較西天二十八祖祖統說，他指出：「大致同時出世的禪宗史書都載有西國祖統說。《歷代法寶記》（成書於七七四年）載二十九祖；《曹溪大師別傳》（成書於七八一年）說有二十八祖，但祇寫出迦葉、阿難、商那和修、憂波掬多和稱為二十八祖的達磨多羅的名字；《壇經》敦煌原本載有西國二十八祖（達摩為三十五祖，去掉過去七佛正為二十八祖）。……《寶林傳》把以往二十八祖的幾個顯然同人異名，或年代不當的人名作了更改，為後世《壇經》諸本和禪宗史書廣泛採用。《壇經》敦煌原本並沒有受《寶林傳》影響，不可能產生於《寶林傳》之後。」見楊曾文著：《敦煌新本六祖壇經》，上海：上海古籍出版社，1993 年 10 月，頁 280-281。另有關「禪宗東西祖統對照表」，筆者重新加以整理，並加注年代等資料，參見本書附錄表三。

僧伽梨衣入雞足山，並且以定持身，等候彌勒菩薩下生，這也是禪宗史上一個重要的公案，似乎是以神秘語言的方式說明摩訶迦葉仍然在世。

從阿難傳三祖商那和修，阿難以神通「即變殑伽河悉爲金地」（《景德傳燈錄》）的方式說法，最後傳付正法眼藏完畢的時候，踴身虛空，作十八種神變，入風奮迅三昧，而且分身四分。其中，臨終的神通示現，幾乎是西天二十八祖共同的特徵。

從商那和修傳四祖優波毱多時，商那和修以一句「汝身十七，性十七耶」的話語詰問優波毱多，然後優波毱多反問商那和修「師髮已白，爲髮白耶？心白耶？」這是《景德傳燈錄》中第一次出現師徒以問答方式的記載：

> （商那和修）問毱多曰：「汝年幾耶？」答曰：「我年十七。」師曰：「汝身十七，性十七耶？」答曰：「師髮已白，為髮白耶？心白耶？」師曰：「我但髮白，非心白耳。」毱多曰：「我身十七，非性十七也。」和修知是法器。後三載，遂為落髮受具。乃告曰：「昔如來以無上法眼藏付囑迦葉，展轉相授而至於我。我今付汝，勿令斷絕。」（普慧本新文豐印《景德傳燈錄》卷一，頁20。）

以上這段問答的模式，也是後世禪宗公案模式中最主要的類型，以詰問的語氣與二元對立的思考來考驗詰問者，進而激發超越二元對立的超越境界，或是當下指示心性的本體，如《六祖壇經》中「風動」或是「幡動」之說，顯然是有脈絡可尋。

再者，優波毱多訪問五祖提多迦「汝身出家，心出家」的一段話，[12]除了延續前者的模式之外，卻多增加了提多迦充滿睿智的回答：

---

[12] 有關於佛教出家的問題，在《阿毘達磨法蘊足論》卷6中載有四類出家，分別

> 有一長者子，名曰香眾，來禮尊者，志求出家。尊者問曰：
> 「汝身出家，心出家？」答曰：「我來出家，非為身心。」
> 尊者曰：「不為身心，復誰出家。」答曰：「夫出家者無我
> 我故，無我我故，即心不生滅。心不生滅，即是常道，諸佛
> 亦常。心無形相，其體亦然。」尊者曰：「汝當大悟，心自
> 通達，宜依佛法僧紹隆聖種。」（普慧本新文豐印《景德傳燈錄》卷
> 一，頁21。）

　　以上從師徒之間的問答裏，也是《景德傳燈錄》中第一次出現
了弟子抗顏為師的事例，不僅氣勢上義正詞嚴，在佛法的見解上也
圓融通達，啟發或呈現了後世公案中弟子不惶多讓挺身論辯的先
例，如永嘉玄覺與惠能的一段對話因緣，即是明證。此外，在提多
迦本傳中，《祖堂集》與《景德傳燈錄》都記載了提多迦初生之時
父夢金自屋而出的夢兆，之後並有一段解夢之說，關於此點也符合
後世禪宗善於引用譬喻、象徵的手法，而且可以與密宗釋夢之說做
一番比較。

　　至於後世公案中以棒喝或其它奇詭的動作行為的方式，首度出
現的地方，就是七祖婆須蜜手持酒器詰問六祖彌遮迦的一段對話：

> （婆須蜜）手持酒器，逆而問（彌遮迦）曰：「師何方而來？
> 欲往何所？」師曰：「從自心來，欲往無處。」曰：「識我
> 手中物否？」師曰：「此是觸器而負淨者。」曰：「師還識
> 我否？」師曰：「我即不識，識即非我。」（普慧本新文豐印《景

是：㈠身離非心（指身出家而心未出家，心猶貪戀世間生活），㈡心離非身（指
身雖在家而心出家，心中無所執著於世間生活），㈢身心俱離（指身出家而心也
出家，於世間欲境身心俱離），㈣身心俱不離（指身未出家而心也未出家）。見
《阿毘達磨法蘊足論》卷6，《大正藏》第26冊，頁482c。

德傳燈錄》卷一，頁 22。）

　　其中，一句「從自心來，欲往無處」，指示了禪宗心地法門的精要；一句「此是觸器而負淨者」，說明了接觸的色塵物質生滅界，其實也包含了法性不生不滅的本質，點出後世禪宗公案裡跳脫物質思考的精神走向；一句「我即不識，識即非我」，表示有「我」的執著，即是不能「認識」法性，能夠認識法性即是無「我」境界。這一段話也可以視爲後世菩提達摩與梁武帝對話的早期模式。

　　八祖佛陀難提，據《祖堂集》說：「頂上有珠，珠光照耀。」《景德傳燈錄》載：「頂有肉髻。」皆是身體上的祥瑞之相，也是禪宗乃至於佛教祖師眾多異相特徵之一，如馬祖道一「容貌奇異，牛行虎視，引舌過鼻，足下有二輪文」等敘述，雖然不是直接干係於禪宗公案本身的形成，卻是對祖師人物添加了更多的神秘性格，也間接爲公案的隱晦塑造了更多外緣想像的空間。

　　七祖婆須蜜、八祖佛陀難提與九祖伏馱蜜多等三人各有一偈，皆是直探生命實相的底層，引發了禪宗公案向生命的真義探索的企圖。婆須蜜說：「論即不義，義即不論，若擬論義，終非義論。」此處強調所有的論辯並不能了解佛法的真實義旨。伏馱蜜多向佛陀難提說：「父母非我親，誰是最親者？諸佛非我道，誰是最道者？」此偈直探生命的本源，因此佛陀難提以偈回答：「汝言與心親，父母非可比。汝行於道合，諸佛心即是。外求有相佛，與汝不相似。欲識汝本心，非合亦非離。」其中，「識汝本心」一句是後世禪宗心地法門的宗旨，也是一切公案成立的最終目標。

　　十祖脇尊者與十一祖富那夜奢的問答中，一句「汝從何來」直指心性的本源，富那夜奢回答「我心非往」是揭露心性不生不滅的特質，點出禪宗公案的禪機所在。

　　後來在十一祖富那夜奢與馬鳴大士的對話中，除了延續從三祖

商那和修以詰問回答的形式之外，以及逐漸形成對心性本體的認識與探討，更重要的是馬鳴大士因此於對談的言下「豁然省悟」，開啓了後世禪宗公案於言下頓悟的首頁：

> 問曰：「我欲識佛，何者即是？」師曰：「汝欲識佛，不識者是。」曰：「佛既不識，焉知是乎？」師曰：「既不識佛，焉知不是？」曰：「此是鋸義。」師曰：「彼是木義。」復問：「鋸義者何？」曰：「與師平出。」又問：「木義者何？」師曰：「汝被我解。」馬鳴豁然省悟。（普慧本新文豐印《景德傳燈錄》卷一，頁25。）

此段對話，饒富禪機，其中牽涉到佛性的心性本體論，也包含了佛教的認識論。前者是環繞佛性的問題，談到眾生人人本來具足的本心；後者是如何可以認識本心與佛性的問題，顯然採取的進路是「正言若反」的語言型式，意即想要認識或得到 A，其方法就是不去認識或放棄得到 A，才能保全、認識或得到 A，這也是佛教三大判教中空宗（般若宗）思想的主要特色，經過言語的矛盾衝擊與修行的蕩相遣執，以遮詮的遮遣其非來化解障礙，保住真實的目標。以上引文中兩人經過一番論辯之後，馬鳴豁然省悟的記載，爲後世禪宗公案樹立了一種開悟的模式，也愈來愈接近成熟公案的典型。

十二祖馬鳴大士以神通降伏十三祖迦毗摩羅，以一轉語「汝化性海得否？」將外在有相的神通回歸法性不生不滅的訴求目標上，其作用類比於南嶽懷讓詰問馬祖道一的「坐禪豈得成佛耶？」這一種透過問題意識的引導，將現象界的生滅指歸本體界的不生不滅，一直是禪宗公案主要特色之一。

十四祖龍樹尊者爲化導十五祖迦那提婆等徒眾，曾經以佛性的特質說明與神通證量示現佛性的體相，其中的滿月輪相，也是《景

德傳燈錄》中後世公案的禪師畫一圓相的原始表現方式：

> （南印度某人問）徒言佛性，誰能觀之。尊者曰：「汝欲見
> 佛性，先須除我慢。」彼人曰：「佛性大小？」尊者曰：「非
> 大非小，非廣非狹，無福無報，不死不生。」彼聞理勝，悉
> 迴初心。尊者復於座上現自在身，如滿月輪，一切眾唯聞法
> 音，不覩師相。彼眾中有長者子，名迦那提婆，謂眾曰：「識
> 此相否？」眾曰：「目所未覩，安能辨識？」提婆曰：「此
> 是尊者現佛性體相以示我等。」何以知之？蓋以無相三昧形
> 如滿月。佛性之義，廓然虛明。言訖，輪相即隱。復居本座
> 而說偈言：「身現圓月相，以表諸佛體。說法無其形，用辨
> 非聲色。」彼眾聞偈，頓悟無生。（普慧本新文豐印《景德傳燈錄》
> 卷一，頁27。）

　　龍樹尊者前面說之以理，後面展示現量的神通悟境，以滿月輪
相呈示佛性的體相。特別值得注意的是，雖然滿月輪相只有十五祖
迦那提婆才能辨識，但是「滿月輪相」也是圖像的一種，以圖像的
象徵來呈示佛性的體性，也是後世公案常用的手法。
　　龍樹與迦那提婆之間的公案，仍有一則值得吾人特別重視：

> （迦那提婆）謁龍樹大士，將及門，龍樹知是智人，先遣侍
> 者以滿鉢水置於座前，尊者（迦那提婆）觀之，即以一針投
> 而進之，欣然契會。（普慧本新文豐印《景德傳燈錄》卷二，頁29。）

　　以上這一段引文中的滿鉢水，象徵圓滿的佛性與心體的不生不
滅，迦那提婆投以一針入水的動作，象徵了理事無礙的妙用，前者
無住，後者生心，彰顯了佛性的體用，所以欣然契會。這一段的公

案，主要是運用了生活中的事物，同時設下圖像般的問題，若是領悟佛法的人，便能當下破解，彰顯佛性的特質。

十六祖羅睺羅多與十七祖僧伽難提之間，曾經有一段有關於「汝身定耶？心定耶？」兩人經過反覆的論辯，窮竭所知，回歸無我的訴求目標。可見《景德傳燈錄》記錄的早期公案中，以言語的論辯分析進而掌握佛法的妙諦，保持若干印度佛教重現辯論的特色。

> 山舍一童子（伽耶舍多）持圓鑑直造尊者（僧伽難提）前。尊者問：「汝幾歲耶？」曰：「百歲。」尊者曰：「汝年尚幼，何言百歲？」曰：「我不會理，正百歲耳。」尊者曰：「汝善機耶？」曰：「佛言：『若人生百歲，不會諸佛機，未若生一日而得決了之。』」師曰：「汝手中者當何所表？」童曰：「諸佛大圓鑑，內外無瑕翳。兩人同得見，心眼皆相似。」彼父母聞子語，即捨令出家。尊者攜至本處，受具戒訖，名伽耶舍多。他時，聞風吹殿銅鈴聲。尊者問師曰：「鈴鳴耶？風鳴耶？」師曰：「非風，非鈴，我心鳴耳。」尊者曰：「心復誰乎？」師曰：「俱寂靜故。」尊者曰：「善哉！善哉！繼吾道者，非子而誰？」即付法偈曰：「心地本無生，因地從緣起；緣種不相妨，華果亦復爾。」（普慧本新文豐印《景德傳燈錄》卷二，頁31。）

以上的引文中有兩項重要的公案，前者是十八祖伽耶舍多手持圓鑑（鏡），表示諸佛的體性是內外無瑕翳，若是心眼開通的兩人，都能得見現象界的圓鏡中有不生不滅的佛性，這一項公案已有承襲十四祖龍樹尊者示現的滿月輪相的公案的痕跡，也是後世公案中禪師畫一圓相的先驅之一。至於後者的鈴鳴與風鳴的質問，除了延續前面祖師跳脫二元對立的思考模式之外，也正式啟發了後世如六祖

惠能的風動幡動的辯證，只是不同的是，此處更加深入，質問「心復誰乎？」然後伽耶舍多直接說明是「俱寂靜故」的心性特質。

　　十八祖伽耶舍多與十九祖鳩摩羅多的傳法因緣中，有一項公案也是後世眾多公案中，特別是參話頭的公案之原始雛型，值得深入的研究：

> （伽耶舍多）領徒至大月氏國。見一婆羅門舍有異氣。尊者（伽耶舍多）將入彼舍。舍主鳩摩羅多問曰：「是何徒眾？」曰：「是佛弟子。」彼聞佛號，心神竦然，即時閉戶。尊者良久自扣其門。羅多曰：「此舍無人。」尊者曰：「答無者誰？」羅多聞語，知是異人，遽開關延接。（普慧本新文豐印《景德傳燈錄》卷二，頁 32。）

　　以上引文中的「答無者誰？」直探生命的本源，也是後世公案的「念佛者誰」、「拖死屍者誰」與「我是誰」等公案話頭的前身，並且其目的都是希望從現象界生滅執著的自我，迴照心光返照自性本體不生不滅的無我涅槃。此外，從這一則公案的發生背景來看，這是一個生活的場景，不是佛教學者紙上作業的平臺，伽耶舍多質問鳩摩羅多的「答無者誰」，完全是當時現實生活的情況，沒有特別的造作，更無刻意的提舉，這是原始公案發生的實況，活生生的展現在眼前。因此，後世公案在生活現場之外，或因紙上得知，或因師父提舉，或因其他非相關因素所刻意營造的「念佛者誰」、「狗子無佛性」等話頭，乃至於「評唱」、「頌古」等，皆是逐漸遠離生活的禪宗教育法門。

　　在十九祖鳩摩羅多與二十祖奢夜多的因緣中，雖然不具備後世公案善用奇言詭行或圖畫象徵的模式，但是從業報輪迴的觀念，推論至本心清淨無生滅造作的結歸，相當完整的具備了佛教的正知見：

中天竺國有大士名闍夜多問（鳩摩羅多）曰：「我家父母素
信三寶，而嘗縈疾瘵，凡所營作皆不如意，而我隣家久為旃
陀羅行，而身常勇健，所作和合，彼何辜而我何辜？」尊者
曰：「何足疑乎？且善惡之報有三時焉。凡人恆見仁夭暴壽
逆吉義凶，便謂亡因果，虛罪福，殊不知影響相隨，毫釐靡
忒。縱經百千萬劫亦不磨滅。」時闍夜多聞是語已，頓釋所
疑。尊者曰：「汝雖已信三業，而未明業從惑生，惑因識有，
識依不覺，不覺依心，心本清淨，無生滅，無造作，無報應，
無勝負，寂寂然，靈靈然。汝若入此法門，可與諸佛同矣。
一切善惡有為無為皆如夢幻。」闍夜多承言領旨，即發宿慧，
懇求出家。（普慧本新文豐印《景德傳燈錄》卷二，頁32。）

　　以上引文充份說明了禪宗做為佛教一個宗派，雖然其哲學理論
層面不如教門的各宗，但是基本的佛教知見與原理，禪宗與其他各
宗是完全一致的，也是禪宗教學方法中的理論基礎，最後也結歸在
本心清淨的論證。因此，早期的禪門公案中，也有以佛法的知見為
開示的內容，循循善誘的引導學人進入涅槃的境域。

　　在第二十祖闍夜多與二十一祖婆修盤頭的因緣中，曾經有一段
闍夜多的開示，頗符合《維摩詰經》的宗旨：

尊者（闍夜多）曰：「我不求道，亦不顛倒。我不禮佛，亦
不輕慢。我不長坐，亦不懈怠。我不一食，亦不雜食。我不
知足，亦不貪欲。心無所希，名之曰：『道』。」時徧行聞
已，發無漏智，歡喜讚歎。（普慧本新文豐印《景德傳燈錄》卷二，
頁33。）

　　婆修盤頭聽了以上的開示，就開悟發起無漏慧，可見禪宗公案中的施法對象若具備相當的功力，只要一經禪師指導，便能言下開悟。換句話說，只要是真修實證的禪師，對於傳法的對象深知病根，應病與藥，便能立時除障而令其悟解佛法，然而後世眾生障深慧淺，祖師不得已才廣設方便，或棒或喝，目的不外乎解縛證真，契證涅槃。

　　在第二十一祖婆修盤頭與第二十二祖摩拏羅的本傳中，載有兩人得到釋迦牟尼佛的預言授記或是宿命神通，憑添祖師傳承的神祕性。此外，在第二十三祖鶴勒那與二十四祖師子比丘的對話因緣中，針對佛事功德有一段精采的對話：

　　　師子比丘問曰：「我欲求道，當何用心？」尊者（鶴勒那）
　　　曰：「汝欲求道，無所用心。」曰：「既無用心，誰作佛事？」
　　　尊者曰：「汝若有用，即非功德；汝若無作，即是佛事。經
　　　云：『我所作功德而無我所故。』」師子聞是言已，即入佛
　　　慧。（普慧本新文豐印《景德傳燈錄》卷二，頁36。）

　　其中，鶴勒那以「汝欲求道，無所用心」一句，點破禪門玄機，與後世馬祖道一的「平常心是道」可以前後輝映。同時，因無刻意造作的緣故，所以才是真正的佛事，這一項公案與菩提達摩遇梁武帝的對話，在精神層面上也有互通之處。

　　第二十四祖師子比丘與旁出的達磨達，曾經因為修習禪定的緣故，有以下的一段對話：

　　　尊者（師子比丘）曰：「仁者（達磨達）習定，何當來此？
　　　既至于此，胡云習定。」曰：「我雖來此，心亦不亂。定隨
　　　人習，豈在處所。」尊者曰：「仁者既來，其習亦至。既無

處所，豈在人習？」曰：「定習人故，非人習定。我雖來此，
其定常習。」尊者曰：「人非習定，定習人故。常自來時，
其定誰習。」彼曰：「如淨明珠，內外無翳。定若通達，必
當如此。」師曰：「定若通達，一似明珠。今見仁者，非珠
之徒。」彼曰：「其珠明徹，內外悉定。我心不亂，猶若此
淨。」師曰：「其珠無內外，仁者何能定？穢物非動搖，此
定不是淨。」達磨達蒙尊者開悟，心地朗然。（普慧本新文豐印
《景德傳燈錄》卷二，頁 36-37。）

　　以上引文有兩項重點：其一是有關於禪定與修習者身心的相關
問題；其二是以「明珠」為喻，達磨達先立「其珠明徹，內外悉定」
的命題，以證成「我心本亂，猶若此淨」的結論，然而卻被師子比
丘破解為「此定不是淨」。後世公案中，多以「明珠」比喻佛性，
因此這項象徵物是有歷史淵源背景的。

　　在第二十五祖與外道的辯論法義中，以一句「辯者是誰？當辨
何物？」總共經過往返五十九翻，才使外道杜口信服。由此可見，
早期的公案模式，除了生活化的教學方法外，也包含了論辯法義，
透過反覆的辯論，窮究一切法的根柢，也是禪門教學的另一種方法。

　　在第二十六祖不如密多與二十七祖般若多羅的因緣中，有一段
特殊的記載：

瓔珞童子（般若多羅）遊行閭里，丐求度日，若常不輕之類。
人問汝何行急，即答云：「汝何行慢？」或問何姓，乃云：
「與汝同姓。」莫知其故。後王與尊者（不如密多）同車而
出，見瓔珞童子稽首於前。尊者曰：「汝憶往事否？」曰：
「我念遠劫中與師同居，師演摩訶般若，我轉甚深脩多羅。
今日之事，蓋契昔因。」尊者又謂王曰：「此童子非他，即

大勢至菩薩是也。」（普慧本新文豐印《景德傳燈錄》卷二，頁39。）

　　此段引文中的瓔珞童子（般若多羅）已經使用後世公案中常見的奇言詭行，略有瘋顛佯狂的模樣，但是卻具備神通宿命，更被說是「大勢至菩薩」的化身，為禪宗祖師的傳奇性增添更多的色彩。

　　在二十七祖般若多羅與菩提達摩的因緣中，曾經有兩段精采的對話，都是指向法性的不生不滅：

> 菩提多羅（菩提達摩）曰：「此是世寶，未足為上。於諸寶中，法寶為上。此是世光，未足為上。於諸光中，智光為上。此是世明，未足為上。於諸明中，心明為上。此珠光明，不能自照，要假智光，光辨於此。既辨此已，即知是珠。既知是珠，即明其寶。若明其寶，寶不自寶。若辨其珠，珠不自珠。珠不自珠者，要假智珠而辨世珠。寶不自寶者，要假智寶以明法寶。然則師有其道，其寶即現。眾生有道，心寶亦然。」尊者歎其辯慧，乃復問曰：「於諸物中，何物無相？」曰：「於諸物中，不起無相。」又問：「於諸物中，何物最高？」曰：「於諸物人，人我最高。」又問：「於諸物中，何物最大？」曰：「於諸物中，法性最大。」尊者知是法嗣。
>
> （普慧本新文豐印《景德傳燈錄》卷二，頁40。）

　　以上引文中的辯論，不難看出「心明為上」、「法性最大」的價值判斷標準，也是西天二十八祖中最後的一則公案。之後，菩提達摩西來中國，開啟了中國禪宗歷史的第一頁，其中在《景德傳燈錄》卷三載有達摩初遇梁武帝的一段因緣，也是見於中國禪宗史籍裡的第一則中國本土的公案：

（梁武）帝問曰：「朕即位已來，造寺寫經度僧不可勝紀，有何功德？」師（達摩）曰：「並無功德。」帝曰：「何以無功德？」師曰：「此但人天小果有漏之因，如影隨形，雖有非實。」帝曰：「如何是真功德？」答曰：「淨智妙圓，體自空寂，如是功德不以世求。」帝又問：「如何是聖諦第一義？」師曰：「廓然無聖。」帝曰：「對朕者誰？」師曰：「不識。」帝不領悟。（普慧本新文豐印《景德傳燈錄》卷三，頁47。）

引文中的這一則公案具備歷史詮釋的價值，因為這是一段生活現場中對話的語錄，發生在禪宗祖師引領信眾教外別傳直指人心的見地與法門，撞擊在中國大小乘兼融並蓄的佛教傳統的板塊，引發了觀念知見的衝突。然而，兩人的問答，可以用「本體」及「相用」的範疇，加以釐清與化解。因此，梁武帝以「相用」的層次詢問達摩有關於「造寺、寫經、度僧」的功德有多少時，達摩卻以「法性本體」的層次回答「並無功德」，後面也加以解釋說明，真正的法性功德是「淨智妙圓，體自空寂」的。接著，梁武帝又以「相用」層次中的名相去問「如何是聖諦第一義？」達摩的回答是以「法性本體」的實證境界而說：「廓然無聖。」前者是立，後者是破，不落言詮，契於無生法性。最後，達摩以「不識」的無我妙智的「本體」立場，回應了梁武帝「對朕者誰」的外在現象的「相用」訴求，所以梁武帝不能領悟達摩的妙旨。

從達摩與梁武帝乃至於與中國禪宗二祖慧可之間的因緣，[13]已經

---

[13] 在現存的各項典籍中，第一次全面記述達摩生平思想與二祖慧可的文獻是唐代道宣律師(596-667)的《續高僧傳》，在卷16中載有「齊鄴下南天傳」與「齊鄴下釋僧(慧)可傳」，其中提到菩提達摩是南天竺婆羅門種等生平敘述，以及慧可「年登四十，遇天竺沙門菩提達摩，……奉之為師，畢命承旨，從學六載」與慧可「遭賊斫臂」、「側宿墓中遇雪深三尺」的紀錄。此事見唐道宣撰：《續高僧傳》卷16，《大正藏》第50冊，頁551b-552c。在唐中宗景龍二年淨覺集《楞伽師資記》中首度提到惠（慧）可「年十四，遇達摩禪遊化嵩洛，

正式形成並開啓了中國禪宗公案的新紀元，接著要討論是公案的結集收錄與「公案」專有名詞的出現了。

　　如果將公案定義爲「具備言行問答模式的禪機應對啓發之文字紀錄」時，無疑的在中國禪宗典籍中最早具備這項條件的是《六祖壇經》，《六祖壇經》雖名爲經，實際上卻是惠能開示法要與師徒間應對的機緣語錄，在此之前，是以佛法的開示或論著爲主，在此之後，禪門各家的語錄，皆相續而生，其中也包含了許多的公案。之後，由各家的獨家語錄，逐漸彙編而形成「傳燈錄」的燈史體裁，將實際的公案語錄附錄在祖師傳承的法系中，表面上是禪史的敘述與禪師本傳的介紹，內容都是以對話的機緣語錄或是公案爲主。公案發展到後來，逐漸脫離了禪宗史籍的附庸地位，形成公案詮釋的專著，如《碧巖集》、《無門關》等。關於此點，下文將會進一步的介紹與分析。

四、「公案」一詞的出現及公案發生的歷史原因

　　「公案」一詞的出現，一般是以晚唐禪僧黃檗希運（？-850）〈黃檗斷際禪師宛陵錄〉中曾經有一段開示說道：

　　　師一日上堂，開示大眾云：「……若是箇丈夫漢，看箇公案！

奉事六載，……吾本發心時，截一臂，從初夜雪中立，直至三更，不覺雪過於膝，以求無上道」的說法，大抵是《續高僧傳》的一種延續性的說法，見淨覺集：《楞伽師資記》，《大正藏》第 85 冊，頁 1284c-1286a。到了唐開元年間編成的杜朏撰的《傳法寶紀》載「惠（慧）可斷其臂以驗誠懇」，並有夾註云：「案餘傳云：被賊斫臂蓋是一時謬傳耳。」見杜朏撰：《傳法寶紀並序》，《大正藏》第 85 冊，頁 1291a-c。以上的各項說法，很難據以論斷原始真實的面貌，不過慧可的事蹟，的確有被塑造的痕跡。誠如孫昌武指出：「由以上材料，我們可以看到慧可傳形成的過程：簡單的史實經過不斷的藝術加工而成爲生動的人物描寫了。」同時，達摩形象對中國文學藝術有深遠的影響，請參閱孫昌武著：《詩與禪》，台北：東大圖書股份有限公司，1994 年 8 月初版，頁 12-14。

僧問趙州云：『狗子還有佛性也無？』（趙）州云：『無。』
但去二六時中看箇「無」字，晝參夜參，行住坐臥，著衣吃
飯處，阿屎於尿處，心心相顧，猛著精采，守箇「無」字。
日久月深，打成一片，忽然心花頓發，悟佛祖之機，便不被
天下老和尚舌頭瞞，便會開大口。」（大正 48・387a-b）

　　以上這段引文中的「公案」一詞，是目前所見文獻典籍中禪宗
祖師第一次使用的實例，而且其內容是以趙州禪師（778-897）「狗
子無佛性」的著名公案爲參究的對象，就黃檗希運開示的內容來看，
這項參「無」字話頭的公案已經十分的成熟，而且是以當世其他禪
僧（當時趙州禪師約 70 至 72 歲）的公案爲教學的門徑，因爲黃檗
希運的〈宛陵錄〉是希運禪師在「大中二年（848）廉於宛陵，（裴
休）復去禮迎至所部，安居開元寺，旦夕受法，退而紀之」的實錄，
此段文字刊出於唐大中十一年十一月初八日的〈斷際心要裴休序〉
（大正 48・379b-c），可見「公案」一詞的最早出現，應是晚唐宣
宗大中二年（848）到大中四年（850）間的時間。在此之後，運用
到「公案」一詞及其教學方法的禪僧，就相繼不斷的出現了。
　　對於「公案」發生於中國的歷史因素，鈴木大拙曾經指出四項
不可或缺的原因：

　　　　公案參究這種發明之所以不可避免，出於下列情況：一、禪
　　　的修習如果聽其自然而不加管帶的話，不久就會因爲它那種
　　　貴族式的訓練和體驗性質而自行消失了。二、禪自從六祖慧
　　　能過後，經過兩三百年的發展，終於逐漸失去了它那種創發
　　　的動力，因此之故，如果要它繼續生存下去，就得運用某種
　　　可以激發禪悟意識的手段，從而喚起一種新的生命才行。三、
　　　積極創發的時代一旦過去之後，便有許多名爲「話頭」、「機

緣」、或者「問答」的材料累積起來，成了禪宗史傳的主要
成份，而這些東西則可引發一種知識解會的活動，對於禪悟
經驗的培養至為有害。四、禪宗自有歷史以來，就有一種寂
靜主義流行其間，威脅到活的禪悟經驗，至為危險。寂靜主
義或所謂的「默照禪」與主知主義的「看話禪」這兩種傾向，
自始就互相交戰，縱非明爭，亦是暗鬥。由於上述種種情況，
十與十一世紀時的禪師們，這才採用公案參究的辦法。[14]

　　禪宗公案的發生及其參究的歷史因素，主要是菩提達摩以來禪
宗思想與修行方法發展上的一個瓶頸，特別是從五祖弘忍以後，禪
宗開始有聚徒大眾的講習，此後在六祖惠能以後，分門立派，流衍
旁支，所以相對應的需求更多適合大多數人的教學方法，以避免過
度貴族化或精英化的傳承危機，就必須有新的教學特色加以回應。
此外，禪是一種高度亟求悟性與創意於生活的宗教，如果固守傳統
的教法、囿限於祖師開示的舊規或是拘泥於僵化的形式，都對禪宗
的發展帶來很大的威脅。因此，在生活中運用生活的機會教育，在
生活的現場當下點破修證的玄機，就成為禪宗教育哲學的特色。當
然，最高明的禪法，或許是當下可以截斷學人的情識業流，但是禪
宗在普傳之後，除了造就更多的弘法宗匠，對於基本教義與修證要
領的教科書或教材規範化，就顯得十分迫切需要了。在如此的前提
下，原本給予禪宗新的活力與創造力的「公案」，後來卻成為固定
式的教材化的學習對象，並且以各種不同的方式呈現出來，如評古、
頌古、拈古、代別等文字禪或參話頭公案的形式出現，自然又成為
僵化的模式而逐漸失去原本活潑的動力與生命力，也直接造成禪宗
的衰落。此外，更值得注意的是，禪宗發展到南宋，有所謂臨濟禪

---

[14] 見鈴木大拙著，徐進夫譯：《開悟第一》，台北：志文出版社，1988 年 4 月初版，
　　頁 92-93。

的大慧宗杲與默照禪的宏智正覺的衝突，如此的衝擊，更加深了公
案禪的發展，因為走向了更為極端化的教學特色，也形成了參究公
案的重要歷史因素之一。

第二節　禪宗公案的形式、演變與發展

一、公案文獻的形成

　　除了《寶林傳》、《祖堂集》與《景德傳燈錄》載有賢劫七佛
與西天二十八祖的傳承史要之外，早期的公案都記錄在禪師的語錄
中。因此，語錄的形成就是公案成立的最主要關鍵。然而，何謂「語
錄」呢？

　　在歷史上被稱為「語錄」的文類或文體，在中國的起源甚早，
向來也有廣狹兩種意義。若就狹義的立場而言，即是指禪宗的機緣
語錄；若就廣義而言，在《漢書・藝文志》有「左史記言，右史記
事」的記言體，即是指記錄言論的《尚書》，[15]因此凡是以「記言」
或是「對話實錄」為判斷標準的考量，則在中國先秦的記言史籍、
經典或諸子散文中，諸如《戰國策》、《國語》、《論語》與《墨
子》等，皆是以記言或門徒記錄師說的形式，彼此扣發相激，問答
影響，已經與後世「語錄」的體例是十分接近的。在唐劉知幾《史
通・書志》中提到語錄的文體形式，有「作者猶廣之以《拾遺》，

---

[15] 在《漢書・藝文志》中說：「古之王者世有史官，君舉必書，所以慎言行，昭法
式也。『左史』記言，『右史』記事，事為《春秋》，言為《尚書》，帝王靡不同
之。」可見記言體的史籍是由專職的史官所記錄的官方紀錄，依廣義的角度來
說，應該也是語錄的文體之一。

加之以《語錄》」的說法。此外，在中國歷史上第一次以「語錄」為著作名稱的書，目前以《舊唐書・經籍志》著錄孔尚任所撰的《宋齊語錄》（十卷）為最早，基本上其形式是延續著《國語》與《世說新語》的體例。然而在語錄文體逐漸定型而成為唐宋禪宗僧俗對話機緣之後，就形成了所謂的「語錄體」，亦即專指記錄或摘錄某人或多人言論的語錄形式而寫成的作品。[16]所以，語錄體狹義的指稱為禪宗的機緣語句的實錄或宋明理學家師徒的言語記載。中國佛教的語錄，並不僅是專用於禪宗，在禪宗以外的祖師語集，也可被稱為語錄。中國佛教史上最初見於《宋高僧傳》卷六的「慧義寺神清章」中之《北山參玄語錄》，不過今人所用的「語錄」意義與此並不相同。[17]至於中國禪宗以語錄之名概括禪宗文獻的最早出現，據日本學者柳田聖山在〈禪宗語錄の形成〉一文中指出：

> 以「語錄」的名稱來概括禪宗的文獻是比較新的說法。「語
> 錄」之名，首見於《宋高僧傳》卷二十的「感通篇」中收錄

---

[16] 魏道儒曾經指出語錄從唐代到宋代的形成與演變：「《語錄》記禪師個人及其師友、弟子的言論，大同於《論語》之記孔子語的體裁。編集者多屬於禪師的後學。此風也始於初唐，在中晚唐轉盛，到了宋代，簡直是泛濫成災。一些禪僧不但編集前代禪師語錄，也編集當代僧人語錄；不但編有名震一方的禪師語錄，而且無所影響的禪師也有語錄流傳。士大夫欣賞它們，他紛紛為之寫序，猶如唐代文人樂為禪師高僧撰寫碑銘一樣。」杜繼文、魏道儒著：《中國禪宗通史》，江蘇：江蘇古籍出版社，1995 年 2 月第 1 版第 2 次印刷，頁 383。

[17] 《北山參玄語錄》是由唐代梓州慧義寺沙門神清所著，凡十卷，北宋慧寶注。又稱《北山語錄》、《參玄語錄》，目前收錄在《大正藏》第 52 冊。稱為「北山」的原因，主要是因為慧義寺位居於城北長平山之陽，故稱「北山錄」。此書博綜儒、釋、道三教玄旨而為著錄，因此稱為「參玄」，採用佛教的教義以調和孔、孟、老、莊、列、荀、楊、班與馬等各家之異說，內容廣及儒、釋、道三教與諸子百家等。因此，此書與後世的禪宗或理學的「語錄體」是截然不同的。另可參見陳垣《中國佛教史籍概論》卷五。此外，據《佛祖歷代通載》卷十五載唐憲宗元和十五年「有沙門北山和尚，諱神清字靈叟」者，撰「《語錄》十卷」的說法（《大藏經》第 49 冊，頁 626）。這與《新唐書・藝文志》三所著錄的「神清《參元語錄》十卷」即為同一本。

的「黃檗希運傳」末尾:「語錄而行於世」(《大正》50,頁 842c);同樣的收錄在卷十一「習禪篇」的「趙州從諗傳」裏也是這麼說。在此之前,更早的《祖堂集》裏有行錄、行狀、別錄等的名詞,但是尚不能稱為「語錄」。[18]

在中國禪宗形成之後,禪宗祖師個人的法語開示被記錄為各式的文體,如菩提達摩的《二入四行論》、三祖僧璨的《信心銘》、六祖惠能的《六祖壇經》與荷澤神會的語錄等。其中,六祖惠能的《六祖壇經》事實上已經具備了後世所謂「語錄體」的特質。[19]然而,在禪宗史上第一篇以「語錄」命名的典籍是編撰者不詳而為禪宗四家祖師法語集成的《四家語錄》,[20]之後單以「語錄」為書名迄於清末而現今仍留存版本的文獻,據藍吉富主編之《禪宗全書》即收錄了 285 部禪師語錄的典籍,[21]其中還不包括名不同而實同的「廣錄」、

---

[18] 見柳田聖山:〈禪宗語錄の形成〉,此文收於日本《印度學佛教學研究》第十八卷第一號【通卷第 35 號】,日本印度學佛教學會編集,昭和 44 年 12 月 25 日發行,頁 39。

[19] 對於語錄體形式的判定,最早應為何種典籍,學者間一直有不同的看法,如杜松柏就曾經指出:「現禪宗語錄最早之存者,當為六祖壇經、神會和尚語錄,兩者皆見敦煌石室所藏,足為確證。」見杜松柏著:《知止齋禪學論文集》,台北:文史哲出版社,1994 年 11 月初版,頁 155—157。

[20] 在中國佛教史上的《四家語錄》,有三種不同的系統:㈠內容是彙集禪宗六祖惠能的法孫馬祖道一以下,包括百丈懷海、黃檗希運、臨濟義玄等四位禪師的語錄而成的六卷本。亦即本文所指編著者不詳的作品,又稱《馬祖四家錄》、《馬祖百丈黃檗臨濟四家錄》等。目前收錄於《卍續藏》第 119 冊禪宗語錄別集部。另依日本慶安元年(1642)刊本所附載的楊傑之序文的說法,據說本書是由黃龍慧南所校閱,因此推測本書可能是宋初臨濟宗黃龍派弟子所編撰的。㈡內容是彙集慈明楚圓的慈明圓禪師語錄、楊岐方會的楊岐會禪師語錄、白雲守端的白雲端禪師語錄與五祖法演之五祖演禪師語錄等四位禪師的語錄而成的四卷本。本書是由正堂辨編,又被稱為《慈明四家錄》,可惜此書已經散佚,現今除了白雲守端的語錄之外,其餘皆收入《古尊宿語錄》中。㈢內容是彙集黃龍慧南禪師語錄、寶覺祖心禪師語錄、死心悟新禪師語錄與超宗慧方禪師語錄的語錄而成的四卷本。本書由黃龍第四世慧泉編,仲介重編。又被稱為《黃龍四家錄》,目前收錄於卍續藏第 120 冊禪宗語錄通集部。

[21] 藍吉富主編的《禪宗全書》,完成於 1990 年,由文殊文化有限公司於 1990 年 5

「語要」、「拾遺」、「別集」與「通集」等，[22]可見禪宗語錄已經
成爲中國禪宗歷史文獻在唐宋以後最主要的作品形式。

禪宗的語錄與公案之間的關係，主要是形式與內容的互爲表
裏。換句話說，「語錄」是文體紀錄的形式，至於其內容則是以「公
案」爲主體。從語錄的雜編到公案的形成，是有一定的步驟及程序，
也包含了相當深入的哲學史意義。關於此點，誠如巴壺天爲禪宗的
語錄與公案的關係定下基本的意義：

> 禪宗祖師們的語錄，是表現他們禪的內在的經驗記錄，不只
> 是簡人的傳記，而且是佛法的記述，因爲在他們，人和佛法
> 是不二的，人就是佛法，佛法就是人。他們間的問答機緣，
> 後人稱爲公案，那是什意思呢？綜合碧巖錄、雲棲正訛集，
> 及中峰廣錄山房夜話的解釋，大意是說：「公案是公府的案
> 牘，所以剖斷是非；祖師們對機垂示所用的語言和動作，所
> 以剖斷迷悟。」這樣說來，公案是能喻，祖師的垂示是所喻，
> 能喻與所喻，倒是十分切合的。[23]

月初版。全書共 100 冊，另附總目索引一冊，是目前全世界收錄中文禪籍最多
的禪宗叢書，內容收輯六世紀迄二十世紀之禪宗典籍共計 580 部。全書分爲史
傳、宗義、語錄與雜集等五部，其中以語錄部收錄的典籍最多，是從第 36 冊開
始至第 80 冊共 45 冊收錄了禪宗的語錄。另外，在其語錄部中所收錄的禪宗典
籍，除了以「語錄」爲名的之外，也收錄了「語要」、「廣錄」、「拾遺」、「別集」
與「通集」等，甚至有其他不同的名稱，也包括了《六祖壇經》的各種版本，
可見其取材之廣泛。

22 禪宗的語錄有多種別名，其中「廣錄」是指將祖師的開示法語作比較詳細的記
　錄者，例如《雲門匡真禪師廣錄》、《馬祖道一禪師廣錄》；「語要」是指僅僅摘
　記其中重要部分開示者，例如《百丈懷海禪師語要》；又有稱爲「別集」者，是
　僅集一人的法語；收集多位禪師法語開示的，則被稱爲「通集」。

23 請參閱巴壺天：〈禪宗公案之透視〉，此文收錄於張曼濤主編：《現代佛教學術叢
　刊》52《禪宗思想與歷史——禪學專集之六》，大乘文化出版社，1978 年 9 月初
　版，頁 53。

　　從能喻及所喻的關係，吾人可以進一步推求禪宗語錄的形成，禪宗的語錄主要是禪宗祖師們說法開示或師徒對話機緣的文字紀錄，是由禪師的侍者、弟子或參隨弟子們予以記載而蒐集成冊，即稱「語錄」。同時，禪宗祖師在日常開示的法語或應對實錄被弟子們以筆記的方式記錄，逐漸的取代爲修行的主要憑藉，代替了經典的註釋書籍，所以語錄有指導書與參考書的味道，並且具備高度信服及說服力，也爲口語文學提供了珍貴的素材。因此，語錄的對話內容並不是修飾美麗的詞藻或文學誇飾的語言模式，相對的展示了生活的俗語，甚至當時的口語或俚語，所以可以被視爲俗文學的文類之一。[24]同時，口語的對話是各式教學方法中最爲直接的表現形式之一，那是屬於身教與言教展現於生活教育的一環，不僅是禪宗，在中國先秦時代的《論語》、《墨子》等相關典籍中即已出現簡潔的文言語錄，生動活潑的著錄了先哲的智慧。[25]此外，在禪宗的對話語錄中除了公案之外又大量的夾雜著難解的詩偈、讖語、文疏或是晦澀的隱語、遮言與完全不相干的言論，往往令後人無法得到完整、

---

[24] 盧烈紅曾指出禪宗語錄中口語文學的研究價值：「禪宗語錄的最大長處在於，由於它主要載錄的是禪家師徒日常授受禪法的問答之語，而禪宗是具有大衆化色彩的佛教宗派，禪家語言有淳樸俚俗的特色，因此它保存了十分豐富的口語資料，是同時期最口語化的文獻。」見盧烈紅著，《古尊宿語要代詞助詞研究》，武昌：武漢大學出版社，1998 年 5 月第 1 次印刷，頁 9。

[25] 對於語錄體的口語現象，加地哲定曾指出：「所謂語錄就是用口語體寫成的對話錄。對話是闡明教說的最直接的方法之一。經文基本上都是用對話的形式編寫的。儒家經典《論語》亦然。不同之處在於《論語》爲文言體。爲什麼唐宋以來禪僧的記錄都使用口語對話的形式呢？必用口語的理由在哪兒呢？原因是多方面的。禪家歷來有『不立文字』的主張。研究經論，莫如在師生間以心傳心，生徒直接接受老師的啓示，從老師起居、片言隻語間捕捉佛法之真意。爲此，禪師的日常語言很受重視。真意寓於言談之中，用言談即可悟得真意。既然是日常語言，其中自然有許多俗語、俚語、比喻語、外國語。特別禪宗，爲了易於捕捉言外之意往往使用一種被認爲是隱語的語言。它表現力極強，辛辣、刺激、入木三分。否則，就不能直接突入超越凡知而又不允許邏輯推究的禪之境地。」見加地哲定著、劉衛星譯：《中國佛教文學》，高雄：佛光出版社，1993 年 7 月 1 日初版一刷，頁 320 – 321。

詳實與正確的理解，另外又賦予無限的詮釋空間，充份展現了禪宗語言模式在修行體驗上「如人飲水，冷暖自知」的境界與詮釋者「獨恨無人作鄭箋」的困境，[26]像是清代乾嘉考據經學的吳派的學者錢大昕（1728-1804）就曾經對禪宗語錄的通俗性提出異議，在其《十駕齋養新錄》卷 18 中指出：「達摩西來，自稱教外別傳，直指人心，數傳以后，其徒日眾，而語錄興焉，支離鄙俚之言，奉爲鴻寶。」就可以看出世人對語錄的看法之一斑。此外，禪宗語錄的形式興起於唐而盛行於宋，也影響到當時的學術環境與宋代理學的發展，成爲著錄學術的體裁之一，除了在禪宗典籍中記載禪師言行的被稱「語錄」之外，佛教以外的典籍，也往往以「語錄」名之，例如富弼《富公語錄》、寇瑊《生辰國信語錄》等。至於宋明理學家議論講學，也時常以「語錄」的名稱題之，例如《上蔡語錄》、《張子語錄》等等。因此，在《郡齋讀書後志》中就特立了「語錄類」書目，專門著錄宋明理學家的語錄。[27]

　　至於禪宗語錄的產生，主要是因爲唐末五代與趙宋以後，禪宗建立了叢林的制度，凡是知名而具備修證體驗的禪師多半曾經出任

---

[26] 對於禪宗語錄的難解與難讀，一直困擾了歷代學者，如袁賓曾指出語錄中的「口語詞」是其中解讀的關鍵：「禪宗語錄素稱難讀。除了禪宗僧人具有獨特的思維方式和表達方式等原因外，語錄中使用了大量的爲今人所不甚了然的口語詞（包括帶有口語色彩的行業語），顯然也是閱讀理解的一大障礙。」見袁賓著：《禪宗著作詞語彙釋》，江蘇：古籍出版社，1990 年 11 月第 1 次印刷，頁 2。

[27] 請參見張伯偉著：《禪與詩學》，台北：揚智文化事業股份有限公司，1995 年 1 月初版，頁 50-51。另，張伯偉也指出：「宋代筆記的發展也遠過於前代，其中有一個很明顯的特點，就是許多筆記皆以『錄』名。僅以《四庫全書總目》所收加以統計，宋代筆記以『錄』爲名的就有四十多種，其比例是很可觀的。有的是『談錄』，如王欽臣的《王氏談錄》、張洎的《賈氏談錄》；有的是『筆錄』，如楊延齡的《楊公筆錄》、王曾的《王文正筆錄》；有的是『漫錄』，如張邦基的《墨莊漫錄》、曾慥的《高齋漫錄》；還有的是『聞見錄』，如邵博的《邵氏聞見錄》、曾敏行的《四朝聞見錄》，等等。其中最值得注意的是，有的筆記直接以『語錄』爲名，如馬之卿的《元城語錄》；有的筆記則有『語錄』的異名，如釋曉瑩的《羅湖野錄》，一名《羅湖禪師語錄》。以『錄』爲名的筆記在宋代的大量出現，這與語錄體的盛行恐怕是不無關係的。」

住持方丈一職，依照禪宗叢林的制度，寺院中必設有書記一職，[28]專門職司與記錄禪師的言行或是師徒間對話的機緣語句，日後編輯成爲語錄，[29]或是由某一禪宗宗派的學人廣泛的蒐集各家的語錄而成爲禪宗語錄的「廣錄」。

　　在中國禪宗史上第一次大規模蒐集禪師語錄，甚至加以詳細註釋與評判高低的，最早出自於中晚唐的圭峰宗密大師所著的《禪源諸詮集》，雖然此項巨著未能流傳後世，但是在其傳世名作的《禪源諸詮集都序》[30]中，即已明確指出《禪源諸詮集》的成書背景是：「《禪源諸詮集》者，寫錄諸家所述，詮表禪門根源道理，文字句偈，集爲一藏，以貽後代，故都題此名也。」[31]其中收錄大約有百家之多，但是禪法的分類，概分爲十家：「今且所述殆且百家，宗義別者，猶將十室：謂江西、荷澤、北秀、南侁、牛頭、石頭、保唐、宣什及稠那、天台等。」[32]於其註釋與評論，宗密說：「故集諸家之善記，其宗徒有不安者，亦不改易。但遺闕意義者，注而圓之；文字繁重者，注而辨之。仍於每一家之首，注評大意。」[33]外，更值得注意的是宗密編排次第與撰述旨趣，已經爲後世的禪宗語錄或燈錄

---

[28] 有關於古代叢林的「書記」職務及其功能，誠如南懷瑾所言：「書記一位，或數位。他執掌文墨，等於行政機關的秘書長，凡有關於寺務的文牘，都由他職掌。舊制寫作佛事文書例如疏啓一類，多採用四六字句的駢文體，這個職位，後代又改變有寫法書記的名稱。他等於中國古代帝王左右的史官，所謂左史記行、右史記言一樣，他集二者於一身，書寫記載住持和尚的說法的法語和言行，故須選善於文翰者任之。又有把這個職位，用作犒賞勞職之用，選擇清眾當中，有多年苦行的任之，使他得到一個獨居靜處的寮房。書記可進陞爲堂主，舊制也又有稱爲記室的。」請參閱南懷瑾：〈禪宗叢林制度與中國社會〉，此文收錄於張曼濤主編：《現代佛教學術叢刊》⑨⓪《佛教與中國思想及社會》，大乘文化出版社，1978 年 12 月初版，頁 329。

[29] 禪師的語錄都是在其晚年才進行，同時也成爲一種時代風尙。

[30] 《禪源諸詮集都序》是中晚唐佛學大師圭峰宗密(780-841)所著，凡二卷或四卷，目前收錄於大正藏第 48 冊，此書主要是《禪源諸詮集》的一篇序言。

[31] 見宗密：《禪源諸詮集都序》，《大正藏》第 48 冊，頁 399 上。

[32] 見宗密：《禪源諸詮集都序》，頁 400 中-下。

[33] 見宗密：《禪源諸詮集都序》，頁 412 中-下。

開啓了一道視窗：「故今所集之次者：先錄達摩一宗，次編諸家雜述，後寫印一宗聖教。聖教居後者，如世上官司文案，曹判爲先，尊官判後也。就當宗之中，以尊卑昭穆，展轉綸緒，而爲次第。」[34]在此之後，不論是語錄體或燈錄體禪籍，皆以達摩爲宗，展轉綸緒，次編達摩宗以外的諸家雜述，本論文主要討論的《景德傳燈錄》即是一明顯的實例。

　　從禪宗的語錄體的形成，接著就是相關於禪宗史籍的成立，若是狹義的就稱爲「燈史」，[35]敘述的是有關於禪宗從釋迦牟尼佛拈花微笑到西天二十八祖，再到東土六祖惠能而下的史事；廣義的被稱爲「燈錄」，除了延續燈史的規模之外，推而廣之，不僅廣泛的收錄禪宗發展的各派的傳承法脈法嗣源流、禪師的生平傳記大事、機緣語句與重要的公案，還有收錄禪師開示或創作的佛學著作。以上也可以分爲三個階段：第一階段是從《楞伽師資記》[36]到《歷代法寶記》[37]等較爲偏狹而多錯謬的記載；第二個階段是從《寶林傳》[38]到

---

[34] 見宗密：《禪源諸詮集都序》，頁 413 上。

[35] 此處所謂的「燈史」，意即從釋迦牟尼佛傳付教外別傳的心燈至中國，然後建立中國的禪宗，只要涉及禪宗傳承的記述，取其略意而稱之。

[36] 又稱《楞伽師資血脈記》，全一卷。唐代淨覺集於景龍二年（708）頃所作。目前收錄於《大正藏》第 85 冊。本書敘述《楞伽經》八代傳承相持的經過。本書站在北宗的立場撰述初期的禪宗傳承史要。因爲初期的禪宗祖師傳法特別重視《楞伽經》，所以稱爲《楞伽師資記》。其內容次序如下：(1)《楞伽經》的譯者求那跋陀羅，(2)菩提達磨（摩），(3)慧可，(4)僧粲，(5)道信，(6)弘忍，(7)神秀、玄賾、老安，(8)普寂、敬賢、義福、惠福等八代的傳承系統，以北宗法系爲主要的內容。本書在敦煌發現後，對研究北宗的禪史與禪法有重要的發展。此外，此書中視求那跋陀羅爲菩提達磨（摩）的師父，是其最大的錯謬處。此書的原本現存於倫敦大英博物館與巴黎國民圖書館。

[37] 《歷代法寶記》係唐代之作品，撰者不詳，全一卷。又稱《師資血脈傳》、《最上乘頓悟法門》、《定是非摧邪顯正破壞一切心傳》。收錄於大正藏第 51 冊。此書記錄由釋迦牟尼佛至菩提摩多羅等西土二十九祖、東土六祖，以及智詵、處寂、無相、無住與保唐宗的事跡與傳承。本書發現於敦煌，現存於大英博物館及法國國民圖書館各藏一部寫本。

[38] 《寶林傳》是唐代朱(金)陵沙門智(慧)炬與西天勝持三藏在韶州曹溪寶林山於德宗貞元十七年(801)所集成。共 10 卷，現存 7 卷，缺 7、9、10 等 3 卷。又稱《曹

《祖堂集》[39]，已經逐漸形成禪宗法系傳承的脈絡與古則公案的收錄；第三個階段是從《景德傳燈錄》以後的發展，經由文人的潤色與朝廷的頒行入藏，遂形成後世「燈錄體」風行天下。在此之後，專門記述「公案」的文獻典籍也應運而生，這項文獻延續前面三個階段而另闢蹊徑，具備獨特的風格與特定的目標指涉。其中，宋代臨濟禪僧圜悟克勤（1063-1135）於徽宗宣和七年（1125）完成的《碧巖集》，即是公案文獻專著的典籍始祖，從此之後公案文獻風起雲湧，酬唱相喝之作櫛比鱗次，光是相關《碧巖集》的鈔釋、講義等詮釋的著作，就有五十多種，其他的如《擊節錄》、《從容錄》[40]、《請益錄》、《虛堂集》、《空谷集》、《空谷傳聲集》、《正法眼藏》、《無門關》、《禪林類聚》、《聖人千果》與《列祖提綱

溪寶林傳》、《雙峰山曹侯溪寶林傳》、《大唐韶州雙峰山曹溪寶林傳》。目前收錄於宋藏遺珍第二冊(臺灣新文豐出版社影印刊行)、藍吉富編《禪宗全書》史傳部㈠。內容是闡述六祖惠能的法統，集錄相關禪宗史籍，如《六祖壇經》、《五明集》、《續法傳》、《歷代法寶記》等書的大成，主張西天二十八祖的傳承系統。之後遂有《祖堂集》、《景德傳燈錄》、《廣燈錄》、《續燈錄》等的產生，確立了今日禪宗典籍中的西天二十八祖之說。近代學者陳垣在《中國佛教史籍概論》卷五記有考證疏評，頗資參酌。

[39] 《祖堂集》係五代南唐泉州招慶寺靜、筠二位禪師於保大十年(952)所編著。凡二十卷。是我國初期十分重要的禪宗史傳之一。內容繼承《寶林傳》的祖統說。從卷一至卷二十收錄了賢劫七佛、禪宗第一祖大迦葉至第三十三祖惠能和尚，迄於青原下的第八世、雪峰義存的孫徒、南嶽下的第七世、臨濟義玄的孫徒等共二百五十餘人。其中，記載佛祖傳燈相承的次第，敘錄其機緣語語及古則公案，傳燈付法之說成為後世各種燈史的根據，為現存最早的綜合禪宗史傳典籍，特別是裒集諸禪師之機緣語要，可謂第一部集大成的禪宗公案文獻。本書從北宋以來，散佚於中國良久，所幸早期傳到朝鮮，遺藏在高麗版大藏經之中，並於高麗高宗 32 年(1245)在慶昌道南海島設置的分司大藏都監開版雕造本書，李朝李太王二年(1865)，本書編入高麗再雕大藏經的補版。日本大正初年(1912)，由日本學者關野貞、小野玄妙於伽耶山海印寺發現了《祖堂集》二十卷的完整覆刻本木版，始公諸於世。

[40] 《碧巖集》與《從容錄》一直被譽為禪門公案之雙璧。兩者的不同，據加地哲定指出：「《從容錄》和《碧巖錄》一樣，是由示眾、本則、著語、頌、評唱五要素組成的。不同之處在於《碧巖錄》的＜垂示＞，《從容錄》用＜示眾＞來代替。」見加地哲定著、劉衛星譯：《中國佛教文學》，頁 316。

錄》等共有十二大項公案的文獻，在中國禪宗的文獻中，可以稱得上洋洋大觀了。

二、公案文類的形成

前文述及，記載公案的文獻，包括了各家語錄、燈史、集傳、傳燈錄等資料，其中敍述的主體結構，除了法嗣傳承與生平傳略之外，最核心的部分仍是公案的紀錄。因此，部分的禪宗史籍常有歸類性質的困擾，如《祖堂集》與《景德傳燈錄》的性質判定問題，在日本駒澤大學的《新版禪學大辭典》中的「禪籍分類要覽」，裡面將《祖堂集》歸為「史傳類・僧傳・中國・叢傳・南宗」，將《景德傳燈錄》、《傳燈玉英集》、《天聖廣燈錄》、《建中靖國續燈錄》、《宗門聯燈會案》、《嘉泰普燈錄》與《五燈會元》等歸為「史傳類・僧傳・中國・叢傳・五燈」的系統，卻將前文述及的《碧巖集》等十二項文獻，歸為「頌古與公案類・公案・中國」的分類系統下，明確的將《碧巖集》視為公案的文類。其他的如頌古、拈古、拈頌等體裁，也放在這個分類底下，可見《祖堂集》、《傳燈錄》的學術性質的判定，是不同於《碧巖集》的。

除此之外，陳士強在《佛典精解》中將《祖堂集》、《景德傳燈錄》等歸為「宗系部・禪宗類」，另將惠能語要的《六祖壇經》、語錄總集[41]的《古尊宿語錄》、頌古總集、拈古總集、評唱別集等全部收編在「纂集部・語錄類」。前者是宗系傳承，後者是纂集語錄，一分為二，亦視為學術性質的判斷與分類。

從記錄公案的文獻目錄分類，可以了解禪宗文獻的基本特質。

---

[41] 禪宗的語錄分為總集與別集兩大類。總集是匯編多位禪師的語錄而成，目前種類不多；別集多半由禪師弟子收錄其老師的開示法語或對話實錄而成，也是禪宗語錄的主要形式。

因爲禪宗以教外別傳、以心傳心爲開宗立派的宗旨，在佛學理論的義理敘述、哲學結構、邏輯思考與理論系統等方面就不是關懷的重點。相對的，重視生活的教育、禪機的啓發、修持的指導與佛性的體悟等，就成爲禪宗的特質。因此，禪宗的典籍中最多的是「語錄」，然而語錄的內容核心正是師徒間的對話機緣語句，這些對話機緣語句的核心，正是公案。可見公案是語錄的精髓，更是禪宗的特色。

公案真正的意義，並不在於表達的形式、使用的方法或是語言行爲的暗喻指涉，而是討論的主題，顯發的內容與詮釋的思想，更重要的是啓悟的功能及作用。因此，從記錄禪宗公案的語錄或相關典籍，進而形成專門收錄公案的集錄文獻，再進而形成公案的獨特文類，主要是經過四個階段，分別敘述於下：

第一個階段，是從禪僧師徒的對話機緣形成的言行實錄，收錄彙整成爲個人的語錄。如《大珠慧海語錄》、《龐居士語錄》等。時間是從初唐到晚唐。

第二個階段，是從個人的語錄彙編合刻成爲多人或宗派的集錄或傳燈錄。如《四家語錄》、《祖堂集》、《景德傳燈錄》等。時間是從晚唐、五代到北宋初期。

第三個階段，是從眾多個人的語錄、集錄與傳燈錄選輯成公案的專著。如《碧巖集》、《無門關》等。時間是從北宋中葉到南宋中葉。

第四個階段，時間是南宋末年以後，從公案的專著文獻的後期發展，再選輯祖師的拈頌或評唱類重新整理，形成更爲深入與系統化的公案文類著作。如《禪林類聚》、《拈八方珠玉集》、《禪宗頌古聯珠集》與《禪宗頌古聯珠通集》[42]等。也就是禪宗公案逐漸走

---

[42] 《禪宗頌古聯珠集》爲南宋禪僧法應編：「采摭機緣（即公案）三百二十五則，頌二千一百首，宗師一百二十二人」。《禪宗頌古聯珠通集》爲元代禪僧普會續編成：「加機緣又四百九十又三則，宗師四百二十六人，頌三十另五十首。」凡四十卷。收於卍續藏第 115 冊。

向文學性與歷史性。[43]

　　以上的四個階段，在歷史的發展中，並沒有時間上嚴謹的次序，然而其核心都以「公案」做爲記錄的主要內容，並且逐漸的從記錄的形式轉變成表現的體裁與再詮釋的對象，也就是所謂公案的文類，也可以視爲「文字禪」的興起。[44]特別是禪宗發展到北宋中葉，進入了一個全新的時期，也就是一般所謂「文字禪」的時代。在此時期，佛教三藏經律論的註疏解釋，禪宗語錄、燈錄的編纂，頌古、拈古、評唱的製作，文賦詩詞的吟咏，都是空前一時的繁盛。本來「不立文字」的禪宗，在此一變而成爲「不離文字」的禪宗了。凡是妙語玄言或是綺文麗句也都成爲了禪宗的具體的表現，也呈現了中國禪宗史上特殊而富有詩境的宗教文化景觀。

　　至於文字禪之權輿者，應當就是汾陽善昭（947-1024）的「頌古百則」。所謂的「頌古」，即舉公案的古則以爲韻語的禪文學，發明公案的深意的表達形式。就內容特質來看，是禪僧以公案爲例證或討論對象，使用詩詞韻語的簡潔偈頌[45]與詮釋評論，藉諷詠吟頌之

---

[43] 據馮作民曾指出禪宗的語錄具備文學性及歷史性：「按照中國圖書分類法，語錄是被視爲思想書『子書』的一種，不過現在更進而被認定具有高度的文學性。但是制限飛向單純文學的，乃是基於語錄主人原體驗的深度，而防範對抽象哲學的蛻化，就是思想及其歷史性，這些都要靠高度的文學精神才能完成。……在禪中還有很多傳記文章，其中既有個人行錄一類的作品，也有以師徒關係爲軸心的禪宗史書，……所謂『行錄』就是行腳的記錄，乃是敍述個人精神成長的心路歷程。把這些行錄集大成之後，就可以描繪出整個禪世界，而這個世界就是禪宗史書。」見馮作民、宋秀玲著：《禪語錄上冊》，台北：星光出版社，1982 年 7 月，頁 58-59。

[44] 周裕鍇說：「廣義的『文字禪』泛指一切以文字爲媒介、爲手段或爲對象的參禪學佛活動，其內涵大約包括四大類：1.佛經文字的疏解；2.燈錄語錄的編纂；3.頌古拈古的制作；4.世俗詩文的吟誦。」見周裕鍇著，《文字禪與宋代詩學》，北京：高等教育出版社，1998 年 11 第 1 版，頁 31。此外，周先生在頁 27 中又指出「文字禪」最早的用例是：「至少可以前推至黃庭堅《題怕時畫松下淵明》詩：『遠公香火社，遺民文字禪。』任淵《山谷詩集注》卷九將此詩編於元祐三年(1088)，可見比惠洪的用例要早三十多年。任淵的《山谷詩集注》宗成於政和元年(1111)之前，也比惠洪要早十餘年。」

[45] 偈是梵語 Catha 音譯的略省，全譯作伽陀，漢釋爲頌。在《大唐西域記》卷三

間體會公案古則，特別是針對隱晦不明的公案語言所進行的文字說明，亦可視爲宋代公案文類的文字禪之濫觴。[46]

「頌古」有另外一個名稱「代別」，因此「頌古百則」亦稱「公案代別百則」，何謂「代別」呢？據汾陽善昭在《汾陽善昭禪師語錄》卷中說：

> 詰問一百則，從頭道理全；古今如目覩，有口不能詮。室中請益古人公案，未盡善者，請以代之；語不格者，請以別之，故目之爲代別。（《禪宗全書》40，頁610下。）

其中，所謂的「未盡善者」、「語不格者」，都是公案的語言隱晦難解或語意不盡，就給予「代語」或「別語」，做進一步的說明或修正。所謂的「代語」，是作者代替公案中的禪師加以說明的意思，這有兩種情況：第一種是禪師代替學人說明，也就是代爲答覆一語的意思；第二種是禪師代替古人解釋，特別是古代的祖師公案中，只有問話，而沒有答話時，禪師就代替古人答話。至於所謂的別語，即是禪師站在第三者或客觀的立場另外加上一句別有含義的話，一樣是給予解釋及說明。在後期禪宗公案的發展中，常將「代

中說：「舊曰偈，梵文略也。或曰偈陀，梵音訛也。今從正音，宜云伽陀。伽陀者，唐言頌。」（《大正藏》第51冊，頁882-883）後來梵漢互舉，則以偈頌稱之。偈原來是佛經中的文體之一，內容原本是對佛陀功德的讚嘆，它是由世俗中對君王歌禮讚美的文體演變而來的。早期禪宗的偈頌是禪宗祖師爲了接引學人或爲修證悟道的開示，後來與詩歌逐漸相合，形成了以詩寓禪與聯珠並頌的兩種文類體裁。

[46] 禪宗表現在文學藝術的主要形式有兩種，一種是以散文表現爲主體而記錄內容是公案的祖師語錄，另一種是以韻文表現爲主體的詩歌偈頌。因此，禪宗公案後來走向韻文化與偈頌化也是必然的趨勢。據孫昌武指出：「印度佛典本來有運用韻文偈頌的傳統，翻譯到漢語，就採用了詩的形式。自六朝以來，中國僧人已多有利用詩歌來宣揚佛理的。直到禪宗出現，偈頌才得到了大發展，並達到了很高的水平。偈頌和語錄是禪宗文學的兩個主要形式。」見孫昌武著：《詩與禪》，台北：東大圖書股份有限公司，1994年8月初版，頁19。

語」及「別語」並稱爲「代別」。「代別」也是禪宗文學的一種，對後世的影響也很大，如明清時期盛行的評點文學，即是通過古人的著作代自己立言，也可以視爲「代別」的一種發展。

　　自從汾陽善昭提倡了頌古與公案代別之後，不僅改變了從禪師語錄、《祖堂集》、《景德傳燈錄》以來公案的表達形式，同時也將禪宗公案的深意成功的轉化爲以文學詩詞的禪境爲主的新走向，爲日漸衰頹的臨濟宗開闢了新的發展路徑，也爲禪宗的興盛提供了新的動力。

　　在此之後，雪竇重顯（980-1052）受到汾陽善昭的影響，從《景德傳燈錄》中選擇了最重要的百則公案，後面附上頌文而成爲《頌古百則》。因爲這項創作，將北宋初年的頌古之風潮推向高峰，並且席捲整個禪宗，幾乎能夠提筆著作的禪僧都有頌古的作品或發表頌古的評論，參禪的學人也都要研究頌古。因此，頌古的著作如雨後春筍的出現，形成了禪宗文獻典籍中的最重要的主流成分。後來到了南宋的禪僧將當時流行的眾多單行語錄本中抽出，加上一些零散的頌古作品，分門別類，匯集成冊，以利禪宗學人的修學。其中，池州（安徽貴池）報恩光孝禪寺禪僧法應，他花了三十年的時間，收集各類頌古的作品，於南宋孝宗淳熙二年（1175）編成《禪宗頌古聯珠集》：「採摭機緣（公案）三百二十五則，頌（頌古）二千一百首，宗師（作頌古之禪僧）一百二十二人。」後來，元初錢塘沙門普會，接續法應的編撰工作，他從元代成宗元貞元年（1295）開始，花了二十三年的時間，編成《禪宗頌古聯珠通集》：「機緣先有者，頌則續之，未有者增加之。」因此，「加機緣又四百九十又三則，宗師四百二十六人，頌三竹另五十首」。從以上尚不能囊括宋代全部頌古作品的集子中，大概可以了解頌古之風靡禪林的情況。

　　因此，在汾陽善昭之後，頌古經歷了一個演變過程，影響較大的作者有四位，分別是雲門宗的雪竇重顯、曹洞宗的投子義青、丹

霞子淳與宏智正覺禪師。其中又以雪竇重顯的《頌古百則》特別具有創新的意義。因此可以說汾陽善昭製作了頌古公案的雛形，雪竇重顯讓其成熟完全，他們兩位也代表了宋代頌古公案的兩種基本類型。

在雪竇重顯《頌古百則》的基礎之上，圜悟克勤（1063-1135）再加以垂示、評唱、著語，終於在宋徽宗宣和七年（1125）完成《碧巖集》。

雪竇重顯是雲門宗智門光祚的弟子，而且受到汾陽善昭「頌古百則」的影響，本身又富有文學藝術的素養，因此特別重視辭藻修飾的華美。之後，圜悟克勤對雪竇重顯至爲推崇，他說：

> 雪竇頌百則公案，一則則拈香舉來，所以大行於世。他更會文章，透得公案，盤礴得熟，方可下筆。（《碧巖集》第四則）

因爲對雪竇重顯的推崇，所以對《頌古百則》作了十分詳細的評論分析，他在每一則公案和偈頌的前面作了一段提綱說明，稱之爲「垂示」，在每一則公案和偈頌下面又加上短小精要的「著語」，類似夾註的功能，最後對公案和偈頌加以詮釋，稱爲「評唱」。有關《碧巖集》每一則公案的結構，筆者整理於下：

第一部分——「示眾云」（垂示），這個部分並非每一則公案都有，但大抵上是勸請參禪學人用心參禪，給予勉勵及針砭，如「後學初機，直須究取」（第1則）、「且道！作麼生？」（第24則）。

第二部分——「舉」（公案），就是古則公案的實錄或大意介紹。如第12則的「舉」是「僧問洞山：『如何是佛？』山云：『麻三斤。』」

第三部分——「著語」（夾註），就是每一則公案或偈頌的每一句下面加上的短註。如第12則的「如何是佛」下註云：「鐵橛子，

天下衲僧跳不出。」

第四部分——「評唱」，即是對公案的進一步分析與說明。

第五部分——「頌古」（頌），即是將雪竇重顯的「頌古」錄出。

第六部分——「著語」，即是在雪竇重顯的頌古的每一句下面，加上一段評註語。

第七部分——「評唱」，針對雪竇禪師的頌古進一步的分析與說明。

以上七個部分，在《碧巖集》中形成首尾一貫的體裁，更是禪宗公案文學的一項重大發展，也被譽之爲「宗門第一書」。

除此之外，圜悟克勤在《圓（圜）悟佛果禪師語錄》中，有所謂的「上堂」、「小參」、「普說」、「法語」、「拈古」等內容分類，亦可視爲公案文學的一種延伸。[47]在圜悟克勤《碧巖集》風行之後，後代受其影響甚爲深遠，特別是元代倡行「評唱」之風，其中曹洞宗禪僧萬松行秀（1166-1246）對宏智正覺（1091-1157）的頌古與拈古加以評唱，集成《從容庵錄》及《請益錄》。之後，萬松行秀的弟子從倫又分別針對投子義青與丹霞子淳的頌古一百則加以「評唱」與「著語」，彙編集成《空谷集》與《虛堂集》。後人將《碧巖集》、《從容庵集》、《空谷集》與《虛堂集》合稱爲「四

---

[47] 有關善昭的「頌古」與當時流行的另一種「拈古」的定義及比較，誠如魏道儒所說：「與善昭『頌古』文體同時，還有一種『拈古』流行，也是從文字上解禪的，不過採用散文體，與『頌古』之採用韻文體不同。至圜悟克勤寫《碧巖集》時，始認爲二者還有深層的區別：『大凡頌古，只是繞路說禪；拈古大綱，據款結案而已。』這話被認爲是『頌古』與『拈古』的經典定義。意思是說，頌古與拈古相比，前者不是照直把古聖的意旨敍述出來，而是繞著彎表自己的禪理。因此即使平直的語言，也不能單從文字面上去理解，這也是禪宗常講的『不點破』原則。但事實上，善昭的頌古特點遠非如此，他總是從公案的事實出發，推論出古聖的意旨來，倒是與『拈古』的『據款結案』相同。」見杜繼文、魏道儒著：《中國禪宗通史》，江蘇：江蘇古籍出版社，1995 年 2 月第 1 版第 2 次印刷，頁 392。

家評唱」，也代表了禪宗公案文類中典型的模範與終極的高峰。雖然如此，可是因爲禪宗重視心性的直觀與當下的契悟，所以展現爲素樸簡潔的文字紀錄，這也是早期公案的特色，但是自從文字禪的興起之後，所謂的「評唱」、「頌古」等輔助性說明的文體傳遍天下，反而造成許多文字的葛藤及障礙，截斷了直觀與當下契證的通路，形成以文字解禪或興起的意象解禪，使得後人更難一窺禪境的奧妙。[48]

　　此外，宋代文字禪的興起，在中國哲學史上可以視爲魏晉玄學「言意之辨」的一種延續，並且配合了宋代理學的發展與詩學「以文字爲詩」的特徵，是宋代學術思潮文化體系中不可或缺與重要的一環，誠如周裕鍇所說：

> 「文字禪」和「以文字爲詩」表明了宋人對語言本質的更深刻的認識，魏晉以來的「言意之辯」在宋人那裏得到進一步發展。佛教二道相因的思維方式使得宋代禪宗對言意關係有辯證的看法。在宋人眼中，指與月，符號與意義，能指與所指，語言與存在，往往有同一性。語言文字並不僅僅是運載思想的工具，而其本身就可成爲參禪的對象，……北宋中葉文化出現全面繁榮，復古思想盛行，學術空氣濃厚，禪宗文獻作爲一種人文資源，古典精神傳統，像儒家經典一樣得到

---

[48] 對於文字禪或是《碧巖集》等興起，歷來有許多負面的評價，如麻天祥指出：「自當時至今，對《碧岩錄》一類文字說禪作品多有責難。從禪家來說，怪其舞文弄墨，有背祖教；學術界也多認爲宋代禪風以文字說禪而失去了禪宗早期簡潔明快的風格，流風所及，使禪風與禪背道而馳。這種批評，不能說沒有道理，但從思想發展的角度來看，由所謂的不立文字到倡導和實踐文字禪則是禪學發展的必由之路。禪學的衰變，原因不在文字禪的興起，而恰恰在於它的反面——以不立文字爲口實，以『任性』爲遁辭，故作機鋒，欺人盜世；爲所欲爲，習其狂猾。」見麻天祥著：《中國禪宗思想發展史》，湖南：湖南教育出版社，1997 年 3 月 1 日第 1 版，97。

人們的重視。「文字禪」的出現正是禪宗順應文化重建任務
的表徵，而「以文字為詩」則正是時代學術風潮在詩中的折
光。因此，必須從歷史學的角度來探討文字禪的勃興與宋詩
面貌形成的社會背景和內在原因。[49]

引文中提到的「符號與意義，能指與所指」的解釋，其實也是中國
哲學史上先秦名實觀的一種延續，討論名稱概念與具體實物之間的
依存關係，也是公案語言在解讀上的一種特色。既然如此，公案走
向文字禪的路徑，必然也會注意到「記號死亡」的困境，[50]然後尋求
語言新的變化與新的詮釋方式。因此，禪宗公案發展到後期，必然
會以創新的或其他表現的方式呈現，因此一則公案偈頌，往往經過
後繼者再加以新的詮釋或是註解，結果形成了公案中的多重公案、
詩偈中的註釋詩偈。如此不斷詮釋的循環過程，形成愈來愈複雜的
公案文類，也造成了許多公案的別名。

　　禪宗公案從原始的模型發展到後期，產生了許多的變形及別
名，為了方便理解，筆者製一簡表如下：

---

[49] 見周裕鍇著：《文字禪與宋代詩學》，北京：高等教育出版社，1998 年 11 第 1 版，
頁 7-8。另，周先生在頁 6 又指出文字禪對語言本質的深刻理解及其價值：「『文
字禪』中的確有神秘荒誕的一面，但有些表面荒誕的言句，其實包含著對語言
本質的深刻理解。因而，通過對『文字』的解讀破譯，我們可以更多地發現禪
宗的智慧和哲思。從某種意義上說，『文字禪』是佛教中國化、世俗化、儒學化
和文學化的必然歸宿，對於宗教學、哲學、文獻學、語言學和文學研究都有重
要意義。可以想像，如果沒有宋代禪僧和居士們對『文字』的肯定和理解，中
國禪宗研究將不可避免地留下巨大的空白，因為現存的禪宗典籍，十之八九都
是宋代的『文字禪』興起之後的產物。」

[50] 公案的語言，可以視為是文學的記號，但是過度的濫用或是因循，就會形成文
學記號作用的死亡，失去其原創的價值及指涉。請參見王夢鷗：《文學概論——
第六章　語言美的消失》，台北：藝文印書館，1982 年 10 月 2 版。

禪宗公案的別名及其釋義

序數	公案的別名	解　　釋　　意　　義
1	公案	傳統的定義
2	公案代別（代古）（別古）	是指禪宗公案的「代語」及「別語」，都是禪師對公案中語言隱晦難解或語意不盡的部分，給予進一步的說明或修正。
3	機鋒	「機」是指受禪宗教法所激發而活動的心靈作用，或是指契合真理的關鍵與機宜；「鋒」是指活用禪機之敏銳狀態。主要說明禪宗祖師或是禪僧與學人應對機宜或是接引化導學人時，時常以寓意深刻、無跡可尋，乃至於非邏輯性的言語型態來表現體悟的境界或是察驗對方的悟境。[51]
4	機緣	「機」是指根機；「緣」是指因緣。凡是眾生的根機具備有接受佛菩薩等教化的因緣，即可稱為機緣。特別是禪宗祖師教化弟子時，非常強調順應各種機緣而展現其教法。也是公案的別名之一。
5	機用	是指禪宗公案的妙用玄機。禪宗祖師在大徹大悟之後，時常以手勢、拄杖、圖畫，或是用棒喝等超越言語的方法化導學人進入更為深入的境境，稱為機用。
6	機語	主要是指契合禪機神妙的語句。
7	機關	主要是指禪宗祖師為使學人得悟，而順應其根機所設的公案。又稱為機關公案。[52]

---

[51] 周裕鍇曾指出「機鋒」一詞出自於《世說新語》:「『機鋒』一詞出自《世說新語》，而《世說新語》的語言也頗多機鋒，這似乎意味著禪宗在語言藝術上受到魏晉玄學的某種啓示。……劉義慶:《世說新語・言語》:「丞相因覺，謂顧曰:『此子珪璋特達，機警有鋒。』」（上海古籍出版社影印清光緒刻本）。」見周裕鍇著:《文字禪與宋代詩學》，北京:高等教育出版社，1998 年 11 第 1 版，頁 9。另，李淼談到機鋒與公案的關係，有一段精采的解說:「『機鋒』或『鬥機鋒』，是禪宗接引啓悟學人的一種方法，是宗師與學人或學人與學人門庭對答時採用隱語、象徵、比喻、暗示的文字手段，包括大量詩句、詩歌，以玄妙譎詭的方式，以曲折隱晦的方法，互鬥機鋒，顯示機智和智慧，進而促使學人解悟。這是後期禪宗主要採用的方法。……鬥機鋒其實也是一種文字禪，鬥機鋒的語言，和臨濟宗的要求一語須具三玄三要是相同的。鬥機鋒的一些著名的對答最後定型，也就成了公案。這是機鋒和公案的關係。公案是鬥機鋒對答中一些最典型的形式的最後定型和匯集。」見李淼著:《禪宗與中國古代詩歌藝術》，高雄:麗文文化事業股份有限公司，1993 年 10 月初版，頁 33-35。

[52] 有關「機關公案」的定義及其作用，三浦一舟曾指出:「我們一旦見性之後，如果以此為滿足而停滯不前，便不能體悟祖師的微妙差別智境了。若欲避免此種不幸，必須透過許多與差別智有關的連鎖公案。有關此種差別智的複雜連鎖，禪語謂之『機關』（Kikan），用以幫助我們解開這些連鎖的公案，則稱『機關公案』。」見徐進夫譯:《禪的公案探究》，台北:武陵出版社，1983 年 12 月初版，

8	禪機	是指具備禪法指示與教化的特殊狀況，常寓於禪宗祖師與學人間的對話或動作之間，藉以指導學人體悟禪宗心要。
9	頌古	禪宗祖師將古德指導弟子所開示的公案，運用韻文簡潔的偈頌表示之，稱爲頌古。最初本意是在吟頌諷詠之間體會古則公案的意思，屬於一種禪宗文學。[53]
10	拈古	採用散文的形式解釋禪宗公案的一種文體。
11	拈提	主要是指拈評古則。又作拈則、拈古。古代禪宗祖師說法，時常拈舉古則公案藉以開發學人的心地，以舉示宗門教法的根本要旨。
12	拈則	同拈古與拈提的定義。
13	評唱	禪僧以公案爲例證或討論的對象，使用詩詞韻語的簡潔偈頌與詮釋評論，藉諷詠吟頌之間體會公案古則，也是對公案的進一步分析與說明。
14	評古	評唱的另一種代稱。
15	棒喝	是指禪宗祖師接引化導弟子的方式之一，目的是爲了杜絕學人虛妄思維或是考驗其悟境，或用棒打，或是大喝一聲，藉以暗示或啓悟。
16	舉（舉古）	就是古則公案的實錄或大意介紹。爲雪竇重顯在《頌古百則》中的結構之一。後來在圜悟克勤的《碧巖集》中繼承了如此的用法。
17	著語	在圜悟克勤的《碧巖集》中在雪竇重顯的頌古的每一句下面，加上一段評註語。
18	提唱	又作提綱、提要、提倡。是指提綱唱要的意思。是禪宗向學人拈提宗門的綱要。一般是就古德的開示語要或公案而唱說之，故又稱爲拈弄或是拈古。

頁 152。

[53] 麻天祥對「頌古」有精要的定義：「頌古，即舉古則以爲韻語，發明其意者。通俗地說，就是禪師以公案爲例，用詩詞韻語給與解釋與評議，是對閃爍其詞的公案所進行的語言文字說明。」見麻天祥著：《中國禪宗思想發展史》，湖南：湖南教育出版社，1997 年 3 月 1 日第 1 版，頁 81。另，魏道儒對頌古的定義也值得參考：「『頌古』是以韻文對公案進行贊譽性解釋的語錄體裁，它不僅是研究公案的方法，而且是教禪學禪、表達明心見性的手段。」見杜繼文、魏道儒著：《中國禪宗通史》，江蘇：江蘇古籍出版社，1995 年 2 月第 1 版第 2 次印刷，頁 391。另，李淼對「頌古」也有精闢的定義：「所謂頌古指從多角度對禪宗古德的公案、機緣、話頭加以歌頌闡釋。一則古德公案，一則機緣、一個話頭，分別由多人共寫，構成爲一組組瑰麗多姿異彩紛呈的詩歌花錦。奇異詭譎的公案、機緣或話頭如『廬陵米價』、『一口吸盡西江水』、『香嚴上樹』、『萬里無寸草』、『庭前柏樹子』、『說似一物即不中』等等，都是頌古詩的詩題和對象，禪師們各展才華以詩寫其玄旨奧義，就成爲一組組頌古詩。」見李淼著：《禪宗與中國古代詩歌藝術》，高雄，麗文文化事業股份有限公司，1993 年 10 月初版一刷，頁 82。

19	古則	指古代禪師開示的公案語句。因爲禪宗祖師舉更早的祖師的開示言句、古德悟道的公案或是彼此勘驗的問答等，皆爲後世參禪的學人尊爲規範的法則，故稱爲古則，或是並稱爲古則公案。
20	參話頭	指參究公案紀錄中的禪宗祖師的問句或答語。

三、公案表達形式的轉變

　　禪宗公案可以概分爲形式與內容。在形式方面，包括各種文獻的記載、圖像、語言等呈現；在內容方面，則是在文字語言的表達形式中，所呈現的意義與精神，留待下文討論。至於前者，除了從記錄的公案文獻到公案文類之外，另外值得注意的是禪師在表達禪機時的公案模式，其演變與發展的過程如何，正是本文討論的重點。

　　從《祖堂集》與《景德傳燈錄》等相關文獻資料中，記載了西天二十八祖的祖統相承的過程，不難發現早期的公案環繞著授記的預言、神秘的讖語、廣大的神通、特殊的夢兆與奇異的圖像行爲等。在言語詰問方面則相對顯示了樸實的風格，筆者已於前文詳細述及。接著菩提達摩來到中國，除了化導梁武帝之外，最重要的還是傳法給二祖慧可，其過程也具備相當的傳奇色彩，但是一句轉語，然後言下大悟的模式，就成爲達摩禪法流佈中國最主要的公案特色，筆者整理達摩到南宗惠能之間師徒問答的公案內容，表列於下：

《景德傳燈錄》中達摩至惠能公案表達形式一覽表			
祖　師	受法對象	公　　　案　　　的　　　文　　　錄	特質與意義
(1)達摩	梁武帝	（梁武）帝問曰：「朕即位已來，造寺、寫經、度僧，不可勝紀，有何功德？」師曰：「並無功德。」帝曰：「何以無功德？」師曰：「此但人天小果，有漏之因，如影隨形，雖有非實。」帝曰：「如何是真功德？」答曰：「淨智妙圓，體自空寂，如是功德，不以世求。」帝又問：「如何是聖諦第一義？」師曰：「廓然無聖。」帝曰：「對朕者誰？」師曰：「不識。」帝不領悟。	透過言語詰問，未能使梁武帝當下契證佛性。

(1)達摩	(2)慧可	光（慧可）曰：「我心未寧，乞師與安。」師（達摩）曰：「將心來，與汝安。」曰：「覓心了不可得。」師曰：「我與汝安心竟。」	一句轉語，當下開悟。著眼在「心」之了不可得。
(2)慧可	(3)僧璨	（僧璨）問師（慧可）曰：「弟子身纏風恙，請和尚懺罪。」師曰：「將罪來，與汝懺。」居士良久云：「覓罪不可得。」師曰：「我與汝懺罪竟，宜依佛法僧住。」曰：「今見和尚，已知是僧，未審何名佛法？」師曰：「是心是佛，是心是法，法佛無二，僧寶亦然。」曰：「今日始知罪性不在內，不在外，不在中間，如其心然，佛法無二也。」	從「將心來」到「將罪來」，直探心性本源。又點出「是心是佛」的論題。
(3)僧璨	(4)道信	（道信）來禮師（僧璨）曰：「願和尚慈悲，乞與解脫法門。」師曰：「誰縛汝？」曰：「無人縛。」師曰：「何更求解脫乎？」信於言下大悟。	一句轉語，言下開悟。
(4)道信	(5)弘忍	師（弘忍）問（道信）曰：「子何姓？」答曰：「姓即有，不是常姓。」師曰：「是何姓？」答曰：「是佛性。」師曰：「汝無性耶？」答曰：「性空故。」師默識其法器。	機鋒迅捷，頗有二十七祖般若多羅的風範。
(5)弘忍	(6)惠能	師（弘忍）問（惠能）曰：「汝自何來？」曰：「嶺南。」師曰：「欲須何事？」曰：「唯求作佛。」師曰：「嶺南人無佛性，若為得佛？」曰：「人即有南北，佛性豈然？」師知是異人，乃訶曰：「著槽廠去！」	捉緊佛性無生滅的主題，反詰成為結語。
(6)惠能	印宗法師	（惠能）遇印宗法師於法性寺講《涅槃經》，師寓止廊廡間。暮夜，風颺剎幡，聞二僧對論，一云幡動，一云風動，往復酬答，未曾契理。師曰：「可容俗流輒預高論否？直以風幡非動，動自心耳。」印宗竊聆此語，竦然異之。	從現象的生滅返照自性的不生不滅。
(6)惠能	青原行思	（惠能）問（行思）曰：「當何所務即不落階級？」祖曰：「汝曾作什麼？」師曰：「聖諦亦不為。」祖曰：「落何階級？」曰：「聖諦尚不為，何階級之有？」祖深器之	一切法平等無二。
(6)惠能	南嶽懷讓	祖（惠能）問（懷讓）：「什麼處來？」曰：「嵩山來。」祖曰：「什麼物恁麼來？」曰：「說似一物即不中。」祖曰：「還可修證否？」曰：「修證即不無，污染即不得。」祖曰：「只此不污染，諸佛之所護念，汝既如是，吾亦如是。西天般若多羅讖汝足下出一馬駒，蹋殺天下人，並在汝心，不須速說。」師豁然契會。	直探佛性本源之不生不滅，又預言馬祖道一的出現。

　　從上表可以看出從初祖達摩傳法至六祖惠能之間，緊緊扣住佛性不生不滅的主題，以言下一句轉語讓學人當下頓悟佛性。其中菩提達摩與梁武帝的一段對話，象徵了印度佛教特別是教外別傳的禪宗傳入中國的一種思想的進路，象徵一套新的價值觀與新思維，在佛教與中國思想史是具備重大意義與深遠影響。關於此點，下文有詳細的介紹與分析。至於菩提達摩對慧可的開示悟入，掌握的主題就是「心」，透過言語的詰問令學人深入法性，擺脫了印度佛教祖師傳承付法的神秘性格。所謂的神秘性格，是指預言讖語式的授記說、神通示現降魔伏妖的超現實經驗與奇詭的圖像或行為。雖說如此，西天二十八祖的付法記載，多少都有些祖師的形象塑造與特殊風範，但是在佛學理論的詮釋與公案發生的表達上，除了以上的神秘性格外，仍然是樸素而有脈絡可尋的模式。換句話說，傳入中國前的公案模式，雖然外表環繞著神秘的外衣，但是表達的形式卻是單純與直接的。這種現象直到傳入中國才有重大的轉變，達摩以「心」之一字開啟了中國禪宗公案思想的規模，並且以佛性的不生不滅指引學人跳脫現象界的生滅與二元對立的思考模式，達至體證佛性與涅槃的境界。

　　從慧可到惠能的公案禪法，大抵上是循著達摩禪直指人心的進路，以言語詰問為主要的進行方式，在一問一答中讓學人掌握佛法修學的精要，甚至當下的契證法性。這種現象，到了惠能以後的禪宗祖師，開始有了不同的表達形式，其中改變最大的當屬南嶽懷讓的法嗣，特別是從馬祖道一到臨濟禪的成立。馬祖道一的江西洪州宗的禪法標榜著「平常心是道」，宗密（780-841）判為直顯心性學，認為其禪法是「觸類是道而任心」的「觸處皆真」，然後臨濟的禪法是「大機大用」。這一思路相續而下，卻展現了有別於傳統公案的表達模式，真正開始進入惠能以後開展的中國禪宗的公案表達模式。

在南嶽懷讓與馬祖道一的付法因緣中，懷讓使用了現實生活的行為圖像，指引道一入禪之門，啓發追究真理的問題意識。

> 開元中，有沙門道一住傳法院，常日坐禪，師（南嶽懷讓）知是法器，往問曰：「大德坐禪圖什麼？」一曰：「圖作佛。」師乃取一磚，於彼庵前石上磨。一曰：「磨磚作麼？」師曰：「磨作鏡。」一曰：「磨磚豈得成鏡耶？」「磨磚既不成鏡，坐禪豈得成佛耶？」一曰：「如何即是？」師曰：「如牛駕車車不行，打車即是？打牛即是？」一無對。師又曰：「汝為學坐禪？為學坐佛？若學坐禪，禪非坐臥；若學坐佛，佛非定相。於無住法，不應取捨。汝若坐佛，即是殺佛；若執坐相，非達其理。」一聞示誨，如飲醍醐，禮拜問曰：「如何用心，即合無相三昧？」師曰：「汝學心地法門，如下種子；我說法要，譬彼天澤。汝緣合故，當見其道。」又問曰：「道非色相，云何能見？」師曰：「心地法眼能見乎道，無相三昧亦復然矣。」一曰：「有成壞否？」師曰：「若以成壞聚散而見道者，非見道也。聽吾偈曰：『心地含諸種，遇澤悉皆萌。三昧華無相，何壞復何成？』」一蒙開悟，心意超然，侍奉十秋，日益玄奧。師入室弟子總有六人，師各印可云：「……一人得吾心，善古今（道一）。」又曰：「一切法皆從心生，心無所生，法無能住。若達心地，所作無礙。非遇上根，宜慎辭哉！」（普慧本新文豐印《景德傳燈錄》卷五，頁92。）

引文中的這一則公案，在表達形式上具有四項重大的意義：其一，懷讓運用了生活的事物爲說法的工具；其二，懷讓以生活事物引發道一的問題意識，以等待詢問代替直接的宣告，這對引發禪意識具

有重大的意義；其三，懷讓運用了現象語言的矛盾，質問道一本體超越的成立可能性；其四，用生活圖像開啓禪意識思維之後，接著用修證體驗與佛學理論進一步的說明。綜合這四項因素，可以說懷讓結合了「現實生活的事物」、「行爲圖像」、「現象語言的矛盾」與「佛學理論」等綜合教學方法。

從馬祖道一開始，禪宗公案的記錄中多了「打」、「喝」、「棒」等強烈的肢體動作行爲。雖然在馬祖道一之前，惠能就曾使用「杖打」指正荷澤神會「這沙彌爭合取次語」，只是教誡訓斥的意味較濃，指示禪法修持者較少。直到馬祖道一禪師在回答某僧問「如何是西來意」的時候，道一「師便打」，並且說：「我若不打汝，諸方笑我也。」開啓了後世棒喝之門，而且愈打愈激烈，並且是真打，動作不僅誇張，還迭生奇詭，甚至到了荒誕費解的地步。除了「打」、「棒」、「喝」之外，「畫圓相」也是一項十分具備圖像特質的公案模式，在禪宗公案的發展史上，具有重大的意義。

第三節　禪宗公案的分類、結構與作用

禪宗公案是否能被分類？若是能夠被分類，其標準爲何？一直是困擾學界的大問題。因爲公案的分類牽涉到的不僅是語言或是行爲的表現形式，還有更多語言指涉、譬喻、含蘊的境界或思想，甚至表面語言邏輯的矛盾，以及口語、俗語的使用。至於行爲方面，更無法以表面現象的行爲歸納分析成哲學討論的範疇，畢竟那是沒有太多學術意義的。因此，從現象或表面的語言及行爲，如何進一步的分析歸納語言行爲中公案的分類、結構及作用，正是本文研究的重點。

一、公案的分類及主題

　　禪宗公案的分類在禪宗發展史上，特別是禪宗文獻資料的不斷形成的過程中，一直是禪師們關切的重點，原因是祖師們希望能夠從實際的修學中，嘗試將更早的祖師垂示的教法，分門別類，以爲徒眾或後人學習的內容，關於此點，鈴木大拙曾經說明禪宗史料的出現之後，逐漸形成各項公案分類的方法，是有其歷史淵源的。[54]

　　然而，在禪宗思想的發展史上，有關於禪宗公案的分類研究中，有許多學者抱持著相當悲觀的看法，他們認爲公案的分類只是依循著某一種外在的形式，缺乏對內容及思想深入的剖析，關於此點，日種讓山就曾經指出：

> 關於古來古則公案的舉揚，似乎沒有一定的標準規則在那裡，差不多祇是雜然地記錄著，純是隨時臨機自由的評唱。試看碧巖集、無門關、從容錄等的目錄，都是這樣的。又在那些書裡舉揚的數目上也沒有一定：如百則，三百則，八百十三則，四則，四十八則，二十五則，九十九則等，似乎連一些什麼組織或分類也沒有。即使其中雖似稍稍地用了分類法，不過那種分類，似乎照著問答的形式，順著師資相承的年代而已；至於問答的內容，完全沒有加以考慮到。因之，

---

[54] 鈴木大拙曾說明從禪史到公案的分類情形，大意是說明唐代以後收集了無數的禪史料，所以這些資料的研究就自然的不斷出現。所謂研究，不僅是學問上的意思，在實修方面，如何把許多的資料好好的利用，也是必須的，……這些都是禪史，之後的百年間，到目前爲止的禪史料，以實際上的修學，嚐試各式各樣的分類法。見鈴木大拙著：《鈴木大拙全集・第一卷》〈第四章　慧能以後における悟るの道〉，日本東京：岩波書店，1968(昭和43年)年3月25日發行，頁169-170。

想獲得具體的明白禪的法理，自然深覺有不滿足之感。再拿
禪宗頌古聯珠通集來說：雖分為世尊機緣、菩薩機緣、大乘
經偈、祖師機緣的四部分，也祇是使人便於想見各師家的宗
風或為人的手段而已。是以想靠著古人公案的分類而獲得明
瞭禪的法理的發展，那是畢竟沒有希望的。[55]

　　日種讓山確是說出一些實情，因為公案的分類本來就沒有一定
的標準規則，那是因為公案是扣機而發，並且單篇獨立，在宇宙間
唯一的時間、地點、師徒及相關條件下，那是很難用概括性的分類
加以統合整理。然而，日種讓山認為問答的內容是完全沒有加以考
慮到，卻不是實情，因為禪師用不同的分類詮釋，有許多即是因其
內容而加以按部整伍的，如《人天眼目》中載錄的臨濟義玄的三玄
三要、汾陽善昭的三種師子、曹山本寂的五位君臣與宏智正覺宏智
四借頌等。當然，日種讓山說想依靠著古人公案的分類而獲得明瞭
禪的法理發展，畢竟是沒有太大希望的，也確是如此。因為禪師們
多半依禪法修持或開悟境界做分類原則，對於禪思想的發展，並未
著墨，所以公案的分類對了解禪思想的演變並無太多的助益。[56]

　　禪宗公案指涉的本體佛性思想，可能無法以表象的語言行為予
以分類或具象化，因此從歷代禪宗祖師的詮釋中，以及參酌近代學

---

[55] 見日種讓山著、芝峰法師譯：《禪學講話》，台北：文津出版社，1985 年 7 月出
版，頁 170-171。但原譯文中有錯謬貼稿的情形，筆者重新順稿刪去一小段，以
期文意通順。

[56] 有關於公案分類的研究，日本學界一直都十分重視，如鈴木大拙就曾經指出：「十
三世紀禪宗傳入日本之後不久，日本也開始有了系統的研究。在一開始，公案
被分為三類：般若──直覺的(理致)，行動的(機關)和最終的(向上)。後來，到
第十七世紀，白隱和他的弟子們把分類擴充為五或六種，但基本上，原先的三
分法還是好的。然而，自從這個分類完成之後，屬於臨濟派的學生們，都循著
這條路途來研習禪，而這種研習多多少少也是有點陳腔濫調，就以此種情況而
言，已顯露出敗壞的徵兆。」可見所謂的分類研究，其目的仍是為了方便修行，
所以鈴木大拙指出，分類多少會影響禪宗公案的修持。見鈴木大拙、佛洛姆原
著，孟祥森譯：《禪與心理分析》，台北：志文出版社，1989 年 3 月再版，頁 96-97。

人的研究成果，筆者以爲禪宗公案的分類必須具備哲學範疇的性質，擁有週延、簡約、抽象與超越的概括性。換句話說，簡單的肢體動作，若再細分成上臂、手肘、手掌、手指等細碎片斷的分類，即不合乎週延、簡約、抽象與超越的概括性質。因此，透過公案的深入研究，建構公案的分類範疇爲公案的研究跨入學術研究的領域是必經的關鍵步驟。

　　首先，若是以典籍中對公案的分類而言，《人天眼目》無疑是初期最爲完備的禪宗典籍，其內容涵蓋收集了當時臨濟、雲門、曹洞、潙仰與法眼等禪門五家各宗祖師的遺篇、垂示、殘偈等，以及五宗禪法的綱要，說明五宗禪法的主要特徵，也可以看出其中祖師們將禪法或公案分門別類的各項精義。爲了方便理解，筆者製一簡表，羅列其中各宗教法分類的大要：[57]

《人天眼目》五宗禪法與公案判攝分類一覽表			
	祖師法號	分類名稱	原　文（　或　是　相　關　釋　義　）
1		四料簡	我有時奪人不奪境，有時奪境不奪人，有時人境俱奪，有時人境俱不奪。（下文詳解）
2	臨濟義玄	（臨濟）三句	(一)三要印開朱點側，未容擬議主賓分。(二)妙解豈容無著問，漚和爭負截流機。(三)看取棚頭弄傀儡，抽牽都來裏有人。（指臨濟義玄禪師接引學人的三種方法。分別是：第一句是指語言以前的真實意味。其中「三要」，是指真佛；印開，是指開顯佛陀心印。三要印開，係指一念開悟醒覺，真心佛性具體展現，乃至於成佛。第二句是指教示第一句真心佛性具體呈現的絕對明白與領會。第三句是專對求法者中，若不通第一句、第二句的鈍根而設立的各種方便法門，有如傀儡師所展現的各種神頭鬼面。）

---

[57] 「《人天眼目》五宗禪法與公案判攝分類一覽表」表中，凡標明楷體的部分，係指《人天眼目》的原文，因各項典籍或有出入，概以《人天眼目》爲主要依憑。此外，由於本文其他部分有一些有詳細的解說，故說明從略。至於介紹次序，係以《人天眼目》內容爲憑。

3	（？-867）	三玄三要	一句語須具三玄門，一玄門須具三要，有權有實，有照有用。(一)體中玄，是指語句全無修飾，並且依據所有事物的真相與道理而表現的語句。(二)句中玄，是指不涉及情識分別的實語，也是不拘泥於言語而能體悟其玄奧的情形。(三)玄中玄，也作用中玄。是指離於一切相待的論理與語句等障礙桎梏之玄妙語句。在《人天眼目》卷一中並載有汾陽善昭的說法，在三要之中，第一要是言語中沒有分別造作，第二要是千聖直入玄奧的境地，第三要是言語道斷、心行處滅的境界。）
4		四喝	有時一喝如金剛王寶劍，有時一喝如踞地（金毛）師子，有時一喝如探竿影草，有時一喝不作一喝用。（下文詳解）
5		四賓主	臨濟義玄禪師提出四句賓主的關係，藉以說明禪法的施用與指示禪機。其中，將指導學人的師家稱為「主」；將學禪的修道者，稱為「賓」。兩者的關係有四種情形：(一)賓看主，也就是學人了知師家之禪機要略。(二)主看賓，也就是師家能夠了知學人之內心。(三)主看主，意即具有悟澈禪機禪眼者互相勘見。(四)賓看賓，意即不具禪法眼目的兩人相見的情形。後來，風穴延沼禪師將以上四種情形改稱為「賓中主、主中賓、主中主、賓中賓」，其中意義也是相同的。
6		四照用	我有時先照後用，有時先用後照，有時照用同時，有時照用不同時。（下文詳解）
7		（汾陽）十智同真	夫說法者，須具十智同真，若不具十智同真，邪正不辨，緇素不分，不能為人天眼目，決斷是非。（汾陽善昭禪師所立用以接引學人的十種方法，表示十智同歸於一真如佛性的意思。十智分別是：同一質、同大事、總同參、同真智、同遍普、同具足、同得失、同生殺、同音吼、同得入。又作十同真智。）

8	汾陽善昭（947-1024）	（汾陽）四句	汾陽善昭禪師為了勘驗學人所設立的四語句。分別是：㈠接初機句，為禪宗祖師接引初機學者時，不去撥弄特殊的機法，而是以直截了當的方式接引學人。㈡驗衲僧句，為禪宗祖師辨別出家衲僧的一種力量，是使用「夕陽東出」等超越一般常識理解、思量分別的禪法。㈢正令行句，正令，一般是指佛法，在禪宗裏則是指不立文字、教外別傳的法要；行，通達無礙的意思。說明具有大機大用的禪宗學人無不具備令佛法傳布天下與通澈無礙的能力。㈣定乾坤句，意謂佛法力量所及的地方，自然泯除貪瞋癡等世俗煩惱，而能夠使天上天下無一不安定。
9		三種師子	一、超宗眼目，二、齊眉共躅，三、影響音聞。若超宗異目，見過於師，可為種草，方堪傳授；若齊眉共躅，見與師齊，減師半德；若影響音聞，野干倚勢，異類何分？若當相見，切須子（仔）細窮勘，不得鹵莽，死誤後人之印可也。（是指禪師接引學人，必然衡量學人的根器，然後給予適切的印可。其中「超宗眼目」是指具超格見解者，能夠傳授佛祖心印；若是「齊眉共躅」是指見解與禪師等齊，反而不能彰顯禪師的功德；若是「影響音聞」是指隨聲附和，與外道無異，所以不需給予特別的指導。
10		（汾陽）三訣	第一訣：接引無時節，巧語不能詮，雲綻青天月；第二訣：舒光辨賢哲，問答利生心，拔出眼中楔；第三訣：西國胡人說，濟水過新羅，北地用邠鐵。（汾陽善昭禪師為指導禪宗學人所設立的三種禪機法要）
11		（汾陽）三句	㈠學人著力句，嘉州打大象。意謂學人的求法決心必須具備可以成就如同嘉州彌勒大石像的大根機。㈡學人轉身句，陝府灌鐵牛。意謂學人以以其禪機的機用，固守學禪者的本分，縱然雙足立於大地，也牢不可破的如同陝府鐵牛。㈢學人親切句，意謂學人在契證佛法的時候，速疾而緊密的情況，就好像獅子張口齧咬獵物一般，其勢速疾而緊密相契。
12		（汾陽）十八問	（如下文引述及說明）
13	浮山法遠（991-1067）	浮山九帶	（如下文引述及說明）

14	黃龍慧南（1002-1069）	黃龍三關	人人盡有生緣，上座生緣在何處？」正當問答交鋒，卻復伸手問：「我手何似佛手？」又問諸方參請宗師所得，卻復垂腳問：「我腳何似驢腳？」黃龍平生發此三問，以試學人，三十餘年無人能契合其要旨。天下叢林稱之為黃龍三關。（《指目錄》卷35）此為黃龍慧南禪師設「生緣」、「佛手」、「驢腳」三種問法，藉以接引化導學人，稱為黃龍三關。
15		南堂辨驗十問	一、須信有教外別傳；二、須知有教外別傳；三、須會無情說法與有情說法無二；四、須見性如觀掌上，了了分明，一一田地穩密；五、須具擇法眼；六、須行鳥道玄路；七、須文武兼濟；八、須摧邪顯正；九、須大機大用；十、須向異類中行。
以上是臨濟宗			
16	雲門文偃（864-949）	雲門三句	雲門示眾云：「函蓋乾坤、目機銖兩、不涉萬緣，作麼生承當？」眾無語。自代云：「一鏃破三關。」（雲門文偃禪師用以接引化導學人的三種語句，分別是：涵蓋乾坤、目機銖兩、不涉萬緣三句。後來，德山圓明密禪師分離成同義的另三句為函蓋乾坤句、截斷眾流句與隨波逐浪句。）
17		雲門抽顧	師每見僧，以目顧之，即曰鑒，或曰咦，而錄者曰顧鑒咦。後來德山圓明密禪師，刪去顧，但曰鑒咦，故叢林目之曰抽顧。（是指禪師勘定學人的三種情況。）
18	巴陵顥鑑	巴陵三句（巴陵三轉語）	僧問巴陵：「如何是提婆宗？」陵云：「銀盌裏盛雪。」問：「如何是吹毛劍？」陵云：「珊瑚枝枝撐著月。」問：「祖意、教意，是同是別？」陵云：「雞寒上機，鴨寒下水。」（是指岳州巴陵顥鑑禪師用以接引提撕學人，使其轉迷開悟的三句話）
以上是雲門宗			
19	曹山本寂（840-901）	五位君臣	僧問曹山五位君臣旨訣。山云：「正位即屬空界，本來無物；偏位即色界，有萬形像。偏中正者，舍事入理；正中來者，背理就事；兼帶者，冥應眾緣，不隨諸有，非染非淨，非正非偏。」（曹洞宗的祖師洞山良价有正中偏、偏中正、正中來、偏中至、兼中到的五位說）
20	洞山良价（807-869）	洞山功勳五位	向、奉、功、共功、功功。（洞山功勳五位是論述修行的境界，正偏五位是就本體與現象的關係論述宇宙萬法的差異）
21	石霜楚圓（986-1039）	五位王子	誕生王子、朝生王子、末生王子、化生王子與內生王子。（是指五位君臣中偏位上的說明，其中分內紹與外紹佛法。）

	（臨濟僧）		
22	曹山本寂 （840-901）	曹山三種墮	曹山本寂禪師開示禪宗學人的三種方法。墮，是指自由無礙的意思。㈠披毛戴角的沙門墮，又作類墮，是指投身迷界以救度眾生，不拘聖教的法位，也不受到沙門的形式所束縛，超越此種限制而能隨順物境遭遇。㈡不斷聲色的隨類墮，簡稱隨墮，不執著六塵境界，不希求、不逃避知覺生活以外的任何絕對性的事物，透徹知覺的絕對性質，並且超越知覺，而能夠得到自由無礙的境界。㈢不受食的尊貴墮。食，是指本分的事物；本分，是指本來的面目與成佛的當體；知道有此本分的事物而不取不求，忘記如此尊貴的事物與本分的情事，而能夠得到自由無礙的境界，所以稱為尊貴墮。
23	洞山良价 （807-869）	（洞山）三種滲漏	一、見滲漏，機不離位，墮在毒海，妙在轉位也；二、情滲漏，智常向背，見處偏枯；三、語滲漏，體妙失宗，機昧終始。濁智流轉，不出此三種。（洞山良价禪師將修行者容易陷入的弊害歸納成三種：㈠見滲漏，仍然有我見的意思，執著於知的對象，而不見其真實相貌。㈡情滲漏，仍然有存情識的意思，取此捨彼，仍含有彼此對立思維的方法。㈢語滲漏，是指障礙於文字語句，並不知道文字只是為了悟真理的工具，徒然用心在文字及語言上的說明。）
24		洞山三路接人	鳥道、玄路、展手（又稱洞宗三路。是洞山良价禪師為了接引學人而設置的三種手段：㈠鳥道，鳥飛於空中，飛過不留痕跡，說明法性空寂的意思。㈡玄路，是指微妙玄化的進路，說明法性離文字相的意思。㈢展手，意即垂手，不僅是向上一路，更是能為眾生度化的方便門。前面兩種是屬於自受用門，最後一種是屬於他受用門。）
25		洞山三種綱要	敲唱俱行、金鎖玄路、不墮凡聖。（洞山良价禪師提倡禪宗的宗旨分為三項要點：㈠敲唱俱行，是指學人敲叩師門乞求教化，師家應該按照學人根器而演唱己宗大意，彼此配合無二。㈡金鎖玄路，菩提涅槃有如黃金的美麗，可惜為彼所縛，好像金鎖一般；玄路，是指向上一路。可是若為法縛、佛縛，障礙滯迷向上一路，就是金鎖玄路。㈢不墮凡聖，是滅絕一切差別對待，即時出離三界，得到涅槃寂靜的境界。）
26	明安禪師	明安三句	平常無生句、妙玄無私句、體明無盡句。（是指禪法修持的日常生活中時時處於無生的境界，如此深入玄妙的境域而坦然明白，並且展現出本體清

		淨如萬里晴空無邊無礙之意。）
27	曹山本寂 （840-901）	曹山四禁語	妙唱不干舌、死蛇驚出草、解針枯骨吟、鈯鋸舞三臺。（是指禪師接化學人的四種方法：擅長於本體無生的直接教導，所以妙唱不干舌；擅長於撼動於靈明的佛性，所以死蛇驚出草；擅長於揭示法性的奧妙，指引修行的心要，所以解針枯骨吟；擅長於展現法性的大機大用，在證悟之後自然任運而無所得，所以鈯鋸舞三臺。
28	宏智正覺 （1091-1157）	三種功勳	是指宏智正覺禪師對證悟所揭示的三種境界。分別是：㈠正位一色。是指既然已經證悟，則一切沒有差別的相貌，顯現出平等不二的境界。㈡大功一色。是指既然已經證悟，則不會執著於外在的一切事物，顯現出不留蹤跡的境界。㈢今時一色。是指既然已經證悟，則會完全否定一切的差別相，顯現出自在任運的境界。
29		宏智四借頌	（借功明位）蘋末風休夜未央，水天虛碧共秋光，月船不犯東西岸，須信篙人用意良。（借位明功）六戶虛通路不迷，太陽影裏不當機，縱橫妙展無私化，恰恰行從鳥道歸。（借借不借借）識盡甘辛百草頭，鼻無繩索得優游，不知有去成知有，始信南泉喚作牛。（全超不借借）霜重風嚴景寂寥，玉關金鎖手慵敲，寒松盡夜無虛籟，老鶴移棲空月巢。（宏智禪師揭示學人修行要徑的四種方法：㈠借功明位，是以現象界的萬物的作用（功），彰顯其本體界的超越（位）。㈡借位明功，藉以萬物的本體（位），顯明其作用的變化（功）。㈢借借不借借，是指萬物的本體與作用共忘融化，一物不存，泯然一色。㈣全超不借借，是指超越第三借借不借借的空位，一念不存的法性自由境界。）
以上是曹洞宗			
30	溈山靈祐 （771-853）	三種生	吾以鏡智為宗要，出三種生，所謂想生、相生、流注生。楞嚴經云：『想相為塵，識情為垢。』二俱遠離，則汝法眼應時清明，云何不成無上知覺？想生即能思之心雜亂，相生即所思之境歷然，微細流注，俱為塵垢，若能淨盡，方得自在。（溈山靈祐禪師為了接引學人證得大圓鏡智（佛智）的無上境界，達到自由無礙的境地而設立的三種機法：㈠想生。是指主觀的思維，意謂能思的心是散亂的。㈡相生。相，是指所緣的境界。㈢流注生。是意謂微細的煩惱塵垢不斷生起。對此三種生，若是能能夠遠離及消除，乃至於直接面對而加以伏斷，則能證得圓明的大圓鏡智，達到自在無礙的境界。）

以上是溈仰宗		
31　天台德韶 （891-972）	韶國師四料簡	聞聞（放）、聞不聞（收）、不聞聞（明）、不聞不聞（暗）。是指禪師接引學人的四種方法：首先是讓學人聽聞佛法，因此以「聞」為入法性的要徑，第一個「聞」是指聽聞，第二個「聞」是指聞的根性，意謂要能聽聞不生不滅的佛性，所以是聞聞，因此而放開枷鎖；第二種方法是聽聞深入而難以聽聞到的空寂境界，所以收攝心性為聞不聞；第三種方法是超越世間法而達到不聞而聞的境界，此時桃花笑臉開，開悟明覺法性；最後一種是理事俱忘，超然物外，任運自然，所以不聞世間法，亦不聞出世間法，一切圓滿無礙。
以上是法眼宗		

　　以上在《人天眼目》中整理出 31 種公案分類的原則，大抵是以禪法開示、接引化導的手段、修行要訣與法性作用為分類的判斷標準，也可以看出古德禪師用心的方向及其公案分類研究主題的特色。

　　歷代禪宗祖師為公案做分類的第一人，[58]應屬晚唐臨濟宗的創始人臨濟義玄禪師（？-867），義玄的「四料簡」是禪宗歷史上第一次為禪宗公案教學方法做綱領性的說明：

　　　　師初至河北住院，見普化、克符二上座，乃謂曰：「我欲於此建立黃檗宗旨，汝可成褫我。」二人珍重下去。三日後，普化卻上來問云：「和尚三日前說什麼？」師便打。三日後，克符上來問：「和尚昨日打普化作什麼？」師亦打。至晚，小參云：「我有時奪人不奪境，有時奪境不奪人，有時人境俱奪，有時人境俱不奪。」僧問：「如何是奪人不奪境？」師云：「煦日發生鋪地錦，嬰兒垂髮白如絲。」僧問：「如何是奪境不奪人？」師云：「王令已行天下遍，將軍塞外絕煙塵。」僧問：「如何是人境俱奪？」師云：「并汾絕信，

---

[58] 雖然溈山靈祐的時代比臨濟義玄要早，但是溈山的「三種生」，應屬於禪法的判攝，而非純粹的公案分類，故不列於首位。

> 獨處一方。」僧問:「如何是人境俱不奪?」師云:「王登
> 寶殿,野老謳歌。」(《人天眼目》卷1,《大正藏》48,頁300b。)

　　四料簡是臨濟宗的專門術語,「料」是度量之意,「簡」是簡
別的意思,主要是指禪師度量求法者的程度與企圖心,簡別求法者
的根機與修行的狀況,然後採取或給與不同的教學方法。其終極的
目標是破除我、法二執,達成解脫的目標。在前面引文的內容中,
普化、克符兩位和尚被打,不知是什麼緣故,所以臨濟義玄才說明
他的教學原則。至於其教學原則是如何使用呢?義玄更進一步以詩
偈的方式呈現,用具象的語言形容其境界,如「煦日發生」、「嬰
兒垂絲」、「將軍塞外」、「王登寶殿」。因此,筆者以為「體、
相、用」的範疇是可以適用於四料簡:

範　疇	原　　　　　　　　　　　　　　　　　　　　　文	說　　　　明
體	我有時奪人不奪境,有時奪境不奪人,有時人境俱奪,有時人境俱不奪。	教學原理為思想本體
相	(1)奪人不奪境:煦日發生鋪地錦,嬰兒垂髮白如絲。 (2)奪境不奪人:王令已行天下遍,將軍塞外絕煙塵。 (3)人境俱奪:并汾絕信,獨處一方。 (4)人境俱不奪:王登寶殿,野老謳歌。	實行境界的具象說明
用	普化、克符被臨濟義玄打。	在思想本體的指導下給予根機不同的學人不同的方法

　　除此之外,臨濟義玄進一步說明如何度量眾生的根器而給予適
宜的指導:

> 師示眾云:「如諸方學人來,山僧此問,作三種根器斷。如
> 中下根器來,我便奪其境,而不除其法;或中上根器來,我
> 便境法俱奪;如上上根器來,我便境法人俱不奪;如有出格
> 見解人來,山僧此間,便全體作用,不歷根器。大德到這裡,

學人著力處不通風，石火電光即蹉過了也。學人若眼目定
動，即沒交涉。」……南院顯問風穴昭云：「汝道四料揀，
料揀何法？」穴云：「凡語不滯凡情，即墮聖解。學者大病，
先聖哀之，為施方便，如楔出楔。」（《人天眼目》卷 1，《大正
藏》48，頁 300c。）

此處所謂的「不滯凡情，既墮聖解」，主要是指眾生容易落入二元
對立的思考模式，因此在教學上必須「如楔出楔」。所謂的「楔」
是指楔子，是一種上端粗大而下端尖銳的小木橛，可以插進榫縫中
使得榫固定，此處使用具象的形容說明因材施教的原則。至於，提
到的三種根器：中下、中上與上上根器，以及出格見解的根器的四
類眾生，分別給予不同的教學指導，筆者也試以「體、相、用」範
疇來加以說明：

體	臨濟義玄體證的不生不滅之佛性及其般若智慧(佛性與般若)			
相	中下根器	中上根器	上上根器	出格見解
用	奪其境而不除其法	境法俱奪	境法俱不奪	全體作用，不歷根器

　　筆者以為思想的本體是臨濟義玄禪師本身體證的不生不滅之佛
性，以及證入法性的般若智慧。至於「相」的範疇，則是指各種不
同根器的眾生，「用」的範疇即是相對應的教學方法。必須說明的，
此處的「體、相、用」並非《大乘起信論》原文中原義的體相用，
而是一種引申使用的哲學範疇，關於此點，下文將進一步詳細說明。
　　臨濟義玄在四料簡之外，仍有「四喝」與「四照用」非常有名，
也是禪宗公案裡「喝」或「棒打」的綱領性原則。在「四喝」的原
文是：

　　師問僧：「有時一喝如金剛王寶劍，有時一喝如踞地師子，
　　有時一喝如探竿影草，有時一喝不作一喝用，汝作麼生會？」
　　僧擬議，師便喝。（《人天眼目》卷1，《大正藏》48，頁302b。）

另外，「四照用」的原文是：

　　師一日示眾云：「我有時先照後用，有時先用後照，有時照
　　用同時，有時照用不同時。先照後用有人在；先用後照有法
　　在；照用同時，驅耕夫之牛，奪飢人之食，敲骨取髓，痛下
　　針錐；照用不同時，有問有答，立主立賓，合水和泥，應機
　　接物。若是過量人，向未舉時，撩起便行，猶較些子。」（《人
　　天眼目》卷1，《大正藏》48，頁304a。）

　　前面的「四喝」，主要是針對眾生不同的根器與不同的情境而
給與不同的教法。值得注意的是用「金剛王寶劍」、「踞地師（獅）
子」、「探竿影草」等都是具象的語言，藉以形容禪法的特徵。同
時，禪師的「喝」是有原則的本體及施用的因緣。至於所謂的「四
照用」，其中的「照」是指主體對客體的認識，「用」是主體對客
體採取的教學方法，目的是破除學人以主體為實有或以客體為實有
的世俗觀點。一般而言，「照」是指問答的禪機，「用」是指棒、
喝等動作。因此，先照後用是先向學人提出問題，然後根據情況或
棒或喝；先用後照是先對學人施以棒喝，然後再提出問題，考察其
根器或反應；照用同時是指用棒或喝的同一時間，觀察學人的反應，
或是一邊棒喝一邊問。至於照用不同時，則是不限定任何一種方法，
隨機應變，運用自如而適切，所以是「有問有答，立主立賓，合水
和泥，應機接物」。至於「過量人」，即是指出格見解的人，「向
來『舉』時」的「舉」字，即是指公案，也就是說在公案未提出給

大眾參究的時候，這位過量出格的人就「撩起（衣服）便行」，沒有掉入二元對立的陷阱中，因為他已解脫，所以不在以上四照用的施設範圍內。

　　以上的「四料簡」、「四喝」與「四照用」等，都是禪宗公案在發生前的教學原理與方法，也是禪宗公案分類中的重要研究範疇與主題。

　　汾陽善昭（947-1024）的十八問是歷來對禪宗公案問答分類中最為細密的分判，其原文是：

> （汾陽十八問）汾陽云：「大意除實問默問難辨，須識來意，餘者總有時節，言說淺深，相度祇應，不得妄生穿鑿，彼此無利益。雖是善因，而招惡果，切須子細。」……凡有學人，偏僻言句，或蓋覆將來，辨師家眼目；或呈知見，擎頭戴角，一一試之，盡皆打得。只為當面識破，或貶或褒，明鏡臨臺，是何精魅之可現？何有妖狐能隱本形者也。（《人天眼目》卷1，《大正藏》48，頁307c-308a。）

　　以上是汾陽善昭的十八問的前言及小結，說明窮盡一切問答的因緣。其中指出禪師在接化學人時，應該先能察辨對方的來意，觀察學人的根器，並且注意說法的因緣時節，說法開示的深淺，以相應學人的接受程度，不可以妄生穿鑿附會，彼此都沒有實際的利益，這是需要仔細注意的。汾陽善昭禪師又說明有些學人用偏僻的言句有不良的存心，或是希望能夠辨別禪師眼目的邪正，或是呈示自己的見解，都能從十八問中一一試驗而得到確實的答案。換句話說，十八問是能夠當面識破學人的欺偽或正直，給予褒獎或是貶抑，如明鏡一般的洞澈，一切精魅妖狐無所遁形而大法彰明。

　　爲了方便理解與參照方銘、鈴木大拙（1870-1966）的現代詮釋，筆者將原文十八問配合現代詮釋與鈴木大拙的說法整理製表如下：

		汾陽善昭十八問的翻譯及詮釋一覽表		
序	問類	善昭十八問的原文	方銘的翻譯與詮釋[59]	鈴木大拙的分析[60]
1	請益	僧問馬祖：「如何是佛？」祖云：「即心是佛。」趙州云：「殿裡底。」	第一問是請益問。有僧人問馬祖禪師說：「佛是什麼？」馬祖禪師回答說：「心即是佛。」趙州禪師說：「殿裡的是佛。」	求教問題。這種問題常常是禪師門下新來的和尚提出的。希望在關於佛、祖師西來意、佛法大意和法身等方面有所領悟。
2	呈解	問龍牙：「天不能蓋，地不能載時如何？」牙云：「道者合如是。」	第二問爲呈解問。有僧人問龍牙禪師說：「天不能覆蓋，地不能周載時會變成怎樣的形態？」龍牙禪師說：「天應覆蓋，地應周載是自然規律。」	這種問題是提問者描述自己的心理，要求禪師給予判斷。
3	察辨	問臨濟：「學人有一問，在和尚處時如何？」濟云：「速道！速道！」僧擬議，濟便打。	第三是察辨問。有僧人問臨濟禪師道：「參學之人有一個問題，假如是老和尚你會怎麼做？」臨濟禪師說：「快講！快講！」僧人擬議，臨濟禪師便用棒打。	發問者想憑借提出問題以了解禪師的立場。
4	投機	問天皇：「疑情未息時如何？」皇云：「守一非真。」	第四是投機問。僧人問天皇禪師說：「心中有疑，情未休止時應怎麼辦？」天皇禪師說：「守一心而非真有。」	提問者表示對自己的所得感到懷疑，希望禪師給予印證。
5	偏僻	問芭蕉：「盡大地是箇眼睛，乞師指示。」蕉云：「貧兒遇餿飯。」	第五是偏僻問。僧人問芭蕉禪師說：「整個大地不過是個眼睛，應該怎領會呢？請您指點。」芭蕉禪師說：「貧窮的人遇到餿掉的飯。」	提問者急欲發現禪師的態度。
6	心行	問興化：「學人皂白未分，乞師方便。」	第六是心行問。有僧人問興化禪師：「學禪之人不分青紅皂	不知如何從事參禪的人所提出的問題。

---

[59] 有關於汾陽善昭十八問的現代詮釋，請參見方銘釋譯：《人天眼目》，佛光山宗務委員會編《中國佛教經典寶藏精選白話版》第 16 冊，台北：佛光文化事業有限公司，1997 年 4 月初版，頁 134-138。

[60] 有關於鈴木大拙的說法，請參見鈴木大拙著，耿仁秋譯：《禪風禪骨》，台北：大鴻圖書有限公司，1992 年 9 月初版，頁 153-157。

		化隨聲便打。	白，應該怎麼辦？請老師指點。」興化禪師隨聲便打。	
7	探拔	問風穴：「不會底人，為甚麼不疑？」穴云：「靈龜行陸地，爭免曳泥蹤。」	第七是探拔問。僧人問風穴禪師說：「不明白的人，爲什麼不產生疑問？」風穴禪師說：「靈龜走在陸地上，如何不免曳著泥蹤影？」	提問者提出問題，故意試探老師的成就。當禪寺到處建立起來，和尚們從一個禪師處到另一師處時，這個問題會很多。
8	不會	問玄沙：「學人乍入叢林，乞師指示。」沙云：「汝聞偃溪水聲麼？」僧云：「聞。」沙云：「從這裡入。」	第八是不會問。僧人問玄沙禪師：「參學之人剛入禪林，應該怎麼辦？請老師指點。玄沙禪師說：「你聽見偃溪的水聲了嗎？」僧人說：「聽見了。」玄沙禪師說：「便從這裡入禪林。」	關於無知問題。這種問題和第六種問題似乎沒有什麼不同。
9	擎擔	問老宿：「世智辨聰，總不要拈出，還我話頭來。」宿便打。	第九是擎擔問。僧人問老宿說：「世俗智慧辨麗聰明，若總不要拈舉出來，請還我話頭來。」老宿便打。	提問者自己對禪有了一種看法，想了解禪師的看法，想了解禪師的看法如何。
10	置	問雲門：「瞪目不見邊際時如何？」門云：「鑒。」	第十爲置問題。有人問雲門禪師：「睜著眼睛看，卻看不見邊際又怎麼辦？」雲門禪師說：「看鏡鑑。」	提到某一古代禪師言說的問題。
11	故	問首山：「一切眾生，皆有佛性，為甚麼不識？」山云：「識。」	第十一爲故問問。有僧人問首山禪師說：「一切眾生，都有佛性，但又爲什麼不識禪理？」首山禪師說：「識得。」	含有經中言句的問題。
12	借	問風穴：「大海有珠，如何取得？」穴云：「罔象到時光燦爛，離婁行處浪滔天。」	第十二爲借問問。有僧人問風穴禪師說：「大海之中有珍珠，怎樣能取得？」風穴禪師說：「罔象到時光輝燦爛，離婁行處浪濤滔天。」	涉及一既知事實的問題。
13	實	問三聖：「學人只見和尚是僧，如何是佛是法？」聖云：「是佛是法，汝知之乎？」	第十三問爲實問問。有僧人問三聖禪師：「參學之人只看見和尚是僧人，佛與法是什麼？」三聖禪師說：「什麼是佛，什麼是法，你知道嗎？」	對事實作直接觀察而產生的問題。
14	假	問徑山：「這箇是殿裡底，那箇是佛？」山云：「這箇是殿裡底。」	第十四問爲假問問。有僧人問徑山禪師說：「這個是殿裡的佛，那個是真佛？」徑山禪師說：「這個是殿裡的。」	含有一假設情況的問題。
15	審	問祖師：「一切諸	第十五問審問問。有僧人問祖	表示一真正疑問的

		法，本來是有，那箇是無？」答云：「汝問甚分明，何勞更問吾？」	師說：「一切諸法，本來都是實有，哪個是無呢？」祖師回答說：「你問的問題已經很清楚了，又何必再來問我？」	問題。
16	徵	問睦州：「祖師西來，當為何事？」州云：「爾道為何事？」僧無語，州便打。	第十六問為徵問問。有僧人問睦州禪師說：「祖師菩提達摩從西土來中國，是為了什麼事？」睦州禪師反問道：「你說是為了什麼事？」僧人沒有回答，睦州禪師便用棒子來打這僧人。	含有敵意的問題。
17	明	外道問佛：「不問有言無言。」世尊良久。道云：「世尊大慈大悲，開我迷雲，令我得入。」	第十七問為明問問。有旁門外道問佛：「不問有言無言。」釋迦佛良久。外道說：「世尊大大悲，開我迷雲，讓我能入正道。」	平鋪直敘的問題。
18	默	外道到佛處，無言而立。佛云：「甚多。」外道道云：「世尊大慈大悲，令我得入。」	第十八為默問問，外道到佛那裡，並不說話，無言而立。佛說：「很多呀。」外道說「世尊大慈大悲，令我能入正道。」	不用言語表達的問題。

　　以上表列的十八問，可以分三項大類：

　　第一大類：請求指導的正面問法——

　　如「請益問」、「呈解問」、「投機問」、「心行問」、「不會問」、「實問」、「明問」與「默問」等。著眼在正面的態度請求禪師給予指導。

　　第二大類：提出各項疑難或譬喻來質問的問法——

　　如「察辨問」、「偏僻問」、「探拔問」、「擎擔問」、「審問」與「徵問」等。著眼於具有某種相對立的關係，所以這些問法都具備疑難或質問的立場。

　　第三大類：用譬喻或假借某些事物的問法——

　　如「置問」、「故問」、「借問」、「假問」等。著眼於假借古人的問答、經論故事、譬喻與假設等立場，做為向禪師請益的敲門磚。

在汾陽善昭之後，宋代禪僧浮山法遠（991-1067）曾經提示禪宗學人的宗門語句，由其學人編集之，也是公案分類的一項重要參考，名稱為「佛禪宗教義九帶集」，略稱為「浮山九帶」。[61]內容是：㈠佛正法眼藏帶，意謂此帶貫串一切佛法理脈，直截佛教正法。㈡佛法藏帶，意謂佛法乃是教外別傳的真理，為了方便眾生的緣故，聖人以此示眾教理。㈢理貫帶，意謂真實的佛法非言詮所及，在日用生活、揚眉瞬目之間盡是佛法。㈣事貫帶，意謂國土山河大地無非是佛法具體的呈現。㈤理事縱橫帶，意謂理事融通的境界，能夠通達於佛法實相的世界。㈥屈曲垂帶，意謂雖然證悟成佛，但是卻甘心為菩薩位而不安住於佛位，並且以此毋力濟度眾生。㈦妙疏兼帶，意謂心不執著則佛法大用現前。㈧金鍼雙鎖帶，意謂自理事縱橫帶的立場更深入一步，不執著於佛法實相世界而能夠自由自在。㈨平懷常實帶，意謂佛法並沒有特別的地方，在日常吃飯著衣間都屬於真實的佛法。[62]

至於近代學人對於禪宗公案的分類問題，有二項資料是值得特別注意的。第一項資料是無礙居士（孫心源的筆名）引日人乙部魁芳的說法，其中分類的標準並未詳細的說明，總共分成二十五種公案的類別：

> 日人乙部魁芳氏（民國七年）編一「禪門公案大成」，集五千五百公案，分為：①佛祖門；②諸像門；③經論門；④偈句門；⑤教綱門；⑥心性門；⑦境機門；⑧宗風門；⑨為人門；⑩應化門；⑪修行門；⑫作務門；⑬往來門；⑭道路門；⑮人事門；⑯身體門；⑰服飾門；⑱飲食門；⑲殿堂門；⑳法器門；㉑什具門；㉒宇宙門；㉓歲時門；㉔動物門；㉕植

61　浮山法遠禪師的「浮山九帶」，大概是以內容的分類而編輯的方法與原則。
62　參見晦巖智昭編著：《人天眼目》卷二，《大正藏》第48冊，頁308上-310上。

物門等，由此可以察知公案的種類分別。[63]

　　乙部魁芳氏的分類方法，有其分類細密的優點，但是失之瑣碎，缺乏系統性思維。他採用如此的分法，或許是受到《禪林類聚》的影響，在《禪林類聚》[64]卷 10 中有「人境、心眼、肢體、真像」四項、卷 16 中有「法器、槌拂、數珠、瓶錫、杖笠、鏡扇」六項、卷 19 中有「田地、草木、花果、香燈、搬掃、柴薪」六項與卷 20 中有「獅子像、龍虎、牛鹿、貓犬、龜魚、兔蛇、飛走」七項等禪門法物，都歸類繫於各有關公案之下，由此可見禪師開示法要時取用生活事物之廣，以及公案以生活事物分類的方式之一。

　　近代禪宗行者南懷瑾曾將公案分成六類，並且舉出範例加以說明：

　　　　茲揀機鋒作略，簡為六類，……簡機鋒六類者：「如接引學人」、「勘驗見地」、「辨器搜括」、「鍛鍊盤桓」、「換互開眼」、「簡鍊操履」。[65]

南懷瑾以公案的作用為分類的標準，強調公案之目的及其價值，也說明了公案產生的原因。同時，這六項分類都呈現公案是具備修證的工具，不論是禪師教學的方便，或是禪宗學人修行的門徑，皆可

---

[63] 請參閱無礙：〈禪公案的意義與價值〉，此文收錄於張曼濤主編：《現代佛教學術叢刊》⑫《中國佛教史論集──禪學專集之六》，大乘文化出版社，1978 年 9 月初版，頁 62-64。

[64] 《禪林類聚》凡二十卷。元道泰、智境編。目前收於卍續藏第 117 冊。本書是依諸祖語錄、傳燈錄等，彙集禪家祖師的機緣語錄而成，其內容包括了帝王、宰臣、儒士、佛祖、法身、佛像、伽藍、殿堂、塔廟、丈室、門戶、禪定、經教、尼女、戒律、禮拜、緣化、神異、問疾、服飾、法器、齋粥、香燈、獅子像、龜魚等 102 類。其中有關禪師的示眾、祖師與學人間的問答商量、參究的問話、禪宗的公案等收錄最多。

[65] 見南懷瑾著：《禪海》，台北：先知出版社，1973 年 9 月三版，頁 32。

看出公案在禪宗教育中的關鍵地位。不僅如此，南懷瑾也曾將後期
公案發展至參究話頭的階段時所引發的問題，提出了可以解釋的「有
義語」公案與不能解釋的「無義語」公案：

> 參話頭是禪宗發展到宋元之際，不得已而產生的一個辦法。
> 怎麼叫不得已呢？因為唐宋以後，走修持路線的人，能真正
> 證果的，實在太少了，主要原因就是禪宗的流行。尤其到了
> 宋元以後，口頭禪太多，嘴上講道理個個會，打機鋒、說轉
> 語，個個行，但是離禪卻越來越遠，因此產生了參話頭。所
> 謂話頭就是問題、疑問。……這些問題分成兩種，一種是「有
> 義語」，有道理可解釋的；一種是「無義語」，沒有道理可
> 解釋的。……但參話頭流行了以後，禪宗就更衰落了。[66]

南懷瑾從話頭禪發生的背景，說明禪宗話頭產生的原理，並依
此原理說明所謂「話頭」的疑問，有些是有理路可尋，有道理可以
解釋說明的，有些是沒有道理而無法被加以詮釋的。換句話說，若
以禪宗公案的分類而言，在話頭禪的部分是可以被分為兩類，其中
也說明公案並非完全不可解，或許在澈悟的禪師眼中，一切公案皆
可理解或是當下悟證，反之，若是初機的學禪人在面對公案時，可
能就變成一切公案皆曰不可解。此處關涉到理解的主體與參究對象
的客體，兩者之間，仍有許多變數。

此外，洪啓嵩將公案依其修證的境界，分成五個階段，也是分
類的方式之一：

> 此處勉強將公案分成淨、照、頓、妙、圓五個境界。第一個

---

[66] 見南懷瑾講述：《如何修證佛法》，台北：老古文化事業公司，1989 年 8 月台灣
初版，頁 184-185。

境界說的是「淨寂明空」的境界，第二是「照常出應」的境
界，第三是「頓入一色」的境界，第四是「妙用全真」的境
界，第五是「圓具現成」的境界。[67]

　　洪啓嵩指出所謂的「淨寂明空」，是指參究公案「有個入處，
有個悟處」，相當於三關而言，就是「破初關」的境界，就大乘而
言是「入初地」；第二境界的「常照出應」，是指能夠「隨因緣出
而相應」，此處是禪宗鍛鍊與教化的過程，相應於大乘佛教二到七
地的境界；第三個境界的「頓入一色」，是指「悲智雙運的無功用
行」，也是將佛性鍛鍊成純金的比喻，將佛法的智慧與世俗的智慧
融和成一味，真俗二諦圓融，相應於大乘的八地菩薩；第四個境界
的「妙用全真」，是指「隨緣隨行的廣大妙用」，這是相應於大乘
八地之後到十地的過程；最後一項境界的「圓具現成」，是指大乘
等覺、妙覺佛境的殊妙境界，說明一切法性如夢如幻，如是安住，
日用現成，皆是佛性自然流出。以上五項境界，洪先生是以修證公
案的角度以為判攝公案的依據，或以禪師勘驗或呈現的境界為依
憑，或是以教化學人或學人本身的境界為標準，也是對公案分類的
一項參考。[68]

　　再者，楊惠南教授（1943-）對於公案曾經做了簡易的分類，分
別是「矛盾」、「不可說」與「混用」的三種類型：

　　　禪師們往往用兩種令人困擾的方式，來表達他們內心所體悟
　　　的真理。這兩種方式是：㈠用「矛盾」的語句或動作，來表
　　　達內心所體悟的真理；㈡用「不可說」的語句或動作，來表
　　　達內心所體悟的真理。事實上，禪師們還往往把這兩種方式

[67] 見洪啓嵩著：《禪的世界》，台北：阿含文化有限公司，1998 年 8 月初版，頁 103。
[68] 請參閱洪啓嵩著：《禪的世界》，頁 103-159。

交互混用，而成為第三種方式：㈢用「矛盾」而且「不可說」
的語句或動作，來表達內心所體悟的真理。[69]

楊教授的分類方法，頗能捉住公案的某些特性，並且試圖從言語的
表達形式的現象層面，深化到本體佛性體證的層面。同時，使用現
代哲學的邏輯觀念，詮釋公案語言的矛盾、不可說與混用的特性，
頗有類似佛教判教的三宗——空、有、性宗模式，以「不可說」類
比於「空宗」，以「矛盾」類比於實體的「有宗」，兩者「混用」
便是類比於「性宗」，可見足以成為公案判攝的系統與研究的範疇。

二、公案的組織結構

　　禪宗公案的發生從生活實景的語言行為到文字的載錄，中間必
然有許多詮釋的落差，然而這些詮釋的落差是無法被彌補的，因此
吾人所認識到的公案，必然無法脫離語言文字的束縛，以及形成的
某些格式、結構與組織。所以本文所探討的主題，分成兩個部分：
一項是公案語言文字的結構，一項是公案思想內容的組織。

　　公案語言文字的結構部分，筆者以為可以分為四大類型，分別
說明其形式上的結構：

　　第一種類型：語錄文字的問答體。這是公案中最多的類型，其
主體的結構即是由「問」與「答」所構成。如：「僧問：『如何是
西來之意？』師云：『即今是什麼意？』」不論兩人對答的內容是
什麼，其結構大抵如是。

　　第二種類型：行為輔助的敘述體。在禪宗公案中時常可以見到
禪師藉助生活眼前的事物指引學人，然後開闡佛法的修證之要訣或

---

[69] 見楊惠南：《禪史與禪思——論禪宗公案中的矛盾與不可說》，台北：東大圖書
　　股份有限公司，1995 年 4 月初版，頁 265。

是佛法的心要,如南嶽懷讓磨磚成鏡以詰問馬祖道一,南泉斬貓以示徒等。這些手段無非幫助學人脫離思想意識的束縛而達至解脫的境地。

　　第三種類型:肢體動作的小說體。禪宗發展至黃檗希運與臨濟義玄的時候,開始出現強烈的肢體動作與暴力行為,雖然以禪宗的立場而言,這或許是一種教學的方法、手段、與技巧,同時也可能是一種老婆心切的慈悲心腸,可是在敘述的過程中,頗具備小說戲劇的情節張力,過程曲折,雖然局外人或一般讀者無法從文字表面知道這些公案表面的暴力行為底下,暗藏什麼玄機,但是就小說的敘述雛形來看,已經具備形式上的特質,如黃檗希運與臨濟義玄的一段因緣:

　　　　(臨濟義玄)初在黃檗,隨眾參侍。時堂中第一座勉令問話,師乃問:「如何是祖師西來的的意?」黃檗便打。如是三問,三遭打。遂告辭第一座云,早承激勸問話,唯蒙和尚賜棒。所恨愚魯,且往諸方行腳去在。座遂告黃檗云:「義玄雖是後生,卻甚奇特。來辭時,願和尚更垂提誘。」來日師辭黃檗,黃檗指往大愚。師遂參大愚。愚問曰:「什麼處來?」曰:「黃檗來。」愚曰:「黃檗有何言教?」曰:「義玄親問佛法的意,蒙和尚便打,如是三問三遭被打,不知過在什麼處?」愚曰:「黃檗恁麼老婆,為汝得徹困,猶覓過在。」師於言下大悟,云:「元來黃檗佛法無多子。」大愚搊住云:「者尿床鬼子,適來又道不會,如今卻道黃檗佛法無多子,你見箇什麼道理?速道!速道!」師於大愚肋下築三拳,大愚托開云:「汝師黃檗,非干我事。」師辭大愚,卻迴黃檗。黃檗云:「汝迴太速生!」師云:「祇(只)為老婆心切,便人事了。」侍立次,黃檗云:「大愚有何言句?」師遂舉

前話。黃檗云：「這大愚老漢待見，痛與一頓！」師云：「說什麼待見，即今便與。」隨後便打黃檗一掌。黃檗云：「這風顛漢卻來這裡捋虎鬚！」師便喝。黃檗云：「侍者引這風顛漢參堂去。」（普慧本新文豐印《景德傳燈錄》卷12，頁211。）

　　從以上引文的敘述過程中，臨濟義玄初參黃檗，三次提出問題卻遭三次挨打，不明究理，只好出外行腳，到了大愚和尚處便為其說破玄機，於是義玄得以開悟，之後又以一掌回敬黃檗，凡此皆已具備小說的敘述模式。當然整段故事頗類似魏晉南北朝志怪志人小說或後代筆記小說的「殘叢小語」的模式，同時整段故事本身也是一則公案，在《景德傳燈錄》載有許多類似的公案。

　　第四種類型：寄託隱晦的偈頌體。禪宗公案發展到中後期時，禪師結合了大量的詩詞唱頌闡發其禪學思想，除了《景德傳燈錄》著錄許多禪師以偈頌的方式回答學人的問題之外，在《人天眼目》、《碧巖集》等相關典籍中，可以發現如曹洞宗的「五位君臣」、臨濟宗的「四料簡」，乃至於公案中的「評唱」、「拈頌」與「唱」等體裁，都是以偈頌體為主的公案。

　　此外，禪宗公案的第二大項分類的思想內容結構部分，高本漢在〈剖析禪宗話題之義理結構與發展〉一文中，曾對禪宗的公案話頭有一番邏輯結構的分析。[70]陳雅芳在〈禪宗公案義理結構之分析〉一文中，採用了「邏輯上」、「語言上」與「經典上」的解析進路。[71]以上的分析取材與方法，其實比較是屬於形式上的處理，如果真的站在思想內容的義理結構做分析，必須提出一套合理的哲學範疇，

---

[70] 請參見高本漢著：〈剖析禪宗話頭之義理結構與發展〉，《中國佛教》第32卷第4期，1988年4月30日出刊，頁4-9。

[71] 請參見陳雅芳著：〈禪宗公案義理結構之分析〉，《「禪與文學」論文集》，華梵東方人文思想研究所，1995年10月出版，頁47-56。

才能涵攝包容，筆者以爲「體、相、用」的思想範疇是可以做爲公案的內容結構，詳如下表：

禪宗公案的思想內容結構表解		
相關的內容主題	解　　釋　　　　說　　　　明	
體	(1)佛法觀念的見地	以佛法的觀念爲基本的見地，也是理論的根據。
	(2)超越現象的本體	以實證佛性與涅槃的現量體驗爲超越現象的思想本體。
相	(1)激切衝突的機鋒	公案時常展現衝突激切的機鋒境界。
	(2)晦澀隱喻的象徵	公案時常運用具象的生活事物象徵形而上的佛性。
	(3)真如佛性的契入	公案時常出現言下大悟的情境說明契入真如的佛性。
用	(1)語言文字的記載	公案必須透過文字語言的記載。
	(2)賓主問答的命題	公案的發生一定有言語設定的主題。
	(3)矛盾統一的詭語	公案時常出現表面語言矛盾卻是思想統一的奇詭言語。
	(4)修證方法的指導	禪師時常運用公案指導學人修證的方法。
	(5)直指心源的教化	禪師運用語言或動作行爲教化學人直接契入法性洞澈心源。
	(6)佛學觀念的開示	禪師運用公案開示學人正確的佛學觀念。

　　從上列的表解中，筆者更進一步認爲每一則公案都有其思想義理的結構，而此結構正好可以用「體、相、用」的模式呈現，也可以充分的說明每一則公案必然具備「思想的本體」、「呈現的境界」，以及「使用的方法及語言」等三個層面。換句話說，思想的義理結構並不是文字語言的表象而已，同時必須包含形而上的思想本體的理論根據，以及形而下的運作模式與文字語言，才能構成一個完整的思想體系，彰顯公案的思想義理。

三、公案的作用與功能

　　禪宗公案到底有何功能作用？雖然歷代禪門祖師多半保持推崇的態度，以為是入禪的門徑。但是詳切的箇中緣由，禪師多半又隱晦不願正面說明。雖說如此，中峰明本（1263-1323）的《山房夜說》中對公案的作用有進一步的闡述：

　　　蓋欲取以為法而斷天下之不正者也。公案行，則理法用；理
　　　法用，則天下正；天下正，則王道治矣。夫佛祖機緣，目之
　　　曰公案亦爾。蓋非一人之臆見，乃會靈源、契妙旨、破生死、
　　　越情量，與三世十方百千開士同稟之至理也。且不可以義解，
　　　不可以言傳，不可以文詮，不可以識度。如塗毒鼓，聞者皆
　　　喪；如大火聚，嬰之則燎。故靈山謂之別傳者，傳此也；少
　　　林謂之直指者，指此也。……古人或匡徒之隙，或掩關之暇，
　　　時取以拈之，判之，頌之，別之。豈為炫耀見聞，抗衡古德
　　　而然。蓋痛思大法之將弊，故曲施方便，開鑿後昆之智眼。
　　　欲俾其共證之爾，言公者防其己解。案者，必期與佛祖契同
　　　也。然公案通，則情識盡；情識盡，則生死空；生死空，則
　　　佛道治矣。……且世之人，有事不得其平者，必求理於公府，
　　　而吏曹則舉案牘以平之，猶學者有所悟解，不能自決，乃質
　　　之於師，則舉公案以決之。夫公案，即燭情識昏暗之慧炬也，
　　　揭見聞翳膜之金篦也。斷生死命根之利斧也，鑑聖凡面目之
　　　神鏡也。（見中峰明本《天目中峰和尚廣錄——山房夜話》卷11）

　　中峰明本禪師對於公案的作用詳切的解說，以為公案是天下王道至正的理法，以為公案是契會佛性的妙旨，超越生死情景的束縛，挽救大法將弊的方便，開啓後世學人的智眼，蕩遣情識，悟解憑之公決，可以剖斷生死，可以燭鑑聖凡等功能。[72]

---

[72] 黃河濤曾經指出：「中峰和尚把公案比喻為照亮『情識昏暗』的智慧的火炬，撥

此外，佛果圜悟禪師卻是直截了當的一語道破玄機，他說：

> 初機晚學，乍爾要參無揣摸處。先德垂慈，令看古人公案，
> 蓋設法繫住其狂思橫計，令沉識慮到專一之地，驀然發明，
> 心非外得。向來公案，乃敲門瓦子矣。（《佛果圜悟真覺禪師心要》
> 卷下，《禪宗全書》第 41 冊，頁 644。）

圜悟禪師說向來公案，只是敲門磚而已，的確道出禪宗公案最
主要的特質。此外，《碧巖集》的〈三教老人序〉曾經更進一步的
指禪宗公案的功用有三種：

> （公案）二字乃世間法中吏牘語。其用有三：面壁功成，行
> 腳事了，定槃之星難明，野狐之趣易墮。具眼為之勘辨，一
> 呵一喝，要見實詣。如老吏據獄讞罪，底裏悉見，情欵不遺
> 一也。其次，則嶺南初來，西江未吸，亡羊之岐易泣，指海
> 之針必南，悲心為之接引，一棒一痕要令證悟。如廷尉執法
> 平反，出人於死二也。又其次，則犯稼憂深，繫大善知識為
> 之付囑，俾之心死蒲團，一動一參，如官府頒示條令，令人
> 讀律知法，惡念才生，旋即寢滅三也。具方冊，作案底，陳
> 機境，為格令，與世間所謂金科玉條，清明對越諸書。初何
> 以異，祖師所以立為公案，留示叢林者，意或取此。（《碧巖
> 集·三教老人序》）

揭盲人眼翳的『金篦』，斬斷生死命根的『利斧』，鑒照聖人凡夫的『神鏡』。早
期的公案，也的確充滿活力，富有生氣。」見黃河濤著：《禪與中國藝術精神的
嬗變》，台北：正中書局，1997 年 8 月台初版，頁 362-363。

　　三教老人以為公案的作用有三項：其一，已證悟的禪師利用公案「具眼為之勘辨」，透過「一呵一喝」的動作，能夠看出學人程度的深淺；其二，禪師慈悲的利用公案「悲心為之接引」後學，「一棒一痕」希望學人能夠證悟；其三，禪師若遇到業深障重的眾生，就利用公案使其「心死蒲團」而攝心專注一念，如同「官府頒示條令」，使其不生妄念，為將來證悟打下基礎。以上三種功用，與世間的金科玉律有相同的意旨，所以檢具方冊圖書，作為判案的案例參考，陳述禪機的妙境，三教老人以為這就是祖師所以立意為公案留示叢林的原因。

　　因此，古人借用當下的因緣而成為公案，再借公案來修持佛法，將公案視為禪修的工具，都是緣「事」而發的，如加地哲定指出：

> 公案為了啟發誘導學人，是記載研討古德傳承事件和消息的，是後世參禪的規範。也就是把參禪托於某一件「事」，以此為因可以使其直觀奧義。「事」只是借以誘導禪機的一種手段。禪者可以體味到言外真意，而「事」本身是毫無實際意義的。[73]

　　加地哲定明白指出古人借「事」而直觀奧義，而「事」只是借以誘導禪機發明的一種手段，所以「事」本身是毫無實際意義的。其中所謂的「事」，即是公案的因緣。

　　此外，聖嚴法師曾經指出公案只是一種修證的工具，他從看話禪的手段說明公案的作用及其目的：

> （看話禪）此即是公案禪的另一個名稱，又叫做「看話頭」。起源於臨濟宗下的大慧宗杲（1089-1163），宗杲先學曹洞，

---

[73] 見加地哲定著、劉衛星譯：《中國佛教文學》，頁309。

後學臨濟，結果，他對於曹洞宗的「默照禪」，極為不滿，
而評為「默照邪禪」。所謂看話，是從一個個的公案，來勘
驗修道者的見地程度，公案中的前人對話，均有不同的修證
層次，從公案的表面看，和說明公案的內容，是多餘的，要
看公案中的主題的內含是什麼，才是看話工夫的目的。所以，
在未得親自悟透之前，公案僅是一種工具，悟透之後，才能
發現其活活潑潑的精神所在。親自悟透禪宗祖師們的過去發
生過的開悟的案例，用知識的推理或想像，不能達成目的，
必定要對公案中的話題，起大疑情，只發問而不能自行以推
理方式來求取答案。[74]

聖嚴法師以為大慧宗杲運用公案，作為勘驗修道者的一種憑藉，並
讓學人依照公案來修行，再經悟透之後，才能澈底了解禪師運用公
案的目的。如果在悟透之前，使用知識的推理或是個人情志的想像，
是不能達成參究禪法之目的，由此說明公案的作用。

在公案禪成立之後，有所謂的「看話禪」，大體上也是借由古
人的公案為參悟的對象，關於此點，鈴木大拙曾經指出：

現今大家所知的公案禪或看話禪，大致都是借由舊有的古則
因緣或話頭當做一個公案出題給學禪之人而求其解決。公案
這一詞在晚唐即出現了。通常是將之解釋成公府案牘，但總
而之是一種提案，在這當中包含了「悟」的內容。學禪之人
要求對此做出一些對應。而為師之人則對此一一檢討來評判
是非。所謂古則，就是古人所留下規範提言之義。因緣為事
件變故，話頭為問答商量，其實全都是指同一件事，禪自從
在中國唐代時成立以來，有很多偉大禪師輩出。禪深植人心，

---

[74] 見聖嚴法師著：《禪的體驗》，台北：東初出版社，1988 年 1 月五版，頁 85。

尤其是知識階級的人。此期間禪者所說的隻字片語，以及其他所有語言，加入行動，就成為了禪史的龐大素材。這全部不只是成為看話禪的資財，也成為了話禪者的話題。[75]

鈴木大拙以為公案含有「悟」的內容，意即明白指出公案在作用方面的一種定義上的特色，並且依此一一檢討修行的要訣與評判禪法的優劣是非。同時，古德禪師留下的公案，成為一種典範的「古則」而成為禪宗發展史上的素材，也可以說明公案在歷史上的功用。

　　此外，吳汝鈞曾以「三昧」與「遊戲」來說明公案的特性及其作用：

> 從禪的表現（expression）而論，我們說禪基本上有兩個重點，分別是「三昧」和「遊戲」。……南宗禪發展到後來的「默照禪」，強調宇宙真相作一直接的默照、契會，這種實踐方式即屬三昧這一方面的表現。……與三昧相對的，便是「遊戲」。遊戲講求一種動感，要在現實世界中生起種種教化作用，表現出「大機大用」。所謂遊戲，意謂要如遊戲一般，自由無礙地在現實世間中，以種種方便法門去教化眾生，透過各種不同的機用去轉化世間。禪師能將不同的方便法門隨意地運用，非常圓熟地運用，儌似遊戲一般，全無造作或營求的意味。「遊戲」一詞就是要強調這種全無滯礙的狀態、一種無拘無束的感覺。南宗禪發展到後來的「公案禪」，就是屬於遊戲這一方面的表現。[76]

---

[75] 見鈴木大拙著：《鈴木大拙全集‧第一卷》〈第四章　慧能以後における悟るの道〉，日本東京：岩波書店，1968(昭和43年)年3月25日發行，頁169。

[76] 見吳汝鈞著：《中國佛學的現代詮釋》，台北：文津出版社有限公司，1995年6月初版，頁128。

吳汝鈞以「三昧」說明「默照禪」的修行實踐及其展現的作用，以「遊戲」說明禪宗在現實世界中生起種種教化的作用，並且以各種不同的機用去轉化世間，可以非常圓熟地運用，有如遊戲一般的情形，藉以說明「公案禪」的一種作用。

　　再者，禪宗公案在修行的立場而言，確實有很大的助益，如日種讓山就曾經指出公案的兩重作用：

　　　　公案，有著兩重作用：消極方面是否定了分別的知識，積極
　　　　方面是喚起意志的力而致其最後的努力。[77]

不僅如此，日種讓山又進一步指公案的積極作用是：

　　　　公案的作用，是徹透法的本源，契於佛祖解脫境上所現起的
　　　　妙旨，使之入於與佛祖同一境涯。換言之，是在於超越了吾
　　　　人意識的情量，擊破了建築在情量上的生死城廓，使得到無
　　　　生死、無分別智的真智，與佛祖同樣的入於遊戲三昧之境。[78]

　　日種讓山以禪宗修證的根本立場，說明公案可以悟透法的本源，契於佛祖解脫的妙旨，進入不生不滅的法性，說明公案是可以超越了吾人意識的分別，而得到無生死、無分別智的三昧境界。

　　關於公案的妙用，在禪宗修證的根本立場方面，黃河濤也曾經借用詩家神韻說的看法，他指出：

　　　　公案的妙用，根本在於它運用「言外之意」、「象外之象」

---

[77] 見日種讓山著、芝峰法師譯：《禪學講話》，台北：文津出版社，1985 年 7 月出版，頁 125。
[78] 見日種讓山著、芝峰法師譯：《禪學講話》，頁 105。

的道理，以矛盾、象徵、聯想等動作或語言，打破學人的思維定勢和理性束縛，自證本心。……禪師們以各自實際體驗及機緣接應的特點，通過「棒」、「喝」、「擒」、「拿」、「推」、「踏」、「收放」、「與奪」、「殺活」，以及「拈頌」、「評唱」等基本方法，掃除學人的種種情識障礙，引導其透過這些手法和言語，體會其弦外之音、言外之意，象外之象。這時，便能發生真智而徹見自己的本心，使自己入於與佛祖同一的境界。[79]

　　黃河濤以爲公案運用詩學神韻或意興的「言外之意」、「象外之象」的道理，說明公案的妙用，打破學人思維的習慣與理性的束縛，這一點的確是點出公案的一項作用特色，然而打破思維定勢和理性束縛的同時，並不一定證得不生不滅的佛性。同時，在禪師「棒」、「喝」等實行啓悟方法中，目的是掃除學人的種種情識障礙，並且說透過這些手法和言語，可以體會到弦外之音、言外之意，象外之象，固然沒錯，但是那「弦外之音、言外之意，象外之象」是否即是不生不滅的涅槃與真如法性，可能就值得商榷了。

　　綜合以上各家的說法，筆者以爲禪宗公案具備十項功用：第一，公案是參禪學人證悟佛性的工具。第二，公案可以勘驗考察學人悟道的淺深。第三，公案可以成爲判斷學人迷悟的權威標準。第四，公案可以指導學人攝心專注而培養證悟的因緣。第五，公案可以成爲截斷生死命根的利斧。第六，公案可以掃蕩情識昏濁的妄見。第七，公案可以導正盲悖修持的歧路。第八，公案可以檢驗自我證悟的通達或障礙。第九，公案可以使禪宗發展得到新的刺激與新的創意。第十，公案可以結合生活的教育而使得禪宗教學符合時代脈動的發展。

---

[79] 見黃河濤著：《禪與中國藝術精神的嬗變》，頁 362-363。

第四節　禪宗公案的特質、影響與價值

一、公案的語言特性及思想特質

　　在禪宗公案的相關研究領域裏，公案的語言特性無疑是研究的一個重點，包括其生活的口語、俗語等語體的使用、隱喻式的詩偈表達，以及在語義邏輯上的矛盾或是奇詭的表象，甚至許多的肢體動作行爲、生活事物與圖像等，都可以被歸類成廣義的語言。雖說如此，本文討論的仍然是以一般的文字記載的語言爲主。

　　公案的形成與相關語錄或其他典籍的載錄有密切的關係，換句話說，公案是以平面文字呈現，而非聲音或是影像的方式保存及記載。因此，現代的學者對於公案的研究必然是從文獻的紀錄切入，而且研究的層面十分的廣泛，包含了現代語言學、語義學、俗諺語的研究、語言藝術的研究……等等。此外，也可以用近代的哲學思想，如結構主義、詮釋學、現象學等研究方法切入，可是卻未必能夠扣緊公案語言本身的特性。例如禪宗語錄公案中有許多的口語詞（或稱俗語詞），一直都是禪宗文獻語言的一大特點，可是由於中國幅員廣闊，文化鼎盛，各地方言複雜而發達，所以研究公案語言必然得落到歷史時空與地域分界的框架中，而且必須深入某公案當時的文化風俗及日常用語裏，才能還原其本義而得其真貌。因此，現代的語言學或是詮釋學等方法論，對於公案的研究方法雖然具有一定之貢獻，但是卻無法觸及核心的問題。除此之外，禪宗語錄公案之所以難解，主要是語言背後具備了禪師獨特的思維、表達方式

與表達方法。換句話說，公案的語言特性與思維特質是密不可分的，
本文也以此爲研究的進路。

　　巴壺天在〈禪學參究者應具有的條件與認識〉一文中指出公案
的語言具有五種特性：

> 依據我（巴壺天）多年參究的心得，公案的語言具有五種特
> 性：㈠雙關性，㈡象徵性，㈢否定性，㈣層次性，㈤可取代
> 性。我們參究禪學，必須對它們先有相當的認識。[80]

　　巴先生以爲公案有五種特性，卻是以思想爲解說的實際內容，
可見公案的語言特性與思想特質是密不可分的。其中，語言的雙關
性與「意在言外」的比興是有關聯的，而且雙關的部分，多半是修
行的功夫或境界，關於此點，巴先生進一步指出：

> ㈠雙關性。……兩個禪師見面時，句句話都是談修行的功夫
> 和境界。但是修行的最高境界是證悟自性的絕對體，是不可
> 言說，不可思議的。要想表達那種境界，只有藉語義雙關的
> 話來暗示。所以禪師們無論在何種機緣下碰面，都就眼前事
> 問答，句裡呈機，來勘辨對方的道行。……如果兩個人中有
> 一個未曾開悟，聽不懂另一個人的話，另一個人就要任從他
> 當作尋常語言看待，或且不再理他。[81]

　　這裏所謂暗示的語言，必然是禪師基於個人實際的禪修體驗，
所以用雙關的方式暗示對方，藉以測知或勘察對方的境界，若是兩

---

[80] 見巴壺天著：《禪骨詩心集──禪學參究者應具有的條件與認識》，台北：東大
　　圖書股份有限公司，1990 年 3 月再版，頁 12。
[81] 見巴壺天著：《禪骨詩心集──禪學參究者應具有的條件與認識》，頁 12-13。

人有共同的經驗或體驗，必然會當下契會，心心相印。反之，若其
中一人並未達到另一人修證的境界，就肯定無法了解語言雙關的背
後意義，那就不契合了。此外，公案在雙關的語言特性方面，表達
的形式也有四種特點：其一，是擅長於用詩偈的形式呈現，尤其公
案發展到後期文字禪時，所謂的頌古、評古公案等都是以詩對或偈
頌的方式表達；其二，擅長運用具象的生活實物為比喻，例如以圓
相比喻為圓滿的佛性，以孤峰表達證悟的境界等等；其三，雙關語
必然與修證的見地、境界與功夫有關，其中見地是體，境界是相，
功夫是用，三者形成一項討論的範疇；其四，雙關語必然與當時公
案發生的當下情境有密切關係，因為公案的發生是在生活的現場，
在電光火石的當下，迸發靈光獨耀的禪機，所以雙關的特性，會配
合當時的情境，如南嶽懷讓與馬祖道一的「磨塼豈得成鏡」的公案，
是有動作及過程的敘述。

　　此外，在具象的象徵方面，如恆清法師曾指出禪宗用具象方式
為特質，也表現出中國人的思維特質：

> 禪宗最善「以假證真」，例如它能活用語言導引證入「離言
> 說」，藉具體事物進入抽象的境域。學禪者常舉「如何是祖
> 師西來意」為問（即禪之真義為何）。對這個本是超言語思
> 量的答案，許多禪師的答覆卻完全是具象的。例如趙州的「庭
> 前柏樹子」，雲門偃的「日裏看山」，德山的「門外千竿竹，
> 佛前一柱香」。這種具象的、直觀的、非論理性的禪法，也
> 正是中國人思維方法的表現。[82]

　　其次巴先生在公案語言象徵性方面，以為公案語意雙關所以要

---

[82] 見釋恆清：〈禪淨融合主義的思惟方法──從中國人的思惟特徵論起〉，《台大哲學論評》第 14 期，1991 年 1 月出版，頁 238。

用象徵的手法，他指出：

> (二)象徵性。因為要語意雙關，所以要用象徵的方法，……禪
> 師們所住的世界，其象徵性較詩人所感覺的還要高，使用的
> 語言自然更具有深度的象徵性。……在禪宗多以「上孤峰」
> 喻聖境，「入草」喻凡境，所謂「超凡入聖」，就是由芳草
> 登上孤峰；「由聖入凡」就是復返於芳草中。是知長沙岑所
> 說的：「始從芳草去，又逐落花回。」這種象徵的語句，實
> 際上是在自明修道的歷程。[83]

　　為什麼禪師要用象徵的方法，表達殊妙的境界呢？筆者以為有
四項原因：其一，是因為禪修或禪悟在修證的過程中，不論是親身
的體驗，或是獨特的見地，往往是個人主觀的覺受，沒有辦法成為
客觀的描述對象，所以要用象徵的手法；其二，禪悟或禪修的境界、
歷程與見地，一般是超越世俗、世間法的空性境界，是屬於形而上
的本體，根本無法以世間的語言加以描述，但是為了勘驗與教化學
人，不得不使用象徵的語言，以為教學方便的施設；其三，就語言
本身的使用功能而言，由於直接表述的語言，所涉及的語境較為狹
窄，相對的以比興的語言或所謂遮詮的語言，所涉及的語境較為寬
闊。在詩學的領域中，比興的語言能夠引發更多的繼起的意象，使
用上比較方便，相對的在佛學領域中，遮詮較表詮更能說明某些空
性的境界，所以公案的語言多是象徵性；其四，在禪宗的教學思想
中，有一項特質是「不說破」，也就是不去直接的明說本體或證悟
的境界，原因是防止學人執著於文字相，或是得少為足，或是執著
於開示的語句而無法親證佛性，或是擔心學人自礙進修的腳步，所
以常用象徵的語言。

---

[83] 見巴壺天著：《禪骨詩心集——禪學參究者應具有的條件與認識》，頁 13-17。

　　除此之外，巴先生進一步在雙關性與象徵性方面，也說明禪宗
公案運用否定性的語言特性：

　　㈢否定性。禪宗認為「應機與法，如應病與藥。」只在對症
　　下藥，將病除去，並非真有「一成不變」的佛法傳給人，……
　　一般人迷信權威，每將佛祖或禪師所說的話，當作絕對的真
　　理，他們只知佛祖或禪師是如此說的，卻不知佛祖或禪師為
　　甚麼要如此說，因而妄生執著。為了替他們破除執著，如解
　　黏去縛，抽釘拔楔一樣，所以禪師們多用否定法。他們所用
　　的否定法，大概有兩種：⑴先後否定：自己的第二句話把自
　　己的第一句話否定，這是自說自掃。⑵彼此否定：就是乙禪
　　師否定甲禪師的話，丙禪師又否定乙禪師的話。[84]

　　巴先生所謂的「否定性」，並不完全等同於佛學名相的「遮詮」，
[85]他所謂的否定，是指「應機與法，應病與藥」的概念。換句話說，
否定是類似般若空宗的「蕩相遣執」的掃相法，也類似《維摩詰經》
中的「除病不除法」的概念，其目的都是以解決學人的障礙與執著
為主，所以用言語的否定使其知病而去執。若是以先後否定的方式，
將自己的話否定，明顯的類比於般若空宗的掃相法；若是以互相否

---

[84] 見巴壺天著：《禪骨詩心集——禪學參究者應具有的條件與認識》，頁 17。
[85] 遮詮與表詮之並稱。在佛學上是通用於佛教各宗派。通常是指語言中的兩種表
達形式，所謂遮詮，即是從反面作否定的敘述，排除對象不具備的屬性，以詮
釋事物的內容；表詮，是從正面作肯定的敘述，以顯示事物自身的屬性而論釋
其內容。在《宗鏡錄》卷 34（《大正藏》48・頁 616 中）說：「遮，謂遣其所非；
表，謂顯其所是。又遮者，揀卻諸餘；表者，直示當體。如諸經所說真如妙性，
每云『不生不滅，不垢不淨，無因無果，無相無為，非凡非聖，非性非相』等，
皆是遮詮；遣非蕩跡，絕想袪情，若云『知見覺照，靈鑒光明，朗朗昭昭，堂
堂寂寂』等，皆是表詮。」是被認為最為經典的解釋。此外，在因明學中，遮
詮為否定的判斷，表詮為肯定的判斷，兩者有其關聯性，遮詮可以不包含表詮，
表詮則一定包含遮詮。

定或否定其他禪師的話，其原因是解黏去縛與抽釘拔楔，總是希望
學人能夠不執著於文字語言。

再者，巴先生以為公案語言在層次性方面，必定是代表「空」、
「有」、「中」三個不同的層次，所以吾人難以了解：

> ㈣層次性。……既然說是三關，當然是具有層次性的，禪師
> 們的語言，大概不出這些層次，若不明白禪語的層次性，但
> 看禪師們互為駁斥，必覺莫名其妙；若知道禪語的特性，則
> 易了然。譬如三位禪師相遇，所說必定是代表「空」、「有」、
> 「中」三個層次，絕不會三句話都同在一個層次，這叫做「六
> 耳不同謀」，六耳的意思是三個人，一個人只有兩隻耳朵。
> 正因為禪語的境界具有層次性，自然以「破」為主，以否定
> 為主。而禪語的否定性也正可顯出它的層次性，所以否定性
> 與層次性對禪語而言是相因而生，互為依存的。……否定的
> 結果，境界層層深入，而空、有層次就都顯現出來了。像上
> 述語言的層次，和語意學所說的語言層次是不同的。語意學
> 所說的層次，是對象語言（Object Language）和後設語言
> （Meta Language）間的層次。客觀的事物，是語言指稱的對
> 象，不是語言，它的層次是零。指謂客觀事物的語言，叫對
> 象語言，是第一層次。指謂對象語言的語言，叫後設語言，
> 是第二層次。禪宗語言的層次，是因為客觀事物（如修持境
> 界）本身有層次，從而指謂它的語言也有層次，但這些語言，
> 都是對象語言，這是它與語意學的層次不相同的地方。[86]

巴先生這一段話，有其極為深刻的層面，也點出公案語言不同
層次的哲學意涵，事實上，所謂的不同層次，筆者以為是哲學範疇

---

[86] 見巴壺天著：《禪骨詩心集──禪學參究者應具有的條件與認識》，頁 19-21。

的問題。換句話說，在一對哲學範疇中，可以涵蓋公案的語意內涵
的不同層次，其中又自成一個完整的系統。所以，巴先生提出所謂
的「空」、「有」、「中」三個層次，事實上應該是一組哲學範疇，
也是借用天台宗一心三觀的思想，藉以說明公案的語言特性與思想
特質。然而，以天台宗的一心三觀的哲學範疇來解釋公案，是否適
切呢？當然，任何範疇都有其週延性與限制性，就一心三觀而言，
觀空、觀假與觀中是實修的歷程，是可以三諦圓融當下呈現，巴先
生以為公案語言是以「破」為主，然後層次深入，卻未照顧到當下
呈現的圓融境界。換句話說，有些公案，不立「有」故不待掃而當
下契悟，不證「空」故法爾如是而言下大悟，不說「中」故一法不
立而無住生心，所以三個層次並非絕對成立的。反之，若是以範疇
的觀念切入，則會包含於各種層次性的要求，同時也使得語意的詮
釋更為精確與明白。此外，巴先生提到語意學中所說的層次，是指
對象語言和後設語言間的層次，明白的指出公案語言非對象性與非
後設性的特質。

　　最後一項，巴先生指出公案語言有「可取代性」，特別是以沉
默與姿勢行動來表達：

> （五）可取代性。……禪師們多用二種方法來表達他們內在的思
> 想與情感：(1)沉默：就是以不說為說。……因為與萬法合一
> 的絕對境界，是只能用直覺體會，而不可以言說的，所以在
> 禪宗公案中問到「自性」、「本體」，對方如果是開悟的，
> 就良久不作聲。(2)以姿勢行動來表達。[87]

　　巴先生以為公案語言有可取代性，所謂的「可取代」，主要是
指可以用語言以外的其他表達方式來代替語言的表達。巴先生主要

---

[87] 見巴壺天著：《禪骨詩心集——禪學參究者應具有的條件與認識》，頁 21-22。

提出兩種取代的方式，事實上可能不僅只有這兩種情況，因為公案的發生千變萬化，非沉默與姿勢行動所能涵蓋。

　　綜合以上五種說法，巴先生以為禪宗公案句句都含「雙關性」，主要是因為禪師見面時句句都談修行的功夫和境界，可是證悟自性的形而上本體，是無法言說的，所以只好藉語義相關的語言來表示。在「象徵性」方面，巴生生以為因為語意雙關的緣故，所以要用象徵的方法。至於「否定性」的語言，是因為要破除學人的迷執，如同解黏去縛與抽釘拔楔一般，所以常用否定法，通常也有兩種：一是自己語言的先後否定，另外一種是彼此以否定的方式，其實目的都是一致的。至於「層次性」，巴先生強調禪宗語言的層次性與語意學所說的語言層次是不同的。巴先生以為禪宗語言有所謂「三關」說，必定落在空、假、中的三個層次。最後的「可取代性」，巴先生是指禪師多用「沈默」、「姿勢行動」的兩種方法表達禪師內在的思想與情感，所以稱為可取代性。巴先生以為並非所有公案都具備以上的五種特性，只有極為少數的公案才同時具備以上的五種特性。

　　此外，蔡日新在《禪之藝術‧禪之語言藝術》文中，指出公案中人物語言的特點，分別有㈠通俗性，㈡簡潔性，㈢語義內涵的豐富性等。又指出公案人物語言的藝術性，分別有㈠一語雙關，囊括妙旨；㈡以喻明義，意蘊圓滿；㈢反常合道，妙契禪旨；㈣寓莊於諧，旨歸高妙；㈤語工意新，韻味無窮。[88]

　　此外，葛兆光在〈「神授天書」與「不立文字」〉一文中，對於公案語言的特性曾有一段深入的看法：

　　　　佛教尤其是禪宗自中唐以後採用的公案機鋒，已經再一次瓦
　　　解了語言甚至包括白話的意義，如果說六朝隋唐的佛教理論

---

[88] 見蔡日新：《禪之藝術》，南投：正觀出版社，1995 年 12 月初版，頁 120-161。

還只是小心翼翼地防止語言對意義的遮蔽，用比喻、故事等等方式使語言直接地呈現意義，而此時則採用了破壞語言、甚至是利用反語言的語言直接瓦解人們對語言的固執，「面南看北斗，仰面看波斯」、「庭前柏樹子」、「鎮卅蘿蔔重三斤」之類看似不通的話語，其實正是為了使人從習慣性的語言指向中解脫出來，這與最現代或後現代理論家的一種語言哲學實驗很接近，也就是用「邏輯上的矛盾、循環論證，以及取消範疇，也就是通過失敗的思想活動」使超越世界呈現出來，或者「利用雙關語、笑話、和不協調等文學手段把不能結合的意義結合起來」，以便破壞和推翻文本和讀者習慣性理解與確定性執著，而這種對於語言的思路在多大程度上影響著文學，還需要進一步研究。[89]

　　葛兆光明白的指出公案的語言特性及其價值，雖然公案語言有口語、俗語或破壞性、否定性的性質，卻是充份的利用了語言使用的極致，時常出現「反語言的語言」，目的也是爲了使人們從語言的習慣性指向中解脫出來，不再受到語言的限制及障礙。在這一點上，禪宗公案的確具備了獨特的特質。

　　誠然，公案語言的特性中目的是瓦解人們對語言的執著與從「習慣性的語言指向中解脫出來」。因此，公案的語言的確是包含了多種特殊的性質，也因此呈現出思想上的特質。

　　此外，陳榮波以爲公案具有以下五種特性及其價值：

---

89 見葛兆光：〈「神授天書」與「不立文字」〉，中國社會科學院文學研究所主辦《文學遺產》（雙月刊），1998 年第 1 期，北京：中華書局出版，頁 46。另可參見施太格繆勒(Wolfgang Stegmuller)《當代哲學主流》第五章《實存哲學：雅斯貝爾斯》，中譯本 240 頁，商務印書館，1989；安德森(R. J. Andeson)《後結構主義》，史亮中譯本，載《哲學譯叢》1990 年 6 期。以及參見葛兆光《表達與表現——談禪說詩之一》，《中華文史論叢》1987 年 2-3 月，上海古籍出版社。

（公案）其價值是不可抹滅，但我們在演唸公案時，要口念心行，了悟其經文之精意，才不會辜負祖師們的一片苦心。本人認為公案是活的，不是一成不變。它至少具有五大特性，分述如下：㈠超越性，㈡詩喻性，㈢動作性，㈣矛盾性，㈤日常性。[90]

其中，所謂的超越性是指不住兩邊、超越兩邊的接引方法。詩喻性是指層層遣相，步步提昇。動作性是指公案中禪師常用動作為說法的憑藉。矛盾性是指公案語言表面是矛盾的，但其精神是超越現量、比量而涵蓋其體悟的意境。日常性是指公案常表現於日常生活中，藉以度化眾生。陳榮波說明的五種特性，其實未能脫離巴壺天的論點。[91]

筆者綜合了以上各家的看法，以為公案語言與思想的特性，有下列十項：

㈠粗淺樸實的俗談野語。在禪宗公案中，俯拾皆是粗淺樸實的俗語及鄉野方言的說法，如馬祖道一禪師自喻深入法性的情況是：「自從胡亂後，三十年不曾闕鹽醬喫。」如太原海湖和尚說：「遮尿床鬼！」如濠州思明和尚在回答「如何是清淨法身」的時候，說：「屎裏蛆兒，頭出頭沒。」以上都是粗淺的俗野語言。

㈡典雅婉約的詩詞韻語。在文字禪中的頌古、評古等韻文形式的公案後期的形成前，早期的公案就已經包含了大量的典雅婉約的各類詩詞韻語，如隴州國清院奉禪師的「雨滋三草秀，春風不裏頭」

---

[90] 見陳榮波著：《禪海之筏》，台北：志文出版社，1989 年 8 月再版，頁 228-230。

[91] 陳榮波在《禪海之筏》一書中又提出公案語言有五種特性的說法：「㈠機鋒性，㈡象徵性，㈢否定性，㈣層次性，㈤代替性。」除了「機鋒性」與巴壺天的「雙關性」在名不同而義同的情形下，說明了這五種特性是與巴的看法完全雷同的。參見陳榮波著：《禪海之筏》，頁 242-247。

頗有詩境，如天台山國清寺師靜上座曾自述一偈問諸學流。偈曰：
「若道法皆如幻有，造諸過惡應無咎。云何所作業不妄，而藉佛慈
興接誘？」在早期公案中以詩或偈表達禪機的情形很多，也是禪宗
公案的一項重要特色。

　　㈢痴瘋顛狂的矛盾反語。在矛盾反語方面，南嶽懷讓問馬祖道
一的「磨塼豈得成鏡耶？」就是一個顯明的例證。此外，在公案語
言中顯現痴瘋顛狂的情形，時有所見，如鎮州普化和尚佯狂出言無
度，如魏府大覺禪師對興化存獎禪師所說的：「遮瞎驢！來遮裏納
敗缺。卸卻衲帔，待痛決一頓。」表面上是痴瘋顛狂的反語，事實
上是苦口婆心，當下興化存獎「即於語下領旨」。

　　㈣機敏迅捷的機鋒遮語。其中，所謂的「機鋒」是機敏迅捷的
禪機，「遮語」是遮撥的語言，目的是當下破除學人的執著。如達
摩與二祖慧可的「吾爲汝安心竟」，如冷箭射出，機鋒銳利。如撫
州石鞏慧藏禪師，本以弋獵爲務，後來遇到馬祖道一禪師，於是在
「一箭射一群」言下直契本心。

　　㈤峻烈峭拔的危言聳語。禪師爲了勉勵學人精進道業，有時故
作峭拔峻烈的危言，如智巖禪師曾說：「夫嗜色淫聲，貪榮冒寵，
流轉生死，何由自出？」

　　㈥輕鬆詼諧的生活口語。在公案中時常出現輕鬆幽默的生活口
語，如大珠慧海禪師在回答學人問如何用功時，說：「饑來喫飯，
困來即眠。」另如三角山總印禪師回答學人問如何是三寶時，他說：
「禾、麥、豆。」另如西堂智藏禪師在回答學人問題時以手摩頭云：
「今日頭疼，汝去問海師兄。」以上都顯現出非常幽默的一面。

　　㈦含蘊深厚的哲理雋語。在公案中時常出現具有深刻哲理的學
佛觀念或是修行的要訣，如盤山寶積禪師說：「向上一路，千聖不
傳，……全心即佛，全佛即人。」另如大珠慧海禪師回答來求佛法
者說：「自家寶藏不顧，拋家散走作什麼？我遮裏一物也無，求什

麼佛法？」

　　㈧一語雙關的寄托寓言。如馬祖道一告誡鄧隱峰禪師去石頭希遷禪師處要注意「石頭路滑」，因爲此話是一語雙關，是藉事相上的石頭路滑說石頭禪師禪法峻峭而難以捉摸。另如魏府大覺禪師臨終時，謂眾曰：「我有一隻箭要付與人。」此箭是指涅槃的佛性，千聖不傳的心印，可射下無明業障，所以一語雙關。

　　㈨思想行爲的互取代性。在公案中時常出現欲表達的禪機用行爲的方式呈現，有時也會互相取代，靈活自在。例如用「打」與「喝」等動作代替許多言語上的開示，如鄧隱峰禪師參訪石頭希遷禪師時，鄧隱峰繞禪床一匝，振錫一聲，問：「是何宗旨？」這是以行動配合語言上的發問，石頭回答說：「蒼天！蒼天！」是用語言的回答，後來鄧隱峰又去石頭希遷處，一依前問：「是何宗旨？」石頭乃噓噓作聲。此處是以「噓噓」的動作表示超越的理境，兩者可以互相取代。

　　㈩跳越層次的超越特性。這是公案語言中最多的一種型態，因爲公案的產生，其目的往往是爲了破除學人的各項執著，所以時常互設語言或思想上的陷阱，引學人或對方掉入，藉以勘驗修行的境界。此外，所謂的跳越層次是指跳越二元思考的對立，所以公案時常以毫不相干的答案回答著稱，目的總是希望能夠達到解縛去纏的目標。如僧問洞山：「如何是佛？」洞山良价云：「麻三斤。」另如虔州處微禪師的「喫茶去」，另如某僧問灌州羅漢和尙如何是佛法大意？回答說：「井中紅焰，日裏浮漚。」都是跳脫一般語言的相對層次，不在是與非的對立面回答，這是公案語言中最主要的一種特性。

二、公案對後世的影響

　　從中國思想發展史的立場而言，禪宗公案無疑是極為關鍵的階段，因為在此之前，從先秦《論語》、《墨子》等語錄體經典及其教學方式成立以來，以思想教育配合生活教育的學術發展，即成為一種屬於中國人思維的趨勢。同時，在先秦的天人關係、心性論與名實觀的演變過程來看，討論的範疇一直環繞著固定的模式，直到魏晉南北朝受到佛教傳入的影響，配合原來魏晉玄學的基本討論主題，形成形上思想與體用論高度的發展，也將隋唐佛教哲學推入高峰，形成中國哲學思想發展階段中十分卓越與特殊的時代及其獨特的地位。其中，禪宗的公案往往被中國哲學史家所忽略，其原因大概是禪宗公案並未具備如天台宗哲學的系統性，同時在義理詮釋方面，公案也是不容擬議及討論的。因此，在學術思想的發展歷程來看，禪宗公案具備了高度的宗教實踐性質，相對的缺乏思想義理的層面，又因其單篇獨立，語言矛盾難解，作用及目的又很難一語道破，缺乏相關的討論範疇，所以基本上是不合乎學術規格的。然而，作為截斷隋唐義疏之學的一種特殊形式，對後世的影響卻是十分巨大的，筆者以為原因是在於其形成的過程中，可以說是融和了中國先秦以來各種學術思潮、範疇、教學模式與生命教育的大成，所以影響後世至為深遠。公案的形成與對後世的影響方面，有以下四項特點：

　　第一，禪宗公案延續先秦語錄體文學而下啓宋明理學學案體著作——

　　前文述及，禪宗的公案可以淵源至先秦的語錄體，當然也跟佛教原始的經典或譬喻的小品文有些關聯，但是就中國文化的承襲而言，禪宗公案以語錄的形式出現，主要還是受到先秦諸子語錄形式的影響，所以形成獨特的教學紀錄，其中又以《論語》的模式對公案的啓發最大，因為重視生活教育、個別差異與隨機點撥的特性，可以說公案將這些特性發揮到極致。此外，在魏晉玄學的流傳中，

如《世說新語》以摘記對話記述人物風流，志怪小說以殘叢小語條記故事傳奇，這兩種記言記事的文學形式，也影響到禪宗公案的形成，以及對後世宋明理學對話的實錄模式。然而，禪宗的公案彙集在禪宗語錄或傳燈錄的著作，也可以說是公案的具體代表，這些禪宗語錄與先秦的語錄或魏晉志人小說《世說新語》在形式上仍是有很大的不同，如孫昌武就曾比較禪宗語錄及儒家語錄的不同及其影響：

> 禪宗語錄和中國傳統的語錄體著述都以記錄先師教訓為主，但有很大不同。這首先表現在禪宗祖師在語錄中並不處在絕對地教訓人的位置上，師弟子間往往處在平等的地位互相論難。這是反權威、反傳統精神的一種體現。……禪宗語錄通過對談論辯表現的人的關係也是眾生自性得到肯定的反映。由於語錄中生動描繪了人們之間的思想搏鬥，充滿了生活氣息，比古聖賢人高高在上的訓諭有生氣得多，潑辣有趣得多。[92]

　　其中所謂的「反權威、反傳統精神的一種體現」，是說明公案以師生平等的立場出現，彼此透過互相論難的形式，當下電光火石的衝擊，呈現殺活自在的躍動氣息，可以說是對先秦語錄形式的進一步改良或另類的表現。此外，值得注意的是語錄公案中所呈現的內容，往往是辛辣無比的，因為比先秦語錄中多了許多棍打、棒喝或強烈的肢體語言等行為動作，在語義內容方面又是十分奇特與超越現實，所以展現特有的風格，受到唐宋以來士大夫與民間的歡迎，如中村元就曾指出臨濟義玄的棒喝及語錄受到歡迎的原因：

---

[92] 見孫昌武著：《詩與禪》，台北：東大圖書股份有限公司，1994 年 8 月初版，頁28。

臨濟義玄常使用禪機，而在名山深谷中建有許多道場，其指
導禪僧修行時，經常使用棍打棒喝的方式，這種方式贏得了
充滿了儒教教養下中國人社會的共鳴，臨濟宗的宗風因而風
靡天下，……禪僧的行蹟之記錄是語錄，其中最受重視的就
是那超越現實的問答，結果因而也產生了奇特的問題受到大
眾的喜愛蔚為風尚。[93]

　　禪宗公案在形成語錄的過程中，所反映出的強烈肢體動作，卻
得到傳統儒學氛圍下知識份子的認同及歡迎，可以看出傳統儒家教
育下某種僵化形式或壓力的反彈及跳脫，也呈現多元思想的衝擊與
渴望，所以禪宗語錄公案受到熱烈的歡迎。不僅如此，禪宗語錄公
案或傳燈錄對後世的儒家著述，也起了一定的影響，如蘇淵雷指出
朱熹《伊洛淵源錄》受到《景德傳燈錄》的影響：

語錄的流行，更為後世儒家的著述帶來了新的形式。朱熹作
《伊洛淵源錄》，就是受《景德傳燈錄》的影響。馴致「太
極」、「無極」之辨，「義利」、「王霸」之分，鵝湖論難、
天泉證道，一時風氣的形成，決非朝夕之故。這些都和佛教
義學家重論析、祖師禪的逞詞鋒、參同異的作風有關。陳建
《學蔀通辨續集下》說：「達摩之說，不特當時之人拱手歸
降，不能出他圈套，象山陽明一流，尤拱手歸降，不能出他
圈套」云云，正可說明學禪風的影響之深遠了。[94]

---

[93] 見中村元著、余萬居譯：《中國佛教發展史》，台北：天華出版事業股份有限公
司，1984 年 5 月 1 日出版，頁 419。
[94] 見蘇淵雷著：《佛教與中國傳統文化》，湖南：教育出版社，1992 年 11 月第 2 次
印刷，頁 86。

　　語錄公案的流行對後世儒家著述帶來新的刺激與啓發，不僅是著述的形式，也包含相關討論的主題，也可以說是中國思想發展歷史中不可或缺的一段環帶，也爲宋明理學一代之盛舖蓋紮實的基磐。其中，《景德傳燈錄》的出現與流傳，無疑是最爲影響宋明理學的思想內涵，如古清美對宋明理學家愛讀《景德傳燈錄》就曾經加以說明：

> 《景德傳燈錄》一書從宋以來已爲學者所好讀好談，理學家皆浸染甚深。近溪熟讀釋典，《傳燈錄》自更不在話下，且泰州王心齋倡言樂學，其子王東崖更謂：『鳥啼花落，山峙川流，飢食渴飲，夏葛冬裘，至道無餘蘊矣。』（見泰州學案一）[95]

　　宋明理學家是否「浸染甚深」於語錄公案，甚至受到思想的啓迪，或許見人見智，但是在宋明理學家的著作中卻是可以看到許多端倪，如熊琬曾以程門立雪與禪宗公案類比，說明兩者彷彿之處：

> 朱公掞來見明道於汝，歸謂人曰：「光庭在春風中坐了一個月。」游、楊初見伊川，伊川瞑目而坐，二子侍立。既覺，顧謂曰：「賢輩尚在此乎？日既晚，且體矣。」及出門，門外之雪深一尺。（《河南程氏外書》卷12）此段伊川「瞑目而坐」，頗似達磨「面壁而坐」。而這「程門立雪」以求道正與神光立雪斷臂以求法之公案，乃相彷彿。[96]

[95] 見古清美：〈羅近溪『打破光景』義之疏釋及其與佛教思想之交涉〉，收錄於釋聖嚴、釋恒清‧李志夫‧藍吉富‧楊惠南著：《佛教的思想與文化》，頁233。
[96] 見熊琬著：〈宋代性理思想之淵源與佛學（禪學）〉，收於釋聖嚴、釋恆清、李志夫、藍吉富、楊惠南著：《佛教的思想與文化》，頁193。

其實，禪宗語錄公案真正影響宋明理學的部分，應該屬於體制的形式，也就是宋明理學中「學案」的成立。關於此點，陳垣（援庵）在《中國佛教史籍概論》中就曾經指出：

> 自燈錄盛行，影響及於儒家，朱子之《伊洛淵源錄》，黃梨洲之《明儒學案》，萬季野之《儒林宗派》等，皆仿此體而作也。[97]

陳氏認爲在《景德傳燈錄》之後，各類傳燈錄影響到宋明理學學案的成立，其中所謂的「學案」，應是指學術的公案，如陳祖武以爲學案形態來自於公案：

> 「學案」作爲書名在晚明的出現，一方面確如陳金生先生所論，有考查論定各家學術的含意；另一方面，如果從詞源學上來看，它或許是由當時禪宗慣用的「公案」一語衍化而來，其初始形態當是「學術公案」，後經簡煉遂成「學案」。[98]

「學案」的學術定義及其形成，當然可以上推先秦諸子相關的學術史論，以及《史記》、《漢書》的發凡起例，但是佛教禪宗史籍的借鏡，恐怕是最直接的影響，因爲學案體的史籍是以專記某一學派的傳承及流變爲主，首先記敘一家一派的學術源流，然後匯合諸多學術流派爲一系統，再推演一派的學術史而形成一代乃至於數百年各學派的學術史。其中，師承相遞，類於禪宗的祖述傳燈；條記言錄，似於公案的短章小語。至於旁記行狀、遺事等記行記言彙

---

[97] 見陳垣著：《中國佛教史籍概論》，台北：文史哲出版社，1981年6月出版，頁92-93。

[98] 見陳祖武著：《中國學案史》，台北：文津出版社，1994年4月初版，頁136。

編，又明注來源以求實徵信，自成一格，便迥然與燈錄體不同了。
除此之外，在內容的構思或立意方面或許受到禪宗燈錄的影響，如
孫昌武以爲學案受禪家燈錄的影響，他指出：

> 宋以後的理學家寫《道學傳》，寫《學案》，顯然受禪家燈
> 錄的影響。如果我們把他們寫的儒家人物與禪史記載的那些
> 人物對比一下，就會發現後者從構思、立意到情節、語言是
> 多麼富於藝術光彩。[99]

第二，禪宗公案承接先秦兩漢以來圖讖詩偈式的形式而影響後
世民間文學的發展——

中國思想發展史上，在先秦兩漢時曾經出現大量預言式的圖讖
符號，這一種神祕的記號，影響著中國政治上的天命論與哲學上的
天人感應說。其中，以隱晦不明與模糊不清的語義暗示吉凶禍福，
都成爲影響當時文化的重要因素。後來自東漢末年道教興起，假託
預言式文字的情形有增無減，加上佛教的傳入後高僧傳記中神通靈
異的紀錄，更推波助瀾的強化神秘預言或是超凡感應的現象。關於
此點，禪宗公案的形成中，由於公案多採隱晦式的語言形態，後期
更以詩偈的韻文形式大量出現，雖然不是直接的預言人事吉凶，但
是頗合於先秦兩漢以來圖讖神祕化的傾向，以奇詭難解又隱晦不明
的形式，確實影響到以後民間文學如寶卷的流行，甚至許多民間勸
世文學的筆觸，以及廟宇籤詩的形成等等，都受到公案的影響。

第三，禪宗公案繼承魏晉體用論與佛教體相用範疇而開啓宋明
新儒家實踐哲學的規模——

中國哲學的體用論，正式出現應屬於魏晉時期的王弼，體相用
範疇出現在《大乘起信論》，到了宋明理學大談心性義理之學，其

---

[99] 見孫昌武著：《詩與禪》，頁14。

主要內涵就是討論本體的成聖根據，境界的聖人相貌，以及工夫的
道德實踐。然而，在宋明理學形成之前，早期的禪宗公案就以素樸
的形態，扣緊了禪悟的主題而演成討論的範疇，如本體論的「悟的
根據是什麼？」境界論的「悟的相貌是什麼？」工夫論的「悟的修
行方法是什麼？」雖然沒有宏文博論，也不具備系統性，然而卻將
禪悟的根據、相貌與工夫含蘊在公案中。因此，禪宗公案正是從王
弼的體用論與《大乘起信論》體相用範疇過渡到宋明新儒家思想體
系建立的關鍵，也可以看出公案對宋明理學內容思想的影響之一。

　　第四，禪宗公案繼承隋唐以後俗語文學發展的趨勢而影響後世
散文及白話小說的發展——

　　在中國文學的發展歷史中，早期一直是以雅正的貴族文學爲
主，一般又稱爲精英文學，這是以文言文爲主要形式的文學風尙，
重視典雅精麗、文以載道，文章負有教化的功能或是爲實事所用，
相對的忽略了口語或俗語的民間文學。因此，禪宗的語錄公案打破
了儒家宗經徵聖的傳統，形成創新的形式與獨特的風格，如孫昌武
指出禪宗語錄大量使用了俗語，反映出新的立場與表達技巧，以及
對文學史的影響：

> 禪宗語錄大量使用了俗語。這不只是追求新異的表現，更反
> 映了一種態度，就是以一般人的平凡語言代替神聖典雅的經
> 典語言。這就打破了古典而另創出新典，並且從又一側面反
> 映了它重生活踐履、重人生日用的立場。……（禪宗語錄）
> 語言表達特別含蓄曲折，包蘊特別深廣。因此也就特別善用
> 暗示、聯想、比喻等手法，而爲了打破人們的常識情解，語
> 言的關聯、用語也常常逸出規範之外。如此等等也就形成一
> 種舒卷無方、殺活自如、大膽潑辣、趨奇走險的文風，這在
> 文學上也造成了影響。……從文學史發展看，無論是創作體

制還是語言、表現技巧，禪家語錄對後代的影響都是相當大的。它直接開導了宋以後語錄體文字，特別是明、清小品對它也多有借鑑；間接影響於散文的表現方法也很巨大。[100]

由此可見，禪宗公案爲中國文學注入新的泉源，開啓口語傳播新的紀元，如同敦煌講經變文一般，對後世所謂的白話文學有深遠的影響。因此，從神聖典雅的經典文言轉變到親切自然的生活口語，這對文學形式的轉變具有深刻的意義。同時，在內容上殺活自在、奇詭矛盾，甚至不著邊際、荒誕無稽，都將文字的張力拉到極致，不斷產生獨特的文學記號、表現風格，因此對後世散文與白話小說的影響可謂深遠。

三、公案的價值

禪宗公案的形成及演變，對於禪宗內部而言，是一種創新與突破的轉機，也是一項危機的訊號及沒落的開始。

在論述公案的價值之前，首先對判斷禪宗公案價值的標準，應該給予合理的界定，因爲判斷公案的價值是不能使用一般倫理學的判準，必須是禪宗倫理學或是佛教倫理學，其精神是強調解脫、涅槃與證悟佛果的目標。同時，在不同的時空環境中，公案也會呈現相對的價值，並且從多元的角度反映完整的面貌。此外，討論價值並不是一味的歌功頌德，必須兼顧批評判斷的詮釋，也唯有經過批判，才能彰顯公案的真正價值。本文試以基源問題的解脫訴求爲終極目標，利弊得失爲權衡依據，以及對禪宗歷史發展的影響爲批判準繩，分別從禪宗教學與修行的方法憑藉、禪文學的特色與研究俗語的素材等兩方面，說明禪宗公案的價值。

---

[100] 見孫昌武著：《詩與禪》，頁 28-30。

　　第一，公案在禪宗教學上是具有革命性的突破，但也是教學形式僵化的開始——

　　禪宗的教學歷史，可以大別爲四個階段，分別是從釋迦牟尼佛到西天二十八祖的成立、達摩到弘忍的傳承、惠能到晚唐各派的逐漸分流與五代宋初的汾陽善昭（947-1024）的「頌古百則」的文字禪的興起以後等四個階段。

　　在第一個階段中，若以《景德傳燈錄》所載的西天二十八祖的傳承事蹟來看，早期的禪宗教學方法，可謂並無明顯的特色，因爲不是充滿了神通靈異、預言授記，就是以佛法的理論開示，即能傳付法衣，或許以佛教的立場而言，此時修行者慧根明利，戒定慧學俱足，所呈現的只是教外別傳與以心傳心的傳法。

　　到了第二個階段，若依《景德傳燈錄》中所載的達摩形象及其應化的因緣，特別是達摩與梁武帝的對話，已經開啓公案教學的扉頁，不過兩者對話是自然形成，同時達摩緊緊扣住法性無生的立場，直契心性的本源，也是中國禪宗以對話爲教學方式的開始，目的是爲了衝擊迴照心光返照自性的生命第一義的思考，以及建立正確的知見與修行的引導。在達摩到弘忍的這一個階段，大體上是延續並開創了以對話機緣爲主的教學方法，其中也配合簡單的肢體動作，具有素樸公案的原始型態。

　　此後，在惠能《六祖壇經》到晚唐諸家的語錄性質中，可以看出許多公案的對話實錄，從惠能的應機開示到「德山棒」、「臨濟喝」的激烈動作，可以看出公案的教學逐漸走向技巧化、動作化與矛盾化，將達摩乃至惠能以來的教學方法給予積極的創新與大膽的扭轉，其優點是爲禪宗注入新的活力與有力的變化，但是其缺點就是逐漸喪失禪宗原始的精神，如果掌握了精神的本體，就不需要形式去補充，可是一旦本體的精神漸漸無法掌握時，就不得不以工夫

或技巧去撐起，[101]所以從惠能到晚唐，已經可以看出公案的教學方法
演變的大勢所趨。

在晚唐五代以後，禪宗公案的教學方法起了重大的變化，其一
是汾陽善昭的「頌古百則」引發了以韻文形式表達禪機的文字禪興
起，其二是以參究公案話頭（即題目）為主的臨濟禪大行天下。前
者，以禪文學的形式評述與詮釋禪法，形成了公案中的公案，也使
得公案的教學更加形式化；後者，大慧宗杲以古代禪師流傳下來的
公案為典範，或是成為參究的話頭，原本是為了彌補文字禪的缺失，
可惜矯枉過正，並且使得禪宗公案日益工具化，失卻原來素樸的面
貌與特色。

綜合以上四個階段，公案在禪宗教學上是具備高度的工具性，
但也具備了重要的價值，特別是從禪宗修持的立場而言，公案是入
手的重要途徑，誠如巴壺天指出禪宗公案有不可磨滅的價值：

> 禪宗歷代之公案，有其不可磨滅之價值，此可從二方面來說：
> 第一，天份高的人，往往能由於一言一行而觸類旁通，隨機
> 開悟。第二，對於鈍根者而言，因天份不夠，不能明白公案，
> 而禪師往往不會明白地說明的，他總要求人們去實際參禪，
> 開悟了公案自然會明白。[102]

---

[101] 在《老子》第 38 章說：「故失道而後德，失德而後仁，失仁而後義，失義而後
禮，夫禮者忠信之薄而亂之首。」在《莊子‧天下篇》中說：「後世之學者，不
幸不見天地之純，古人之大體，道術將為天下裂。」兩者意思都在說明「道」
失落之後，才用許多技術層面去補充之，所以掌握「道」才是最根本的，同時
也說明了後代學術逐漸走向物質分割、客觀分類與形式分解的趨勢，終於失落
了最原始的「道」。此外，在孔孟荀的哲學思想中，也有把握主體及重視工夫的
發展趨勢，可見對於本體的直接掌握勝於工夫技巧的補充。

[102] 見巴壺天著：《禪骨詩心集》，台北：東大圖書股份有限公司，1990 年 3 月再版，
161 頁。

　　從禪宗教學實錄的角度觀察，公案無疑是重要的參考素材，也是修行的憑藉。雖然公案隨著時代的演進逐漸走向形式化與技巧化，但是禪宗若缺乏公案的推動，恐怕也會死氣沉沉，無法順利開展了，誠如日種讓山就認爲禪宗的推動全部是運用公案爲依據的：

> 試閱古今先德的「上堂」或「小參」所垂示的話頭，無非是公案；公案外更沒有什麼說示或評唱的。……禪的教法，這樣用公案來推動，一貫地運用著公案。若和別的宗派比較：各家教宗，各有所依的經典，依經典而有教相，依據那一種經典的教相而顯其所依的立場，於是成立一一的宗派；但禪宗自稱為教外別傳，沒有經典為所依，可是公案，恰似教下各宗之於經典。……成為禪的基本的主動體，成為生命；所以禪，除却公案，就不能理解。[103]

　　日種讓山特別提到禪宗不同於教門以佛教的經典爲弘傳的依據，而改以語錄公案爲教學的憑藉，由此也會產生禪宗重視生活、展現個人特質，以及充滿生命力的特點。關於此點，中村元也曾經提出類似的看法：

> 禪宗的原則是以心傳心，或稱為不立文字等，從來不需要依經典注釋書一類的東西，可是必須重視師承，虛心且充分地知悉先師的言行，這便是所謂：「禪祖之語要，不以華藻為事，需為常談直說，侍者小師隨之筆錄，名為語錄。」結果，弟子們皆以語錄代替經典注釋書，這種以師僧日常會話為主的筆記，完成了重要指導書和參考書的任務。這些語錄富有說服力，讀來令人津津有味，在口語文學上也提供了珍貴的

---

[103] 見日種讓山著、芝峰法師譯：《禪學講話》，頁 102-103。

資料。[104]

　　此外，在一般教學上可能沒有十全十美的方法，公案的產生為禪宗增加許多創造的活力，但也可能形成制度的僵化，如鈴木大拙就曾經說明公案發生的意義及其價值：

> 如果沒有繼續讓原創活力更生，那麼創造的經驗就會急速乾涸。中國禪的歷史就是像這樣，頹廢的開始大概是在看話制度的發明。所謂公案的職能，就是初期的禪匠們將自己的領悟、經驗等技巧性、組織性的傳達給弟子。有些禪匠運用技巧性的方法，但更多人是以傳達自己的經驗，經過許多人以期讓禪的經驗更加成熟。因此，公案對禪的大眾化很有幫助，同時，禪經驗的純粹性得以更方便的永久保存。[105]

　　鈴木大拙特別提到公案的創生對禪宗走向大眾化有具體的貢獻，並且強調禪師運用公案將自己領悟的經驗傳承下去，都說明了禪宗公案的價值。然而，正是由於話頭禪的興起，使得禪宗的發展走向打機鋒、說轉語的口頭禪的負面趨勢。此外，由於禪宗公案發達以後，逐漸演成過度簡化的情形與空談臆論的現象，誇言證悟，浮濫無稽，終於使禪宗逐漸走向沒落，如北宋蘇軾在〈楞伽阿跋多羅寶經序〉一文中就曾經批判禪宗公案發展下的情景：

> 近歲學者，各宗其師，務從簡便，得一句一偈，自謂了證。至使婦人孺子，抵掌嬉笑，爭談禪悅，高者為名，下者為利，

---

[104] 見中村元著、余萬居譯：《中國佛教發展史》，頁 421。
[105] 見鈴木大拙著：《鈴木大拙全集・第四卷》〈禪と念佛の心理學的基礎前編〉，日本東京：岩波書店，1968(昭和43年)年6月6日發行，頁 260-261。

餘波末流，無所不至，而佛法微矣。[106]

其中，公案的一句一偈是過於簡便，至於婦人孺子的抵掌嬉笑，好
談禪悅，高尙者爲名，下焉者求利，都附會了公案的產生，也可以
說是公案的一項負面的影響。

第二，公案禪的文學特色與研究俗語素材的價值——

禪宗公案在形成的過程中，雖然或多或少受到文人的修飾，[107]但
是基本上仍保有大量的俗語及口語，如《景德傳燈錄》也反映出宋
代的語言狀況，如盧烈紅曾經比較景德傳燈錄與祖堂集的口語情形：

> （《景德傳燈錄》）真宗詔翰林學士楊億、兵部員外朗李維、
> 太常丞王曙刊削潤色，這就使得此書的語言面貌與《祖堂集》
> 等有明顯的不同，《祖堂集》中「作摩」、「作摩生」、「甚
> 摩」中的「摩」和句末語氣助詞「摩」，此書都改成了「麼」，
> 可以說，此書在一定程度上反映了宋代的語言狀況。[108]

從語言學的立場而言，禪宗的語錄公案提供了大量的生活口語
及鄉野俗語，成爲研究古代文化的重要素材，這是語錄公案一項重
要的價值。關於此點，呂澂曾經指出：

---

[106] 見蘇軾著：〈楞伽阿跋多羅寶經序〉《大正藏》第 16 冊，頁 479 下。

[107] 在史帝夫・海因(Steven Heine)著、呂凱文譯〈禪話傳統中的敘事修辭結構〉一
文中指出：「一如威廉（William F. Powell）在 " The Record of Tung-shan"
（Honolulu:University of Hawaii Press, 1986），5.所引及：『《景德傳燈錄》的古典
形式之文類，幾乎都強烈地對比於那早期文本的質樸與口傳的形式，因而讀起
來比較不像是真正對話的記錄。』」此文收於藍吉富主編：《中印佛學泛論》，台
北：東大圖書股份有限公司，1993 年 12 月，頁 180。其實《景德傳燈錄》是經
過楊億的修訂，所以可能有些會失去語錄公案的原貌。

[108] 見盧烈紅著，《古尊宿語要代詞助詞研究》，武昌：武漢大學出版社，1998 年 5
月第 1 次印刷，頁 4。

宋代的佛教文學、藝術也很有特色。當時禪宗盛行，各家都
有語錄，運用接近口語的文字記載，在體裁上別創新格，而
影響到一般文學。[109]

除此之外，公案的禪文學，對於中國文學發展史上也具備重大
的貢獻，如禪學對詩學的影響，不僅開拓了詩境，豐富了語言意象，
增加了描述的題材，也帶來詩詞等文學批評新的啓發，故有「以禪
喻詩」、「學詩如參禪」的情形。此外，公案中具有神話般傳奇故
事的情節、豐富的肢體動作，以及機鋒轉語的語言風格也影響後世
小說的形成與發展。此外，禪宗公案發展到後期，禪師往往兼有優
美的詩作，或者以詩偈的方式評論、頌讚古德的公案，形成文字禪
的鼎盛。同時，不僅禪僧兼有詩僧的特質，也與當代的風流文士往
來頻繁，彼此唱酬，形成一代文風，這也是公案發達以後另一項對
文學發展的貢獻。如加地哲定對雪竇、圓（圜）悟禪文學的肯定中，
即可看出公案禪文學的價值：

公案、頌古是那些傑出的禪僧們智慧的產物，在禪宗史上開
創的新局面。特別以雪竇那樣超邁的禪的眼光和天賦以及詩
一般的文才，對古則附加貼切的頌古，在風雅中提示宗
徒。……雪竇、圓悟文才出眾，氣宇軒昂，同詩人、文人、
學士交往頻繁，所作詩文格調高雅、含蓄耐讀，富有新意，
具有一字千鈞撼人心魄的魅力。就其形式，雪竇的頌古有絕
句、律詩、古體、四言、七言等，簡古而遒勁，的確可以說
是禪文學之精粹。至於圓悟的著語和評唱，自由而闊達；時

---

[109] 見呂澂著：《呂澂佛學論著選集》卷 5，山東：齊魯書社，1996 年 12 月第 2 次
印刷，頁 3006。

而使用俗語，反倒增加了文章的動人力量。[110]

加地哲定對雪竇、圓（圜）悟的公案禪文學有如此的肯定，都說明了公案在中國文學發展上的特殊貢獻與價值了。

四、公案的興衰原因及「參究公案」評議

公案對於禪宗、中國哲學與文學的發展具備了特殊的貢獻與價值，這個部分前文已經粗略探討了。因此，本文在說明公案的影響及價值之後，總覽迴觀，再進一步的討論與小結公案的興衰原因，以及參究公案的這項法門得失之評議。

前文述及，禪宗公案的發生及其參究方法的形成之歷史因素，主要目的是要突破初祖菩提達摩以來禪宗思想與修行方法發展上的一個瓶頸，特別是從五祖弘忍以後，禪宗開始有聚徒大眾講習與世間生活教化的發展傾向，再加上六祖惠能以後，眾多的惠能弟子及再傳弟子，逐漸形成禪宗內部的分支宗派，為了建立禪法門庭施設的特色及教學的傳承系統，同時也為了相應於眾生的根機，所以開展出「參究公案」的法門。值得注意的是，「禪」是一種高度啟發生命悟性與生活創意或生活藝術的精髓，因此透過公案的成立及參究，可以直接體證禪悟的妙境，公案成為禪宗學人修行的方便。此外，前代祖師在平常生活中因為教化學人而留下來的公案，成為後代禪師教學的素材，藉以引發學人的禪意識並使之逐漸成熟，這是公案發生成立的基本原因及主要目的。然而，由於公案的成立之後，卻又逐漸形成一種固定的形式，特別是汾陽善昭提出的《頌古百則》

---

[110] 見加地哲定著、劉衛星譯：《中國佛教文學》，頁 310。加地哲定又指出雪竇與圓悟的文學特色：「雪竇頌古的超詣，圓悟評唱的遒勁，都可以說是佛教文學精粹。特別圓悟的垂示，與奪縱橫、簡古淡遠，是與雪竇頌古相匹敵的名篇。」見頁 314。

與公案代別之後，改變了唐五代北宋初年以來，以《祖堂集》、《景德傳燈錄》中公案的表達形式，發展成文字禪，爲當時日漸衰微的臨濟宗開闢了新的發展方向，同時也爲禪宗的興盛及弘揚提供了新的動力，這是公案興盛的主要原因之一。如果再進一步的深入分析，不難發現有兩項具體的情況，同時是公案興盛及衰微的原因，也頗能看出禪宗以公案爲主軸發展的軌跡：

第一，佛教傳入中國，雖然經過格義佛教的階段，但是真正建立中國本土佛教宗派的卻是禪宗。禪宗以教外別傳的姿態，不重視經論詮釋的基本立場，強調在現實生活中修行而直接體證的特質，便形成禪宗以生活教化的實例，成爲教學的題材與方便，這是公案興起的原因之一。然而，逐漸遠離佛教的經論，強調禪師個人禪悟的經驗，就產生了「教（門）」與「禪（門）」的疏離，不僅造成佛教內部的矛盾及互相攻伐，也形成了部分「依人不依法」的弊病。[111]因此，禪宗因爲公案的興起而接續再生的動力，卻也因爲公案的興起而埋下日後失落佛教經論根據的危機及衰弱的種子。

第二，禪宗運用日常生活的機會教育，在生活的當下隨機點破學人的迷執而契證法性，靈活而自在的開啓禪宗教學的新頁，這是公案興起的原因。然而，公案後來卻成爲固定模式教材化的學習對象，如代別、評古、頌古與拈古等文字禪或參究話頭公案的形式，逐漸又形成僵化的模式而失去原本活潑妙用的生命力，也直接造成日後禪宗的衰落。特別是文字禪的公案文類形式，走向詩偈堆砌與雕琢排比的創作路線，不再是生活機緣的啓發，也不再是以實修實證的體證佛性爲主要訴求。在元明兩代以後，文字禪從興盛也逐漸趨於沒落，主要也是因爲後代的禪師難以跳脫文字禪的形式，無法

---

[111] 關於此點，中晚唐的宗密已然提及而深憂，並有「禪教一致」理論的提出。關於「依人不依法」的弊病，主要是產生在並未澈悟的禪師身上，可能因爲其見地不真或是證悟未深，卻強調個人的權威崇拜，或做不適切的指引，由此產生許多的缺失，是值得注意的問題。

再創新穎的教學方法，只好延續參公案話頭的法門來維繫宗門傳承。

　　至於參究公案這項法門的優劣得失，可以從歷史發展、修行方法特質、開悟訴求與制度形式等四項重點加以說明：

　　第一，從歷史發展看來，參究公案法門的成立，主要是爲中國禪宗建立了修行的系統及門徑，並且有別於印度佛教與早期的中國佛教傳統的修持方法，開啓了佛教弘傳及慧命延續的新視窗。

　　第二，以修行方法的特質看來，從素樸的參究公案到參話頭的形成及成熟，不但跳脫佛教傳統的修持模式，也容易與佛教精神主體的菩提心、大悲心產生若干疏離的情況，導致部分學人過度強調「修行技術」的偏執，造成宗教情操的墮落，乃至於無法相應菩提心的開啓而難以契入法性的結果。

　　第三，由於參究公案的過程中，往往過度強調「悟」的訴求，並且大悟之後就立刻躍居佛教聖賢的位階，具有住持佛教與紹承正法的資格，然而無形中卻結合了世間名利的誘惑，結果造成禪宗學人在參究公案時潛意識中的障礙。同時，參究公案固然以「開悟」爲目標，優點是可以收攝心識，絕離妄念，但是末流者模擬形式，形成語言文字或行爲上的狂禪，而附會於參究公案，也是缺失之一。

　　第四，公案從生活機緣的自然發生，日後卻成爲參話頭乃至於「打禪七」的制度形式，其優點是透過制度而普及大眾，如百丈清規般的規範了修行的要領及方向，其缺失也正是因爲制度的形成，而造成原本禪宗生活教育中活潑靈動的教學精神由此快速失落。

第三章 體相用範疇與禪宗公案思想的研究

第一節 範疇的定義與體相用範疇的形成

一、哲學範疇的界義及功用

在哲學的發展史上，「範疇」（category）的提出是建立哲學系統非常重要的一個階段，因爲這代表人類對於宇宙事物從複雜的整體或對客觀世界的考察逐漸轉向客觀的系統分類及思維引導模式，以及探討思維過程本身的規律，並且透過各種不同的範疇，使得人類在哲學家的思想引導下，能夠更加認識生命及宇宙的本質。

哲學史上的範疇，在希臘文是 Kategoria，意爲證明、指示。中國漢譯係取自《尚書·洪範》中「洪範九疇」一語。因爲其基本概念是「洪」者「大」義，「範」者「法」義，「疇」者「類」義，簡譯即爲大的分類系統，故譯爲「範疇」。[1] 範疇是人類對於宇宙事物客觀分析其本質和辨證關係的分類系統，也是人類藉以認識宇宙事物的判斷標準及研究方法。

在哲學發展史上，古代希臘亞里士多德（Aristoteles,384-322B.C.）是最早對範疇作系統研究的學者，他將範疇看作是對客觀事物的不

---

[1] 「範疇」一詞是嚴復先生（1854-1921）所譯，請參閱王中江著：《嚴復》，台北：東大圖書公司，1997 年 4 月初版，頁 258-269。

同方面進行分析、歸納而後得出的基本分類系統及其概念。他在《範疇篇》中提出了「實體」、「數量」、「性質」、「關係」、「地點」、「時間」、「姿態」、「狀況」、「活動」、「遭受」等十個範疇。[2]後世的哲學史家認為亞里士多德未能揭示範疇的內在辯證的相互聯繫。後來德國康德創立了一個先驗範疇論的體系。他提出十二個範疇，並將其分為四個分類系統：(1)量的範疇（統一性、多樣性、全體性）；(2)質的範疇（實在性、否定性、限制性）；(3)關係的範疇（依附性與存在性、因果性與依存性、交互性）；(4)樣式的範疇（可能性——不可能性、存在性——非存在性、必然性——偶然性）。後來黑格爾從客觀唯心主義的基本立場對範疇作了全面與系統的研究。之後，哲學範疇從各門具體科學中抽象和概括出來，又成為各門具體科學共同使用的最普遍與最基本的概念及系統分類觀念，如質和量的關係、本質和現象的關係等，因此適用於一切科學的與哲學的領域。任何一門科學的或哲學的理論體系，多半都由該門科學或哲學特定的概念、範疇和規律所構成。因此哲學體系是由一系列普遍適用於自然界、社會和人類思維的基本規律和範疇構成，並且從現代科學發展中反映到哲學上，使一系列傳統的範疇充

---

[2] 亞里士多德的《範疇篇》係屬於其邏輯方面的著作，藉以說明存在的種類。以上所說的十項範疇，是一般通用的說法，據鄔昆如先生指出：「有人把它說成十類，或是八類，有時更少，總沒有完全的定論。」見鄔昆如著：《西洋哲學史》，台北：正中書局，1996 年 8 月台初版第 13 次印行，頁 153。鄔先生曾製一簡表：

鄔昆如製亞里士多德十項範疇一覽表							
希臘文	中　　文	回答問題	實　例	希臘文	中　　文	回答問題	實　例
Ousia	實體	什麼？	黑板	Pote	時間	何時？	今天
Poson	(數)量	多少？	三十斤	Keisthai	姿態	如何？	掛著
Poion	(性)質	怎樣？	黑色	Echein	狀況	有什麼？	有字
Pros ti	關係	與誰(與什麼？)	兩層	Poiein	(活動)主動	作啥？	佔位子
Pou	(地點)位置	在那裏？	課室內	Paschein	(遭受)被動	受啥？	被推

以上的範疇可以分成兩類，其中第一類是第一項的實體，第二類是第二至十項的屬性。有了實體與屬性，因此有了判斷，有判斷即有真偽的區分，之後有了知識，而知識的對象是真理。見引書，頁 153-154。

實了新的內容，並且出現許多新的範疇。範疇主要反映客觀世界的整體性和內在聯繫的一定體系中存在。任何範疇都是包含各種要素的概念分類系統，範疇的本質表現在構成它的各個要素之間的結構關係中，也能在不同的結構層次上作爲系統和整體的客觀現實的協調性。所以，人類以範疇爲思維工具及判斷原則去了解客觀事物發展的規律，建構了哲學發展的基本規模與主要論題。換句話說，以「範疇」做爲哲學研究的分類系統有助於吾人客觀的認識與釐正事物的真相。同時，哲學的範疇也是理論思維的一部分，並且也具備方法論的研究意義，誠如張立文在《中國哲學範疇發展史——天道篇》一書中指出：「哲學範疇對具體科學的研究具有理論基礎和方法論的意義。不管從事哪一門具體科學的研究，都需要理論思維，而理論思維便需要借助於範疇。」。[3]可知張立文提出哲學範疇是具有理論思維及方法論雙重意義的，並且能夠作爲溝通不同文化層面的理論及方法，可見範疇的討論是具備學術研究與文化探索的多元價值。其次，哲學範疇的建立是有一些必備的條件及其從屬的特質，張立文將這些條件及其特質視爲「哲學範疇的品格」，並且深入的說明從哲學的範疇的基本概念而形成哲學的系統，再由哲學的系統形成哲學史的主要內容。不僅如此，張先生以爲「哲學範疇是思維活動最基本的支點」，從此「相互關聯，步步展開」而成爲互相了解的系統網絡。[4]

　　既然，範疇是每門學科的基本概念與認識活動事物的基本支點，也是分類的系統、理論的哲學思維與方法工具的綜合體，所以就成爲客觀的學術研究必備的理論基磐與研究進程。因此，範疇成爲哲學研究中的系統理論思維與研究的方法，主要是經過三個階段

---

[3] 請參閱張立文：《中國哲學範疇發展史——天道篇》，原出版：中國人民大學出版社，台灣版：五南圖書出版有限公司，1996 年 7 月初版一刷，前言頁 5。

[4] 請參閱張立文：《中國哲學範疇發展史——天道篇》，頁 3-4。

完成的：

第一，範疇從邏輯與分類的原則出發，建立了哲學思考的觀念脈絡與討論命題——

從亞里士多德建立十範疇體系的過程中，他所運用的方法是古代辨證思維的邏輯方法，[5]然後成爲將宇宙事物客觀分析其本質和辨證關係的分類系統，也是實體與屬性分析的模式，建立了哲學思考的孔徑。此外，在中國《易傳》中則首開中國哲學範疇理論的研究，其中對乾（☰）、兌（☱）、離（☲）、震（☳）、巽（☴）、坎（☵）、艮（☶）、坤（☷）等八卦，皆加以規定其內涵與外延，並由八卦而六十四卦的結構方式與排列次序等整體系統加以詮釋。[6]另外，在《墨經·小取篇》中「明是非之分，審治亂之紀，明同異之處，察名實之理」與《荀子·正名篇》皆立「以名舉實」、「循名責實」、「制名以指實」爲思維的法則，並且對先秦諸子所提出的範疇進行研究，然後提出了「知」、「慮」等天人關係範疇與「仁」、「義」、「禮」等倫理道德方面的範疇，張立文指出：「亞里士多德十範疇論是說明實體（如人或馬）與表述實體的關係的，而《墨辨》（《墨經》）所涉及範疇的範圍的廣度與深度都超過亞里士多德。」[7]以上從邏輯的角度建立的哲學思維，演變成爲分析事物的憑

---

[5] 參見馬小彥：〈試論亞里士多德範疇體系的方法論基礎〉，《河南大學學報——哲學社會科學版》（雙月刊），第 3 期，1987 年 5 月 31 日出版，頁 56-59。

[6] 參見張立文：〈論中國哲學邏輯範疇發展的歷史階段〉，《吉林大學社會科學學報》，1985 年 1 月，頁 90。另，李宗桂先生說用概念範疇和原理可以解釋世界與哲學思惟的開始：「哲學以理論思維的方式把握世界，用概念、範疇和原理解釋世界。……殷商之際的《易經》，試圖用兩個具有對立性質的符號（「—」和「--」）來代表不同性質的事物，通過它們的排列組合，構成各種卦象，借以說明自然界和人類社會的種種現象，這就是以理論思維方式來掌握世界。由卦象的展開，出現了否與泰，損與益，乾與坤等一系列對立範疇。因此，雖然《易經》沒有陰陽二字，但從實際內容看，它已含有原始陰陽學說的思想因素，是哲學思維的開始。」見李錦全、馮達文著：《中國哲學初步》，廣東：廣東人民出版社，1997 年 5 月第二次印刷，頁 4-5。

[7] 參見張立文：〈論中國哲學邏輯範疇發展的歷史階段〉，頁 91。

藉與分類的法類，換句話說，從範疇的邏輯性質轉變成爲分析事物
的方法論，同時開發出來許多討論的命題，每一命題都形成新的範
疇，每一項範疇又相互關聯，終究成爲哲學的系統。

　　第二，從哲學家推動範疇的深入研究與次第開發，同時相互聯
繫與相互作用而成爲哲學的系統——

　　從哲學的歷史發展觀察，一個民族整體的文化思想與哲學系
統，是經由一個時代又一個時代哲學思潮所累積而成的，而一個時
代的文化思潮，又是經由一群哲學思想家相遞推演新開發或舊延續
的討論的一系列命題而成，這些命題又是由過去傳統留下來的哲學
範疇所建立或引發的，然後相互關聯，彼此緊密的聯繫，雲起波湧
式的形成時代的思潮，乃至於民族的思維。因此，通過對中國哲學
範疇的深入研究，可以還原中國各時代思潮的面貌與前後哲學觀念
的演變。不僅如此，哲學範疇經由各時代哲學家的推演研究，也不
斷開發、創新、改造而成爲新的範疇，換句話說，哲學的歷史也就
是範疇發展而形成觀念演變的歷史。因此，從範疇的演變及其相互
關係的研究中，可以建立哲學的系統思維，乃至於方法論的建構。
同時，每一項範疇都包含著一些基本的討論命題與結論，而且這些
命題與結論之間有邏輯的聯繫，然後形成各門科學或學科的系統內
容及統一的整體。

　　第三，範疇是學術研究與哲學思維的最基本支點、起點與中立
點，也是反映哲學思想結構到深入社會文化的路徑——

　　前文述及，範疇是對客觀事物的不同方面進行分析、歸納而後
得出的基本分類系統及其概念，因此其概念化及客觀分析的特性，
也就成爲哲學思維基本的起點。換句話說，吾人是透過範疇建立哲
學的思考，使其具備思考的脈絡，引發哲學的思維。同時，每一學
科的建立，之所以能夠成爲一門學科，其基本的要件，就是由一連
串的相關範疇所形成，如中國哲學史上的陰陽、五行、天人、名實、

體用……等範疇構成了整部的中國哲學史，其中又如理氣、心性、知行、太極與無極等範疇構成了宋明理學。因此，要能夠成為一門學科或學術討論的對象，必須具備相關的範疇。此外，從哲學範疇的掌握，可以深入認識客觀對象內部實際的聯繫，以及全面多層次與系列的系統內涵，換句話說，範疇是認識客觀事物全面知識網上的紐結，並且經由這些紐結，能夠步步深入事物內在的本質。同時，從中國哲學範疇的建立，也建立了中國哲學的主體性，也不必以西方範疇的觀點或標準，衡量中國哲學的成立及其得失，因此中國哲學的範疇是具備哲學的民族性與獨立的研究價值。[8]

二、體用範疇的形成與演變

在中國哲學史上，「體、相、用」範疇的建立，主要是由《大乘起信論》所提出，但是其來源之一卻是中國古代的重要概念——「體用觀」，體用範疇是中國哲學發展中最為重要與最具代表性的一對本體論範疇，也是最能表達中國哲學特有的思維方式與意識形態的範疇。同時，由於體用範疇形成及演變的歷史極為悠遠綿長，

---

[8] 李宗桂曾說很多人用西方哲學概念來界定中國哲學是無甚意義的，他說：「從認定中國無哲學的人的論據和論證方法，以及國外對中國哲學的研究來看，認定中國沒有哲學的人，其主要論據是：中國只有倫理和政治，缺少思辨，沒有西方哲學家那樣嚴密的範疇和體系。其論證方法，主要是用西方哲學的概念範疇來界定中國哲學，用西方哲學家建立體系的方法來衡量中國哲學家。尤其不妥的是，用西方近代以至現代西方哲學家如康德、黑格爾、薩特、海德格爾等人，作為衡量中國古代哲學家的標準。誠然，中國哲學家具有濃厚的政治、倫理色彩，但在這層色彩包裹之下，它仍有自己獨特的哲學範疇和體系。中國哲學史上的天人之爭、體用之別、理氣之辨，無不通過範疇的推演來闡釋自己的哲學見解。至於說中國哲學家缺少嚴密體系，或者說中國哲學的表述不集中，倒是可以討論的。……與其說中國哲學不嚴密，不集中，不如說中國哲學具有分布的廣泛性和內容的融攝性的特點。……如果中國哲學與西方哲學沒有差異，那麼，它就失去了哲學的民族性，就不成其為中國哲學，從而也就會失去獨立存在的價值。」見李錦全、馮達文著：《中國哲學初步》，頁 6-7。

並且歷代學者使用情形相當的普遍，內涵意義也十分的豐富，非常具備靈活性及包容性，也是最能完整體現中國哲學特質意義的範疇之一。至於其最初形成的根源，據張立文的研究指出：

> 體用是中國哲學範疇系統中的重要範疇。體與用作為單一範疇，出現較早。金文用字屢見，《戊寅鼎》作用，「用作父丁尊彝」。《公史簋》作用，《乙亥鼎》作用，《師遽方彝》作用，乃用作什麼、可用食的意思。體（体）字，《說文》釋作「總十二屬也，從骨豊聲」。所謂總十二屬，段玉裁注曰：「今以人體及許書覆之，首之屬有三，曰頂曰面曰頤；身之屬三，曰肩曰脊曰屍；手之屬三，曰厷曰臂曰手；足之屬三，曰股曰脛曰足。」指人體的各個部分，合而為體。劉熙《釋名》：「體者，四肢股肱也。」用字，《說文》：「可施行也，從卜從中。」張日升說：「金文中不作用，許說非是，高鴻縉修正其說，乃謂中象中形，字從卜中亦非。李純一據唐蘭、郭沫若等說，謂字像斷竹，……如其言則此竹筒無底，豈能盛物。蔣禮鴻從戴侗舊說，謂即鏞之本字，似較平實可從。」李純一亦引戴侗說，借為施用之用。然從上引之金文及《丙申角》、《令簋》、《我鼎》、《矢尊》、《刺鼎》、《缶鼎》、《孟鼎》、《曾作簋》來看，並未作鏞之本字，用就是用乍（作）、用牲、用政（徵）、用事、用左（佐）、用監等，有用作什麼的意思。[9]

　　以上的體與用，並不是後世出現的體用範疇的「體」義與「用」義，但為了瞭解「體」與「用」兩字在先秦的出現情形及其意義，筆者製一簡表如下：

---

[9] 見張立文：《中國哲學範疇發展史——天道篇》，頁 629-630。

先秦甲骨文、金文與郭店楚簡等體用字型及其使用意義舉例一覽表					
名　　稱	詳　細　出　處	古字	今字	原　　　　　　文	使　用　意　義
甲骨文	殷墟書契前編4.6.4	〔古字〕	用		施行、使用
	殷墟書契前編7.32.4	〔古字〕	用		施行、使用
	殷契粹編282	〔古字〕	用		施行、使用
	殷契粹編232	〔古字〕	用		施行、使用
	殷契粹編356	〔古字〕	用		施行、使用
金文	《戊寅鼎》	〔古字〕	用	用作父丁尊彝	施行、使用
	《公史簋》	〔古字〕	用		施行、使用
	《乙亥鼎》	〔古字〕	用		施行、使用
	《師遽方彝》	〔古字〕	用		施行、使用
	《中山王壺》	〔古字〕	用		施行、使用
	《中山王壺》	〔古字〕	體	君臣之位，上下之體	法式、規矩
郭店楚簡	唐虞之道第十二簡	〔古字〕	用	皋陶內用五刑	使用
	唐虞之道第十三簡	〔古字〕	用	夏用戈，正不服也	使用
	語叢三第五十五簡	〔古字〕	用	賓客之用幣也	使用
	緇衣第八簡	〔古字〕	體	君以民為體	主體、根本
	性自命出	〔古字〕	體	體其義而節度之	了解、體察

　　上表「郭店楚簡」中的「君以民為體」的「體」義，是第一次出現以「主體為概念的體義」，這在哲學史上是具有重大意義的，因為從出土文物中直接證明「體」有「主體」的意義。綜合以上包括張立文的資料，可以看出先秦殷周時期，「體」與「用」作為單一概念的意義已經出現，可是兩者並舉尚未成形。此外，在先秦諸子與相關典籍中，體與用出現的次數非常多，然而綜合而言，大致上「體」除了指身體、肢體等一般意義之外，在哲學史的角度而言，可能與後世體用範疇意義相關的有第一項的「整體」、「總體」義，如《儀禮·喪服第十一》說：「父子一體也，夫妻一體也，昆弟一體也。」後來明代王陽明在《大學問》中說：「大人者，以天地萬

物為一體也。」此外，體的第二項相關意義是「主體」義，如《周易‧坤文言》中說：「君子黃中通理，正位居體。」另在《莊子‧大宗師》中說：「以刑為體，以禮為翼，以知為時，以德為循。」都說明體為主體的意思。體的第三項相關意義是「體性」義，如《周易‧繫辭下》中說：「陰陽合德，而剛柔有體。」是指陽為剛，陰為柔，兩者各有其體性。體的第四項相關意義是：「依據」、「根據」義，如《管子‧君臣上第三十》中說：「衣服緷絕，盡有法度。則君體法而立矣。」意思是說朝廷有固定的規章，君主衣服、束帶與冠冕，都有一定的制度，所以君主便可以依據法度而施行政事了，在此的「體」是根據的意義。體的第五項相關意義是「施行」、「實行」義，如《荀子‧修身篇》：「好法而行，士也；篤志而體，君子也。」王念孫曾註：「體，讀為履。」體借為履，有施行與實行的意思，所以在此可以看出「體」有「用」的意義，可惜尚未成為哲學的範疇。

　　從以上的討論中，可以看出先秦典籍中的「體」，接近後世體用範疇的「體」義，共有五項，[10]分別是第一項的「整體」、「總體」義，第二項的「主體」義，第三項的「體性」義，第四項的「依據」、「根據」義與第五項的「施行」、「實行」義。綜合看來，先秦的「體」義中，已經具有「主體性」、「根據義」與「體用一如」等三項重要概念的雛型。其中，又以「體」具有「用」（施行、實行）的意義，最值得吾人注意，這是筆者發現在先秦典籍中第一次出現如此的概念，也是後世體用觀中的「體用不二」、「體用一如」、「體用不離」與「體用一源」之原始概念，深具體用範疇形成之哲學史意義。

---

[10] 有關「體」的意義，據《漢語大辭典》載有三、四十種，在先秦時已經具備除了本文所述的五種之外，尚有「身體」、「肢體」、「古代用於祭祀或宴饗的牛羊豬的軀體」、「形體」、「卦象」、「部分」、「內容」、「心神」、「承宗繼祖的系統」……等十餘種，但非本文討論的重點，故存而不論。

除了以上筆者粗淺的整理與論點之外，景海峰也曾解釋「體」的最初涵義與演變情形：

> 「體」的詞根當為一實體性的名詞，最初的含義即指具象之物，《易・繫辭》所謂：「聖人有以見天下之賾，而擬諸其形容，象其物宜，是故謂之象」，「見乃謂之象，形乃謂之器」。這類可見可感、有形具象的存在物即是「體」。最早的「體」主要包括兩類事物：一是指人的身體，如《論語・微子》「四體不勤，五穀不分」，《墨子・節用下》「足以朽體」，《孟子・梁惠王上》「輕煖不足於體與」。二是指一般的物體（含動植物），如《詩・行葦》「方苞方體，維葉泥泥」，《周禮》「牲體貴右，吉禮用右胖，凶禮用左胖」，《莊子・天地》「形體保神，各有儀則謂之性」。……由表示具象之物的「體」，一根衍為三支，逐漸轉換出了「體」的其他含意，一是「體」的延伸意，二是「體」的比擬意，三是「體」的嫁接意，前二支仍為名詞，後一支則變成了動詞。[11]

景海峰以為「體」的最初涵義，是指有形具象之物，包括了身體與一般的物體，後來演化為延伸義的「體」，也就是從身體的「體」或四肢的「體」的分別中，發展形成整體與部分、多和一的對比關係；次就比擬義的「體」加以說明，由於具象的「體」是形而下的存有，在比擬義關係上就可以類比並推演出形而上的存有的「體」，於是從物質具象的「體」進入了超越物質非具象的存有世界，將具象之義轉化為抽象的意義。因此，「體」由形而下物質具象的「器」

---

[11] 見景海峰著：《熊十力》，台北：東大圖書股份有限公司，1991 年 6 月初版，頁134。

上升到形而上精神抽象的「道」，於是「體」也包含了具象與抽象的關係，並由此可以引導出形而上與形而下、本與末、常與變等概念意義的世界，所以從詞源的角度上講，如此的演變就有必然的邏輯關係加以聯繫；最後就「體」的嫁接意加以說明，由於原始的「體」是血肉四肢的物質實體，但是人類的身體是精神心靈的寄所，因此「體」有心靈與物質的雙重涵義蘊藏其中，特別是心靈活動及感知能力，充滿了生命的動能，所以由人的身體與外在客觀環境的互動關係中，也是「體」的眾多涵義之一，於是「體」由名詞逐漸有動詞的使用，有體察、溝通與體現的意義，並且建立了內在邏輯的聯繫，形成「體」在認識與實踐意義上，相關聯了體用範疇中心與物、知與行等意義。[12]

　　至於先秦的「用」義，除了使用、採用、治理、行事、適用、適宜等意義之外，較少分歧的解釋，但是其中有一義值得注意，那就是「用」在《左傳》、《論語》中也有指「殺人以祭或殺牲以祭」的意思，[13]相對應的看，「體」的眾多意義中，也有類似的意思，如《周禮・天官・內饔》中指的是「古代用於祭祀或宴饗的牛羊豬的軀體或其切塊」，[14]所以前者的「用」是指「殺人以祭或殺牲以祭」的行為，後者引出的「體」是指「用於祭祀牛羊豬的軀體」，兩者之間是有部分關聯的情形。

　　以上是從字形與字義分別分析「體」與「用」的使用情形，若是在中國哲學史上首度並舉而使用的，應是荀子，在《荀子・富國篇第十》說：「萬物同宇而異體，無宜而有用為人，數也。人倫並

---

[12] 請參閱景海峰著：《熊十力》第四章「體用觀的形而上終結」，頁 134-139。

[13] 在《左傳・僖公十九年》：「宋公使邾文公用鄫子于次睢之社，欲以屬東夷。」杜預注：「蓋殺人而用祭。」另，在《論語・雍也篇》：「子謂仲弓曰：『犁牛之子騂且角，雖欲勿用，山川其舍諸？』」以上殺人以祭，殺牲以祭，都稱為「用」。

[14] 在《周禮・天官・內饔》中載：「內饔：掌王及后、世子膳羞之割亨煎和之事，辨體名肉物，辨百品味之物。」鄭玄注：「體名，脊、脅、肩、臂、臑之屬。」可見「體」在此處是指「古代用於祭祀或宴饗的牛羊豬的軀體或其切塊」。

處，同求而異道，同欲而異知，生也。」雖然此處的「體」是指「形體」，「用」是指「施用、作用」的意思，但是兩者並舉，仍然具有一定的哲學發展史上的象徵地位，雖然與後世的體用範疇似乎沒有直接關係。[15]因此，荀子是較早提出體與用這一相對概念的，但是尚未形成哲學的範疇。那麼體用範疇究竟起源於何時，開始於何人所說呢？王夫之曾說：

> 夫能、所之異其釋其名，釋氏著之，實非釋氏昉之也。其所能者即用也，所謂所者即體也，漢儒之已言者也。[16]

王夫之以「能」與「所」對比「用」與「體」是否適切，姑且不論，但是提到的漢儒究竟是誰，至今仍然無法得知，而且兩漢時有無體用範疇仍有待考證，至於說體用範疇是否為佛教所創，卻是困擾著大量使此一範疇的宋明理學家，因為在此之前的隋唐佛教各宗無一不言體用，所以有體用範疇說是來自佛教傳入之說，如北宋的晁以道（說之）（1059-1129）說：「本乎釋氏。」（《晁氏儒言》）明清之際的李顒（1627-1705）說：「出乎佛書。」因此以闢佛老自居的宋明理學家而言，是有些顯得尷尬了。然而先秦並無體用範疇，宋明理學家也多半抱持如此的態度，如魏了翁（1178-1237）說：「六經《語》、《孟》發多少義理，不曾有體用二字，逮後世方有此字，先儒不以人廢言，取之以明理。」[17]到了元初的理學家許衡（1209-1281）說：「先儒說出體用，常謂孔孟未嘗言此。」[18]後來

---

[15] 張岱年先生曾指出：「荀子此處偶以體用二字並舉，與後世所謂體用，似無若何聯繫。」見張岱年著：《中國哲學大綱》，北京：中國社會科學出版社，1982 年 8 月出版，頁 7。

[16] 見王夫之《尚書引義》卷 5。

[17] 見魏了翁《鶴山集》卷 109，〈師友雅言·下〉。

[18] 見許衡《魯齋遺書》卷 2，〈語錄·下〉

李顒更進一步指出：「體用二字相連並稱，不但六經之所未有，即
《十三經注疏》亦未有也。」[19]以上綜合各說，共同的結論是體用範
疇尚未成立於先秦。

正式爲中國哲學建立體用範疇的學者是王弼，張立文曾說明王
弼的體用與先秦以後的發展：

> 秦漢以至隋唐，體用由概念演變成範疇，……使體用真正具
> 有哲學範疇的意義，恐推魏晉玄學。玄學家王弼構築了一個
> 哲學範疇系統，他在論證無與有本體範疇時，不僅以體用範
> 疇的性質去規定無有，而且作爲無有與本末、一多、靜動、
> 常變、意言等範疇的中介，把無有與諸範疇連接起來，構成
> 了以無爲本的哲學邏輯結構。他指出：「萬物雖貴，以無爲
> 用，不能捨無以爲體也。捨無以爲體，則失其爲大矣，所謂
> 失道而後德也。」萬物以無爲本體，不能離開無自以爲用。
> 形形色色的萬物，是無的功用、表現。在《老子》書中，以
> 本無體用範疇來說明無有，王弼以體用來論證無有，是對老
> 子學說的發展。這是因爲體用具有辯證性，比如若承認以無
> 爲用，便必須承認以無爲體；離開體的用，用就無根據；有
> 之所以爲用，是無的使然。……王弼不自覺地蘊含著一個重
> 要的思想，即無兼體用、體用不二的觀念。無以自身爲根據
> 又內在於萬物，天地萬物是無的作用和表現。王弼以體用規
> 定有無，使體用範疇得以擴展。[20]

王弼是否爲中國哲學史上第一位提出範疇的人，雖然有些學者

---

[19] 見李顒《二曲集》卷 16，〈答顧寧人先生〉。清初李顒與顧炎武之間曾經爲體用
範疇的由來有過一番手辯。
[20] 見張立文：《中國哲學範疇發展史——天道篇》，頁 635-637。

表示有不同意見，如顧炎武與李顒曾就體用的源頭問題往復三辯，顧炎武指出體用並舉之說，始自東漢魏伯陽的《參同契》。[21]但是從以上的引文中，張立文已經明確說明王弼以體用範疇的性質去規定無有，並且作為無有與本末等範疇的中介，同時將無有與諸範疇連接起來，構成了以無為本的哲學邏輯結構。換句話說，王弼以體用範疇說明無與有的關係，以形上學的玄學本體論建構了體用範疇學說，這是無庸置疑的。

在中國哲學史上，體用範疇影響至為深遠，可以說是最為重要的一對範疇，特別是從王弼提出「萬物雖貴，以無為用，不能捨無以為體也」之後，體用之說，便成為哲學發展中的主流勢力，筆者試將王弼及其以後範疇發展的重要原文，摘要列表如下：

中國歷代學者體用範疇的使用一覽表				
	時 代 姓 名	生卒年	相 關 於 體 用 範 疇 的 原 文	原文出處
1	三國魏‧王弼	226-249	萬物雖貴，以無為用，不能捨無以為體也。[22]	《老子注‧38章》
2	東晉‧僧肇	384-414	用即寂，寂即用，用寂體一，同出而異名，更無無用之寂而主于用也。	《般若無知論》
3	南北朝‧慧思	515-577	今云體用不二者，非如攬眾塵之別用，成泥團之一體，但以世諦之中，一一事相即是真諦全體，故云體用不二。	《大乘止觀法門》
4	唐‧神秀	606-706	我之道法總會歸體用兩字。亦曰：重玄門，亦曰：轉法輪，亦曰：道果。	《楞伽師資記‧第七神秀》

---

[21] 李顒以為體用並舉是始自《六祖壇經》，而顧炎武認為《參同契》首章就有「春夏據內體，秋冬當外用」之語，所以認為惠能與朱熹言體用皆源於此。請參閱景海峰：〈中國哲學體用論的源與流〉，《深洲大學學報》人文社科版，1991年1月出版，頁56-63。

[22] 有些版本的斷句為「雖貴以無為用，不能捨無以為體也」，但據樓宇烈先生之《老子周易王弼注校釋》一書中載此文之前原脫二十四字，故文義不暢，樓先生據道藏本及道藏集注本校補，並指出：「陶鴻慶說，當作『雖貴以無為用』。按，陶未見奪文而據意改之，雖亦可通，然觀本注前文說『何以盡德，以無為用』之意，則不必如陶說改。此句意為：萬物雖貴，然必須以無為用，才能盡其德，不能離開無而自以為用，亦即不能『棄本捨母，而適其子』之意。」見樓宇烈著：《老子周易王弼注校釋》，台北：華正書局，1983年9月初版，頁101-102。

5	唐·惠能	638-713	定慧一體，不是二。定是慧體，慧是定用。即慧之時定在慧，即定之時慧在定。	《六祖壇經》
6	唐·法藏	643-712	事雖宛然，恒無所有，是故用即體也。……理雖一味，恒自隨緣，是故體即用也。	《華嚴經義海百門》
7	唐·崔憬		凡天地萬物，皆有形質，就形質之中，有體有用。體者，即形質也；用者，即形質上之妙用也。	《周易探索》（見李鼎祚《周易集解》引）
8	宋·程頤	1033-1107	至微者理也，至著者象也。體用一源，顯微無間。	《二程集·易傳序》
9	宋·朱熹	1130-1200	體用一源者，自理而觀，則理為體，象為用，而理中有象，是一源也。顯微無間者，自象而觀，則象為顯，理為微，而象中有理，是無間也。	《朱文公文集·答何叔京》
10	明·王守仁	1472-1529	即體而言用在體，即用而言體在用，是謂體用一源。	《傳習錄》上
11	清·王夫之	1619-1692	體用胥有而相需以實。（以器為體，以道為用）	《周易外傳·大有》
12	清·譚嗣同	1865-1898	以太為體，以仁為用。（器體道用說）	《仁學》
13	清·張之洞	1837-1909	中學為體，西學為用。	《勸學篇》
14	民國·嚴復	1854-1921	體用者，即一物而言之也。有牛之體，則有負重之用；有馬之體，則有致遠之用。未聞以牛為體，以馬為用者也。	〈與外交報主人論教育書〉
15	民國·熊十力	1885-1968	蓋云即用顯體者，固謂用亦實法，但不離體，乃即用而體顯，不知體上固無可建立，又安可於用上建立乎？設計用為實法而可建立者，則用已與體對，談用何足顯體？……要之，皆於用上建立，而不悟其有將體用截成兩片之失，如何可言即用顯體？（體用不二論）	《新唯識論》
16	孫中山	1866-1925	何謂體？即物質。何謂用？即精神。譬如人之一身，五官百骸，皆為體屬於物質；其能言語動作者，即為用，由人之精神為之。	〈軍人精神教育〉

　　從以上所引的諸家文字及其看法，並且參酌前文述及體用範疇形成演變或歧出的過程，可以得到四項結論：

其一，體用範疇的形成，從體用一般的概念上升爲體用的哲學範疇，並且由字源學上的本義逐漸演化爲一項普遍的觀念，顯然非一人一世之功，而是經過先秦兩漢長期的醞釀，並且得到王弼玄學本體論關鍵性的影響，開展了體用範疇的哲學思維。

其二，體用範疇集合了並對比了中國哲學天人、名實、陰陽、心性、道器等傳統範疇，[23]同時隨著時代的推移，逐漸結合傳統的範疇過程中，也不斷形成新的相關聯繫的範疇，如形神關係、頓悟與漸悟、動與靜等範疇，而且將這些範疇做緊密的聯繫，開展了中國哲學特有的範疇體系。

其三，不論是在西方哲學的發展體系中，還是在印度佛教哲學演化轉變裏，都非常難以找到與中國哲學體用範疇涵義完全相同的概念。因此，體用二字在原始意義形成及轉化爲範疇之後，在使用上是極爲靈活的，相對概念的外延運用也就相當的寬泛。甚至使體用範疇逐漸形成爲一種具有普遍使用意義與可以表達相關思維內容的公共模式，同時在一定程度上反映了方法論的意義。

其四，體用範疇具有廣大的包容性與開放詮釋的特性。既然體用範疇在形成的過程中經歷了長久的時間，之後又經過諸多學者不斷的加以創造詮釋，於是形成豐富的內涵及融通的特性。換句話說，體用範疇並沒有標準的答案或者是嚴格的定義，它以開放的胸襟容納了多元的、多層次的思考，給予了中國哲學史上最具包容性的範疇及研究的公共模型。

---

[23] 關於體用範疇具有對比其他中國哲學傳統範疇的情況，筆者在適用數百種中選出以下常見 25 種列表對照之：

體	形而上	道	天	陰	無	理	本	神	理	靜	一	一	實	物	義	中	性	性	意	所	心	常	心	知	頓	自然名教	無極太極	天理人欲	致知格物
用	形而下	器	人	陽	有	氣	末	形	事	動	多	兩	名	指	利	和	才	情	言	能	性	變	物	行	漸				

綜合以上的論點，可以得知中國哲學中的體用範疇的「體」與
「用」的關係，不僅十分密切，而且有「一源」、「一如」、「一
本」、「不二」、「一體」的意義，這與西方哲學以分解的路向，
詮釋本體與現象的疏離關係是截然不同的，如吳汝鈞就曾指出西方
哲學本體與現象的體用與中國哲學體用範疇的不同：

> 所謂體用觀，即哲學上所講的主體或本體與現象或表現間的
> 關係。幾乎每一大哲學學派都會涉及體用這一形而上學問
> 題。一般的學派，特別是西方哲學，會認為體用是分割開來
> 的。以體是常住不變，超越現象界而不受時間與空間的限制。
> 而用則是不停在變化的現象，存在於特定的時空之中，是有
> 限制性的。如此則本體是本體，現象是現象，兩者有一定區
> 別。最明顯的例子莫如柏拉圖（Plato）的理型說。他認為現
> 象的本體是理型（Idea）此理型存在於另一世界，不屬此空
> 間時間之下。至於我們日常所面對的，則是感官的、經驗的
> 世界。所以他的形而上學是存在兩個不同的世界，一個是現
> 象的世界（World of Phenomena），個是本體的世界、理型世
> 界（World of Ideas）。這兩個世界是分開的，其中雖然有若
> 干連繫（他認為所有的現象事物都是理型的倣製品 copies），
> 但究竟地說，這種理論所表現出來的體用關係是十分疏離
> 的，體與用除了一倣效的關係之外，便再沒有更密切的關係。
> 所以在西方，一般言體用關係，縱使以兩者有一定的連繫，
> 亦不會是結合而成為一體的狀態。東方的體用思想一般都不
> 是這種型態。它往往認為體用兩者間有非常密切的關係，以
> 為兩者是打成一片的。不論老子的形而上學、儒家的形而上
> 學，或佛教的形而上學，在內容和方向上雖不盡相同，但就
> 體用關係這一點上說，其模式都十分相近，都是以體用有一

密切的關係。[24]

從以上引文中，不難發現中國哲學的體用範疇及其涵義，十分能夠突顯中國哲學及漢民族文化的思想特質與思考脈胳，也就是從「不可分割的整體」或是「本源是一體」的觀念出發，架構了整個民族的思維取向，並且反映在政治思想、社會文化與生活習慣中。雖然，中國哲學不完全是走以上所謂的綜合思考路線，也有以分解的、唯物式及客觀化的思考走向，如荀子化性起偽、韓非論法重勢、王充疾虛妄、裴頠崇有論、范縝神滅論、玄奘唯識學、伊川朱子格物致知論、顧炎武的實事求是與乾嘉考據經學等學風。然而，從《易經·繫辭傳》的「天下同歸而殊途，一致而百慮」開始，《春秋公羊傳》的「大一統」[25]、《論語》的「吾道一以貫之」、《孟子》的「天之生物也，使之一本」（滕文公上）、《中庸》的「誠者，物之終始」、《莊子·天下篇》的「聖有所生，王有所成，皆原於一」、董仲舒的天人感應說與陸王心學等，都是走綜合的路向，也是中國哲學思想的主流，特別是反映在體用範疇上彰顯了中國哲學乃至於東方思想的特質，這與西方哲學體用分離的思考方向是有很大不同的，同時反映在政治思想與社會文化上也有很大的差異。[26]

至於體用範疇具體的各項涵義，本文將留待下文與體相用範疇

---

[24] 見吳汝鈞著：《中國佛學的現代詮釋》，台北：文津出版社有限公司，1995 年 6 月初版，頁 204-205。

[25] 顏師古對「大一統」釋曰：「一統者，萬物之統皆歸於一也。」

[26] 關於此點，鈴木大拙先生也曾經在其翻譯經驗中，指出西方文化強調二元的思考與日本的東方文化思維有很大的不同：「我們一向以完全直譯的方式翻譯一切，至今我仍記得我曾對人們用英語模式說出下列兩句話而大惑不解：『一條狗有四隻腿』，『一隻貓有一條尾』。在日文中，『有』這個動詞並沒有這種用法。如果你說『我有兩隻手』這種話的話，聽起來人家還以為你拿著另外兩隻手哩。後來我有了一個想法：在西方思想中，這種加重擁有的說法，含有強調權利、二元，以及敵對等等的意味，而這是東方思想中所沒有的語法。」見鈴木大拙原著，徐進夫譯：《禪天禪地》，台北：志文出版社，1989 年 8 月再版，頁 18-19。

結合後加以說明。

三、體相用範疇的界義與思想特質

　　本文以「體、相、用」的範疇做為切入禪宗公案的研究進路，自是有哲學理論與方法的背景。因此，本文在論述哲學範疇之後，接著說明「體、相、用」範疇的源起、界義與價值。在中國哲學史上，「體、相、用」範疇的建立，主要是由具有中國佛教史重要地位的《大乘起信論》所提出。[27]從王弼的體用範疇的提出到郭象玄學的繼承，再到佛學體用觀的建構，進而形成唐宋儒家體用觀的思想，特別是佛學思想的佛性論及修行工夫，以及宋明理學的心性論、天道觀與修養工夫論等，皆可由體用的範疇加以溝通及疏理。因此，本文以《大乘起信論》的「體、相、用」範疇為主要的研究系統，至於在《大乘起信論》中體相用的原文與基本界義是：

---

27 誠如龔雋先生說明《大乘起信論》的歷史地位：「《大乘起信論》……在中國佛學史，乃至中國哲學史上的地位是不容忽視的。此論以言簡意賅的方式，幾乎囊括了印度大乘佛學所傳的各大教義，古來就稱為大乘佛學的『通論』，乃習佛者必讀之經典。其條理井然，論旨簡明，實為佛學文化史上的無上精品。《起信論》所開創的『一心二門』的心性學構架，已成為中國哲學心性理論的一個基本範式，古今哲學大家都在不同程度上受到此論的熏染。」見龔雋著：《《大乘起信論》與佛學中國化》，台北：文津出版社，1995 年 11 月初版，頁 1。另，《大乘起信論》在中國佛教歷史中曾經出現過兩種譯本及數量甚多的相關注疏。最早的譯本是相傳於梁元帝承聖二年，西元 553 年，由梁真諦三藏（499-569）譯述、智愷筆錄，收於大正藏第 32 冊。此後，在唐武則天的聖歷三年，西元 700 年，由印度于闐沙門實叉難陀重新譯述、復禮筆錄，史稱新譯。兩種譯本實大同小異，然而是以真諦的譯本流行較廣，而且歷代的注疏皆採用真諦的譯本。另，任繼愈先生曾對《大乘起信論》加以介紹：「《大乘起信論》的篇幅不大，約一萬一千字，結構嚴密，層次分明，是對隋唐佛教影響最大的一部論著。它的哲學思想代表了此後中國佛教發展的方向，並成為各個宗派互相融會的理論基礎。玄奘傳播的思想與《起信論》有不少差別，但仍把它譯成梵文，傳至印度。」見任繼愈著：《中國佛教史》第三卷，中國：中國社會科學出版社，1988 年 4 月第一次印刷，頁 313。

　　摩訶衍者，總說有二種，云何為二？一者法，二者義。所言
法者，謂「眾生心」，是心則攝一切世間、出世間法。依於
此心，顯示摩訶衍義。何以故？是心「真如相」，即示摩訶
衍體故。是心「生滅因緣相」，能示摩訶衍自體相用故。所
言義者，則有三種。云何為三？一者體大，謂一切法真如平
等不增減故；二者相大，謂如來藏具足無量性功德故；三者
用大，能生一切世間、出世間善因果故，一切諸佛本所乘故，
一切菩薩皆乘此法到如來地故。[28]

　　印順法師曾對這段話加以詮釋，並且為「體、相、用」範疇給
予「真如法性、功德境界、工夫作用」的定義：

　　大乘義，是甚深無量的，依此心，即可以顯示出來。這因為，
依此眾生「心」的「真如相」，「即」顯「示」了「摩訶衍」
的「體」性。依此「心」的「生滅因緣相」，「能」顯「示」
摩訶衍」的「自體、相、用」。本論依眾生心來顯示大乘義，
約二方面說：即心的真如相，與心的生滅因緣相。……心，
那裡有二？事、理不能隔別，二者是統一的。不過為了說明，
所以約心的二種側向，說為二相。從心的真實平等邊，顯示
大乘體；從心的差別動變邊，能顯示大乘體與相用。雖二者
都名為顯示，而即示與能示的意義，卻有不同。……心的真
如平等相，即是大乘體，大乘體即是心平等性。當體即是，
所以說即示。大乘的自體與相用，從生滅因緣的種種差別相
中，能夠間接地顯示出來。如大乘自體的相，即無邊稱性功
德，這不能用當下即是的直顯法，要從翻對染相中去安立。

---

[28] 見《大乘起信論·立義分第二》，馬鳴菩薩造，梁·真諦譯，《大正藏》第 32 冊，
頁 575 下。

大乘的用，也要從離染成淨，淨能熏染的關係中去顯出，所以說能示。體、相、用，為本論的重要術語，與勝論師的實、德、業相同。用是作用，指動作與力用。相是德相，不單是形態，而是性質、樣相等。相與用不同，用約與他有關的動作說；相約與他差別的性質說。自體，有相、有用，而為相用所依的。如以時鐘來說：的答的答的長短針的活動，使我們知道現在是什麼時候，這即是用。形態是圓的；刻有一至十二的數目字；有長短針；有許多機件配合著：這些都是相。體，指造成此時鐘的物質；或總指這個具體的物事。凡存在的東西，都有體、相、用可說。……佛法在發展的過程中，到達攝境從心，於是乎一切唯識為體了。攝相從性，於是乎一切以如為體了。體，常被用為真如平等相的專名，與相用對論。本論所說的：大乘體是真如平等性；大乘相是大乘的稱性功德；大乘用是大乘的種種作用。[29]

印順法師在《大乘起信論講記》的懸論中分析了有關於《大乘起信論》的作者與譯者，[30]然後從合理的觀點來重新審定，並且特別說明本論在佛法中的地位。以上的引文中，印順法師以圓熟的論點闡釋了《大乘起信論》體相用範疇的精義，筆者將其重點加以整理成以下四項要點：

第一，印順法師從「法」的「任持自體」的「法體」的性格，說明大乘佛法充實的內容全體。同時，從「義」的內涵意義，說明大乘佛法所含有的體性、德相與作用。換句話說，印順法師以為「法」是總括一切大乘佛法的全體性，「義」是依據大乘佛法而有不同的

---

[29] 見印順：《大乘起信論講記》，台北：正聞出版社，1987年2月6版，頁51-54。
[30] 有關於《大乘起信論》的作者與譯者問題，可以參閱幻生著：《滄海文集(上冊)——論大乘起信論作者與譯者》，台北：正聞出版社，1991年6月，頁1-23。

內容。[31]接著，印順法師說明大乘佛法的「法」，即是眾生心，並且「攝一切世間出世間法」，然後依於此心，顯示摩訶衍（大乘佛法）的「義」的內涵意義，同時一分為三，從心的真如相「即」能夠顯「示」了「摩訶衍」（大乘佛法）的「體」性。並且依據此眾生「心」的「生滅因緣相」貌，「能」夠顯示「摩訶衍」的「自體、相、用」三項範疇。[32]

第二，印順法師說眾生心，那裡有二分的道理？從「事」與「理」不能隔別的依據，說明心真如的「體」與心生滅的「相、用」等二者是統一的。[33]不過為了方便說明大乘佛法，所以約「心」的二種側向，說為真如與生滅兩種相貌。並且，從心的真實平等，能夠直接當下顯示大乘佛法的體性；從心的差別動變，能夠間接顯示大乘本體與相用的特性。

第三，印順法師說凡是存在的東西，都有體、相、用可說。這

---

31 龔雋先生曾對法與義有另一種精采的說明：「『法』是『眾生心』，即是說一心乃為大乘法體，是絕對界。但要對絕對界加以說明，又必須藉助於現象界的概念和語言作為標指月明的工具，這種對實體進行現象的詮釋便是『義』。具體說，『義』是辨明此法何故名為大乘的名義，即此實體之所以名為大乘者，在其具足體、相、用三大。」見龔雋著：《〈大乘起信論〉與佛學中國化》，台北：文津出版社，1995 年 11 月初版，頁 49-50。

32 為什麼從眾生心的「生滅因緣相」，能夠顯示大乘佛法的「自體、相、用」三項範疇呢？關於此點，圓瑛法師（1878-1953）曾經說明：「體，即生滅門中之本覺心，是生滅之自體，為生滅之因依，故在生滅門中，亦得辨體也。」見釋圓瑛著：《大乘起信論講義》，台北：新文豐出版股份有限公司，1980 年 11 月，頁 45。

33 有關於「相」、「用」是屬於「心生滅因緣相」的範圍，可是鈴木大拙先生對於體相用的解釋及「相」性質的歸屬，曾有一段謬誤的說明：「佛教的本體論分為三層：『體』、『相』、『用』。所謂『體』，相當於實質；『相』，相當於形色；『用』，相當於力量或作用。佛教學者認為，大凡實際，都可以分為這三個層次。不過，此中第二個項目，亦即『相』，亦可併入『體』之中，而成『體相用』二者。無『用』即無『體』可言，但如沒有作用的東西，則這種作用也就無從顯示了。據佛教學者說，此二者互相依存，不可分離，對於吾人的體會宇宙，至為重要，缺一不可。」或有可能是譯者譯錯了，因為「相」應與「用」歸為一類才是。見鈴木大拙著・徐進夫譯：《歷史發展》，台北：志文出版社，1989 年 10 再版，頁 280-281。

就肯定了體相用具備了哲學範疇的基本條件，成爲能夠具有包容及展延性質的一組範疇。印順法師並說明體相用範疇的成立，或許與印度佛教勝論師的實、德、業的觀念有些聯繫。並且指出「用」是作用，是指動作與力用。「相」是德相，不單是形態，而是性質、樣相等功德相貌。相與用是不同的，「用」是與其他相關的動作來說；「相」是與其他差別的性質來說。法性的自體，是有相、有用的，而爲相用所依據。印順法師並以時鐘來比喻說，時針的長短針的活動，讓我們知道是什麼時候，這便是「用」。至於時鐘的形態是圓的，而且刻有一至十二的數目字，以及有長短針，還有許多內外部的機器零件配合著，所以這些都是「相」。至於「體」，即是指造成這個時鐘的物質，或是指這個具體的實物。簡單的說，印順法師以爲體相用，可以配對而成爲「實體」或「體性」、「相貌」或「功德」、「功用」或「作用表現」等相對應的性質，並且成爲公共的模型。

　　第四，印順法師最後特別說明了佛法在發展的過程中，希望到達攝境從心的目標，於是乎一切會歸於《大乘起信論》的根本立場的唯識爲體了。於是攝持法「相」而從歸法「性」，便說明大乘佛法是一切以真如爲根本體性。在此處的「體」，印順法師以爲常被用爲真如平等相的專屬名稱，並且與「相」、「用」對論。印順法師重申《大乘起信論》本論所說的，大乘的「體」是真如平等的體性，大乘的「相」是大乘的稱性功德，大乘的「用」是大乘的種種作用。因此可以進一步引伸說，體相用範疇可以說成是大乘佛法的佛性本體論、功德境界論與修行工夫論。

　　爲了方便理解，同時爲了將體用範疇與體相用範疇統合起來，會通成爲更爲週延的哲學範疇，筆者將「體、相、用」範疇的界義，以互相對比的方式，並溝通儒、釋、道三家思想，製一簡表如下：

體相用哲學範疇分類意義與儒釋道思想系統對照一覽表

	佛學一般名相							哲學一般名相											比喻		禪宗	儒家	中庸	孔子	孟子	荀子	道家
	①	②	③	④	⑤	⑥	⑦	⑧	⑨	⑩	⑪	⑫	⑬	⑭	⑮	⑯	⑰	⑱	⑲	⑳							
體	一切法真如平等不增減故	法身	無始無終	真如平等	佛性	法性	實性	體性	本體	本體	物質	本質	根本原則	根據	理論價值根源（如天志）	成聖超越善惡	超越善惡	構成原理	毛筆	鐘	禪（佛性、涅槃）	仁	誠	仁道	性善	自然之性	道
相	如來藏具足無量性功德故	報身	有始無終（如記憶）	顯發境界	境界	功德	德	屬性	狀態	相貌	形態	功能	呈現境界	境界	義理系統規模	聖人境界	判斷善惡	呈現狀態	字畫	指	禪（言語道斷心行處滅）	義	誠	忠恕	良知四端	性惡	德
用	能生一切世間、出世間善因果故	化身	有始有終	修行歷程	修行	業報	業	力用	動作	作用	作用	現象	具體方法	工夫	具體實踐方法（如兼愛）	修養工夫	實踐善惡	使用方法	表意	時意	禪（活在當下、觸處即真）	禮	誠	克己復禮（如宋儒說敬）	存養擴充	化性起偽與虛壹而靜	老子的柔弱反或莊子的心齋坐忘

　　以上的圖表具備內部封閉的性格，只能做直貫的對比，不適宜做橫向的聯繫，因爲每一項的體相用是具備獨立而完整的系統，如一切事物皆可分陰陽，但不適宜將陰陽輕易的與名實、本末、道器等範疇對比，畢竟許多類似範疇之間，仍然存有一定的界限。因此，筆者藉以上圖表，分別說明體相用範疇（包含體用範疇）的各項意義及其思想的特質：

　　其一，首先解釋佛學一般名相方面，其實是最能說明體相用範疇的性質，其中前文提到的印順法師提及勝論師的「實」、「德」、「業」，那是約成立於西元前三世紀至西元一、二世紀間的「勝論學派」六大範疇中的三項，[34]主要還是說明一切事物的實體、屬性與生滅的原理。可見體相用範疇的成立，可以遠溯至印度在西元前後的時期。[35]此外，在《大乘起信論》中清楚的界定了「體」範疇是「體大」，其中的「大」字，據印順法師的解釋是「有圓滿的意義，不多也不少」，[36]說明了「體」範疇的體性。[37]此外，《大乘起信論》的「體」是「一切法真如平等不增減故」，因爲真如平等，所以是

---

[34] 勝論學派的學說比較傾向於實在論，其否認萬事萬物僅是抽象概念的存在，以爲一切的事物都有其實體，而且世界上所有的現象都可以被分析進入六大範疇，即是「實」、「德」、「業」與「同」、「異」、「合」等六句義，其中前三項可以成爲一組範疇，後三項可以成另爲一組範疇，兩者統攝於一切諸法的實體、屬性，以及生滅成壞的基本原理。

[35] 另外，鈴木大拙也曾指出：「依照佛教的哲理來說，可以解釋存在問題的基本概念約有如下的三個：『體』、『相』、『用』，此在『中論』稱爲『作者』、『作業』，以及『作用』。」見鈴木大拙著‧徐進夫譯：《歷史發展》，台北：志文出版社，1989 年 10 再版，頁 265。

[36] 見印順：《大乘起信論講記》，台北：正聞出版社，1987 年 2 月 6 版，頁 54。

[37] 有關於體相用三大的「大」字的解釋，圓瑛法師另有一種看法也對體相用三大作了完整的闡述：「體大者，真如體性，廣大洪深，爲一切法之所依，故受大名。一切法，不出聖凡染淨，此體在聖不增，在凡不減，又隨染不增，還淨不減，不爲染淨所虧，聖凡易易。故云平等不增減故；相大者，即二如來藏中，不空如來藏，具足無量性功德，故受大名。功德而言性者，所有功德，皆稱真如體性而起，相不離性。如八功德水，不離於水也；用大者，謂不思議業用。」見釋圓瑛著：《大乘起信論講義》，台北：新文豐出版股份有限公司，1980 年 11 月，頁 46。

無始無終、不生不滅的法性、佛性，相當於佛教三身說中的「法身」；至於「相」則是「如來藏具足無量性功德故」，印順法師說如來藏可以從兩方面來說，若從眾生位來說，如來藏是「雖具如來的一切功德性，然還沒有顯發出來，故名如來藏。藏即是隱藏、覆藏的意思」。若從佛果位來說，如來藏是「即是如來大功德聚，藏是含藏、聚藏的意思」。[38]前面是從因位說，後面是從果位說，並且用「以果立因」的方式說明眾生從無始以來即有如來功德的本性，以此為成佛的可能性，所以是有始無終的顯發的功德境界，相當於佛教三身說中的「報身」，意即「功德身」；至於「用」範疇的意思是「能生一切世間、出世間善因果故」，是說明了有始有終的修行歷程及其業報現象，相當於佛教三身說中的「化身」。綜合來說，《大乘起信論》體相用範疇的界義至為明確與週延，不僅適用於佛教，也適用於一般的哲學分析，甚至成為溝通儒釋道三家的橋樑，深具中國哲學發展史上的重大地位及價值意義。

其二，一般的哲學名相的解釋，「體」是指本質，「用」是指現象，這是傳統對體用範疇的定義。其中，所謂的本質，是指事物的根本性質，或是特殊的本質，這是「一般的」、「共同的」、「共性」、「內在的」、「穩定不變的」與「根據」；至於所謂的現象，是指本質的具體表現，是「個別的」、「片面的」、「特殊的」、「容易變化的」與「表面的」。換句話說，「體」是「用」的內在根據，「用」是「體」的外在表現。至於「相」的範疇，除了本質與現象之外，應該還有「功能」的特性，因為本質是內在的性質，現象是外在的表現，其中缺漏或可以更詳細的說明還有「功能」的屬性，這項功能的屬性，可以解釋本質的作用目標，也可以說明現象發生的意義，因此補上「相」的範疇，可以增加詮釋的多面性及週延性。

---

[38] 見印順：《大乘起信論講記》，頁 55。

其三，「體」範疇可以說明根據的根本原則，「用」範疇可以說明工夫的具體方法，都是緊緊扣住體用範疇的相對意義，其中「根據」是不變的，所以根本原則可以成立，同時需要工夫的具體方法予以補實，至於兩者之間，就以呈現的境界爲「相」的範疇，形成了根據爲體，境界爲相，以及工夫爲用的體相用範疇。此外，由此範疇可以擴展「體」範疇爲理論的價值根源，說明其不變的本性、本質以及構成的原理，例如超越善惡的成聖根據的佛性、仁心；可以擴展「相」的範疇爲義理系統的規模，闡釋呈現境界的相貌與狀態，例如足以判斷善惡的聖人境界的良知四端等；至於擴展「用」的範疇爲具體實踐的方法，論釋其表現、現象等使用的方法，例如能夠實踐善惡的修養工夫的虛壹而靜或是心齋坐忘等。

其四，體相用範疇也可以說明事物或物質的「本體」、「相貌」與「作用」，從抽象的物質本體的體性到具象的物質實體的實物，都可以說明「體」範疇的特性；相對的，從抽象的功能到具象的形態，都能說明「相」範疇的屬性；至於「用」的範疇，則是指抽象的力用、作用到具象的動作、作用與現象，都可以說明其特性。若以具象的實物說明，例如毛筆的物質實體爲「體」，表現出來的字畫形態是「相」，至於字畫表達的意義就是「用」。又如掛在牆上的傳統時鐘的物質實體是「體」，時鐘的指針指出的狀態是「相」，那麼時針指出的時間就是「用」，於是體相用範疇的意義就完整的呈現了。

其五，體相用範疇可以溝通儒釋道三家在本體論的成聖根據、境界論的聖人境界與工夫論的實踐方法，也可以說明單一範疇的多元性與多層次性的意義。前者，如儒家的「仁」，是具備了成聖根據的本體性，其展現的相貌就是「義」的正當性，具體實踐的方法則是「禮」，所謂「克己復禮」，如此構成了儒家基本的義理系統。然後，將儒家孔子的仁道與孟子的性善、荀子的自然之性、道家老

莊的道，以及佛家的佛性，可以全部的串聯起來，放在「體」這個
範疇上共同比較與會通。相對的，可以將孔子的忠恕與克己復禮，
會通於孟子的良知四端與存養擴充、荀子性惡的相及其化性起偽與
虛壹而靜的用，以及老莊的德相與柔弱反或心齋坐忘等工夫。至於
後者，所謂說明單一範疇的多元性與多層次性的意義，是指如《中
庸》的「誠」，可以說是本體義的「誠」，說明天道運行的本體；
也可以說是聖人境界的「誠」，闡述道德的相貌；同時，更可以說
是修養工夫的「誠」，具備實踐與方法的意義，如同宋儒所說的「誠
敬」，以「敬」來訓解「誠」的修行工夫。此外，如禪宗的「禪」
字，在不同的脈絡意義下，往往也具備了不同範疇層次的涵義，在
本體上說禪，是指禪悟的佛性本體，是不生不滅的境界；在境界上
說禪，是指言語道斷心行處滅的悟境；在工夫上說禪，是指活在當
下、觸處即真等禪法。

　　因此綜合看來，體相用範疇十分適合於解釋中國哲學的特殊性
質，具備開放詮釋與會通比較的功能，可以成為學術研究的公共模
型與研究方法的思考進路。

第二節　體相用範疇對禪宗的影響及其對公案研究的意義與價值

一、《大乘起信論》體相用範疇對禪宗思想的影響

　　體相用範疇成立之後，由於結合了前期魏晉玄學王弼的體用範
疇思想，同時加上《大乘起信論》本身在佛教的巨大影響力，於是
逐漸形成對唐宋各宗佛教義理普遍而深入的滲透，形成以《大乘起

信論》思想爲中心，一心二門三大爲義理規模的系統特性。換句話
說，《大乘起信論》對天台、華嚴與禪宗思想都有深刻的影響，其
中除了「一心」的概念橫攝各宗主體思想之外，就以體用或體相用
的範疇最爲緊要。因爲體用範疇可以聯繫《大乘起信論》內部「一
心開二門」的思想主結構，以及「四信」、「五行」的實踐法門之
外，[39]更可以成爲溝通天台、華嚴、禪宗、密宗與淨土宗各宗的橋樑，
同時各宗的祖師也多半重視此論，並且爲之注疏流通，由此可以看
出《大乘起信論》的重要性。[40]因此，《大乘起信論》中的體相用範
疇就成爲各宗思想的基本結構之一。

　　整體而言，《大乘起信論》對佛教各宗思想都有深刻的影響，
其中體相用範疇內含的體用範疇，更是主導了中國佛教的主流思
維，並且與傳統的中國哲學相續相生，湯用彤曾經指出體用觀念對
中國佛教思想形成的影響：

　　　　魏晉以訖南北朝，中華學術界異說繁興，爭論雜出，其表面
　　　　上雖非常複雜，但其所爭論，實不離體用觀念。而玄學佛學
　　　　同主貴無賤有。以無爲本，以萬有爲末。本末即謂體用，般
　　　　若之七宗十二家，咸研求此一問題，而所說各異。僧肇悟發
　　　　天真，早翫《莊》、《老》，晚從羅什。所作〈物不遷〉、

---

[39] 此處所謂的「四信」，是指《大乘起信論》中四種對佛教信仰的態度，分別是：
　　一信根本，二信佛具足無邊功德，三信法有大利益，四信正行僧等。此處所謂
　　的「五行」，是指《大乘起信論》中的「修五門行」，藉此而能夠成就前面的「四
　　信」。所謂的「五門行」，分別是：「施門」、「戒門」、「忍門」、「精進門」與「止
　　觀門」。請參閱《大乘起信論》卷 2，《大正藏》第 32 冊，頁 590a-b。

[40] 除了歷代的佛教學者的相關注疏之外，鈴木大拙先生第一本譯作也是《大乘起
　　信論》，可以看出他以禪宗學者的立場對此論的重視，在當時倫敦佛學社社長韓
　　福瑞筆述了以下的記錄：「一八九七年，他渡洋赴美，在那裡待了十一年的時間，
　　在這當中曾經偶而到歐洲走走。一九〇〇年，他的第一部重要譯作──馬鳴大
　　士的『大乘起信論』（The Awakening of Faith in the Mahayana Buddhism）出現於
　　世。」見鈴木大拙原著，徐進夫譯：《禪天禪地》，台北：志文出版社，1989 年
　　8 月再版，頁 8。

〈不真空〉及〈般若無知〉三論，融會中印之義理。於體用
問題，有深切之證知而以極優美極有力之文字表達其義。故
為中華哲學文字最有價值之著作也。肇公之學說，一言以蔽
之曰，即體即用。[41]

　　湯用彤從魏晉玄學及佛學的發展中，歸納出體用範疇的思想結
構，也點出僧肇在佛學中國化的發展歷程中，扮演著燈塔般的指引
作用，因為從體用範疇的關係裏，可以說是建立了後世佛教義理發
展的溝渠，舖陳了內涵及詮釋的地基。當然，在佛教明確論及體用
範疇，是否如湯先生所言，是以僧肇為開始呢？有學者曾經表達懷
疑的立場，但是多半肯定僧肇是開啟了中國佛教全新的思維。[42]此
外，湯先生也提到的六家七宗關於體用問題的研求，也點出體用論
究竟是從印度傳來，還是中國哲學本身發展出來的產物？關於此
點，景海峰說印度佛教也有體用說，並且形成了佛教思想的各種範
疇：

　　　六家七宗的體用學說究竟是從印度傳來的，還是中國哲學自

---

[41] 見湯用彤著：《漢魏兩晉南北朝佛教史》，台北：駱駝出版社，1987 年 8 月，頁
333。

[42] 柳田聖山曾經談到僧肇的體用論是以特殊的中國式的瞑想與觀照為前提，同時
開啟了中國佛教的新思維：「僧肇把般若與玄學結合起來，是中國佛教最初的嘗
試。倘若就大處來說，這足以決定佛教自身的命運。倘若把中國佛教看成是印
度佛教的延長，則這結合顯然是一種逸脫的表現。……玄學透過接觸印度的般
若思想，開展一種全新的形而上學的思索與實踐。在僧肇發揮的『體用』邏輯
中，我們可以領略到這樣的中國佛教思想中最基本的概念。……明確意義的體
用論，是否如湯用彤氏那樣，以僧肇為始呢，這是一個問題。……大抵所謂『體
用』，是把本體論的生成或變化的觀念，轉到主體的實踐立場而有的結果。這態
度即是，以一切現象為那根本的東西的表現，而不在結果之外求原因。而且，
它不以那根本的東西為靜止的實在，在現象之外；而視之為一主體，表現為現
象變化。亦可以說，它視現象的全體，為那根本的無的作用。」見柳田聖山著，
吳汝鈞譯 ：《中國禪思想史》，台北：台灣商務印書館股份有限公司，1985 年
12 月三版，頁 65-66。

身發展的產物？這是一個歷來爭執不下的問題。但有一點可以肯定：即印度佛教中確有自身的體用觀念，而且在流行於中國之初，就已顯露出這方面的豐富思想。所以，那種認為中國佛教的體用論完全是受了魏晉玄學的影響之後才產生的觀點，恐難成立。印度勝論師立「六句義」而有「實德業」之分，佛教因之立「體相用」三大，然後「性相」、「理事」諸範疇相繼出現，均用以探討本質與現象的關係。[43]

其實，體用範疇不論是從印度佛教傳來也好，還是由中國哲學本身的發展所成，都經過一番改造、互相滲透及重新詮釋的歷程，若是由近代西方詮釋學的立場而言，[44]每一項的詮釋自有其客觀的價值及相對的影響，所以也無須窮索出處及來源。

在體用範疇為格義佛教六家七宗與僧肇使用之後，隋代嘉祥大師吉藏（544-623）在《大乘玄論》卷一中運用雙遣雙非的方式說明即體即用的觀念，並且對五種體用論加以分析，分別是：一、明有為體，空為用。二、以空為體，有是其用。三、二諦各自有體。四、二諦唯一體。五、二諦以中道為體。[45]除此之外，方東美曾經也利用

---

[43] 見景海峰著：《熊十力》，台北：東大圖書股份有限公司，1991 年 6 月初版，頁146-147。

[44] 「詮釋學」（Hermeneutics）是起源於對《聖經》的詮釋研究，又譯稱為詮經學、詮釋學、解釋學與傳釋學等，經過好幾世紀的發展及蘊釀，到了海德格（Martin Heidegger）與伽達瑪（Hans-Georg Gadamer），形成了現代的西方詮釋學，若以狹義觀點來看，詮釋學可以說是一種了解及詮釋宗教或哲學的方法論，也可以說詮釋學是研究如何對某一特定符號系統，不論其為語言性的或非語言性的符號，加以詮釋、理解和批判的哲學。據沈清松先生指出當代的詮釋學有三個學派：「當代的詮釋學主要可以分為三個學派：一是由海德格所開創，由戛達美所繼承的哲學詮釋學（Philosophical Hermeneutics）；一是由呂格爾、赫爾曲（E. D. Hirsch）等人所提倡的方法詮釋學（Methodological Hermeneutics）；一是在哈柏瑪斯（J. Habermas）和阿佩爾（K. -O. Apel）等人所倡的批判理論中所包含的詮釋學成份，吾人稱之為批判詮釋學（Critical Hermeneutics）。」見沈清松著：《當代西方哲學與方法論》，台北：東大圖書股份有限公司，1988 年 3 月，頁 22。

[45] 見嘉祥吉藏：《大乘玄論》卷 1，《大正藏》第 45 冊，頁 19 上。另可參閱張立文：

《大乘起信論》的體相用範疇解釋華嚴法界真空觀的思想，以及說明華嚴宗依據此範疇來作爲判釋教乘深淺的根源：

> 一般在解釋「大方廣」三個字時，大都就佛陀所證得真如心境上的體相用三大作爲根據。當然如果我們要追溯體相用三大的本源，這是出自於起信論裡面所說的「一心二門三細六粗」次第演進的程序。因此華嚴宗的思想裡頭，對於體相用三大，可以說是依據起信論來作爲判釋教乘深淺的根源，其實起信論中本來就是爲了解說「摩訶衍」義 Mahayana（大乘），才涉及到體相用三大。……所以在這一種情況下，我們就可以把「真如」、「心靈本體」，從它無窮性的這一方面展開來，產生無窮的作用。從無窮的作用裡面，它向上可以開展出超越世界的一切差別境界，並且還可以彰顯出一切的屬性；……這樣子一來，就可以看見「用大」與「相大」。如此說來，我們便可以由「體大」、「用大」、「相大」裡面，把宇宙裡面所含藏的一切秘密，都從作用裡面把它彰顯出來，因而便表現出各色各樣的現象。[46]

以上是《大乘起信論》體相用範疇對佛教的影響，以及相關的說明，接著看此範疇對禪宗思想的影響。雖然，禪宗非以理論取勝，但是體相用範疇的本體思想、修證理論與修行工夫，卻是深刻的影響了禪宗的教學理論、禪法的判攝系統與禪學的詮釋依據，下文就分別以此三項要點說明之：

第一，從禪法理論的建立看體相用範疇對禪宗思想的影響——

《中國哲學範疇發展史（天道篇）》，台北：五南圖書出版有限公司，1996 年 7 月初版，頁 638-639。

[46] 見方東美著：《華嚴宗哲學（下）》，台北：黎明文化事業股份有限公司，1986 年 6 月三版，頁 303-308。

　　禪宗從中土初祖達摩開始到五祖弘忍，逐漸適應由印度佛教轉變爲中國佛教的歷程，其中最爲明顯的特色，即是禪法理論的建立，因爲教學理論必須符合中國人的文化性格與意識形態，並且由於禪宗不是走理論教學的路向，所以沒有印度佛學與中國文化思想融通的問題，同時也避免了魏晉南北朝格義佛教的過渡性階段，直接進入中國人心靈的內心世界，進入生活修行的現場，爲佛教中國化開拓了新的局面與新氣象。因此，從達摩到弘忍是中國禪教學理論的奠基歷程，惠能開始完成禪宗教學理論的系統，再到惠能以後的禪宗各派以公案或其他教學的方式實踐了這些教學理論，所以六祖惠能是禪宗思想的關鍵，值得吾人高度重視。

　　首先看初祖達摩到六祖惠能的教學理論，其中達摩的教學理論是以「二入四行論」爲主，所謂的「理入」的「理」，是指體用範疇的本體思想，屬於教理的本質部分；所謂的「行入」的「行」，是指體用範疇的工夫思想，屬於教理的實踐部分。雖然「入」這個字有實踐的意義，但是就「理」與「行」的對稱而言，仍屬於體用的範疇。因此，可以看出理入與行入是適用於體用範疇。接著再看理入的部分，達摩說：「理入者，謂藉教悟宗，深信含生，同一真性，但爲客塵妄想所覆，不能顯了，……無有分別，寂然無爲，名之爲理。」所謂的藉教悟宗，是指憑藉教理、教義而體悟佛法的心宗。然而此處所指的教義教理是什麼呢？就是眾生的「真性」，也就是不生不滅的佛性，達摩以爲修行者應深信一切含有心識或情識的眾生都有佛性，但是因爲受到客塵妄想的覆蓋，不能彰顯明了。然而究竟什麼是「真性」或佛性的「理」呢？達摩說是「無有分別，寂然無爲」的實相。換句話說，達摩所謂的「理」，就是真如佛性，就是不生不滅、寂然無爲的佛性本體，所以符合了「體」的範疇。相對的，所謂的「行入」，是指四行：報怨（冤）行、隨緣行、無所求行與稱法行，以上四行是屬於修行工夫的實踐層面，是回應理

入的理論的實際需求，所以也可以成爲「用」的範疇。雖然，達摩的理入與行入的教學理論，是可以符合體用範疇，但是未必能夠有充足證據說是達摩受到《大乘起信論》體相用範疇的影響。

在達摩之後，傳爲三祖僧璨的〈信心銘〉強調「歸根得旨，隨照失宗」的修行方法，其中所謂的「根」，可以類比爲「體」的範疇；所謂的「照」，可以類比爲「用」的範疇。最後又提到「一即一切，一切即一」的立論，亦可視爲本體與現象不二、萬法一如的境界。

到了四祖道信的〈入道安心要方便門〉，已經開始成熟的使用體用範疇爲禪宗教學思想的一環：

> 古時智敏禪師訓曰：「學道之法，必須解行相扶，先知心之根源，及諸體用，見理分明無惑，然後功業可成。一解千從，一迷萬惑。」失之毫釐，差之千里。……當知佛即是心，心外更無別佛也。略而言之，凡有五種：一者，知心體——體性清淨，體與佛同。二者，知心用——用生法寶，起作恒寂，萬惑皆如。三者，常覺不停——覺心在前，覺法無相。四者，常觀身空寂——內外通同，入身於法界之中，未曾有礙。五者，守一不移，動靜常住，能令學者明見佛性，早入定門。[47]

在道信引智敏禪師的話中，提到「解行相扶」是對應於「體用」範疇，可以看出其教學的原理是「解」爲「體」，「行」爲「用」。所謂的「解」，是指本體清淨的佛性，心體與佛無二；所謂的「行」，是指知道心體的作用，以及修行的工夫。

五祖弘忍在《最上乘論》中，指出「夫修道之本體須識」的本

---

[47] 見道信〈入道安心要方便門〉，收於藍吉富編：《禪宗全書》第 1 冊，台北：文殊出版社，1988 年 4 月初版，頁 14。

體是「身心本來清淨不生不滅無有分別」的「自性圓滿淸淨之心」，
也點出其中的關鍵，他以佛性的本體論爲教學的宗旨及根據，可以
說明體用範疇的使用情形。

到了六祖惠能，更是將體用範疇融入個人的教學體系之中，如
惠能《六祖壇經》中說：

> 善知識，我此法門，以定慧爲本，第一勿迷言定慧別。定慧
> 體不一不二，即定是慧體，即慧是定用，即慧之時定在慧，
> 即定之時慧在定。……善知識，定慧猶如何等？如燈光，有
> 燈即有光，無燈即無光，燈是光之體，光是燈之用，名即有
> 二，體無兩般，此定慧法，亦復如是。[48]

惠能以非常明確的對比來說明定慧是體用的關係，並且以爲定
慧的體用關係是互相爲體與互相爲用的體用不二，他否決了原始佛
教或上座部佛教「由戒生定，由定發慧」的程序，將萬法融通爲一
味，並且超越了相對的層次，提升到佛性本體的層面，泯除一切分
別對立與名相差別，成爲其教學原理的最高指導原則。

第二，從禪法判攝的發展看體相用範疇對禪宗思想的影響——

在禪宗思想發展史上，北宗神秀在〈大乘五方便〉中提到「離
念是體，見聞覺知是用。寂是體，照是用」的體用範疇思想，雖然
有體用分解的嫌疑，但是仍不失爲體用對照的模式。值得注意的是，
在佛學中國化的過程中，神秀代表的是從過去禪宗依據《楞伽經》
的理論根據，轉向爲依據《大乘起信論》的思想理型，影響到北宗
的傳承思維，[49]特別是《大乘起信論》的雙重本體論模式，從所謂「真

---

[48] 見楊曾文校寫：《敦煌新本六祖壇經》，上海：古籍出版社，1993 年 10 月第 1 次
印刷，頁 14-15。

[49] 請參閱龔雋著：《大乘起信論與佛學中國化》，台北：文津出版社，1995 年 11 月
初版，頁 166-170。

如」心和「生滅」心分別立論，說明兩者「皆各總攝一切法」的相互含攝關係。其中，所謂的心「真如」是「一心」的本「體」，心「生滅」則是「一心」的作「用」，同時兩者是須與不相分離的。從這個體用範疇的本體論結構來看，雖然構造是極為簡易，但是從這些簡易的規定和相互的辯證關係裏，卻是能夠推演出許多嶄新的思維體系，而且直接並影響著後世禪宗的思想結構與宗教實踐。[50]因此，杜繼文就曾經提及《大乘起信論》對禪宗的三項重大的影響：

> 《起信論》對於禪宗形成的思想影響是巨大的，主要表現在三個方面：第一：它將世間和出世間一切現象的最高體和最後本源，歸結為「一心」。「一心」是「智」，是「理」，是「覺」，是「佛」，或是叫做「佛性」、「真如」、「如來藏」，表示一切佛教淨法均在「一心」中，具足圓滿。……所有佛教的修行，就變成了唯一的修心。從楞伽師提倡以「諸佛語心」行禪，到這裏給「心」以概括而明確的佛教本體論的意義；……第二，《起信論》主張心無染，心性本淨，……《起信論》把一心由「靜」到「動」解釋為世俗世界得以發生的原因；而由「靜」到「動」，則是眾生成佛之道；第三，《起信論》提出：「若行若往，若臥若起，皆應止觀俱行」。禪不排除坐，但不限於坐，最重要的是貫徹到日常生活中。這些思想原則，為禪宗的形成，提供了重要的理論指導。禪宗在此後的發展中，雖說法紛紜，行為各異，而作為基礎理論始終沒有超出《起信論》的模式。[51]

---

[50] 請參閱杜繼文、魏道儒著：《中國禪宗通史》，江蘇：江蘇古籍出版社，1995 年 2 月第 1 版第 2 次印刷，頁 8-9。

[51] 見杜繼文、魏道儒著：《中國禪宗通史》，頁 61-62。

　　引文中提到《大乘起信論》對於禪宗形成的思想影響是有三方面巨大的影響，第一項是確立修行的終極目標或基礎，也就是「一心」的真如佛性；第二項是說明心真如門與心生滅門的思考進路，能夠爲禪宗提供體用不二的理論架構；第三項則是建立了禪宗工夫理論的理論基礎，爲禪宗生活化的修持模式與應機點撥的機鋒公案舖設了最重要的思想基磐。

　　在神秀之後，《大乘起信論》的體用範疇仍然是唐代禪宗思想發展的判攝標準與理論根據之一，即使是南宗神會的本知眾妙的思想立場，也加深了並推廣了《大乘起信論》的一心論與本覺立場，突破了覺悟的佛學理論的界限，向人文精神的主體性轉變成爲通俗化的、生活化的宗教，後來更往前進一步發展，甚至達到馬祖道一與臨濟宗徹底現實的人文主義的立場。[52]其中，有關於馬祖道一的禪法，吳汝鈞曾引用宗密（780-841）《圓覺經大疏鈔》中對馬祖道一禪法的介紹來批評馬祖是極端的體用觀，[53]他指出馬祖道一的禪法是強調在日常生活的任何一項動作行爲，全部「皆是佛性全體之用」，而且從存有論的角度來說，人一切的表現皆歸源於佛性，吳汝鈞甚至指出馬祖道一對體用的關係，採取了極端的觀點與立場：

　　　　我們說馬祖的體用觀時，體是指佛性、主體性，用是指佛性
　　　　的表現，包括人所有的行為。馬祖對這兩者的關係，採取一

---

[52] 請參閱柳田聖山著・吳汝鈞譯：《中國禪思想史》，頁100。另，龔雋先生也曾提到馬祖道一對禪宗的生活化有很大的貢獻：「洪州門下，把《起信論》、慧能以來「由生滅門入真如門」的方法，發揮到極致。他們認爲，生滅門不僅不離真如門，而是生滅門就是真如門。」

[53] 宗密在《圓覺經大疏鈔》中對馬祖道一的批評原文是：「起心動念、彈指、磬咳、揚扇，因所作所爲，皆是佛性全體之用，更無第二主宰。如麵作多般飲食，一一皆麵。佛性亦爾。全體貪瞋癡，造善惡，受苦樂故，一一皆性。……貪瞋、煩惱並是佛性……故云觸類是道也。」見宗密：《圓覺經大疏鈔》卷3之下，《卍續藏經》第14冊，台北：新文豐出版公司，頁557上。

　　極端的觀點來看。他認為我們日常生活中所有行為表現都是
　　由佛性所表現出來，並且是佛性全體的表現。若以圖來表示
　　這種關係，以圓圈 A 為體（佛性）、圓圈 B 為用（行為），
　　則這兩個圓圈是完全重疊，這是「全體是用」和「全用是體」
　　的極端關係。所謂「全體是用」即全部的佛性都表現為作用、
　　行為。「全用是體」即全部生活的節目、行為動作都是由佛
　　性所表現出來。……我們可進一步說，「全體是用」即「體
　　外無用」，而「全用是體」即「用外無體」。……所謂「體
　　外無用」，即離開佛性，再沒有其他的作用、行為可言。一
　　切現象、行為都是由佛性處表現出來。[54]

　　吳汝鈞說馬祖道一的體用觀是「全體是用」，並且認為是「採取一
極端的觀點」，殊不知這是中國體用範疇的標準模式之一，馬祖道
一只是特別強調佛性在日常生活的實際運用而已，所以筆者以為不
宜說是「極端的觀點」，而是具備「體用一如」觀點解釋較為週延。

　　此外，值得注意的是，吳汝鈞提到的宗密大師判攝禪法的內涵，
突顯出佛教由教相判釋發展到禪法的判釋，尤其是宗密的「禪教一
致論」，基本的骨幹就是體用範疇思考的模式，宗密判攝禪法的依
據，可以分為兩大類：一是根據禪法的性質來分判，主要的文獻是
以《禪源諸詮集都序》的禪門三宗為代表；二是根據禪法的修持來
判攝，主要的文獻是以《禪門師資承襲圖》的頓漸悟修為代表。宗
密在《禪源諸詮集都序》中依禪法的性質將禪分判為五種，又分判
禪門有三宗：息妄修心宗、泯絕無寄宗與直顯心性宗等。[55]宗密並且
使用配對相符的方式，將教門的空宗、有宗、性宗與禪門三宗相對，

---

[54] 參見吳汝鈞著：《中國佛學的現代詮釋》，頁 205-210。
[55] 請參見黃連忠：《宗密的禪學思想》，台北：新文豐出版公司，1995 年 4 月台 1
　　版，頁 126-127。

宗密明白的表示其禪教一致思想的判攝根據，是來自於《大乘起信論》的一心哲學體系，筆者簡稱爲「一心論」。宗密認爲無量義統攝爲「不變」與「隨緣」兩種，以爲不變是「性」，隨緣是「相」，而此性、相皆是「一心」的義。然後，宗密終於抬出馬鳴菩薩的《大乘起信論》，具體說明「心真如是體」、「心生滅是相用」的思想根源。[56]由此可見《大乘起信論》的體相用範疇對禪法判攝系統發展以及對禪宗思想的影響。關於此點，筆者曾於拙著《宗密的禪學思想》中製一圖表，再加上體用相對的範疇，列表於下：[57]

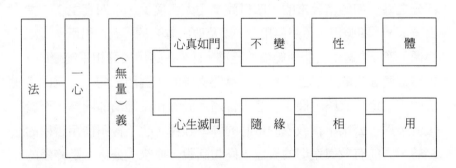

第三，從禪學的發展看體相用範疇對禪宗思想的影響——

從南北朝末期到唐宋禪宗的發展，逐漸形成兩種時代主流的脈向：一者，禪宗思想的學術化與教門思想的和會哲學，如達摩到惠能，乃至於惠能以後，大禪師多半兼思想家，也發表了許多有關於禪學的著作，對禪法修持的見解，乃至於如宗密和會禪教的思想，

---

[56] 請參見黃連忠：《宗密的禪學思想》，頁 216-217。此段所引的是宗密《禪源諸詮集都序》中的一段原文解說：「無量義統唯二種，一不變，二隨緣。……設有人問：說何法不變，何法隨緣？只合答云：心也。不變是性，隨緣是相，當知性相皆是一心上義。」見宗密：《禪源諸詮集都序》，《大正藏》第 48 冊，頁 401 中至下。

[57] 請參見黃連忠：《宗密的禪學思想》，頁 217。

以及永明延壽（904-975）的《宗鏡錄》的禪教修行論，[58]都在理論
方面有所發明及成就；二者，禪宗愈來愈重視生活現場的修持，在
平常生活的言談對話間，給予適切的指導與當下的點撥，逐漸形成
禪宗生活化、通俗化與大眾化的性格，而且形成以「公案」爲教學
的重心，以語錄爲講授禪法的教本，甚至後期形成公案的偈頌化、
文學化與形式化。前者，禪師們爲了詮釋禪法的思想特質、理論根
據與修行見地等觀念，就必須採取客觀詮釋與學術化的進路，形成
了大量使用體用範疇的模型，用以詮釋禪學，除了前文已經述及的
部分之外，如臨濟義玄的「四料簡」（人與境）、「四賓主」（主
與賓）、「四照用」（照與用），以及曹山本寂的「五位君臣」（正
與偏）等，皆適用於體用範疇的詮釋。此外，適用於體相用範疇的，
則有臨濟義玄的「三玄三要」、雲門文偃的「雲門三句」、洞山良
价的「鳥道、玄路、展手」等，皆適用於體相用範疇的詮釋。至於
後者，以「公案」爲教學的重心的禪學詮釋，也不得不借用哲學的
範疇，方能有效與適切的表達，換句話說，原來「公案」是修證的
方便與工具，那麼體用的哲學範疇，卻是解釋公案與分析公案的方
便與工具。如《景德傳燈錄》卷 9 曾載有潙山靈祐與仰山慧寂之間
的一段公案因緣：

> 普請摘茶，師（潙山靈祐）謂仰山（慧寂）曰：「終日摘茶，
> 只聞子聲，不見子形，請現本形相見。」仰山撼茶樹。師云：
> 「子只得其用，不得其體。」仰山云：「未審和尚如何？」

---

[58] 《宗鏡錄》又作《宗鑑錄》、《心鏡錄》。凡 100 卷。五代宋初永明延壽禪師所著，
成書於宋太祖建隆二年（961）。目前收錄於大正藏第 48 冊。本書廣輯大乘經論
60 部，以及印度與中國聖賢三百人的著作等彙編而成。內容則是詳述諸佛的法
旨大意與佛教經論的思想正宗。全書立論的重點在於強調頓悟與圓修的法門，
延續了中晚唐宗密禪教一致的思想，因此所謂「禪尊達摩（禪宗），教尊賢首（華
嚴宗）」是其中心思想，彰顯禪教一致的法要文集。

師良久。仰山云：「和尚只得其體，不得其用。」師云：「放

子二十棒。」（普慧本新文豐印《景德傳燈錄》卷9，頁150。）

　　潙山靈祐與仰山慧寂兩人的對話，饒富公案的禪趣，兩人扣緊
體用，作見地與工夫的比較。其中所謂的「本形」，是指「對於真
如佛性的見地與修證境界如何」或是「本來面目」，於是仰山撼動
茶樹以顯其用，然後仰山又反問潙山相同的問題，潙山以「良久」
的沉默，以示其體，卻被徒兒反將一軍，以為潙山不得其用，於是
潙山以戲謔的口語說「放子二十棒」，意思是饒恕你二十棒的責罰。
其實兩人皆是悟澈禪法秘奧者，以上的公案，只是互相勘驗的生活
禪趣，一種帶有禪意的教學活動。

　　在北宋真宗朝編撰成立的《景德傳燈錄》，收錄了許多禪師明
確的使用「體」與「用」的相對概念，而形成體用範疇的詮釋及其
實際的運用，筆者將《景德傳燈錄》中相關的例證製表說明如下：

		《景德傳燈錄》中禪師使用體用範疇內容一覽表			
	提及體用	相 關 體 用 範 疇 使 用 的 原 文	卷數	頁數[59]	附 注 說 明
1	波羅提	王若作用，無有不是；王若不用，體自難見。	3	45	佛性本體與作用
2	六祖惠能	汝若欲知心要，但一切善惡都莫思量，自然得入清淨心體，湛然常寂，妙用恆沙。	5	82	心體與妙用相對
3	廣州志道	法性是生滅之體，五蘊是生滅之用，一體五用，生滅是常，生則從體起用，滅則攝用歸體。	5	89	被惠能斥為「外道斷常邪見」
4	六祖惠能	此樂無有受者，亦無不受者，豈有一體五用之名？	5	90	惠能為志道禪師解說體用觀
5	六祖惠能	夫妙湛圓寂，體用如如。	5	99	婺州玄策引惠能語
6	潙山靈祐與仰山慧	普請摘茶，師（潙山靈祐）謂仰山（慧寂）曰：「終日摘茶，只聞子聲，不	9	150	前文已有說明

---

[59] 此表所注明的頁數，係普慧本新文豐印《景德傳燈錄》本的頁數。

寂	見子形，請現本形相見。」仰山摵茶樹。師云：「子只得其用，不得其體。」仰山云：「未審和尚如何？」師良久。仰山云：「和尚只得其體，不得其用。」師云：「放子二十棒。」			
7 長沙景岑	三聖是佛之妙用，佛是三聖之真體。用則有河沙假名，體則總名一薄伽梵。	10	174 -175	以體用說明佛的真體妙用
8 潙山靈祐	汝等諸人，只得大體，不得大用。	11	199	言得體而不得用之弊
9 荷澤神會	見清淨體於諸三昧八萬四千諸波羅蜜門，皆於見上一時起用，名為慧眼。	13	252	宗密引神會語
10 鼓山智岳	古今常露，體用無妨。	21	428	指佛性體用一如
11 大珠慧海	淨者，本體也；名者，迹用也。從本體起迹用，從迹用歸本體，體用不二，本迹非殊。	28	586	以體用解釋《維摩詰經》經名
12 大珠慧海	即於般若空寂體中具河沙之用，即無事不知，是名說法。	28	586	說明般若的體用
13 大珠慧海	定是體，慧是用，從定起慧，從慧歸定。	28	590	從定慧說體用
14 荷澤神會	真空為體，妙有為用。	30	630	《顯宗記》所言
15 荷澤神會	心如境謝，境滅心空，心境雙亡，體用不異。	30	630	心境雙亡之「心」明「體」
16 丹霞和尚	森羅萬象光中現，體用如如轉非轉。	30	641	以偈頌形式呈現

此外，如南懷瑾也曾引雲門祖師的話，顯示了禪師運用體用範疇進行教學的實例：

> 雲門祖師借用三平的偈子說：「即此見聞非見聞」……「無餘聲色可呈君」……「個中若了全無事」……「體用何妨分不分」，大家還是不懂，他又下註解：「語是體，體是語。舉柱杖曰：拄杖是體，燈籠是用，是分不分？」[60]

---

[60] 見南懷瑾先生講述：《如何修證佛法》，台北：老古文化事業公司，1989年8月

　　雲門禪師運用體用的範疇解釋禪法的概念，這是古代祖師的教學方便與詮釋方法，亦可見體用的觀念容易被當時學人所接受。直到近代或當代的佛教學者，依然喜歡以體用範疇詮釋禪法，如吳汝鈞說曹洞禪喜歡以體用範疇說明世界事象的變化：

> 我們說曹洞禪對形而上學有非常濃厚的興趣，他們喜歡以體用的關係來解說世界事象的來源和變化，認為現象世界之所以表現為多姿多采的形態，乃依於一不變的本體，這本體便是空理，我們可稱之為本體空理。他們以這一不變的真理，為一切變化事象的基礎。[61]

　　吳汝鈞提出的曹洞禪重視形而上學，其實是因為從「默」與「照」的修行哲學發展而成，其中的「默」是佛性本體的思想，「照」是修行工夫的展現，然而本體與工夫是體一不二，體用一如而無分別，至於吳先生所謂的「本體空理」是「為一切變化事象的基礎」，如此的解釋恐怕是西方哲學的思考脈絡，筆者以為或有不妥之處，不如解釋為曹洞禪運用體範疇說明修行的依據是佛性本體的思想，以用範疇說明修行工夫的要領，其中體用是以「照」顯「默」，默照一如的，如此的詮釋比較合乎曹洞宗禪學思想的特質。

　　此外，杜松柏在其大作《知止齋禪學論文集》中，亦有專文論及「禪宗的體用觀」，其中舉出六祖惠能、青原行思、黃檗希運、馬祖道一等祖師言論，闡明禪宗體用思想的奧義，言簡意賅，深契玄妙，頗值得參得。[62]

　　台灣初版，頁 261。

[61] 見吳汝鈞著：《中國佛學的現代詮釋》，頁 237。另，吳先生又提到「從體用關係看真幻問題」解釋曹洞禪，亦值得參考，見頁 240-241。

[62] 請參見杜松柏著：《知止齋禪學論文集》，台北：文史哲出版社，1994 年 11 月初

　　至於體相用範疇的使用，南懷瑾曾以為「禪宗裡頭的行願、見地、修證功夫，三者不可缺一。」[63]其中，「見地」是體範疇，「修證」是用範疇，至於「行願」則是相範疇。除此之外，日本學者日種讓山已經使用體相用範疇解釋禪宗的思想，他說：

> 茲試依體、相、用的三面觀察之，……但體相用三，是一體的三面，要劃然地區別，也自不可能，……禪是注重向著自己內心來探求的，現在特來說明，不過是一種權宜的手段罷了。（實體）照著禪的體驗來說示的心性，是超越的，無一物的，……佛與眾生的本體，同為一心，而心離生滅，永遠恆久。……清淨心是自性的實體。……（實相）即有實體，那末自有它的形相與作用，……祇能表示出無相之相——無固定相的無量相，一至說明無量相，「實相」，也似乎可得到明確。……此即所謂無相之相，包含宇宙萬有，其大無限，萬物依之始得存在，以之名為「宇宙生命」亦無不可。「妙用」是一般佛教的用語；禪，把這稱為機用。……妙用，自然是指大智的作用，是本體清淨心的客觀作用，那是依清淨心發生的法爾作用。[64]

　　然而，日種讓山以為體相用的「相」是指「實相」，這應屬錯謬，因為佛教所謂的「實相」，應該是指真實無二的道理，也就是不生不滅的真如、法性、佛性。因此，「實相」應該為「體」範疇才是。所謂的「相」，應是指禪法修證中的「悟境」，也就是三身的「報身」，也是法性的功德。這在前文已經論及，下文亦有申論。

版，頁 32-43。
[63] 請參見南懷瑾講述：《如何修證佛法》，頁 197。
[64] 見日種讓山著、芝峰法師譯：《禪學講話》，台北：文津出版社，1985 年 7 月出版，頁 73-79。

二、從體相用範疇建構公案研究的學術系統與方法進路

　　禪宗公案思想的研究，關涉到三項重要的思考層面：第一，中國有沒有哲學？禪宗有沒有哲學？禪宗公案有沒有哲學？換句話說，中國的思想能不能被視爲是一門現代學術研究的對象或學科，是否能夠合乎現代學術的規範，是否能夠或已經擁有哲學的主體性？第二，如果中國有哲學，禪宗有哲學，禪宗的公案也有哲學，那麼以上三者是否都有學術的理論體系或者相關的研究範疇？第三，如果也能成立哲學的基本條件，擁有理論的體系與研究的範疇之後，那麼研究中國哲學或研究禪宗公案的方法與進路又是什麼呢？

　　從晚清以來，直至於當代的思想風潮中，有一股暗流在串湧著，再加上一知半解的人盲動鼓噪，以爲「中國沒有哲學」，他們所持的理由是：「中國只有倫理和政治，缺少思辨，沒有西方哲學家那樣嚴密的範疇和體系。」[65]爲什麼有如此的看法呢？因爲他們的觀點是：「主要是用西方哲學的概念範疇來定中國哲學，用近代西方以至現代西方哲學家如康德、黑格爾、薩特、海德格爾等人，作爲衡量中國哲學家。」[66]事實上，用西方哲學的判準硬生生的套在中國哲學上，恐怕在方法層面就有嚴重的謬誤，因爲如同以中國哲學的生命實踐或儒家克己復禮的精神爲標準，也套回西方哲學去，那麼西方還有哲學嗎？因爲東西方文化有不同的歷史發展與政治社會複雜的演進，也各自有博大精深的學術思想，所以能夠各自成立不同的哲學體系，恐怕是無法用某一片面的觀念去否定整體的所有，如同中國哲學中的體用範疇，從先秦兩漢的醞釀到魏晉、隋唐、宋明的

---

65 請參見李錦全、馮達文著：《中國哲學初步》，頁7。
66 請參見李錦全、馮達文著：《中國哲學初步》，頁7。

發展，各家說法皆不同，若以某一人或一家說法爲標準，而去否定其他各家的看法，那是非常荒謬的。因此，要解決這個問題，必須回到什麼是「哲學」，其最基本或通行的定義爲何？誠如李宗桂說明哲學的定義：

> 中國有沒有哲學呢？……首先，從哲學的定義來看。按照時下哲學界通行的定義，哲學是關於世界觀的理論體系，換言之，哲學是理論化、系統化的世界觀。它是自然、社會和思維知識的概括和總結。哲學思想、哲學體系是由一系列概念、範疇來表達並構成的。在中國古代，有道、氣、陰陽、天人、有無、體用、知行等範疇。這些範疇，或探討宇宙本原及其過程和規律，或探討事物的對立與同一關係，或探討本質和現象、認識和實踐的關係。這些，都是從自然、社會和思維現象中抽象出來，並加以理論化的，具有普遍意義的哲學範疇，是古代中國人認識現象之網的網上紐結，是理論思維水平的標誌。這些範疇的有機聯繫，在不同的哲學家那裡，便構成不同的哲學體系。[67]

因此，哲學的成立必須具備「理論化」與「系統化」，並且透過一系列的概念及範疇來表達。換句話說，哲學是從自然、社會與各種思維的現象或本質中，以抽象的概念或範疇，加以組織並理論化。

在中國不同的歷史發展時期中，一直圍繞著一些基本範疇及其相關概念的討論，如先秦的天人之爭、名實之辨、心性之別等，魏晉的貴無崇有之論、自然名教之分，宋明的性理、理氣、知行之議等，都是中國歷代思想家以理論化、系統化的世界觀認識或解釋世界，也都是哲學的思維的具體呈現。換句話說，中國不僅有哲學，

---

[67] 見李錦全、馮達文著：《中國哲學初步》，頁3。

還有名副其實與道地的哲學，也符合了哲學以理論思維的形式把握
世界，以概念、範疇及思考的抽象原理解釋世界。

　　因此，不僅中國有哲學，也有學術的理論體系或者相關的研究
範疇，那麼禪宗也有哲學嗎？禪宗有沒有哲學，關涉到禪宗有無理
論體系及相關的研究範疇，筆者以爲答案是十分肯定的，因爲從達
摩的「二入四行論」開始，禪宗的祖師就一直在建立禪法修持的原
理及實踐的具體方法的相關理論，因此禪宗擁有豐富的禪學理論，
也能夠獨立成爲一項完整的學術體系，至於範疇，則是環繞著《大
乘起信論》所開立的「一心」、「二門」、「三大」或其他相關的
概念，如體用範疇等。相對的，禪宗公案是否能夠適用以上所說的
哲學標準呢？筆者以爲可以三項觀念解決這個問題：第一，禪宗公
案的發生，並不是走學術理論的思維模式，而是禪宗教學的一環，
特別是生活的教育，生活現場的機會教育，人格與佛性啓發的教育，
因此不能以哲學的學術理論限定其特性；第二，禪宗公案的記錄是
「語錄體」的形式，或許是因材施教，或許是應機點撥，都能從片
言隻語中，截取智慧的泉源，然後再形成接近完整的圖像，如同我
們對《論語》的學習及體悟中，還原孔子的精神面貌一般，雖然以
近代西方詮釋學的角度而言，孔子或古代禪師的實際面貌與精神是
不可得的，但是透過讀者自我體悟及創造詮釋，卻能開展出新的面
貌與風格；第三，禪宗公案哲學的成立，並不能完全由其他學科的
研究範疇或理論體系直接套在公案文本上，必須從適用的或基本的
範疇出發，深入其思想底蘊，然後才能發展出不共法的獨立系統，
也才能建立禪宗公案思想的主體性及研究方法。換句話說，透過對
公案實際的研究，充分的了解其解脫的訴求、禪學思想的背景、語
言使用的特性及背後含蘊的意義，才能成立禪宗公案的理論體系及
哲學的思維。

　　從體相用範疇是否可以建立研究公案的學術系統與方法進路

呢？這個問題可以分成三個層面回答：其一，體相用範疇是否適用
於禪宗公案的研究？因爲範疇是哲學思維的基本元素，是學術分類
與抽象思維的判斷及依據，也是吾人了解事物與哲學研究的工具。
換句話說，如此的工具是否適當呢？其實從禪宗公案發生的背景來
看，公案是無法脫離禪宗思想的主體，禪宗的思想以悟爲則，也就
是以「開悟」爲最高的要求，具有優先性的考量與絕對的標準，因
此探討「悟」的佛性本體是什麼？「悟」的功德境界是什麼？「悟」
的修行工夫是什麼？就形成一組思考的範疇，其中包含了本體的特
性是「不生不滅」，開悟境界的特性是「有生而不滅」，以及悟的
修行方法的特性是「有生有滅」。因此，扣緊了「悟」這個標準，
體相用範疇就十分適用於公案的研究，也能夠成立研究公案的學術
系統。其二，從體相用範疇適用於禪宗公案研究的各個層面而言，
其中體範疇可以適用於研究公案中有關於「佛性本體」的概念，可
以研究禪師悟道的思想根據及意義，可以探討公案中有關於禪宗見
地的問題；相範疇可以研究公案中呈現的修證境界，以及相關的開
悟理論；用範疇可以探討禪宗公案的修行工夫，可以分析禪師引領
學人悟道前後的修行方法與工夫歷程。因此，體相用範疇非常適用
於公案研究的各個層面。其三，至於研究禪宗公案的方法與進路又
是什麼呢？從體相用範疇的分類特性而言，思考的脈絡就是回應公
案的原始訴求，深入剖析思想內涵的底蘊，具體的研究方法與進程
有下列四項：

　　第一，以《景德傳燈錄》或相關禪宗的語錄爲研究的素材與研
究中心，將文獻作適切的整理及研究，同時確立體相用範疇的實際
意涵及適用範圍，揭示研究的主題與探討問題的核心，說明問題產
生的原因，以及問題意識的焦點所在。

　　第二，從體範疇確立研究的主題、對象及其界義，主要探討的
是佛性本體的思想，除了禪師引證佛教經論的思想根據之外，禪師

對佛性的創造性詮釋、敘述與體驗，都是研究的範圍。然後，層層深入並分析佛性對公案的意義，以及依據佛性的修行是否能夠成立或證成佛性、體悟佛性，最後研討禪宗的佛性本體論的哲學意義與價值。

第三，從相範疇確立研究的主題、對象及其界義，主要探討的是開悟境界的問題，除了禪師引述佛教經論中悟道的文字之外，禪師個人在修行的過程中有何特殊的體驗，以及對於開悟境界的描述，都是相關研究的主題。然後，層層深入並分析禪師開悟的經驗與佛性本體的思想是否是相應於悟境，還有悟境的呈現與公案中的修行工夫是否有關聯？都是研究的進程與方法。

第四，從用範疇確立研究的主題、對象及其界義，主要探討的是修行工夫的問題，除了禪師引述佛教經論中佛菩薩或祖師的修行方法之外，禪師在公案中是否揭示了修行的要訣或門徑，以及在公案中表達了那些具體的修行方法，都是相關研究的主題。然後，層層深入並分析禪師修行工夫理論的特色，以及分析修行工夫對彰顯佛性的本體與開悟之間是否有必然的關係。

三、體相用範疇對公案研究的學術價值與現代意義

雖然，禪宗祖師成立公案，並不是為了建立禪學的理論，也不是為了提供後世學術研究的素材，而是為了當下點撥禪宗學人的迷執，令其能夠頓悟佛性，達到解脫訴求的目標。但是，吾人卻不能以「公案是不能研究的」或「公案是不能讀的」就否定公案研究的價值，因為彼此所站立的角度與立場是不同的，所以無法用「彼概念否定此概念」的方式，否決禪宗公案研究的價值。就如同《論語》可不可以被研究，因為《論語》是孔子教導學生的語錄，是道德修養與人格實踐的指引，此書成立的動機並不是為了後世的學術研

究，然而吾人研究《論語》，卻是能夠更加了解孔子的思想，疏理出孔子思想的理論體系，然後揭發孔子思想的精神與奧義，提供更精確的道德修養與人格實踐的指引。因此，研究禪宗公案也是如此，所以具有一定的學術價值。從體相用範疇研究公案思想的學術價值與現代意義，具體的項目有以下四點：

第一，禪宗公案是禪宗思想具體的呈現，也是禪宗生活教育的實錄，由於公案普遍上是單篇獨立，每一則都是可以成立一個封閉的系統，同時因為對象或機緣的不同，就形成難以統合研究的困境，也就更需要建立合理的哲學範疇成為切入的著力點。因此，體相用範疇就成為禪宗公案學術化研究的必備工具，所以體相用範疇具備了研究的工具價值。

第二，透過體相用範疇的角度來研究公案，能夠避免研究主題的失焦，能夠釐清公案問題的層次，可以客觀的分析禪宗思想的要旨，可以深入禪法的理論根據、境界型態與修行工夫。因此，透過體相用範疇的分類原則及研究方法，可以充分的表達禪法的特質及意義。

第三，禪宗公案學術化研究的系統建立，尚須考慮到範疇的融通性，也就是研究的範疇必須符合學術的規範之外，還要考慮到是否能夠與其他學科的對話及溝通，由於體相用範疇能夠會通儒、釋、道三家思想，所以非常適用於研究公案。

第四，透過體相用範疇研究公案，可以建立並開展研究公案的現代化的學術系統與規格，並且從傳統上以佛教徒修行信仰或宗教實踐為唯一的立場跳脫出來，合乎現代學術研究的規範，建立禪學的思想體系，成就各種不同學科間的溝通管道，提供現代詮釋與古代公案對話的橋樑，更能使得現代人透過體相用範疇的分析，了解古代禪師的哲學思想、生命境界與修證方法。因此，從體相用範疇研究禪宗公案深具學術的價值與現代意義。

第四章　禪宗公案佛性本體論

第一節　禪宗佛性本體論之特質

一、何謂本體論？

「本體論」這項名詞在西方哲學史與中國哲學史中，在不同的階段或學術體系中各有不同的涵義。

「本體論」（ontology）的詞源考察，在中文解說方面有三種說法，爲了方便理解及對照，製表如下：

「本體論」（ontology）詞源考察比較一覽表		
代表學者	鄔昆如	肖焜燾、李德順	俞宣孟
說法出處	《西洋哲學史》[1]p583	《中國大百科全書·哲學卷》[2]p35	《本體論研究》[3]p14-19
說法內容	（本體論）Ontologie，是由西臘	「本體」一詞來自拉丁文on（存在、	Ontology是由ont加上-logy構成的。on相當於

---

[1] 見鄔昆如著：《西洋哲學史》，台北：正中書局，1996年8月名初第13次印行，頁583。

[2] 見《中國大百科全書·哲學卷》上冊，北京：中國大百科全書出版社出版發行，1996年7月第5次印刷，頁35。

[3] 見俞孟宣著：《本體論研究》，上海：人民出版社，1999年5月第1次印刷，頁14-19。

	文「ὄν」和「λόγος」二字合併而成;on 是存有;Logos 是言語,引伸之成為學問。	有、是)和 ontos(存在物)。	英文的 being,因此從字面上說,ontology 是關於「是」或「是者」的學問,絲毫沒有關於「本體」的學問的意思。
學術定義	Ontologie 意即討論存有之學問。	指關於存在及其本質和規律的學說。	「本體論」是關於「是」的學說。
譯名建議或意見	中文把它譯成「本體論」很不恰當。		建議譯為「是論」。

　　以上的不同意見或其他譯名,可以試由「本體論」名詞的出現及定義得到解決。

　　「本體論」名詞在西方哲學史中,第一次出現在 17 世紀,是由德國經院學者郭克蘭紐(Rudolphus Goclenius,1547-1628)使用,但是直到 18 世紀才出現學術上的定義,第一位為「本體論」界定意義的是德國哲學家沃爾夫(Christian Wolff,1679-1754),此定義是見於黑格爾(Georg Wilhelm Friedrich Hegel,1770-1831)的《哲學史講演錄》中:

　　　「本體論」,論述各種關於「有」(ὄν)的抽象的、完全普遍的哲學範疇,認為「有」是唯一的、善的;其中出現了唯一者、偶性、實體、因果、現象等範疇;這是抽象的形而上學。[4]

　　從形而上學的立場,說明本體論是一門「存在的」或「存有的」學問,也表達了西方哲學特有的觀念與哲學形態,其中包含了中國傳統哲學中所沒有的義理思想。在西方哲學的發展史上,一般認為是從柏拉圖到黑格爾的西方傳統哲學的主幹,有「第一哲學」之稱,

---

[4] 見黑格爾著,賀麟、王太慶譯:《哲學史講演錄》第 4 卷,北京:商務印書館出版,1996 年 6 月北京第 5 次印刷,頁 189。對於引文中所譯的「有」,俞孟宣先生以為應譯為「是」。

也是西方各哲學分支的理論基礎，而且透過其邏輯的研究方法構造
發展出先驗原理的體系。但是在中文譯名方面，除了「本體論」之
外，尚有「萬有論」、「存在論」、「存有論」與「是論」等，都
很容易從字面上的意思聯想成爲「關於世界本原或本體的學問」，
可能這樣的理解與原義是有些出入的。就詮釋學的立場而言，可能
精確的原義是不可考的，而且後期或現代思想家，也都對本體論有
新的定義或詮釋，所以吾人可以將其視爲西方形而上學的一個分支
或內容之一。在一般辭書或專業工具書中對本體論的定義，主要是
環繞著「研究世界本原的學問」爲中心，可以看出此名詞的一般定
義，有其意義上的侷限及含混不明的界定。如三民書局《大辭典》：
「研究事物之終極本性或根本存在情狀的學科。狹義的形上學往往
指稱本體論。」[5]在中華書局《辭海》中說：「研究實在之終極本性，
即事物之最後原則之學也。」[6]在《中國大百科全書·哲學卷》中說：
「在古希臘羅馬哲學中，本體論的研究主要是探究世界的本原或質
基。各派哲學家力圖把世界的存在歸結爲某種物質的、精神的實體
或某個抽象原則。」[7]在上海辭書出版社《哲學大辭典》中說：「本
體論有廣義狹義之別，廣義指一切實在的最終本性，這種本性需要
通過認識論而得到認識，因而研究一切實在的最終本性爲本體論，
研究如何認識則爲認識論。這是以本體論與認識論相對稱。從狹義
說，則在廣義的本體論中又有宇宙的起源與結構的研究和宇宙本性
的研究，前者爲宇宙論，後者爲本體論，這是以本體論與宇宙論相
對稱。」[8]除此之外，俞宣孟就以其譯本體論爲「是論」的立場，分

5　見三民書局《大辭典》，台北：三民書局股份有限公司，1985 年 8 月初版，頁 2165。
　　雖然一般工具辭書的名詞解釋，並不適宜成爲學術論證的引述根據，但是本文此
　　處所引述的工具辭書的看法，目的是爲了說明西方哲學本體論 ontology 的中文釋
　　義有含混不清的情形，故引述之。
6　見中華書局《辭海》，台北：台灣中華書局，1985 年 2 月 5 版，頁 2239。
7　見《中國大百科全書·哲學卷》上冊，頁 35。
8　見馮契主編：《哲學大辭典》，上海：上海辭書出版社，1992 年 12 月第 2 次印刷，

別的從「實質」、「方法論」與「形式」等三方面說明本體論的基本特徵，論點值得參考：

> 所謂本體論就是運用以「是」為核心的範疇、邏輯地構造出來的哲學原理系統。它有三個基本的特徵：⑴從實質上講，本體論是與經驗世界相分離或先於經驗而獨立存在的原理系統，這種哲學當然應歸入客觀唯心主義之列；⑵從方法論上講，本體論採用的是邏輯的方法，主要是形式邏輯的方法，到了黑格爾發展為辯證邏輯的方法；⑶從形式上講，本體論是關於「是」的哲學，「是」是經過哲學家改造以後而成為的一個具有最高、最普遍的邏輯規定性的概念，它包容其餘種種作為「所是」的邏輯規定性。Ontology 因之而得以命名，即它是一門關於「是」的學問，其較適當的譯名應為「是論」。[9]

可是在上海復旦大學哲學研究所的俞吾金〈本體論研究的復興和趨勢〉一文中，針對 Ontologie（Ontology）的各種譯名，提出了綜合比較的批判，也更為周延的詮釋了「本體論」譯名的適當性：

> 在 Ontologie 這個詞的中文譯法上存在著不同的看法。「存在論」是一種比較流行的譯法，它的優點是直接言明了Ontologie 所要研究的對象，但在使用中也會造一定的困難，……如黑格爾《小邏輯》的第一篇篇名是 Die Lehre vom Sein，中譯為「存在論」。……有的學者主張把 Ontologie 譯為「是論」。一般認為，「是論」的優點是能夠說明本體論在邏輯上的起源，也就是說，研究「是」的問題乃是研究

頁 338。
[9] 見俞孟宣著：《本體論研究》，頁 27。

本體論的、繞不過去的進路，但深入到問題中去的好的進路
並不等於問題本身，何況「是」這個字在通常的使用中總是
與表語聯繫在一起，……用「是論」來取代本體論也難以得
到學術界的認同。……眾所周知，港台的學者傾向於把
Ontologie 譯為「存有論」，但這種譯法也會引起誤解，因
為在「存有論」的譯法中，既有「存在」（Sein）的含義在
內，又有「佔有」（Haben）的含義在內，而 Haben 和 Sein
這兩個詞在德語中的含義是有重大區別的。……也有的學者
主張把 Ontologie 譯為「萬有論」，……「萬有論」譯法容
易把「存在」與「一切存在者」混淆起來。至於「本體論」
的譯法，其優點是肯定存在問題在哲學研究中的基礎地位，
但其缺點是容易給人留下「還原論」或「本根論」的印象。
考慮到各方面的因素，目前我們仍然傾向於以「本體論」來
譯 Ontologie。[10]

　　以上的各項譯法及看法，可以綜和成：本體論在西方哲學發展
史上，是一項具備有多種含義的範疇，通常是指世界的本原、一切
宇宙最終的存在本質、最高的統一體、宇宙間最為普遍的本質、最
為深層的實在、原動力、絕對義、最高的主體、萬物的主宰與宇宙
間一切事物變化生成的根源等。因此，對於不同時期的哲學家或哲
學流派而言，本體論一詞的含義就有所不同，或是指某一義，或是
指另一義，或是同時兼有數種意義，所以造成西方哲學發展史上許
多的論爭。然而大體上來說，本體論是西方哲學傳統的基本形態，
也是西方傳統哲學的核心與靈魂，整個大走向是分解思考的理路，
也就是透過「本質與現象」的二元對立的思考模式，建構了「物質

---

[10]　請參見俞吾金：〈本體論研究的復興和趨勢〉，《浙江學刊》2002・1 總第 132 期，
　　頁 51-52。

或精神或抽象的實體」，而此實體是「存在的唯一不變的本原」，討論宇宙萬事萬物的「本質與現象」、「共相與個（別或殊）相」的「第一哲學」。

二、西方哲學與中國哲學本體論的基本差異

初步了解西方哲學本體論的基本界義之後，回頭再看中國哲學或佛教禪宗是否有所謂的「本體論」。關於這個問題，可以從下列四項要點加以說明：

第一，就研究的方法而言，西方哲學的本體論是植基於希臘或西方文化的發展背景中，強調了存在於經驗之前的世界本原，具備了或預設了事物的終極本性與存在實體。然而東方或中國哲學並不是完全走如此的分解進路，若以西方哲學本體論的角度或立場討論衡量中國哲學，並非完全不可以，而是會馬上發現在不同文化的思考形態下，很難以周全的系統與整體的統攝中國哲學的思維與脈絡，必須以牽強附會的方式或配對相符的機巧安排，才能順利的找到適宜的相對觀念，這在研究方法上已經造成重大的瑕疵。

第二，就語詞的基本使用而言，西方哲學 ontology 的中文譯名，普遍使用的是「本體論」，前文提及已經有許多學者指出，如此的譯名是值得進一步討論的，也有學者認爲應該譯爲「存有論」、「存在論」或「是論」，可是學者們的意見也是莫衷一是，也會發現任何一種譯名都無法精準正確的翻譯這項學術的專有名詞，這當然也是西方或外國術語轉譯爲中文的共同問題。然而，就此項名詞翻譯的精確性而言，恐怕以「本體論」說明中國哲學的形上依據時，就會產生極大的困擾，因爲其本身的譯名即有問題，又如何以此譯名衡量中國哲學呢？

第三，中國哲學的發展史上，先秦諸子各家分流，歷代的哲學

家也各有精采的論述，其中合乎西方哲學本體論的思考進路或有部分可能，但是整體而言，中國自有中國人的思維模式，除了很難以此名詞及其界義套裝在中國哲學的系統之外，中國哲學本身也有對萬物本原的看法及其討論本原哲學的系統觀念。換句話說，中國哲學本身自有自己的一套本體論，可能在名詞的使用上，是與西方哲學的 ontology 的中文譯名「本體論」同名，但是其思想的內涵卻有極大不同的。當然，不可否認的是，西方哲學 ontology 的中文譯名「本體論」在形成與觀念傳入中國之後，中國的近代哲學家們，或多或少會受到西方哲學本體論的思維脈絡影響，或是以此觀點及價值觀衡量中國哲學的思維，企圖架構出合乎西方哲學的系統規模與基本理論要求。但是，在中國哲學發展史上，歷代使用「本體」這項名詞或相近觀念的情況非常多，特別是西方哲學 ontology「本體論」傳入之前的宋明理學家，大談特談「本體」的觀念，難道也要以西方哲學本體論的觀點衡量宋明理學嗎？顯然如此的比附是大有問題的。相對的，既然中國哲學早有「本體」的論述，自然可以在「參酌」西方哲學本體論的情況下，完全獨立來討論中國哲學的「本體論」，不僅兩者不會互相妨礙，或許也可以增進中西方哲學的溝通及了解，互相發明思想義理的底蘊。

第四，佛教或禪宗基本的立場是反對一個「物質或精神或抽象的形上實體」，也不認為有「存在的唯一不變的本原」，因此討論宇宙萬事萬物的「本質與現象」是無法成立的命題。換句話說，佛教或禪宗並無西方哲學 ontology 的「本體論」，但並不因此表示沒有佛教哲學式的「本體論」思想，只是佛教的「本體」是指「法體」，是指「不生不滅的佛性」，是屬於緣起性空的思想，是指「諸法的體性」，而此體性是「空幻無生」，下文將再作詳論。

為了證成中國哲學自有一套有別於西方哲學的本體論，此處延續以上第三要點再加以說明。在中國先秦的典籍中，包括先秦諸子

14 種典籍，[11]以及《十三經注疏》中都沒有「本體」的名詞，[12]其他
在中國哲學史或語詞基本使用意義上，以「本」為詞源而意思相近
的有二十餘種，筆者以為可以分成六大類：第一類，如說明創造萬
物或根源、根本的「本元」（元氣）、「本原」（根原）、「本源」
（根本源頭）、「本柢」（萬物的根源）、「本祖」（根由）、「本
根」（萬物變化的依據）；第二類，說明宇宙萬物的本來原始狀態
的，如「本然」（本來面目）、「本真」（本來面目）、「本始」
（萬物的原始及本初狀態）；第三類，說明萬物根本的大道或根本
屬性，如「本道」（本根之道）、「本質」（事物本身根本的屬性）；
第四類，說明眾生本性真心的心性本質的，如「本心」（天性真心）、
「本性」（固有之性質或個性）；第五類，說明萬物的主體及其中
心的，如「本位」（事物的主體與中心）；第六類，是說明佛教自
性清淨的眾生心體，如「本覺」（眾生本自覺悟的心體佛性）、「本
寂」（眾生不生不滅的佛性本體）等。

　　以上六類，特別值得注意的是「本原」及「本根」的思想。所
謂的「本原」，是指宇宙世界的根本或原始狀態，近代的哲學以此
為萬物的根源或組成的基本元素，亦指世界的來源和存在的根據。
在先秦典籍中，如《莊子・天地篇》的「立之本原而知通於神」，
此「本原」是萬物初始的「道」，是天人合一的根據，並不是西方
哲學二分法的「本質及現象」；另外，如《墨子・兼愛下》有「姑
嘗本原若眾利之所自生」一句，但此「本原」是推究事物的根本原
因，與事物的根源無關；在《管子・水地篇》有「水者何也？萬物
之本原也」一句，指出水是萬物的主體，與世界的根原無甚關聯；
在《左傳・昭公九年》有「我在伯父，猶衣服之有冠冕，木水之有

---

[11] 在此所指的 14 種典籍，係以中華書局發行的《諸子集成》為據，包含《荀子》、
《老子》、《莊子》、《墨子》、《晏子春秋》、《管子》、《商君書》、《慎子》、《韓非
子》、《孫子》、《吳子》、《尹文子》與《呂氏春秋》等。

[12] 在此所指的《十三經注疏》，是由藝文印書館刊印發行。

本原」句，是指根原或根由的意思，也沒有萬物根原的涵義。以上是以道家老莊思想的「本原」來詮釋「道」的體性爲主，可是中國哲學中老莊的「道」與西方哲學形而上學的本體論及宇宙論，是有很大不同的，因爲老莊的「道」走的是綜合的路線，是指萬物一體或一元論的思考模式，並未分解成「本質與現象」的對立模式，這一點從老莊的典籍中隨處可見。此外，所謂的「本根」思想，是指探究天地宇宙萬物存在、產生、發展、變化的根本原因與根本依據的學說，也是道家哲學的根本概念之一，在《老子》第 16 章中已有「根」的概念：「夫物芸芸，各復歸其根，歸根曰靜，是爲復命。」其中的「根」，是指「道」，具備了「虛」與「靜」的特質，是萬物的根原，至於「命」則是眾生的本性，所以歸返了大道的「根」，就回復到眾生沈靜的本性，因此「大道的根」與「眾生本性的命」就合而爲一，充份展現道家思想的特質。此外，在《莊子·知北遊》中有一段重要的原文：「今彼神明至精，與彼百化，物已死生方圓，莫知其根也，扁然而萬物自古以固存。六合爲巨，未離其內；秋豪爲小，待之成體。天下莫不沈浮，終身不故；陰陽四時運行，各得其序。惛然若亡而存，油然不形而神，萬物畜而不知。此之謂本根，可以觀於天矣。」意思是說「道」的神明德性極爲精妙，與萬化冥合爲一，萬物的死生變化，雖然不知道其根原，但萬物自古以來就自然生存著。天下四方與陰陽四時都沒有離開「道」，這個「道」茫昧的樣子似存似無，自然而無痕跡，卻有神妙的作用。萬物受其化育而不自知，這就是「道」的「本根」。由此可見，中國道家哲學的本體論，是以「道」的玄妙爲主體，其思考進路是有別於西方哲學的本體論。

　　除了道家之外，顯然儒家思想也是走綜合的路線，如孔子的「吾道一以貫之」，孟子的「一本論」及「盡心知性知天」的思考進路，其中孔子的「道」是以「仁」爲主體，孟子的「道」是以「性善」

為主體，都強調「天道」與「人心」是一本的。此外，荀子是先秦
儒家思想的歧出，雖然強調的是「自然天」的思想，可是卻要以儒
家的「禮」為教化的重心而化性起偽，顯然是走分解的路線，卻無
法統合及交代本性為惡的本質，如何可以生出禮樂來。同時，荀子
的自然天思想也不是西方哲學本體論的萬物本原，所以也無法在荀
子思想中找到比附的條件及資料。

　　在兩漢到魏晉時期，無疑的是中國哲學探討宇宙本原的關鍵階
段，其中包含了三大發展路向，分別是董仲舒的天人感應學說、揚
雄《太玄》與王充元氣說、從黃老之學到魏晉玄學的會通儒道。董
仲舒的天人感應說是以春秋公羊學為理論基礎，統合了陰陽五行的
推論方法所形成的哲學體系，強調「道之大原出於天，天不變，道
亦不變」的根本原則，說明天與人之間是互相交感的，所以人之所
為「乃與天地流通而往來相應」，也是一元論的思想。至於揚雄的
學術性格，是一生都致力於會通儒道兩家，希望能夠恢復儒家的正
宗思想，他與王充一樣都反對天人感應與圖讖學說，他提出了以「玄」
為本體的宇宙圖式及「善惡混」的人性論。其中，《太玄》最高的
哲學範疇是「玄」，並且說明「玄」是宇宙的起始，也是創生萬物
的本體，具體體現的「三方、九州、八十一首、七百二十九贊」，
並且以「一以三起」為事物發展的規律，「遇九則變」則是說明變
化的週期。因此，揚雄以「玄」為本體，以「數」的基本格式，通
過了陰陽消長及五行生剋的緊密結合，形成了總括宇宙時空並包容
天、地、人的世界模式。後來的王充元氣生成說，以為「元氣」是
宇宙間最微小的物質，是產生和構成天地萬物的原始物質，在《論
衡・談天篇》中有「元氣未分，渾沌為一」的說法。後來的《太平
經》也有「夫物，始于元氣」的觀點。以上揚雄與王充的本體論，
一個是以「玄」為本體，一個是以「元氣」為本體，雖然是走分解
的路線，但是與西方哲學的 ontology 的本體論仍有極大的差異。至

於形成於戰國中期而大盛於漢初的黃老學說，學術的基本性格是「會通儒道」、「兼揉各家」，表面是以道家思想爲主，卻有先秦雜家的個性，後來經過漢武帝「罷黜百家，獨尊儒術」的截斷，直到魏晉玄學的興起，何晏王弼「援道入儒」，擴展了儒家視野，融入了道家的玄學本體思維，王弼提出了「聖人體無」與體用範疇的重要概念，在《老子注·第 23 章》中說：「道以無形、無爲成濟萬物，故從事於道者，以無爲爲君，以不言爲教，縣縣若存，而物得其真。與道同體，故曰『同於道』。」另在何劭〈王弼傳〉中說：「（裴徽）問弼曰：『夫無者，誠萬物之所資也，然聖人莫肯致言，而老子申之無已者何？』弼曰：『聖人體無，無又不可以訓，故不說也；老子是有者也，故恆言無所不足。』」王弼的「聖人體無」，是指聖人的「本體」是「無」，而且體證了「無」的境界，所以不能「訓」（解釋），其中強調的是「無」的本體論，而且以「體用一如」的觀念貫通其中，形成了王弼的玄學本體論。

　　在王弼提出體用範疇及玄學本體論之後，由於佛學對於中國思想滲透日漸加深，也逐步的形成中國哲學更爲繁密與複雜的本體論思想。到了唐宋時期，不論是儒家或禪宗，使用「本體」概念的情形已經十分普遍了，更何況是陸王心學的體系，以王陽明爲中心的姚江學派，基本上就以「良知者，心之本體」爲立論的根本依據而大談特談了，所以中國哲學自有一套本體論的學說，筆者就不再冗言贅述了。

三、佛教是否有本體論思想

　　至於佛教或禪宗有無本體論思想呢？

　　這個問題的引發是近代佛教學術成立過程中的一個反省，也是傳統國學與西方哲學融接的一個過程，更是中國哲學本身儒佛之間

的辯證。這個問題的緣起是印順法師評破熊十力的《新唯識論》，
雖然印順法師一開始在〈評熊十力的新唯識論〉引言中說：「熊十
力的《新唯識論》，屬於玄學的唯心論。發揮即寂即仁的體用無礙
說，誘導學者去反求自證，識自本心。在玄學的領域裡，自有他的
獨到處！辨理相當精細，融通；特別是文章的宛轉，如走馬燈，如
萬花筒，不惜絮絮的重說。滿紙的懇到語，激發語，自稱自贊語，
確乎是『苦心所寄』！」[13]可是在客套的稱許末尾，卻說了「自稱自
贊語」與「苦心所寄」等有挖苦味道的句子，顯然印順法師對熊十
力有所批判，再綜觀全文，更能看出印順法師的急切與「苦心所寄」，
首先印順法師針對《新唯識論》「即用顯體」的觀念加以批駁：

> 『新論』（熊十力《新唯識論》）以「即用顯體」為宗。以
> 為「萬變不窮的宇宙，自有他的本體。不承認他有本體，那
> 麼，這個萬變的宇宙，是如何而有的」？「宇宙如何顯現，
> 是需要說明的。我們於此，正要找得萬化的根源，才給宇宙
> 以說明。否則，不能饜足吾人求知的願欲」。『新論』「體
> 用說」的根本假定，根源於滿足求知的願欲，為了給宇宙以
> 說明。然而，釋迦說法，不是為了如何說明宇宙，如何滿足
> 求知者的願欲。相反的，遇到這樣的玄學者，照例是默然不
> 答——「無記」，讓他反躬自省去！[14]

印順法師以為熊十力的「本體論」是為了「根源於滿足求知的
願欲，為了給宇宙以說明」的目的而產生的，而且以原始佛教對於
「無記」的處理態度給予「默然不答」的回應，否定了熊十力的本

---

[13] 見印順法師著：《無諍之辯——評熊十力的新唯識論》，台北：正聞出版社，1972
　　年3月初版，頁1。
[14] 見印順法師著：《無諍之辯——評熊十力的新唯識論》，頁2-3。印順法師此文曾
　　由慧日講堂於1950年2月出版，可以說是印順法師前期的作品。

體說，印順法師並且認爲「佛法說涅槃，說空寂，不是以此爲宇宙本體，以滿足玄學者的求知欲，是深入緣起本性而自證的」[15]而不立本體之論，並且強烈的認爲：

> 依佛法看來，作爲萬化根源而能給宇宙以說明的本體，不管是向內的，向外的，一切都是情見戲論的產物──神之變形。[16]

可見印順法師是多麼強烈的反對「本體論」，可是印順法師所了解的「本體論」，究竟是如何的定義呢？若以〈評熊十力的新唯識論〉一文中而言，印順法師爲「本體論」發生的緣由及基本的性質給了以下的說明：

> 在知識愚蒙的，索性把一切都看爲真實、不變、獨存的，也無所謂神學與玄學。由於知識經驗的進展，雖逐漸的發現到現實的虛僞性、變化性、彼此依存性，但由於自性惑亂的習以成性，很自然的會想到超越於現象──虛僞、變化、依待之上的，含藏於現象之中的，有「這個」（本體等）存在，是真實、是常住、是獨體，依「這個」而有此宇宙的現象。由於不覺時間的幻惑性，所以有尋求宇宙根源的願欲。明明是人類自己在那裡創造宇宙，構劃宇宙，卻照著自己的樣子，想像有真實的、常在的、絕對的──獨一自在的神，說神是如何如何創造宇宙。等到思想進步，擬人的神造說，不能取得人的信仰；但是萬化根源的要求，還是存在，這才玄學者起來，負起上帝沒有完成的工作，擔當創造宇宙的設計者。

---

[15] 見印順法師著：《無諍之辯──評熊十力的新唯識論》，頁4。
[16] 見印順法師著：《無諍之辯──評熊十力的新唯識論》，頁5。

> 玄學者不像科學家的安分守己，知道多少，就是多少，卻是
> 猜度而臆想的，或在執見與定境交織的神秘經驗中，描寫「這
> 個」是超越現象之上的，或是深藏於現象之中的。憑「這個」
> 本體，構想宇宙的根源，這不但玄學者的知識欲滿足了，神
> 學者也得救了！[17]

　　印順法師將本體論發生之前先歸於「知識愚蒙」的時代，所以
沒有「神學與玄學」，等到「知識經驗的進展」之後，由於是「自
性惑亂的習以成性」，所以有了聯想「超越於現象」的「『這個』
（本體等）存在」，而且是說明「真實、常住、獨體」的性質，結
論是說人類創造了宇宙，後來依照想像「憑『這個』本體，構想宇
宙的根源」，然後滿足玄學者的知識欲求，也讓神學者得救。以上
印順法師的說法，是成立在何種理論基礎之上，不得而知，可能依
照原始佛教釋迦牟尼佛對世界有邊無邊的「無記」等類似問題的處
理，也可能是將「本體論」視爲婆羅門的思想而加以批駁。如在《中
觀今論》中說：「婆羅門教的基本思想是本體論的，一元論的。以
爲宇宙與人生，是唯一本體——梵或我等的顯現，把自我看爲真實、
常住、不變、妙樂的。佛法爲破除此種思想，故特重於分析、否定。」
[18]印順法師就以「分析與否定」的論證形式來回應這一類問題，他秉
持的基本立場傾向於空宗或三論宗的思想，以「破相」來「顯性」，
而且走中觀緣起性空的思想進路，不立「本體」的預設，一切以「破」
爲主，所以堅決反對「立」一個形而上存在的實體，反對以「存有」
或「有」的立場，預設萬物的根源，以爲一切皆是空幻無所有的。
因此，如果擴大審察印順法師全部著作的範圍，可以歸納出以下四
點，說明印順法師對「本體論」的看法及意見：

---

[17] 見印順法師著：〈評熊十力的新唯識論〉，收於《無諍之辯》，頁 6-7。
[18] 見印順法師著：《中觀今論》，台北：正聞出版社，1987 年 3 月 6 版，頁 193。

　　第一，印順法師對西方哲學本體論思想有基本的認識，但認爲是與印度婆羅門與中國儒道思想相近的意識形態，所以反對立一個形而上的實體。如《中觀今論》中說：「本性，不是有甚麼實在的本體、或能力。佛法說色等一切法本性寂滅，使人即俗以顯真；真如寂滅不是什麼神秘不思議的實體，所以從來不說從體起用。如不能把握這點，則佛法必將與中國的儒道、印度的婆羅門、西洋哲學的本體論、唯心論者合流。」[19]印順法師在此以「一切法本性寂滅」的「真如」思想爲據，說明一切法是虛幻不實的，所以根本無本體的預設。

　　第二，印順法師主張緣起性空的中道義，以爲本體論思想是「幻想虛構出來的」。除了前文所引之外，印順法師在《寶積經講記》中甚至強烈的表示：「哲學家、神學家，推論爲形而上的，本體論的真我，全屬於幻想的產物。」[20]印順法師以爲設立本體論者是「幻想宇宙的實體，作爲現象的根源」，並且以爲本體論的成立，是爲了滿足玄學家思想的願欲及神學崇拜者的信仰，所以印順法師在《佛在人間》又說：「世間的宗教者，哲學者，不能徹底正解緣起性空的中道義，都在尋求宇宙最後的，或最先的實體，傾向到本體論，形而上的神秘領域。」[21]

　　第三，印順法師以爲佛法是宗教，主張以修行的立場從現實的事相中深觀而契會，而且不需要從「共同佛心佛性」、「絕對精神」去解說。如《無諍之辯》中說：「佛法決非多元論，不需要從「共同佛心佛性」、「絕對精神」去解說。……佛法是宗教，是一切人

---

[19] 見印順法師著：《中觀今論》，頁200-201。
[20] 見印順法師著：《寶積經講記》，台北：正聞出版社，1987年4月6版，頁98。另在《中觀今論》中也有「本性不是一般所想像的本體，故與神教、玄學等的本體論也不同」的想像說。見《中觀今論》，頁203。
[21] 見印順法師著：《佛在人間》，台北：正聞出版社，1987年3月6版，頁108。

的宗教。佛法並不專爲少數形而上的本體論者說法。」[22]印順法師另在《中觀今論》中也說:「佛所說法性空寂,並非玄學式的本體論,而是從現實事相中去深觀而契會的。」[23]因此,印順法師以爲「法性空寂」是不同於預設的本體論,必須經由事相的深觀而契會,可是經由事相的深觀之後,身心所體證的「法性空寂」是本來就有的嗎?如果本來並無「法性空寂」,又如何體證呢?如果是有「法性空寂」,此「法性空寂」的體性是什麼?爲解答這個問題,印順法師在《佛在人間》中說:「從這緣起而沒有自性(自性就是實在的個體性)的深觀中,深入一切法的底裡,即是『空平等性』。這如芭蕉,層層的披剝進去,原來是中無有實一樣。這就是一切法的真性,是平等無差別的,超越時空質量的,是佛『平等大慧』所自覺自證的。一般本體論者,只是推論到類似的境地,但又總是把這看作實在的。」[24]由此可見印順法師以爲「本體論」是預設了宇宙的「實有」,是不了解緣起性空的道理,若以緣起無自性的立場而言,佛陀自覺自證的是「一切法的真性,是平等無差別的,超越時空質量的」法性,然而印順法師能否接受這「一切法的真性、平等無差別、超越時空質量的法性」爲有別於西方哲學本體論的另一種佛教式的「法性本體論」呢?因爲既然是「緣起性空」,可否成立「性空而緣起」呢?

第四,印順法師認爲西方哲學本體論探討本質與現象的關係,所以他反對佛法有「從體起用」與「即用顯體」的觀念。除了前面引文提到的「真如寂滅不是什麼神秘不思議的實體,所以從來不說從體起用」,印順法師另外在《無諍之辯》中也認爲:「法性——

---

[22] 見印順法師著:《無諍之辯》,頁 153-154。

[23] 見印順法師著:《中觀今論》,頁 158。

[24] 見印順法師著:《佛在人間》,頁 338-339。印順法師在《中國禪宗史》中說:「曹溪門下(荷澤與洪州),上承如來藏禪,切從自己身心下手,而不是形而上學本體論的。」都是強調實修實證的精神。見《中國禪宗史》,台北:正聞出版社,1988 年 6 月 5 版,頁 409。

空性，不是一切法的動力因，質料因，不能說一切法從空性中顯現出來，發展出來。這與一般哲學家的本體論，從本體而起現象的觀念，完全不同。」[25]印順法師主要是批評熊十力的說法，在〈評熊十力的新唯識論〉一文中說：「『新論』不知幻相宛然的不可遮撥，想像那『至神至怪』，稱爲『神化』的一闢一翕之用，大談『即用顯體』，不知道佛法不是玄學，不是遮撥現象而談『即用顯體』，是不撥現象的『即俗而真』。」[26]印順法師從「幻相宛然的不可遮撥」說明「即用顯體」觀念的謬誤，反對從存在的實體生起作用。可是熊十力在《新唯識論》中是爲防止「體用截成兩片之失」，並且以爲「體不可以言說顯，而又不得不以言說顯」，所以在無可建立處而「假有施設」與「假名以彰體」。如果熊十力以「假名彰體」的方式詮釋，姑且不論其體性爲何，是可以說成「即用顯體」的。至於「從體起用」的說法，印順法師倒是有多處也使用了類似的概念，如《大乘起信論講記》中說：「如能契於真如法性，從真出假，從體起用，即能不離此無分別的真如智引發後得智的無邊勝德。」[27]另如在《淨土與禪》中說：「約大乘從體起用，即事顯理（融相歸性）來說，約虛空日月爲比喻，倒不是沒有的，但決不離卻空界。」[28]筆者以爲印順法師並不是完全反對「體」這個名詞，而是反對西方哲學本體論的思考進路。

除了以上四點之外，印順法師有時也會受到一些語詞使用上的不同狀況影響，而出現相互矛盾的現象，這是任何人都十分容易犯的小毛病，但是關聯到佛法的基本問題，就必須加以澄清，如印順法師在〈評熊十力的新唯識論〉一文中提到「佛法所說體用的體，

---

[25] 見印順法師著：《無諍之辯》，頁 156。
[26] 見印順法師著：《無諍之辯──評熊十力的新唯識論》，頁 35。
[27] 見印順法師著：《大乘起信論講記》，台北：正聞出版社，1987 年 2 月 6 版，頁 379。
[28] 見印順法師著：《淨土與禪》，台北：正聞出版社，1986 年 6 月 6 版，頁 151。

與『新論』的「自體」相近，佛法是沒有以體爲真如實性的，可考『般若』的真如十二名，辨中邊論六名而知。以體用之體爲真如實性，起於南北朝的中國佛學者。」可是在其《大乘起信論講記》中說：「論到體相用，阿含經論及中觀經論，與本論的解說不同。如體即自性，不專指真如平等相說。像時鐘有時鐘的體，人有人的體，……雖以空性爲一切法性，但這是通性，決不即以此爲一切法的實體，而說一切法依此而現起，以此爲質料因或動力因。……體，常被用爲真如平等相的專名，與相用對論。本論（《大乘起信論》）所說的：大乘體是真如平等性。」[29]以上有兩個問題：其一，「以體爲真如實性」的說法在阿含經論及中觀經論中是否成立，還是起於「南北朝的中國佛學者」；其二，「體」常被以爲是「真如平等相的專名」，然而在《大乘起信論》中說是「大乘體是真如平等性」，可見「體」可以爲「人體」的「體」，也可以爲「大乘佛教思想」的「法體」，在語詞使用上，「體」就不一定是西方哲學本體論的「體」了。

　　總結來說，由於印順法師是當代佛學界的泰山北斗與精神導師，深受海內外佛教界的推崇與敬仰，筆者對其人格、著作及思想亦深表信服與讚嘆，所以印順法師反對以西方哲學本體論的思考模式研究佛教思想，其用心在於說明佛法反對「立」一個形而上存在的實體，反對以「存有」或「有」的基本立場，去預設萬物的根源，同時印順法師反對的是熊十力《新唯識論》以《易》學爲體的宇宙論系統架構，[30]基於護法的熱忱及破邪顯正的職責，所以立論激越。

---

[29] 見印順法師著：《大乘起信論講記》，頁 53。

[30] 冉雲華先生曾對熊十力的思想有一段推崇的評價：「熊十力的思想發展，是先從唯識佛學入手，轉入中觀哲學，然後豁然自得，在《易經》中找到了立足點，才建立起一套新的宇宙論。他對佛學有深入的研究，但又能夠走出佛家哲學的圈子，自成一家。」見冉雲華著：《從印度佛教到中國佛教》，台北：東大圖書股份有限公司，1995 年 11 月初版，頁 263。除此之外，熊十力的《新唯識論》，後來改寫成《體用論》，並說「《新論》兩本俱毀棄，無保存之必要」，以爲排佛

也因爲印順法師激烈的反對本體論的說法，容易造成後來學者以爲佛教反對所有「本體」與「體」的論點或學說，反對中國傳統哲學中「本體」與「體」的範疇，就此以爲佛教乃至於禪宗沒有「本體論」。然而，西方哲學的本體論學說，固然不適宜說明佛法的特質，但是其 ontology 的譯名及不同哲學家的不同看法，也很難說明本體論唯一標準的定義，而且做爲宇宙事物的研究方法與探察角度而言，西方哲學的本體論也不失爲考察的進路之一。前文已經述及，「本體」的用法不爲西方哲學 ontology 中譯譯名的「本體論」所專有，在中國傳統哲學中，討論「本體」的體並不是割離本質與現象二元思考進路的模式，而是循著「體用一如」的脈絡發展，況且到了南北朝的格義佛教及《大乘起信論》的成立，已經開拓了「法性本體」的思想，以爲大乘佛法的法體是「不生不滅」、「真如」、「實相」與「佛性」。換句話說，是以「佛性」的角度詮釋了大乘的法體，也說明除了實修體證的「唯證乃知」之外，佛性的本體論是做爲解說佛法特質的一種詮釋手段與工具，並不是說言詮的「佛性本體論」就等於實證的「佛性本體論」。

　　雖說如此，佛教是反對預設的形而上本體，除了印順法師的說法之外，陳沛然也說：

> 佛家哲學卻是無本體之學。佛家不單不預設形而上的本體，反而要將本體化掉。此乃佛學的系統性格。佛家不承認本體創生宇宙萬物，不接受本體與宇宙萬物之主客從屬關係。佛家所看的宇宙萬物是一如幻化的存在世界。宇宙萬物如其所如（as such），順其所順地存在。佛家認爲存在世界本來就是如此，既化掉本體，卻也沒有提供創生根源來解釋存在世

的新論，見熊十力著：《體用論》，台北：學生書局，1976 年影印本，〈贅言〉頁 5。

界。[31]

　　陳沛然的說法並未違反佛教思想的基本立場，可是他卻預設了「本體論」是西方哲學 ontology 的專稱，因此在說法上就成為「佛家哲學無本體之學」的偏論。至於屬於佛教式的本體論又是如何成立呢？

　　首先看原始佛教的立場。呂澂曾在《印度佛學源流略講》中提到釋迦牟尼佛當時的學說有兩個系統：一是婆羅門思想，二是非婆羅門思想，可是兩者都是以本體論為依據的，呂澂以為「釋迦學說沒有接觸到本體論」，理由是這些問題與人生實際無關，所以「迴避了誰是第一因的問題」。[32]在原始佛教之後的部派佛教，已經出現「三世實有，法體恆存」的基本主張，也是從體用的範疇成立法體與法用之說，誠如楊惠南教授所說：

> 原始佛教之後即是部派佛教，而其主要的部派——（說一切）有部，主張「一切有」；「一切有」因而也成為部派佛教的代表思想。……有部的「一切有」，建立「三世實有，法體恆存」的基本主張之上。三世是指過去、現在和未來。依照有部的哲學，三世依存於事物——「法」（dharma）之上，……有部把事物——「法」，分成「法體」和「法用」兩方面來考察。法體是事物的內在本質，法用則是事物的外在功能、作用。而法體是「恆存」的，沒有生（有）與滅（無）的變化；也就是說，法體不會從原來的「有」消滅掉，成為「過去世」的「無」；不會從「現在世」的「無」，生起而成為

---

[31] 見陳沛然著：《佛家哲理通析》，台北：東大出版，1993 年 10 月初版，頁 5-7。
[32] 見呂澂著：《印度佛學源流略講》，收於《呂澂佛學論著選集》第 4 卷，山東：齊魯書社，1996 年 12 月第 2 次印刷，頁 1925-1926。

「未來世」的「有」。因此，我們不可能在「法體」這一概念之上，建立起過去、現在和未來這三世的時間概念。三世的時間概念，建立在事物的功能、作用之上，亦即建立在「法用」之上。事物的功能、作用，如果已從原來的「有」消滅而成「無」，那麼，我們就稱事物已成「過去世」；如果即將從原來的「無」生起而成為「有」，那麼，就稱事物將會存在於「未來世」。另外，如果事物的功能、作用正在發揮著，我們就說該一事物存在於「現在世」。過去、現在和未來三世，只和法用的變化有關，而和法體沒有絲毫關係；法體永遠不會有任何變化。所以，有部最重要的代表作──《大毘婆沙論》，卷 76，曾說：「三世諸法……體實恆有，無增無減。但依作用，說有、說無。」[33]

　　楊教授提到「有部的『一切有』，建立『三世實有，法體恆存』的基本主張之上」，然後從「法體」與「法用」的角度詮釋事物的內在本質與外在功能，已經構成了成熟的哲學範疇，其中恆存的法體是離開生滅變化的，是超越在三世的流變之上，是永遠不變的，所以「法」是沒有時間概念的，而三世的時間概念是建立在「法用」中事物的功能與作用之上。因此，從法體的恆常不變，說法性的有無作用，也就形成日後大乘佛教本體論及體用範疇思想的發展雛型。關於此點，呂澂也曾經說明：「從法的時間方面來說，有部是主張三世實有的。……他們論證這一問題時，採用體用分別的方法，認為法體是三世俱存的，法用則是現在才有。無體即無用。沒有過去的體，就沒有現在的法，更沒有現在的用。」[34]

---

[33] 見楊惠南著：《印度哲學史》，台北：東大圖書股份有限公司，1995 年 8 月初版，頁 174-175。
[34] 見呂澂著：《印度佛學源流略講》，收於《呂澂佛學論著選集》第 4 卷，頁 1992。

　　大乘佛教從部派佛教發展而來，傳入中國之後，中國佛教也受到《楞伽經》、《勝鬘經》、《大乘起信論》、《釋摩訶衍論》、《寶性論》等如來藏思想的影響，逐漸形成中國佛教本體論的思想，因此佛教也相對的影響中國傳統哲學，逐步的走向本體論的思維模式。關於此點，賴永海曾說：「佛教，特別是大乘佛教的思維模式，是一種本體論，是一種以真如、實相為本體的本體論，這一點，諒學術界已無異議。」[35]這項結論的提出，是從釋迦牟尼佛對本體問題的默然及避而不答開始，到出現小乘佛教的後期有所謂的「補特伽羅」說，以為輪迴報應與前後相續的主體，此為後來的本體說的雛型。在部派佛教時期說一切有部建立的「三世實有，法體恆存」的法體說，再到大乘佛教般若空宗的系統，其中的「諸法實相」，即是一切法的共通性，也隱約帶有法性本體的意味。最後在般若實相的理論基礎上，成立了如來藏的「佛性」思想，此佛性有「諸法本體的體性」與「佛的體性」雙重性格。因此，賴永海有一個結論，是針對大乘佛教本體論的綜合看法：

　　　　在大乘佛教中，那個作為一切諸法乃至諸佛眾生本源的所謂「真如」、「實相」、「佛性」、「法界」、「法性」、「如來藏自性清淨心」等等，儘管佛經裏用了許多諸如「即有即無」、「非有非無」、「超相絕言」、「忘言絕慮」等字眼來形容、表述之，但絲毫不能排除它是一個本體。而且整個大乘佛教都是建立在這個既抽象而又無所不在的本體基礎之上。[36]

---

[35] 見賴永海著：〈佛教與傳統中國哲學〉，收於藍吉富編：《中印佛學泛論》，台北：東大圖書股份有限公司，1993 年 12 月，頁 110。

[36] 見賴永海著：〈佛教與傳統中國哲學〉，頁 111。

　　賴永海舉出許多大乘佛教常用的名詞，如「真如」、「實相」、「佛性」等，都是說明了大乘佛教的思想基磐是建構在「既抽象而又無所不在的本體基礎之上」，也說明了大乘佛教在大量的使用「本體」的類似概念，只是沒有直接使用「本體」這個名詞罷了。同時，除了「真如」、「實相」、「佛性」等對於大乘法體的描述之外，也有「即有即無」、「非有非無」、「超相絕言」、「忘言絕慮」等形容及說明大乘法體的特性，都可以視為是大乘佛教本體論思想的代名詞及具體內容的陳述。

　　此外，南懷瑾曾經綜合佛教各宗對於「本體」思想的看法，確是十分精要：

> 佛法本體之論，借用名辭言之，略如華嚴經以本體為真善美之極致，宇宙萬有，皆為本體起用中生生不已，互為因緣，法爾（自然）如此，涵蓋無遺。涅槃經以本體為真常寂住，原始返終，不出其位，宇宙萬有生滅不停，皆涅槃寂靜中之如性，本無來去也。起信論則以真如本體，起用為生滅，生滅遷流，真如泊然，一切真妄皆為如來藏中之同體。楞嚴經則以本體圓明，含裹十方，宇宙萬有之起用，為本體之病態，如空花翳眼，須教返本還元。他如唯識唯心，則言認識之變態。根塵色法，以指心理之愚妄；真如本性，涅槃妙心，統稱本體之別名。般若菩提，轉識成智，咸謂正覺之了了。凡此之類，不盡例舉。禪宗之證悟本性者，即證心物一元之本體也，及其至也，方得心能轉物，即同如來。然有一體性可立，已屬教乘所攝，能立則能破，循因明辯法可諍，見滯筌象，則非宗旨。[37]

　　南懷瑾以為佛教的「本體」說，其實使用「本體」這個名詞也只是「借用」而已，並不是真有「不變的存在實體」，而是借用「本體」的名詞，說明《華嚴經》、《涅槃經》、《起信論》、《楞嚴經》、唯識、禪宗等法性思想。因此，以「本體」為名，說明《華嚴經》的「真善美之極致，宇宙萬有，皆為本體起用中生生不已，互為因緣」，《涅槃經》的「真常寂住」、「涅槃寂靜中之真如法性，本無來去」，《起信論》的「真如本體，起用生滅」，《楞嚴經》的「本體圓明，含裹十方」，所謂「真如本性，涅槃妙心」都說明了佛教「本體」的性質。然而，佛教的「本體」之名，也是假名方便的，所以並無真實不變的體性可立，即使能立，也當然能破，所以無需執著名詞的相貌。

　　接著看禪宗是否有本體論思想呢？原本禪宗就是大乘佛教的一支，也當然應該具備大乘佛教本體論思想的具體內涵，可是有些學者就表示有不同的看法。除了前文提及的印順法師之外，如近代的學者馮友蘭在《中國哲學史》第 2 篇第 9 章〈隋唐之佛學下〉曾說：「中國所謂禪宗，對於佛教哲學中之宇宙論，並無若何貢獻。惟對於佛教中之修行方法，則辯論甚多。」[38]這裏所謂的宇宙論，就馮友蘭的理解來說，應是指西方哲學說宇宙生成變化及創生的過程的學說，可是馮友蘭並未否定佛教對宇宙的客觀陳述。接著，他又說：「禪宗所注重，大端在修行方法。……禪宗雖無形上學，而其所說修行方法，實皆有形上學之依據，蓋其所說之修行方法，為如何使個人與宇宙合一之方法，必其心目中有如此之宇宙，然後方講如此之方法也。」[39]以上的兩段話引起了杜松柏的質疑，他說：「禪宗真的無形上學嗎？於宇宙論沒有貢獻嗎？是一值得重視與澄清的重大

---

[38] 見馮友蘭著：《中國哲學史》，台北：台灣商務印書館，1993 年 4 月增訂台一版，頁 772。
[39] 見馮友蘭著：《中國哲學史》，頁 780。

問題。」[40]馮友蘭所謂的「形上學」，應該是指西方哲學的「本體論」與「宇宙論」，若以西方哲學的角度衡量禪宗，禪宗的確是沒有西方哲學「形上學」中的「本體論」與「宇宙論」。可是馮友蘭卻又說出「禪宗雖無形上學，而其所說修行方法，實皆有形上學之依據」的看法，這裏面就矛盾了，因爲禪宗沒有西方哲學的「形上學」思路，怎麼會又出現「皆有形上學之依據」的預設呢？這裏的「形上學」難道不是西方哲學的「形上學」嗎？如果是，馮氏就前後自我矛盾，如果不是，這裏的「形上學」究竟實指爲何？更嚴重的問題是，馮氏竟然以爲多講修行方法的禪宗，其修持的目標卻是「蓋其所說之修行方法，爲如何使個人與宇宙合一之方法」，此處不又預設了「宇宙論」的思路？禪宗不是沒有宇宙論嗎？爲何馮氏又前後矛盾說有宇宙論了，而且還是「必其心目中有如此之宇宙，然後方講如此之方法也」，這個宇宙的描述，完全走的是西方哲學宇宙本體論的思想進路，先預設了一個形而上的存有的實體，然後再透過工夫的歷程，以現象的作用還原與印證本體，此處走的是婆羅門「梵我本體」的思想，以爲人從梵天而來，經過清淨的修持又回歸清淨的梵天，可是禪宗是婆羅門的思想嗎？顯然，馮友蘭完全謬解了禪宗的本體論思想，錯誤的預設了禪宗有形上學的依據，至於「人與宇宙合一」之論，更是背離了佛教根本的思想。

四、從《六祖壇經》論惠能本體論思想

　　禪宗的本體論思想，主要是建構在禪宗對於眾生心性的看法上，若以中國傳統哲學的發展來看，禪宗強調的是眾生本自具足的佛性，正是眾生解脫的可能性及超越根據。誠如洪修平所說：

---

[40] 見杜松柏著：《知止齋禪學論文集》，台北：文史哲出版社，1994年11月初版，頁28。

> 從中國傳統哲學的發展來看，……禪宗是最具代表性的心性
> 論，它構成了整個中國哲學發展史上一個極重要的環節。禪
> 宗的心性論不是宇宙論，惠能的「自性頓現萬法」從宗教頓
> 悟的角度表達了他特有的本體論思想，而其理論重心則在說
> 明本淨的自心自性圓滿具足一切，以論證自我解脫的可能性
> 與必要性。[41]

　　惠（慧）能（638-713）[42]的心性論是特有的本體論思想，是屬
於佛教的本體論思想，理論的重心是說明眾生的法自性，也就是眾
生本具的法性與佛性，這是成佛的保障，也是眾生能夠成佛的超越
根據，更是禪宗的修持與修行工夫能夠實踐的基本動力與理論依
據。在惠能的《六祖壇經》[43]有三無思想，其中「無念爲宗」、「無

---

[41] 見洪修平著：《禪宗思想的形成與發展》，佛光出版社，1991 年 10 月初版，頁
476。洪修平對先秦哲學概括以「宇宙論爲主」，又視魏晉玄學以「本體論爲主」，
如此的論斷，筆者並不能同意。因爲先秦哲學以儒、道、墨、法等各家思想爲
主，其中諸子並未視「宇宙論」爲關懷的重點。

[42] 六祖惠能，又作慧能，「惠」與「慧」兩字在唐代互相通用。本文依敦博本《壇
經》原文書寫方式，一律採用「惠能」。

[43] 《六祖壇經》有多種版本，自從 1923 年日本學者矢吹慶輝（1879-1939）發現敦
煌本《壇經》寫本（編號：斯 5475）之後，1928 年校寫收編到《大正新修大藏
經》的第 48 卷內，國際佛學界從此展開一連串對《六祖壇經》的相關研究，同
時也陸續發現新的《壇經》版本，如惠昕本等。因此，近七十年來的《壇經》
研究，就是環繞著《壇經》爲中心，開展一系列對版本、惠能思想、敦煌禪籍……
等相關問題之研究，可謂成果豐碩。在敦博本《壇經》正式公布以前，相關於
《壇經》的研究已有六十年的歷史，其中多是國際上知名的學者，如日本宇井
伯壽、關口真大、田中良昭、柳田聖山等人，我國的胡適、呂澂、印順法師等
人。其中，筆者以爲有三本著作值得密切注意：㈠宇井伯壽：《第二禪宗史研究》
（岩波書店・昭和 10 年 7 月出版）；㈡柳田聖山主編：《六祖壇經諸本集成》（中
文出版社・1976 年 7 月出版）；㈢駒澤大學禪宗史研究會編著之《慧能研究》（大
修館書店・昭和 53 年 3 月出版）。此外，又以近年來大陸佛教學者公開了任子
宜在民國 24 年所發現的任子宜本，更是引起學界高度的注視，也激泛起新的一
波研究《壇經》的浪潮。本文在研究的限制與範圍上，筆者從寬的採用三個本
子，環繞著敦博本《壇經》的書影及向達先生手抄任子宜本的影本。這三個本

相為體」與「無住為本」的「宗」、「體」與「本」，都是有根本
與根源的意思，也是惠能本體論思想重要的理論環節，說明了禪宗
的本體論是以「無念」、「無相」、「無住」為本體，所謂「於一
切境上不染」是無念、「念念不住」是無住、「於相而離相」是無
相，其中包含了法性本體的思想、修證的相貌與修行的工夫。在法
性本體上是三無，離卻一切的執著；在修證的相貌上是三無，呈現
無念、無住與無相的面貌；在修行的工夫上是三無，強調「於念離
念」、「念念不住」與「於相離相」的修行方法。因此，惠能代表
了南宗禪的本體論與修行工夫的思想，呈現出體相用三位一體的特
質：

> 善知識！我此法門從上已來，頓漸皆立無念為宗，無相為體，
> 無住為本。何名無相？無相者，於相而離相。無念者，於念
> 而不念。無住者，為人本性，念念不住。前念、今念、後念，
> 念念相續，無有斷絕。若一念斷絕，法身即是離色身。念念
> 時中，於一切法上無住。一念若住，念念即住，名繫縛。於
> 一切法上，念念不住，即無縛也。此是以無住為本。善知識！
> 外離一切相，是無相。但能離相，性體清淨。此是以無相為
> 體。於一切境上不染，名為無念。於自念上離境，不於法上
> 念生。莫百物不思，念盡除卻，一念斷即死，別處受生。學
> 道者用心，莫不識法意。自錯尚可，更勸他人。迷不自見迷，
> 又謗經法。是以立無念為宗。即緣迷人於境上有念，念上便
> 起邪見，一切塵勞妄念從此而生。然此教門立無念為宗。世
> 人離見，不起於念，若無有念，無念亦不立。無者無何事？

子中主要是依據潘師重規的《敦煌壇經新書》為中心，再參考大陸佛教學者楊
曾文先生的《敦煌新本六祖壇經》，以及《大正藏》第 48 冊的敦煌本《壇經》。
其他綜採諸說，抉擇新義，以為輔證。

> 念者念何物？無者，離二相諸塵勞。真如是念之體，念是真
> 如之用。自性起念，雖即見聞覺知，不染萬境，而常自在。[44]

　　基本上，惠能以三無思想作爲哲學的本體，主要是以此三者爲
其修行法門的超越根據。所謂「無念爲宗」，則是立「無念」爲本
宗法門之根原；立「無相」爲修行法門之本體；立「無住」爲解脫
法門之元由。筆者試以下圖說明：

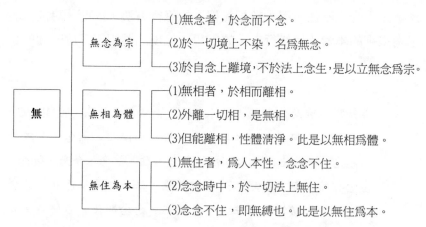

　　以上簡圖中，筆者以爲有四項特點：第一，三無思想以「無」
爲哲學與修證之本體，透過「無」可以統合三者，貫串萬法。第二，
三無之間是互相關聯與涵攝的哲學本體，三者之間也並無前後優劣
的情況。換句話說，三無之間是同時並存相得益彰而缺一不可的。
因爲「無念」是主要對治內心的「於念而不念」；「無相」是主要
對治外境的「於相而離相」；兩者之間成立的可能，則是以「念念
不住」的「無住」爲本，來保障其基本的可能性及成立。第三，三

---

[44] 見楊曾文校寫：《敦煌新本六祖壇經》，上海：古籍出版社，1993 年 10 月第 1 次
印刷，頁 16-17。另，見潘師重規：《敦煌壇經新書》，台北：佛陀教育基金會印
贈，1995 年 7 月發行，頁 151-153。另，參見《南宗頓教最上大乘摩訶般若波羅
蜜經六祖惠能大師於韶州大梵寺施法壇經一卷》，《大正藏》第 48 冊，頁 338。

無之間，互爲哲學之本體。換句話說，無念爲宗是無相爲體、無住爲本的本體，反之亦然。第四，三無思想既是哲學本體與果地境界，也是修行的方法進路，也是修行頓教法門的見地。換句話說，是即本體即工夫即顯用的三者合一，也是見體、行用、果相三者合一的基本表述。此外，要特別說明的是：惠能的「無」並不等同於老莊的「無」或格義佛教以「無」來會通儒道的概念，惠能的「無」在壇經中曾自己解釋爲「離」的意思，所謂「無者，離二相諸塵勞」或「無相者，於相而離相」，都清楚的說明「無」的具體涵義是「離」（超越）的概念。

第二節　禪宗佛性論的形成

一、從教外別傳到《壇經》傳宗的轉變

禪宗本體論的思想應該包括了三項特質：其一，以佛教經論的般若性空與如來藏思想爲本體理論的根據；其二，從禪宗修證的根本見地保障成佛的可能性與實踐之依據；其三，從歷代禪師身心主觀體證的經驗印證佛性本體的實相及預設。

在禪宗的成立與發展史上，分別經歷了口授、心傳、付法、付衣、授鉢、傳經等六項重要的階段，這六項階段從初祖摩訶迦葉開始，就一直以心法秘密傳付的方式單傳一人而不傳經論，故稱教外別傳。到了西天二十八祖的東土初祖達摩祖師，除了口授、心傳與付法之外，還特別強調「付衣、授鉢、傳經」，讓衣鉢爲傳法的具體象徵，讓《楞伽經》爲傳宗的理論依據。後來到了四祖道信與五祖弘忍開始重視《金剛經》的弘傳，改《楞伽經》爲《金剛經》，

大弘禪法，廣開禪門，惠能繼之，高樹法幢，奠定南宗禪日後席捲天下的規模，惠能也以《金剛經》爲開壇講授禪法的理論根據。但在惠能之後，轉變成爲依據《六祖壇經》爲傳宗依據的代表，後來再從依據《六祖壇經》轉變爲對《圓覺經》、《楞嚴經》的討論及注意，最後就是由於禪宗語錄的形成而成爲依據《景德傳燈錄》與《碧巖集》的情形。以上的演變過程，可以看出禪宗發展的軌跡，從秘密無形的傳付到逐漸公開而有形的象徵，說明禪宗思想遞變的歷程。

禪宗的形成要從「宗」這個概念開始談起，「宗」的梵文是siddhānta，通常是指佛教各宗所尊崇的主旨、義趣，或者是佛教各經論之中，成爲全部教理的歸趣與樞要，然後依此形成「宗派」的觀念。換句話說，「宗」的產生，是來自於對佛教教義、教理、經論歸趣等不同的理解，所以產生不同的主體意識、詮釋態度、系統觀念與修行方法等。雖然「宗」的名詞是由翻譯而來的，但是中國佛教將其引之爲「宗本」或「根源」的基本意識，成爲「宗派」的實際內涵，所以「宗」的觀念就成爲中國佛教形成初期的共同意識。在中國佛教史上，天台智者大師是第一位將「宗」的意識套在佛教經論的詮釋上，誠如中村元所說：

> 第一個把「宗」套在自己所信奉的經典與教義上的中國佛教家，是天台智顗。他解釋經典最著名的理論是：釋名、顯體、明宗、論用、教判的五重玄義說。「宗」字可以說是表現經之體在實踐上之必然樞要。……智顗所謂的五重玄義說，即是構成其「宗」的主要組織與架構。而此「宗」的第一正依觀念，則可上推至智顗所推崇的法華經。故從宗教意識言之，天台派的「宗」的意義就是五重玄義說。……「宗」的觀念到了唐代以後，越來越趨於精密嚴謹，終於走向定義化之途。

慧遠大師即視「宗」為宗趣；吉藏則稱之為宗旨；華嚴宗第二祖智儼又進一步在經所表現的宗中稱之為趣，他認為「宗之所歸者趣也」；信奉唯識學之慈恩窺基，亦視「宗」為宗旨與宗趣，以宗為崇、尊、主之義。由他們的論點，我們可以發現，「宗」所代表的意義，乃其所屬教派的獨一無二性，除此之外的其他派別皆應歸入本宗教學，本宗教學亦可含攝一切宗派。小乘諸派也是根據其教義的內容特徵，定出我法空有宗、有法無我宗、無法去來宗等名稱，……簡單地說，「宗」的意義，就是在由淺入深、由低到高的階段統攝組織中，把自己的教學提昇到最優越的地位，唐代佛教就是以崇、尊、主的觀念互相標示，而成其表裏的。除了上述的宗之意義外，我們還要注意一點，此即當時尚有許多信奉同一教義之教團組織存在，故有「宗」的觀念的問題，這點亦不能隨便予以忽視。[45]

　　天台智顗將「宗」的觀念表現為佛教經論的主體，同時顯示在實踐上的必然關鍵，所以依照五重玄義的立論，構成了其教說中「宗」的主要組織與架構。後來，「宗」的觀念是日趨精細，逐漸走向定義的途徑。在慧遠大師時，就以「宗」為「宗趣」的觀念；嘉祥吉藏則以之為「宗旨」；華嚴宗二祖智儼更進一步的將在經中所表現的「宗」稱為「趣」，他認為「宗之所歸者趣也」，是有趣向的意思；唯識學的慈恩窺基，也認為「宗」為宗旨與宗趣的觀念，所以將「宗」定為「崇、尊、主」的意義。從以上的介紹，可以明白「宗」所代表的意義，從所屬教派的特性，也有將其他宗派皆應歸入本宗教學的看法。換句話說，本宗的教學也可以含攝其他一切宗派。因

---

[45] 見中村元著、余萬居譯：《中國佛教發展史》，台北：天華出版事業股份有限公司，1984 年 5 月 1 日出版，頁 246-248。

此，「宗」的意義，也就是由淺入深、由低到高的各個階段統攝組織中，將自己的教學提昇到最優越權威的地位，唐代佛教就是以判教的形式，立「崇、尊、主」的觀念自我標示著，而形成了許多信奉尊崇同一教義的教團組織。

以上是以「教門」為主要形成的宗派意識，這與禪宗的形成是有所不同的，因為禪宗初期並不走理論分解的道路，透過口授、心傳、付法的階段，就已經完成傳授經驗及傳承的使命。因此，禪宗宗派意識的形成，並不是透過佛教經論教理的論證判釋，而是經由社會群體意識逐漸凝聚而成。禪宗宗派意識的形成，可以說是分成四個階段：第一階段，是從初祖達摩開始到四祖道信，是形成初期禪意識的奠基時期，達摩並提出了《楞伽經》為傳宗的理論依據。第二階段，是從五祖弘忍開始，廣弘禪法，大開禪門，建立東山法門，同時與牛頭法融各秉一宗。此外，在五祖之下，別開南北二宗，分別以《金剛經》與《大乘起信論》為理論的根源，其中惠能統領南宗，批判了以前的禪法，開啟了頓教的門庭，迅速的成立禪宗宗派的意識。換句話說，由於南北禪宗的對立及鬥爭，更加深了宗門涇渭分明的意識形態，而且由惠能弟子神會與神秀弟子普寂等人，展開一系列對「法統正宗」的爭奪戰，各擁其主，形成宗派意識的絕對化及權威化。第三階段，由於中唐安史之亂後，南宗禪的神會藉政治力量的介入，席捲天下，使得惠能弟子各憑功夫建立山頭，形成南嶽懷讓系、青原行思系與荷澤神會系，這個階段包含了晚唐到五代末期，其中又以三件事情最為緊要，其一是禪宗五宗的分流逐漸形成；其二是百丈懷海立百丈清規，訂定禪門宗派日後運作的組織規程；其三是圭峰宗密和會禪教，楷定禪宗傳承的血脈，更加確定禪宗的宗系及派別。第四階段，則是北宋初年成立《景德傳燈錄》，收錄並修整了唐代以來禪宗祖師的言行開示等，而且由官方頒布天下禪門各派的傳承流緒，從此禪宗的宗派由此確定，更加深

了禪宗的宗派意識。

　　在禪宗的宗派意識形成過程初期，達摩以《楞伽經》爲傳宗的理論依據與師資相承的根本教材，這是標榜教外別傳的禪宗一項十分特別的舉措，具有高度的指標性意義。換句話說，達摩希望以《楞伽經》保障禪法在傳承的過程中不致過度遠離佛教經典的客觀依據，同時避免後來禪師以主觀體驗傳弘禪法時轉爲強調神秘經驗或個人崇拜，更讓禪法的傳授有佛教經典的背書。在禪宗史上第一次出現「楞伽傳宗」的說法是在《續高僧傳》卷16的〈慧可傳〉：

> 初，達摩禪師以四卷《楞伽》授可曰：「我觀漢地，惟有此經，仁者依行，自得度世。」（《大正藏》第50冊，頁552b。）

　　雖然達摩傳授四卷《楞伽經》的真實意涵，近代學者有不同的看法，但是印順法師指出「當時有四卷『楞伽』的傳授，是不容懷疑的事實」，[46]並且以爲達摩〈二入四行論〉中的「藉教悟宗」的「宗」與「教」對舉，就是出自於《楞伽經》的說法。在〈慧可傳〉中又有「那、滿等師，常齎四卷《楞伽》以爲心要，隨說隨行」的說法，[47]可見以《楞伽經》爲傳宗心印的客觀依據而「隨說隨行」，是達摩留給慧可的一項重要訊息。此外，也說明了禪宗從達摩開始，重視佛教經典的基本立場，而且以《楞伽經》爲禪宗本體論思想重要的理論根據。如此以《楞伽經》爲傳宗寶典的情形，也指導了禪宗思想發展的趨勢，因此達摩禪的傳法傳承也被視爲是「楞伽禪」的傳承，主導了從達摩到四祖道信乃至於五祖弘忍的思考進路。誠如印順法師所說：

---

[46] 見印順法師著：《中國禪宗史》，台北：正聞出版社，1988年6月5版，頁14。
[47] 「那滿」是指那禪師與滿禪師，其中那禪師是慧可的弟子，滿禪師是那禪師的弟子，見印順法師著：《中國禪宗史》，頁14。

達摩禪到了（四祖）道信，開始一新的機運。然道信所傳的
禪法，還是依『楞伽經』的，如所制「入道安心要方便」說：
「我此法要，依楞伽經諸佛心第一」（大正八五・一二八六下）。
（五祖）弘忍在廊壁上，想「畫楞伽變」（『壇經』）。『楞
伽師資記』說：弘忍有十大弟子，其中，「神秀論楞伽經，
玄理通快」（大正八五・一二八九下）。張說所作『荊州玉泉寺大
通禪師碑銘並序』，也說神秀「持奉楞伽，遞為心要」（全唐文
卷二三一）。弘忍的另一弟子玄賾，敘述達摩以來的師承法要，
作『楞伽人法志』。玄賾弟子淨覺，依『楞伽人法志』而作
『楞伽師資記』。達摩禪的傳承，是被看作楞伽禪之傳承的。
所以早期的燈史，如『傳法寶紀』，『楞伽師資記』，在序
言中，都引證了『楞伽經』文。弘忍弟子曹溪慧能的法門，
實際上也還是『楞伽』的如來禪。[48]

　　以上可見《楞伽經》對初期禪宗思想的影響，主要是說明祖師
們運用《楞伽經》的實際情形。這種情形到了惠能的再傳弟子馬祖
道一（709-788），更明白的指出達摩以《楞伽經》傳宗及印心的原
因：「達摩大師從南天竺國來，躬至中華，傳上乘一心之法，令汝
等開悟。又引《楞伽經》文，以印眾生心地。恐汝顛倒，不自信此
心之法各各有之。故《楞伽經》云：佛語心為宗，無門為法門。」[49]
道一禪師以為《楞伽經》的經文即是開悟最好的客觀檢證，所以能
夠印證眾生的心地證量，因此《楞伽經》提出的「以心為宗」的此
心，即是佛心，也就是眾生心，是即心即佛的全體展現，再以「無
門為法門」，強調以心為宗的修持方法是「道不用修，但莫汙染」

[48] 見印順法師著：《中國禪宗史》，頁 14-15。
[49] 見《景德傳燈錄》卷6〈江西道一禪師〉，普慧本新文豐印，頁 104。

的「平常心是道」，也因此具體的呈現出馬祖道一禪法的特色。到了中晚唐的宗密（780-841），他爲了調和禪與教兩大派別的爭議，提出「禪教一致」的主張，他在《禪源諸詮集都序》卷上提到「問：今習禪詮何關經論」的自問，然後自答「答：有十所以，須知經論權實，方辨諸禪是非，又須識禪心性相，方解經論理事」的看法。其中「以教印禪」的味道很重，因爲「須知經論權實」是判教的工作，先將經論做一番判定價值及屬性之後，才進一步的討論「方辨諸禪是非」；可是相對的，也必須有「識禪心性相」的實際體驗或正確觀念及見地，才能「方解經論理事」，了解經論的理論及事相。因此，他提出十項原因，說明習禪與依經的必然關係，之後又特別提到達摩傳付《楞伽經》的原因及情況：

> 達摩受法天竺，躬至中華，見此方學人多未得法，唯以名數解事相爲行，欲令知月不在指，法是我心，故但以心傳心不立文字。顯宗破執，故有斯言，非離文字說解脫也。故教授得意之者，即頻讚《金剛》、《楞伽》云：此二經是我心要。
>
> （《禪源諸詮集都序》卷上，《大正藏》第48冊，頁400b。）

　　從宗密的說法中提到「顯宗破執」的觀念，是指彰顯心宗破除我、法二執的意思，因此「以心傳心」之目的是爲破執而不是要離開文字別說解脫的法要。所以教授禪法得到真實意旨的達摩就多次讚許《金剛經》與《楞伽經》「此二經是我心要」，強調以此二經爲心地法門的根本要典。宗密另在《圓覺經略疏鈔》中也有「（達摩）語（慧）可曰：漢地得入聖位者，與《金剛》、《楞伽》相應」類似的看法。[50]不過值得注意的是宗密是並舉了《金剛經》與《楞伽經》，而不是單舉《楞伽經》的史例，所以也隱含了肯定從弘忍、

---

[50] 見宗密：《圓覺經略疏鈔》卷4，《卍續藏經》第15冊，頁131B。

惠能以來的推闡《金剛經》的用心。此外，由於惠能是由《金剛經》而得悟，所以在法情上可能較為偏向此經，相對的，由於宗密是由《圓覺經》得悟的，所以日後大弘《圓覺經》亦是有脈絡可尋。

　　為什麼達摩要選擇《楞伽經》為傳宗的依據呢？關於此點，鈴木大拙曾提出《楞伽經》是當時唯一講述禪理的典籍，並且以為外在的權威或依據：

> 作為中國禪宗初祖的達摩，卻把中國當時已有、以講述禪理為主的唯一文字典籍『楞伽』這部經書，傳給他的第一個中國弟子慧可。當禪毫無條件地強調個人的直接經驗為其建立的根本事實時，它自然可以無視所有一切被認為對它的真理完全無關緊要的經教資源；而它的信徒之所以忽視了此經的研習，也就是基於這個原則。但是，為了向尚未掌握禪的根本、但想知道關於禪的種種的人說明禪的立場，那就不妨引證某個外在的權威或依據，並訴諸與它的真理完全合調的概念理論。這就是達摩何以從中國當時已有的許多佛典之中選上『楞伽』這部經的原因。[51]

　　鈴木大拙的說法有三項要點：第一，《楞伽經》是當時「以講述禪理為主的唯一文字典籍」；第二，以《楞伽經》是向尚未掌握禪根本的人，說明禪的立場；第三，《楞伽經》可以成為說明及引證禪法的「某個外在的權威或依據」，而且合於其闡述的真理。以上三項理由，筆者以為都不能成立，因為以達摩來到中國的時代而言，已經是南北朝的中晚期，此時大量的譯經已經出現，講習經論的情形也十分普遍，述及禪理的經論及思想更是俯拾皆是，所以不

---

[51] 見鈴木大拙著‧徐進夫譯：《歷史發展》，台北：志文出版社，1989 年 10 再版，頁 79。

能說《楞伽經》是唯一講禪的經典，此其一也；禪宗向來標榜「教外別傳」的特質，所以從來沒有依照經論的詮釋或引之爲傳授教材的紀錄，怎麼可能說以《楞伽經》爲基本教材，向尚未掌握禪法根本的人說明禪的要旨。況且在達摩到道信的禪宗發展前期，包括達摩本人都是走精英教育，祖師相承的最高心法是一代只傳一人，那裏有向「尚未掌握禪根本的人」說明禪法的機會及可能性，所以說以《楞伽經》爲輔助教材的說法是不能成立的，此其二也；第三，禪宗從教外別傳與以心傳心的基本立場而言，向來強調的是個人主觀的體驗，以佛心的實際悟證爲傳法根本的權威，所以無須引證外在的客觀依據。但話又說回來，達摩的意思應該是恐怕後世太過度的依賴個人的體驗，而形成「盲師暗證」與「妄言證悟」的情形發生，所以不得已舉出《楞伽經》爲客觀檢證的標準，同時也可以避免日後禪宗逐漸遠離佛教思想的中心意旨，避免加深宗門與教門彼此的鴻溝，此其三也。此外，《楞伽經》的「如來藏自性清淨心」對日後禪宗的發展有深遠的提點及影響，如船庵談到《楞伽經》對禪宗的影響，以及達摩選用此經的一個看法：

> 楞伽經從般若性空而兼談法相阿賴耶緣起，達磨提出這部經作為禪的宗典，對當時北地盛弘地論的環境，或許帶有調和攝受的作用；而主要的是楞伽經的「如來藏自性清淨」說，對達磨禪的提示作用很大，後來「即心即佛」的話頭在禪門特行，也是冥符於如來藏的思想的。加以楞伽指月之喻，四十九年不說一字之談，都成為達磨禪的重要公案。直到曹溪慧能，把達磨禪的宗典從楞伽轉為金剛經；但是慧能同門神秀，還是以提倡楞伽著名的。[52]

---

[52] 見船庵：〈中土禪宗五祖述略〉，此文收錄於張曼濤主編：《現代佛教學術叢刊》③《禪學論文集》，大乘文化出版社，1977 年 3 月初版，頁 5。

　　船庵以爲達摩提出《楞伽經》的原因，可能是與北方盛弘地論師的學說有關，是爲了「調和攝受」的原因，筆者以爲這是不可能的。因爲達摩是宗教的祖師，是禪法的實踐者，並不是政治社會思想研究者或是思想家，他所有的考慮都是爲了延續佛法的慧命，始終心繫著如來的家業，而且爲了廣渡苦難的眾生，所以不會在意教門思想的詮釋的差距。但是，《楞伽經》對後世禪宗的影響卻是十分深遠，自是無庸置疑的。此外，鈴木大拙提到「《楞伽經》的主要論題是開悟的內容，亦即與大乘佛教的偉大宗教真理相關的自內證經驗（pratyāimagati）」[53]的看法確是緊要的。所以，《楞伽經》可以說是具體呈現了開悟的文字內容，也成爲可以印證佛心實際相貌的經典之根據，因爲成爲初期禪宗祖師相授的心法。關於此點，蘇軾以爲此經是祖祖相授的心法根據，而且非常難以解讀：

> 《楞伽阿跋多羅寶經》，先佛所說，微妙第一真實了義，故謂之佛語心品。祖師達磨，以付二祖曰：「吾觀震旦所有經教，惟《楞伽》四卷可以印心。」祖祖相授以爲心法。……《楞伽》義輒幽眇，文字簡古，讀者或不能句，而況遺文以得義，忘義以了心者乎？此其所以寂寥於世，幾廢而僅存也。[54]

　　蘇軾道出了《楞伽經》的重要性，以爲是祖祖相授的心法之理論根據，可是難以解讀，原因是「義輒幽眇，文字簡古」，顯示《楞伽經》的義理幽遠深眇，文字又蒼簡古樸，所以一般拜閱的人甚至不能句讀解讀，何況能從文字中明白而得其實義，再從實義中了澈

---

[53] 見鈴木大拙著‧徐進夫譯：《歷史發展》，頁81。
[54] 見蘇軾著：〈楞伽阿跋多羅寶經序〉，《大正藏》第16冊，頁479c。

心源呢？這也是《楞伽經》後來「寂寥於世」而不受到重視的原因。蘇軾這段話，說明了從達摩以《楞伽經》傳宗以後，到了後世「幾廢僅存」的緣由，所以從四祖道信與五祖弘忍開始，啓用了文義較爲易解的《金剛經》與《大乘起信論》，也就是以《金剛經》取代《楞伽經》而成爲傳宗的依據。關於此點，印順法師以爲並不是達摩與惠能有了對立，他在《中國禪宗史》中說是因爲禪宗受到南方般若學的影響：

> 近代學者每以為：達摩以四卷『楞伽經』印心，慧能改以『金剛』印心。因而有人說：禪有古禪與今禪的分別，楞伽禪與般若禪的分別。達摩與慧能的對立看法，是不對的。依道信的「入道安心要方便門」，可以徹底消除這一類誤會。達摩以四卷『楞伽經』印心，當然是確實的，達摩門下曾有「楞伽師」（胡適稱之為「楞伽宗」）的系統。然據『續僧傳』所說：「摩法虛宗，玄旨幽賾」（大正五〇・五九六下）。「達摩禪師傳之南北，忘言忘念，無得正觀為宗」（大正五〇・六六六中）。達摩禪從南朝而到北方，與般若法門原有風格上的共同。到了道信，遊學南方，更深受南方般若學的影響。在吉州時，早已教人誦念「摩訶般若波羅蜜」了。等到在雙峰開法，就將『楞伽經』的「諸佛心第一」，與『文殊說般若經』的「一行三昧」融合起來，制為『入道安心要方便門』，而成為『楞伽』與『般若』統一了的禪門。[55]

印順法師在引文中清楚交代了「楞伽」與「般若」統一的禪法思想，主要是受時代發展及地域的影響，也說明了禪宗是如何從《楞伽經》印心轉變到以《金剛經》印心的形成過程。但是在印順法師

---

[55] 見印順法師著：《中國禪宗史》，頁 54-55。

的《中國禪宗史》中認爲以《金剛經》取代《楞伽經》的人，不是
惠能而是惠能的弟子神會：

> 達摩以『楞伽經』印心，而所傳的「二入四行」，含有『維
> 摩』與『般若經』義。到道信，以「楞伽經諸佛心第一」，
> 及『文殊說般若經一行三昧』，融合而制立「入道安心要方
> 便」。在東山法門的弘傳中，又漸為『金剛般若波羅蜜經』
> 及『大乘起信論』所替代。或者說達摩以四卷『楞伽』印心，
> 慧能代以『金剛經』，這是完全不符事實的。……然『壇經』
> 所說的主要部分——「說摩訶般若波羅蜜法」，正是道信以
> 來所承用的『文殊所說摩訶般若波羅蜜經』，並非「金剛般
> 若」。……『壇經』是弘揚「摩訶般若波羅蜜」的，弟子神
> 會的『南宗定是非論』（神會集二九七）卻改為：「金剛般若波
> 羅蜜，最尊最勝最第一，無生無滅無去來，一切諸佛從中出」。
> 神會這一部分，本名『頓悟最上乘論』，極力讚揚『金剛般
> 若波羅蜜經』。廣引『金剛般若經』，『勝天王般若經』，
> 『小品般若經』，而一切歸於『金剛經』，並發願弘揚（神會
> 集二九七——三一一）。神會極力讚揚『金剛般若經』，改摩訶
> 般若為金剛般若；在『神會語錄』中，自達摩到慧能，都是
> 「依金剛經說如來知見」而傳法的。這可見專提『金剛般若
> 經』的，不是慧能，是慧能的弟子神會。因此，似乎不妨說：
> 『壇經』有關『金剛經』部分，是神會及其弟子所增附的。
> 其實，禪者以『金剛般若經』代替『文殊說般若經』，並不
> 是神會個人，而是禪宗，佛教界的共同趨向。[56]

　　印順法師認爲以《金剛經》取代《楞伽經》的是神會，其所持

---

[56] 見印順法師著：《中國禪宗史》，頁 158-159。

的主要理由是《六祖壇經》之形成，神會是脫離不了干係的。換句話說，印順法師以爲神會主導了《六祖壇經》中有關《金剛經》的部分。可是印順法師也承認，禪門的行者以《金剛般若經》代替《文殊說般若經》，甚至《楞伽經》的情形，已經是禪宗乃至於整個佛教的共同趨向。所以不論是惠能，還是神會，從四祖道信開始，五祖弘忍及六祖惠能都大大的提高了《金剛經》的地位，也逐漸的取代《楞伽經》而成爲禪宗傳宗的理論根據。

此外，印順法師也提出了「壇經傳宗」的史實，說明在《楞伽經》與《金剛經》相繼成爲禪宗傳宗的依據之後，卻從佛教的經典轉變成爲祖師的開示語錄，這一項轉變在禪宗史上是非常重大的意義，因爲象徵了禪宗大步的走向「個人權威」、「主觀體驗」、「生活修持」與「教學範例」的模式，也就是逐漸出現對祖師的個人崇拜，以祖師的主觀體驗爲生活中修持的參考對象。同時，以祖師的言行取代了佛教的經論，成爲新的教學素材及範例，因此加速了禪宗向原本依經印心而轉向依人設法的道路，也直接的形成了後世禪師語錄大行於世的情況。至於是如何以《六祖壇經》來傳宗的呢？印順法師指出：

> 「壇經傳宗」，實與後代傳法的「法卷」意義相同。禪宗有傳法典禮，一直流傳到現在。傳法的儀式是：法師——傳法者登高座，法子——受法者禮拜、長跪、合掌。傳法者宣讀「法卷」，然後將「法卷」交與受法者。「法卷」的內容是：先敘列七佛。次從西天初祖大迦葉，到二十八祖菩提達摩，就是東土初祖，再敘列到六祖大鑑慧能（列祖的付法偈，有全錄的，有略錄的）。如傳授者屬於臨濟宗，那就從南嶽懷讓到「臨濟正宗第一世臨濟義玄禪師」。這樣的二世、三世，一直到當前的傳法者——「臨濟正宗四十ㄨ世ㄨㄨㄨㄨ禪

師」。付法與某人，並說一付法偈，然後記著「民國ㄨㄨ年，
歲次ㄨㄨ，ㄨ月ㄨ日」。這就是傳授所用的「法卷」內容。
燉煌本『壇經』，不但列舉了六代的付法偈，七佛到第四十
世慧能的傳承，還說：「若不得壇經，即無稟受，須知法處，
年月日，姓名，遞相付囑」。「壇經傳宗」的實際意義，豈
不是與傳法所用的「法卷」一樣嗎？洪州門下責難荷澤門下
的「壇經傳宗」，然而從上已來，師資授受的法統次第，還
是不能不有的。到後來，還是模仿「壇經傳宗」，改為「法
卷」而一直流傳下來。「壇經傳宗」為荷澤門下，法門授受
的特有制度。『壇經』中有關「壇經傳宗」部分，當然是荷
澤門下所補充的了。[57]

　　「壇經傳宗」成為禪宗傳付法統的宗教儀式，影響直至今日，
呈現的已經不是傳付釋迦牟尼佛的涅槃妙心，而是「傳承身分的確
定」或是「寺廟的住持地位」。當然，筆者並無證據說傳法者及受
法者都無禪悟的實證，但是從以上的宗教儀式來看，傳授及秉承者
都不是站在以心傳心的立場，也無「袈裟圍住，秘付心印」的氣氛，
所以就儀式的進行形式來說，應該就是傳付法統身分的典禮，當然
也不排除有「傳佛心印」的可能性。

二、如來禪與祖師禪的佛性本體論

　　綜合以上的發展，主要還是以外在客觀的形式在進行著，但若
是就思想的層面來看，則可以劃分為「如來禪」與「祖師禪」的思
考進路，雖然如此的分法並不十分妥切，[58]但做為了解禪宗思想的演

---

[57] 見印順法師著：《中國禪宗史》，頁 257-258。
[58] 筆者以為「如來禪」與「祖師禪」的分類法並不十分妥切，原因是兩者的界線

變，卻是具有參考的重要價值。因此，從《楞伽經》傳宗的理論根
據來看，無疑達摩走的是「即清淨心是佛」的思考路線，後來到了
惠能開始有了轉變。誠如吳汝鈞所說，禪宗的發展有分解及綜合的
兩種路向：

> 從哲學立場來講，禪的發展有兩個路向。第一個是分解的路
> 向，第二個是綜合的路向。分解的路向可名之為「即清淨心
> 是佛」的路向，它是當下肯定人或眾生都有清淨的本性或心
> 性，這清淨的心性是人成佛的基礎，成佛與否就要視乎人能
> 否透過實踐工夫將這心性顯現（manifest）出來。……達摩和
> 早期的禪法便是屬於這一路向，北宗禪也屬這一路向，這種
> 禪法又稱作「如來禪」。它的特色是肯定一如來藏自性清淨
> 心，以此作為成佛的超越的基礎（transcendental ground）。
> 它透過一分解的方式來肯定每一眾生都擁有一自性清淨心，
> 而以此自性清淨心的顯發與否來決定覺悟與迷執。這便是禪
> 的第一種路向。至於第二種路向，我們稱之為綜合的路向，
> 這一路向可說是禪的主流，它從人的平常心或一念心講，即
> 就人的平常心、一念心當下作一轉化而成佛。這平常心或一
> 念心很可能是有染污的成份，它不是一個絕對清淨的主體
> 性。這種禪要人就日常所表現出來的平常心、一念心中作一
> 當下的轉化，一頓然轉化，以使人達到成佛的境界。慧能和
> 他所開創的南宗禪大體上屬這一路向，強調一種當下的作

並不明顯，同時以「即心即佛」的觀念來說，若以此分類，應該歸類為「祖師
禪」，但是在宗密的《禪源諸詮集都序》中說：「若頓悟自心，本來清淨，原無
煩惱，無漏智性，本自具足，此心即佛，畢竟無異，依此而修者，是最上乘禪。
亦名如來清淨禪，亦名一行三昧，亦名真如三昧，此是一切三昧根本。若能念
念修習，自然漸得百千三昧，達摩門下展轉相傳者，是此禪也。」（《大正藏》
第 48 冊，頁 399b）宗密以為這些都是「如來清淨禪」，也是「達摩門下展轉相
傳」的禪法，根本沒有所謂「祖師禪」的說法。

用，所謂「作用見性」。這是「即一念妄心是佛」的路向，
我們也稱之作「祖師禪」。……在兩路的禪法中，其實都可
以找到經論的根據。分解路向的禪法是以《大乘起信論》和
《楞伽經》（Laṅkāvatāra-sūtra）作為其經論的根據。而綜合
路向的禪法，則是以《維摩經》（Vimalakīrtinirdeśa-sūtra）
和般若（Prajñāpāramitā）系統的經典作為文獻上的根據。[59]

　　所謂「分解的路向」，是指預設了眾生皆有「清淨的本性或心
性」，也就是預設了佛性的存在，所以要成佛就是要透過修行的工
夫將佛性彰顯出來，因此有分解的路向，亦即是「眾生本具的佛性」
與「修行工夫的實踐」兩端。這也是達摩傳宗的「楞伽禪」的主要
特色，後來北宗神秀維繫了這個傳統，也統稱爲「如來禪」，意指
此項禪法的特色是「肯定一如來藏自性清淨心」而成爲成佛的超越
根據。至於「綜合的路向」，也是日後南宗禪的思想主流，透過「作
用見性」的方式，在日常生活中一念轉化，當下的即心即佛，了然
見性。由於強調祖祖相傳，以心印心，不依經教爲最高權威的根本
立場，但以祖師的言教爲依憑的準則，所以稱爲祖師禪。[60]以上「分
解的路向」與「綜合的路向」都有佛教經論作爲理論的根源，前者

---

[59] 見吳汝鈞著：《中國佛學的現代詮釋》，台北：文津出版社有限公司，1995 年 6
月初版，頁 127-130。

[60] 「祖師禪」的禪法，雖然是中國禪宗南宗禪的特色，但是在小乘及部派佛教中
即有祖師禪的先驅，如聖嚴法師曾指出：「（祖師禪的先驅）1.是以所跟隨的師父
爲修行的（歸）依（住）止之處，不依佛說的經律爲最高的權威。此如小乘部
派佛教中的雞胤部（The Gokulikas）主張不必依佛說的經（sutra）和律（Vinaya）
爲主，應依祖師所作的論（discourse）爲修行的依準。2.不依見聞覺知而修禪定，
例如雜阿含經卷三十三，便有如此的記載：『禪者不依地修禪，不依水、火、風、
空、識、無所有、非想非非想而修禪，不依此世（界），不依他世（界），非日、
月、非見、聞、（感）覺、識（別），非得、非求、非隨覺（受）、非隨觀（察）
而修禪。』這與傳統的印度禪的觀點，頗不相同，倒與中國的祖師禪的風格很
相類似。」見釋聖嚴著：《禪的體驗》，台北：東初出版社，1988 年 1 月五版，
頁 46。

是以《大乘起信論》和《楞伽經》爲理論的典據，後者是以《維摩詰經》和般若系統的經典爲典據。前者大體上符合楞伽禪的發展歷程，後者也相應弘忍、惠能推崇《金剛經》的階段。

　　此外，值得討論的是從達摩到北宗禪的成立，雖然是以分解爲主要的路向，但是就禪學義理的詮釋系統而言，是可以含攝後來惠能及南宗禪建立的「祖師禪」之「綜合的路向」。換句話說，後期的禪學雖以「公案」的形式呈現「祖師禪」的風格，但是前期「分解的路向」卻是可以含攝及詮釋「綜合的路向」之超越概念，特別是以如來禪及祖師禪之「相互檢驗」及分解綜合的「互證發明」而言，兩者可以在體相用的範疇中，分別安頓在「相」及「用」的層面而無礙開展了。

三、禪宗公案佛性本體論的理論根據

　　討論禪宗的佛性本體論思想，其中一項研究的進路就是以禪宗的語錄爲研究中心，原因是禪宗標榜教外別傳不立文字，但是能夠具體呈現禪宗思想的文獻就是語錄。

　　在《景德傳燈錄》的語錄公案中，出現引證佛教經論的情形，這些引證有的以典故形式出現，有的是輔助性說明，有些更以疑問的話頭啓發學人的禪悟意識。然而，整體而言，從這些語錄公案的引證中，可以發現禪宗公案佛性本體論的經論根據，了解禪宗佛性論的理論特質，特別是禪師們以佛教的經論爲引證的依據，代表了禪宗佛性論中「教證」的思想系統。筆者以下列表述說明《景德傳燈錄》中禪師引證了那些經論，同時這些經論的言句又代表了什麼樣的思想：

		《景德傳燈錄》中引證《楞伽經》思想說明佛性論的部分		
	卷頁數	引證者	引　證　內　容	說　　明
1	3/48	菩提達摩	師又曰：「吾有《楞伽經》四卷，亦用付汝，即是如來心地要門，令諸眾生開示悟入。」	達摩付法傳宗的出處，說明此經爲如來心地法門，可以讓眾生悟入佛性。
2	3/52	僧那禪師	我初祖兼付《楞伽經》四卷，謂我師二祖曰：「吾觀震旦，唯有此經可以印心。仁者依行，自得度世。」又二祖凡說法竟，乃曰：「此經四世之後，變成名相，深可悲哉！」我今付汝，宜善護持，非人慎勿傳之。付囑已，師乃遊方，莫知其終。	說明《楞伽經》可以印心，但也依二祖慧可預言稱此經四世之後，變成名相。
3	3/53	慧滿禪師	常齎《楞伽經》四卷以為心要，如說而行，蓋遵歷世之遺付也。	說明《楞伽經》是依憑修行的典據。
4	5/87	六祖惠能	（壽州智通）初看《楞伽經》約千餘遍，而不會三身四智，禮師求解其義。祖（六祖惠能）曰：「三身者，清淨法身，汝之性也；圓滿報身，汝之智也；千百億化身，汝之行也。若離本性別說三身，即名有身無智；若悟三身無有自性，即名四智菩提。」	惠能向智通說明《楞伽經》中三身四智的真實義，而且從體相用的角度詮釋了三身。另由三身無自性說明即是四智菩提。
5	6/104	馬祖道一	謂眾曰：「汝等諸人，各信自心是佛，此心即是佛心。達磨大師從南天竺國來，躬至中華，傳上乘一心之法，令汝等開悟。又引《楞伽經》文，以印眾生心地，恐汝顛倒，不自信此心之法，各各有之。故《楞伽經》云：『佛語心為宗，無門為法門。』」	馬祖道一引《楞伽經》說明「自心是佛」、「即心即佛」的道理，說明禪宗的佛性本體論的特質。
6	13/250	圭峰宗密	若直論本性，即非真、非妄、無背、無合、無定、無亂，誰言禪乎？況此真性，非唯是禪門之源，亦是萬法之源，故名法性；亦是眾生迷悟之源，故名如來藏藏識（出《楞伽經》）。亦是諸佛萬德之源，故名佛性。	宗密以眾生的本性爲討論焦點，以爲本性即是真性，亦是法性，也是如來藏藏識，更是佛性。
		《景德傳燈錄》中引證《大乘起信論》思想說明佛性論的部分		
1	4/78	保唐無住	公（唐相國杜鴻漸）又曰：「弟子性識微淺，昔因公暇撰得《起信論章疏》兩卷，可得稱佛法否？」師曰：「夫造章疏，皆用識心，思量分別，有為有作，起心動念，然可造成。據論文	保唐無住引《大乘起信論》詮釋真如的意義是「離言說相，離名字相，離心緣相，畢竟平等，無有變

			云：『當知一切法，從本以來，離言說相，離名字相，離心緣相，畢竟平等，無有變異，唯有一心，故名真如。』今相公著言說相，著名字相，著心緣相，既著種種相，云何是佛法？	異，唯有一心」，可見這是「真如」最好的定義，也說明佛性論的特質。
2	28/590	大珠慧海	僧問：「何者是佛？」師曰：「離心之外即無有佛。」曰：「何者是法身？」師曰：「心是法身，謂能生萬法，故號法界之身。《起信論》云：所言法者，謂眾生心。即依此心，顯示摩訶衍義。」	大珠慧海延續了馬祖道一的「即心即佛」的見地，以爲所謂的「法」，即是眾生心。
		《景德傳燈錄》中引證《金剛經》思想說明佛性論的部分		
1	5/80	六祖惠能	（六祖惠能）一日，負薪至市中，聞客讀《金剛經》，悚然問其客曰：「此何法也？得於何人？」客曰：「此名《金剛經》，得於黃梅忍大師。」	惠能得聞《金剛經》並有所悟入，以爲習禪之因緣。
2	5/101	光宅慧忠	有僧到參禮，師問：「蘊何事業？」曰：「講《金剛經》。」師曰：「最初兩字是什麼？」曰：「如是。」師曰：「是什麼？」僧無對。	這已經是標準的公案，透過問答，點出法性的當下意義。
3	6/107	大珠慧海	師卻問曰：「大德說何法度人？」曰：「講《金剛般若經》。」師曰：「講幾坐來？」曰：「二十餘坐。」師曰：「此經是阿誰說？」僧抗聲曰：「禪師相弄！豈不知是佛說耶？」師曰：「若言如來有所說法，則爲謗佛，是人不解我所說義；若言此經不是佛說，則是謗經，請大德說看。」無對。師少頃又問：「經云：『若以色見我，以音聲求我，是人行邪道，不能見如來。』大德！且道阿那簡是如來？」曰：「某甲到此卻迷去。」師曰：「從來未悟，說什麼卻迷！」僧曰：「請禪師爲說。」師曰：「大德講經二十餘坐，卻未識如來。」其僧再禮拜，願垂開示。師曰：「如來者，是諸法如義，何得忘卻？」曰：「是！是諸法如義。」師曰：「大德！是亦未是。」曰：「經文分明，那得未是？」師曰：「大德如否？」曰：「如。」師曰：「木石如否？」曰：「如。」師曰：「大德如同木石如否？」曰：「無二。」師曰：「大德與木石何別？」僧無對。	慧海禪師從《金剛經》的思想啓發學人的禪意識，以「諸法如義」說明「如來」的定義，這是基於法性的基本立場確立論點，步步深入《金剛經》般若性空的思想。般若性空的思想也是構成禪宗佛性本體論思想的重要基礎之一。

4	8/146	龐蘊	自爾，機辯迅捷，諸方嚮之。嘗遊講肆，隨喜《金剛經》，至「無我無人」處，致問曰：「座主既無我無人，是誰講？誰聽？」座主無對。	龐蘊居士隨喜《金剛經》的「無我無人」即迴光返照自性，說明一切無生的道理。
5	9/160	弘辯禪師	帝（唐宣宗）曰：「祖師既契會心印，《金剛經》云『無所得法』，如何？」對曰：「佛之一化，實無一法與人，但示眾人，各各自性同一法寶藏。當時然燈如來但印釋迦本法而無所得，方契然燈本意。故經云：『無我、無人、無眾生、無壽者，是法平等，修一切善法，不住於相。』」	弘辯禪師講解祖師心印契於《金剛經》的「無所得法」，其實際內涵是「是法平等，不住於相」的境界。
6	11/193	仰山慧寂	師問雙峰：「師弟近日見處如何？」對曰：「據某甲見處，實無一法可當情。」師曰：「汝解猶在境。」雙峰曰：「某甲只如此，師兄如何？」師曰：「汝豈不能知無一法可當情者？」潙山聞，云：「寂子一句，疑殺天下人。」玄覺云：「《金剛經》道：『實無一法。然燈佛與我受記。』他道實無一法可當情，為什麼道解猶在境？且道利害在什麼處？」僧問：「法身還解說法也無？」師曰：「我說不得，別有一人說得。」曰：「說得底人在什麼處？」師推出枕子。潙山聞，云：「寂子用劍刃上事。」	這段公案有深意，因為仰山慧寂以「汝解猶在境」說明雙峰猶有少許的法執，所以才說是「實無一法可當情」，若真無一法可立，就不會說「據某甲見處」的話，而可能以當下的動作行為表示。
7	12/215	陳尊宿	師看經次，陳操尚書問：「和尚看什麼經？」師云：「《金剛經》。」尚書云：「六朝翻譯，此當第幾譯？」師舉起經云：「一切有為法，如夢幻泡影。」	陳尊宿以《金剛經》的「一切有為法，如夢幻泡影」說明一切都無須執著。
8	23/461	明招德謙	師到雙巖，雙巖長老睹師風彩，乃曰：「某甲致一問問闍梨，若道得，便捨院；道不得，即不捨。《金剛經》云：『一切諸佛及諸佛法皆從此經出。』且道此經是何人說？」師曰：「說與不說，一時拈向那邊著，只如和尚決定喚什麼作此經？」雙巖無對。師舉經云：「一切賢聖皆以無為法而有差別，斯則以無為法為極則，憑何而有差別？且如差別是過？不是過？若是過，一切賢聖盡有過；若不是過，決定喚什麼作差別？」雙巖	雙巖長老引《金剛經》云：「一切諸佛及諸佛法皆從此經出」為話頭，德謙一語帶過，再說一切法是蕪有差別的。

			亦無語。	
	《景德傳燈錄》中引證《涅槃經》思想說明佛性論的部分			
1	5/88	六祖惠能	弟子（江西志徹）嘗覽《涅槃經》，未曉常、無常義，乞和尚慈悲，略為宣說。」祖（惠能）曰：「無常者，即佛性也；有常者，即善惡一切諸法，分別心也。」曰：「和尚所說，大違經文也。」祖曰：「吾傳佛心印，安敢違於佛經？」曰：「經說佛性是常，和尚卻言無常；善惡諸法乃至菩提心皆是無常，和尚卻言是常，此即相違，令學人轉加疑惑。」祖曰：「《涅槃經》，吾昔者聽尼無盡藏讀誦一遍，便為講說，無一字一義不合經文，乃至為汝，終無二說。」曰：「學人識量淺昧，願和尚委曲開示。」祖曰：「汝知否？佛性若常，更說什麼善惡諸法，乃至窮劫無有一人發菩提心者，故吾說無常，正是佛說真常之道。又一切諸法若無常者，即物物皆有自性，容受生死，而真常性有不遍之處，故吾說常者，正是佛說真無常義也。佛比為凡夫外道執於邪常，諸二乘人於常計無常共成八倒，故於涅槃了義教中，破彼偏見，而顯說真常、真我、真淨。汝今依言背義，以斷滅無常及確定死常，而錯解佛之圓妙最後微言，縱覽千遍，有何所益！」	這一段公案是說明南宗惠能對於佛性的四項看法：第一，惠能以「吾傳佛心印，安敢違於佛經」表示佛心印的以心傳心，才是真正的佛法，可以與佛經相印證；第二，他以實證的立場，說「佛性是常」，而不執著於文字相，可以通達的解說；第三，惠能說「佛性是無常」，主要是基於般若性空的立場，說明諸佛與眾生本性是空幻無常的；第四，惠能以為不能依言背義，錯解佛之圓妙微言，必須深達實相，方能究其實義。
2	5/89	六祖惠能	（廣州志道）初參六祖曰：「學人自出家，覽《涅槃經》僅十餘載，未明大意，願和尚垂誨。」……（廣州志道）未審是何身寂滅？何身受樂？……又法性是生滅之體，五蘊是生滅之用，一體五用，生滅是常，生則從體起用，滅則攝用歸體。……祖曰：「……據汝所解，即色身外別有法身，離生滅求於寂滅。……汝今當知，佛為一切迷人認五蘊和合為自體相，分別一切法為外塵相，好生惡死，念念遷流，不知夢幻虛假，枉受輪迴，以常樂涅槃翻為苦相，終日馳求，佛愍此故，乃示涅槃真樂。剎那無有生相，剎那無有滅相，更無生滅	志道禪師以為「一切眾生皆有色身、法身」，惠能以為「即色身外別無法身」，因為一切如夢幻虛假，必無一體五用的說法，以為涅槃是「剎那無有生相與滅相」，更無生滅可滅，所以寂滅現前。

			可減，是則寂滅見前。當見前之時，亦無見前之量，乃謂常樂。此樂無有受者，亦無不受者，豈有一體五用之名？……斯乃謗佛毀法。」	
3	9/150	潙山靈祐	師問仰山：「《涅槃經》四十卷，多少佛說？多少魔說？」仰山云：「總是魔說。」師云：「已後無人奈子何！」	潙山靈祐問仰山慧寂《涅槃經》的真義，仰山以「總是魔說」說明自己已實證涅槃，而不會執著《涅槃經》的文字相了。
4	10/178	趙州從諗	師問一坐主：「講什麼經？」對云：「講《涅槃經》。」師云：「問一段義，得否？」云：「得。」師以腳踢空，吹一吹，云：「是什麼義？」坐主云：「經中無此義。」師云：「五百力士揭石義，便道無。」	這一段公案是說趙州禪師用動作「以腳踢空，吹一吹」問講經座主是何義，目的是跳脫對文字的執著。

《景德傳燈錄》中引證《維摩詰經》（《淨名經》）思想說明佛性論的部分

1	5/97	司空本淨	師曰：「《淨名經》云：『四大無主，身亦無我。無我所見，與道相應。』大德！若以四大有主是我，若有我見，窮劫不可會道也。」	司空本淨以《維摩詰經》的四大無主、無我說法無我，是與道相應的。
2	28/576	南陽慧忠	師曰：「若以見聞覺知是佛性者，《淨名》不應云：『法離見聞覺知。』若行見聞覺知，是則見聞覺知非求法也。」	南陽慧忠以為「法離見聞覺知」，法性是不生不滅的，所以超越見聞覺知。

《景德傳燈錄》中引證《楞嚴經》思想說明佛性論的部分

1	10/173	長沙景岑	師曰：「酌然言不干典，非智者所談。大德！豈不見《首楞嚴經》云：『當知十方無邊不動虛空，并其動搖地、水、火、風，均名六大，性真圓融，皆如來藏，本無生滅。』」	長沙景岑引《楞嚴經》中的如來藏思想說明法性的特質。
2	10/175	長沙景岑	師曰：「大德！豈不聞《首楞嚴經》云：『十方虛空生汝心內，猶片雲點太清裏。』豈不是虛空生時，但生假名？又云：『汝等一人發真歸元，十方虛空皆悉消殞。』豈不是虛空滅時，但滅假名？老僧所以道：『有是假有，無是假無。』」	長沙景岑說明佛教的宇宙觀，一切皆是假名為有，諸法本性是空無所有的，所以一人發真歸元，十方虛空都會消殞，其理若此。
3	26/550	環省禪師	（千光王寺環省禪師）聽天台《文句》，棲心於圓頓止觀。後閱《楞嚴》，文理宏濬，未能洞曉。一夕，誦經既久，就案若假寐，夢中見日輪自空	這是由閱讀《楞嚴經》而後開悟的實例，也足以說明禪師經由佛教經論證悟

| | | 降，開口吞之。自是倐然發悟，差別
義門渙然無滯。 | 的情形。 |

　　從以上禪師在語錄公案中引證的佛教經論看來，禪師對於佛教經論的態度從謹慎到自我詮釋再到跳脫思考的轉變，也可以說明禪宗公案的形成到演變的過程。綜合以上各經論的引證，得到以下四項結論：

　　第一，禪師站在實際經驗的主觀體證的基本立場，對於佛教經論中有關佛性及般若的思想，往往以融會貫通的方式給予合理的詮釋，並且認為佛教經論是禪悟修證最好的印證，能夠指導學人明心見性。因此，佛教經論對修行者而言，具有高度的指引功能。

　　第二，禪師在引證佛教經論時，多半環繞在「法性」或「佛性」的特性上，諸如不生不滅、超越見聞覺知、離言說相、離名字相、離心緣相等，特別強調佛性本體的思想特質。

　　第三，禪師在後期開始將佛教經論中的重要語句，以個人創造性的方式重新詮釋，除了沒有偏離佛性本體的基本特質之外，也注入了個人修行體驗的說法，同時將此視為教學的重要憑藉，甚至開始使用動作行為以為輔助，讓佛教經論的詮釋有了新的活力。

　　第四，到了問答公案發展的成熟期，禪師將佛教經論視為文字相貌執著的代名詞，所以時常以反向的解釋或突如其來的動作震驚對方，目的是為了使得弟子或學人解粘去縛，不被文字所轉而當下體證法性無生的境界。此外，為了讓學人能對佛教經論有更深入的認識，禪師也使用經論的言句成為疑問的話頭，啟發學人的禪意識，收攝心念，契入實相。

第三節　根本見地與禪宗佛性論

一、何謂見地？

就理論層面而言，「佛性」是眾生成佛的超越根據，能夠讓成佛成為可能，但是就宗教實踐的層面而言，禪宗所謂的「見地」，才是保障修行工夫之所以有效，並且保障成佛在實踐層面成為可能，更是實踐的依據。「佛性」是佛教第一因式的預設，包含般若性空與如來藏的思想，透過實際修行的體證之後，「唯證乃知」其超越世間二元對立的實相。至於「見地」一詞，歷來有許多爭議，因為禪宗所謂的「見地」，並不是單純的對「佛性」觀念的認知，或者是具備學佛的基本常識，就以為具備了「見地」的要求。當然，「見地」與「佛性」之間，具備某種理論系統上的關聯，至於其實際的內涵，仍需要詳細的論證。

何謂「見地」？在大乘佛教見於《大品般若經》卷 6 與《大智度論》卷 75 的菩薩十地中的「第四地」是被稱為「見地」（梵語 darśana-bhūmi），但這是菩薩十地果位的果位名稱，與禪宗所謂的見地是毫無關係的。禪宗所謂的「見地」，具有以下四項具體意義：

第一，禪宗的見地是對佛教修證的基本原理、境界型態與實踐方法有全面系統的了解。同時願意依照此原理、境界與方法而成為個人或宗派修行的指導原則，也是禪宗最為重視的「知見」問題，其中包括了對不生不滅的法性、佛性本體有正確而深刻的認識、修證歷程的確實了解與修行次第方法的完全掌握。換句話說，禪宗的見地可以簡單的說成是「禪法系統的知見型態」，而且是指導禪悟修證的根本原則，所以在禪學思想上是具有優先性的。如《景德傳燈錄》卷 9 的溈山靈祐禪師對仰山慧寂說「只貴子眼正，不說子行履」的開示，其中所謂的「眼正」，即是對「涅槃法性」有清楚正確的認知，而且能夠清楚明白的辨別思想邪正，不受任何邪法眩暈，

亦可說是「正法眼」或「法眼正」，通常是已經對涅槃法性有現量的體證，在小乘而言是初果以上的果位；所謂的「行履」，是指一切實踐的修行工夫，或是為了達到修證目標所做的一切努力過程。前者，是屬於形而上的精神觀念問題，後者是屬於形而下的形式表達層面，所以禪宗以為「正確的觀念」是優先於「實踐的方法」。誠如南懷瑾曾經說明見地與行履的關係：「後世一提禪宗，就是參話頭。其實，禪宗真正注重的是見地。……行履包括心理的行為，作人作事的起心動念，履字也包括功夫。溈山回答他一句名言：『只貴子眼正，不說子行履』，換句話說，只要你見地對了，不問下面的修證功夫，因為見地對了，修證一定會上路的。」[61]

　　第二，禪宗的見地是指禪宗學人對佛教經論的教理達到一定系統的認識程度，同時在佛性本體與修行工夫方面多半具備有佛教經論的思想背景。禪宗做為佛教的一支，雖然號稱為「教外別傳」，但是證諸佛教禪宗史籍及相關語錄，就會發現禪宗的歷代祖師們對於佛教經論有深入而大量的引證，而且對於禪宗思想的發展，主張依據佛教經論的基本態度也從未動搖過。筆者以為禪宗將佛教經論視為理論根據有四個階段：其一，從西天初祖摩訶迦葉開始到達摩，是屬於傳承「佛語心為宗」，也就是以佛陀說法為憑，口傳釋迦法要，心付如來正印，故是以「佛說」為據，此「佛說」也是廣義的佛教經論，因為佛教經論本來就是佛陀祖師的言論彙集；其二，從達摩到四祖道信是以《楞伽經》印心，同時也大量的使用了《楞伽經》的思想為理論根據及見地來源；其三，從五祖弘忍到六祖惠能是轉變以《金剛經》思想為依據，尤其是惠能大量的使用般若性空的思想，以為其教學的主題及論證法性的核心；其四，從惠能以後，又形成禪宗多元文化發展的現象，其中除了各派分流之外，也大量

---

[61] 南懷瑾講述：《如何修證佛法》，台北：老古文化事業公司，1989 年 8 月台灣初版，頁 177。

使用祖師的語錄逐漸取代了佛教經論的地位，因此也呈現出四類現象，包括宗密對禪門各派以教相判釋的方式給予禪法判攝，其依據即是空宗（般若）、有宗（唯識）與性宗（如來藏）的思想，同時宗密也大量的注釋《圓覺經》，企圖以此經做爲禪宗新的思想依據。除了宗密之外，《楞嚴經》（《景德傳燈錄》中部分作《首楞嚴經》）也逐漸取代《金剛經》而成爲祖師們引證的教材。其次，宋代以後的禪宗祖師們逐漸將經論融會貫通而運用自如，甚至以對話的機緣中破除學人對佛教經論的「法執」，然後就形成了語錄公案中許多詭奇反常的言論，並且由此言論成爲新的教材。雖說如此，禪師們真正的目的是希望學人掌握佛教不執著的真精神，也可以說是對佛教經論的另一番詮釋了。

第三，禪宗的見地是對佛性本體有身心現量體證的經驗，而此經驗的產生是來自於基礎禪定力的支持，並且由此經驗形成「見解的境界」與「決定的悟見」，而且多半是來自於對涅槃的實際體認而生起的後得智。此外，禪宗的見地觀念如同「菩提」（bodhi）一般定義特性，可通於凡夫與聖人的世出世法，若以覺悟的聖者而言，菩提是「已經覺悟」的意思；若以流浪生死的凡夫而言，菩提是「終會覺悟」的意思，所以是「因果一體」、「體用一如」的思考進路。所以在廣義上，禪宗的見地包含了未悟的凡夫及其認知的觀念。換句話說，「見地」可以是一般中性的名詞，說明某人的見解與觀念，亦可通用於世俗的生活詞語，如說某人對政治的見地如何、對台灣族群融和的方法有何見地。但是禪宗的見地多半是專指對修持佛法的原理系統的認知，而且由此認知確定修持的方法，所以說禪宗的見地是修證的指導原則。雖然如此，禪宗對於修證的指導原則，卻是非常強調「悟」的引導，如僧那禪師說「若契本心，發隨意真光之用，則苦行如握土成金；若唯務苦行，而不明本心，爲憎愛所縛，則苦行如黑月夜，履於險道」、五祖弘忍說「不識本心，學法無益」、

大顛和尚說「夫學道人，須識自家本心」等看法，都特別強調「發明本心佛性」的重要性，也是禪宗見地的根本來源。關於此點，筆者以證入初果（須陀洹果 srotāpanna）[62]為具備禪宗殊勝見地的必備條件，如印順法師說：

> 先說初果。觀緣起法無常無我而契入緣起空寂性的，就是體「見正法」，也叫做『入法界』。「初」入正法的聖者，名「須陀洹」果。須陀洹，是梵語，譯義為『預流』或『入流』。修行到此，契入了法性流，也就參預了聖者的流類。須陀洹果的證入，經中形容為：『見法，得法，知法，入法；得離狐疑，不由於他；入正法律得無所畏』（《雜阿含經》卷35，《大正》第2冊，頁253上）。所以，這是現見的，自覺的，於正法有了絕對的自信。[63]

因此，得初果即是體「見正法」，也就是《雜阿含經》所謂的「見法，得法，知法，入法」，此時才對佛法有決定的信解與不疑的信念，並且由此形成明確的「見地」，也就是引導修行的原則及觀念，同時也是激見了真理而永不退失，但這只是「見解的境界」，並不是永遠不退失「悟境」，畢竟悟境仍是須要「保任」的。所以不退失的是「見地」，而非工夫，但只要保有此見地，修行是已經上路了，更是具足了「正見」，因此被稱為「見地」。既然禪宗的見地是具備「初果」以上的境界，所以也必須是對佛性本體有身心現量體證的經驗，而此經驗的產生是來自於基礎禪定力的支持，一

---

[62] 初果名為須陀洹，其意義是「預流」的意思，是指預入法性之流，或者是預入聖者之位的流類。凡是修行人到達這一項階位，就能截斷生死三結的根源，成為覺悟的聖者。將來即使修行速度很慢或是停頓，也都不會墮入三惡道，頂多不過七番生死於人天，終究會得到究竟解脫的目標。

[63] 見印順法師著：《成佛之道》，台北：正聞出版社，1983年9月3版版，頁242。

般說是初禪以上的定力，也有人以爲欲界定或未到地即可以發起無漏慧而得到慧解脫阿羅漢，不過一般所謂的「開悟」，是指悟入真如法性的意思，同時是經過聞、思、修的結果而到達體證的目標，真正的體認到一切法的實相究竟是什麼，或者是說真實的體驗了宇宙的真理，並且由此經驗形成「見解的境界」與「決定的悟見」，而且多半是來自於對涅槃的實際體認而生起的後得智。

第四，禪宗的見地是公案中勘驗的主要課題，也是禪師指導弟子修證的根本原則與基本要領，並且透過見地的提領，讓弟子明了佛性的性質乃至頓見法性的實際。因此，禪宗的見地是「扣其兩端而竭之」的相對預設，換句話說，禪宗的見地固然是以不生不滅的佛性爲根本的要領，但是並不是絕對的「存有」型態；見地固然是提供成佛的可能與實踐之依據，但並不表示見地是西方哲學本體論式的理論本質，而是提供「應病與藥」的修正觀點。換句話說，禪師以禪悟的見地導正弟子偏邪的觀念，將一切「不正」歸返於「正」，再將「正」導入於「空」的境界，因此禪宗的見地並不是絕對的原則，而是能夠讓弟子得悟法性的憑藉，扮演著「藥」的功能。如《景德傳燈錄》中載有第十一祖富那夜奢向馬鳴大士說：「汝欲識佛，不識者是。」另如達摩對梁武帝開示「對朕者誰？」達摩說：「不識。」再如石頭希遷大師對門人道悟所問的：「曹谿意旨誰人得？」他的回答原是：「會佛法人得。」可是弟子再問：「師還得否？」希遷卻說：「我不會佛法。」以上的「不識者是」、「不識（達摩）」與「不會佛法」，都是說明禪宗的見地是具備「破」的功能，此「破」是隨立隨破的，不立一法，同時是「應病與藥」的。當然另外也可以說是兩點：其一，佛法的實相法性是無法以言語文字說明的，所以「不識」與「不會」；其二，佛性或法性是形而上的境界，無法以人間意識明白，所以「不識」與「不會」。因此，禪宗的見地具有「勘驗」、「破邪」與「提正」的多重意義。

二、從根本見地的成立保障成佛的可能性與實踐之依據

　　綜合以上的四項多重意義，可以發現禪宗的見地不僅是具備了對佛教修證的基本原理、境界型態與實踐方法有全面系統的了解，亦具備有佛教經論的思想背景，同時也包括對佛性本體有身心現量體證的經驗與具有「勘驗」、「破邪」與「提正」的多重功能。同時，禪宗見地具體的表現是在語錄公案的對話機緣中呈現，也就是說禪師以見地為勘驗的原則與教學引領的方向。語錄公案是其文字記載的紀錄，其中最值得討論的是：公案中是否可以預設禪宗的祖師擁有佛性本體的見地，並且以此見地保障成佛的可能性及實踐的依據呢？關於此點，筆者以為可以從下列兩項要點說明：

　　第一，禪宗公案的基本結構是「問答的對話形式」，此形式可能用語言或動作表達，也一定具備「主問者」、「賓答者」與「問答內容」等三項要素，也可以說是具備有「主」、「賓」與「答」等三項基本結構。換句話說，從「主」的立場而言，他是「禪師（老師）」、「得法（證悟）者」與「印證（勘驗）者」等身分的集合體；從「賓」的立場而言，他是「學人（徒弟）」、「受法（未悟）者」與「被印證（被勘驗）者」等身分的集合體；至於「答」的立場，則是以老師對徒弟的「教學引導」、得法者向受法者「開示悟入」與印證勘驗被印證勘驗者「契證法性」。因此，所謂的「主」，其具備的最基本條件，就是擁有「體證不生不滅涅槃法性的經驗」，甚至被要求要有類似「三明六通」、「小乘四果」或「大乘八地」以上的高標準，才能被稱為「具（正法）眼」、「具格」、「別具超格手眼」的老師，也才是好的善知識，在密宗而言也才算是具備「根本上師」的資格，或是一般所說的「阿闍梨」（ācārya），或是「導師」。雖說如此，禪宗的祖師們多半恪守佛誡，同時也依於

般若性空的真義不自宣說自己已證何果何地，再加上缺乏客觀的檢證標準，所以變成師徒之間或禪師之間互相證明，一方面外人不得而知，另一方面若傳承之中有一禪師出了見地的問題，或是根本沒有實際的體證，再加上面子或人情的壓力，使得印證變成人情酬酢，就自然斷了法脈。因此，若是具備原始佛教時代大阿羅漢的境界固然最好，要不然像是達摩、惠能、道一、趙州等大禪師亦是絕佳的明師，其次最低的標準，也必須具備「初果」的證量，對不生不滅的法性有實際的體證，而且是明明了了的「見」到法性之流，也才具備基本的「見地」。因此，禪宗公案的「主」，也就是具眼的禪師，他們在生活中教化弟子時，必然是秉持著他所體認的「見地」（不生不滅的法性認知），以爲教化、勘驗或印證的根本原則，所以具有禪悟啓發的合格公案，禪師必定具備了禪宗佛性本體的見地，否則他所留下的一切公案就是世俗的對話，失去了出世間佛法與禪宗的殊勝價值，只具備世間法的人格啓發或是思考訓練等等。所以，禪宗的公案必然內蘊禪宗佛性本體的見地，也才能成爲指引學人悟道的根據及原則。

　　第二，佛教從印度原始宗教的思想母胎孕育發展而成爲佛教的思想，其中繼承並新創了因果詮釋的模式，並且融和了世間的因與出世間的果，以爲菩提的因是在生活的現場，而菩提的果，即是出世間的佛果也是在人間成佛。因此惠能說「離世覓菩提，猶如求兔角」是有深意的，所以佛教的本質即是人間佛教的性格。換句話說，從佛教勝義諦的立場而言，即世間的因與即出世間的果是融和無間的，但是其中並非是「世間形式的彌合」，而是「緣起中觀的超越」。所謂「世間形式的彌合」是指客觀物質具象的融和形式，如世間法的物理化學的原理一般，兩個氫（H）與一個氧（O）合成爲「水」（H_2O），男與女的結合產生家庭及小孩，但這些都是世間的因果，所以稱爲「世間形式的彌合」；至於「緣起中觀的超越」，則是在

不壞世間因果法則的前提下，將世間的因透過定慧等持的分析與觀照，洞澈其緣起性空的本質，並且當下給予「不壞假名而說諸法實相」的中觀。所以即世間的因而超越了世間的分別對立相貌，呈現了出世間的果，透過了「緣起中觀的超越」而融和了世間因與出世間果。然而，「緣起中觀的超越」的智慧是什麼呢？筆者以爲即是禪宗的見地。換句話說，從形式而言，世間的因是不可能產生出世間的果，如同拿「砂」經過久煮煎熬是不可能成爲「飯」的，因爲兩者本質是不相同的。又如南嶽懷讓對馬祖道一說「磨塼豈得成鏡，坐禪豈得成佛」的道理，因爲沒有超越世俗的見地，所做的一切修行都是「世俗的行業」，也是禪師常談的「魔業」，因爲畢竟未能跳脫三界的思考，終究是落入生死輪迴的。相對的，有了禪宗超格的見地，如同生命有了精確的目標，而此目標即是破除世間一切虛幻的假相，開啓成熟佛性的指標，如大乘佛教所謂的「發菩提心」，也是《華嚴經》所說的「初發菩提心即成正等正覺」，因爲即世間的相而生起出世間的因，當下由出世間的因而得出世間的果，然後「因果相符」而體用一如。所以從禪宗的見地具備「緣起中觀的超越智慧」，可以保障成佛的可能性，因爲佛性是不生不滅的，而禪宗的見地「緣起中觀的超越智慧」也是築基在「不生不滅」的悟見上，所以能夠成爲成佛之道上的實踐依據。

三、從根本見地的成立建構禪宗佛性本體論的義理系統

禪宗的根本見地有八相：有「體」有「用」、有「共」有「別」、有「實」有「權」、有「法」有「義」。筆者以此「八相」建構禪宗佛性本體論的義理系統。

第一，禪宗根本見地的「體」與「用」，是指「佛性本體的根本體性」與「佛性本體的實踐作用」。所謂的「根本體性」是指佛

教與禪宗所謂的「佛性」、「法性」、「真如」與「涅槃」等內涵性質，也可以稱爲「不生不滅」、「不常不斷」、「不一不異」、「不來不出」等八不中道，同時這也正是以「不生不滅」、「不常不斷」、「不一不異」、「不來不出」等八不中道說明禪宗根本見地的「體」與「用」，其本體的體性如此，要達到或證悟如此的佛性本體，也是透過「不生不滅」、「不常不斷」、「不一不異」、「不來不出」等八不中道。換句話說，禪宗的根本見地是「體用一如」，是「即本體即工夫」的進路，尤其是在禪宗的公案中大量的運用了禪宗根本見地的「體」與「用」。筆者以《景德傳燈錄》所錄的公案爲例，舉出以下兩個例子深入說明：

> 溫州永嘉玄覺禪師者，……初到（曹溪），振錫攜瓶，繞祖三匝，卓然而立。祖（六祖惠能）曰：「夫沙門者，具三千威儀，八萬細行，大德自何方而來，生大我慢？」師（永嘉玄覺）曰：「生死事大，無常迅速。」祖曰：「何不體取無生，了無速乎？」曰：「體即無生，了本無速。」祖曰：「如是！如是！」于時，大眾無不愕然。師方具威儀參禮，須臾告辭，祖曰：「返太速乎？」師曰：「本自非動，豈有速耶？」祖曰：「誰知非動？」曰：「仁者自生分別。」祖曰：「汝甚得無生之意。」曰：「無生豈有意耶？」祖曰：「無意誰當分別？」曰：「分別亦非意。」祖歎曰：「善哉！善哉！少留一宿。」（普慧本新文豐印《景德傳燈錄》卷5，頁93。）

這是非常有名的「一宿覺」的故事，記錄著惠能與永嘉玄覺對話的一則公案，在此則公案中實際包含了四則公案，分別是：第一則，永嘉玄覺「振錫攜瓶，繞祖三匝」，以示「法性平等」之義，永嘉玄覺站在「法性理體」上發言；第二則，是從惠能責難永嘉玄

覺為何在「相」上「生大我慢」，永嘉玄覺後來回答了一段機鋒；第三則，是永嘉玄覺「具威儀參禮，須臾告辭」，表示「理事一如」與「勘印完契」（互相勘驗、印證已經完畢與契合）；第四則，從惠能對玄覺說「返太速乎？」開始到「少留一宿」，說明兩人對「法性無生」的見地。以上四則，都有禪宗根本見地的「體」與「用」。從「體」上而言，玄覺「振錫攜瓶」與說明「無常迅速」是「單提法體」，惠能論之「何不體取無生」的「橫陳法用」，玄覺立刻表示「體即無生」的見地，這是說明禪宗根本見地的「體」，又說「了本無速」的見地，這是說明禪宗根本見地的「用」。由於玄覺已經掌握了禪宗根本見地的「體」與「用」，所以惠能當下印證說「如是！如是！」到此玄覺已完成參訪惠能的目的，所以準備離開，此時惠能說「返太速乎？」這是一語雙關，一者就世俗的角度而言，走的太快好像客人無情主人無義，二者相對應前面玄覺所說的「了本無速」，既然是「無速」，又為什麼立刻要走，有來有去呢？這是一種法戰，玄覺當然聽得出來，他說「本自非動，豈有速耶？」表示他的見地是沒有問題的，佛性的本體即是「非動」，所以不可能有來去的「速」。惠能並未因此撒手，進逼一步說：「誰知非動？」一刀切入，直指人心，未料玄覺當仁不讓，反將一軍說：「仁者自生分別。」玄覺表示他已體證無生的境界，所以沒有「人我之分」的問題，當然也沒有前面所說的「速」的問題。到此，惠能話鋒一轉，以順境法說：「汝甚得無生之意。」這也是一語雙關，一者表示玄覺已能深入的了解法體無生的究竟實義，二者再試探玄覺對「汝」這個人是否還有執著，結果玄覺並未上當，他說：「無生豈有意耶？」著力不在「人」上，還是扣緊法體的根本性質，說明不落有意無意的二元對立。到此，惠能再進一步，試探玄覺沒有「人執」之後，是否有「法執」呢？所以惠能又問：「無意誰當分別？」表示既然無意，又是「誰」去分別呢？玄覺的回答是：「分別亦非

意。」這句話甚為微妙，他的意思是說，我已體證親見無生的法體，不僅沒有人我的分別，更無意識的二元對立的思考，縱使明了「法體無生」與「世間無常（二元對立）」的實相，但是對於兩者之間的「分別」，也不是運用世間思考的「意識」，因為我（玄覺）是親證法性的，此處則是充分的說明禪宗根本見地的「用」。最後，惠能高度的讚歎說：「善哉！善哉！少留一宿。」惠能說的「少留一宿」，是多麼的「老婆心切」，因為從整則公案看來，惠能是高度的肯定玄覺對禪宗根本見地的「體」的親證與認知，但是也循循善誘的教導引發玄覺對禪宗根本見地的「用」的善巧與融和。最後的「少留一宿」，畫龍點睛，似乎告訴玄覺「汝甚得無生之意」的同時，也應該善巧與融和世間法與出世間法，觀照人間有情的美好啊！

　　接著看第二則：

　　　師（洞山良价）將圓寂，謂眾曰：「吾有閑名在世，誰為吾除得？」眾皆無對。時沙彌出曰：「請和尚法號。」師曰：「吾閑名已謝。」（普慧本新文豐印《景德傳燈錄》卷15，頁293。）

　　這一則公案饒富深意，因為洞山良价禪師是曹洞宗的祖師，禪法的表達較為寬和，在圓寂之前，可能仍然希望多接引徒眾，看看是否有得法的傳人，於是假託有「閑名在世」，盼望有人能深契法要，得個傳人而了其心願。結果在「眾皆無對」的情況下，有一位沙彌站出來說：「請和尚法號。」表面上是明知故問，事實上是「以用顯體」的進路，洞山良价禪師一聽當下印可說：「吾閑名已謝。」從這則公案看來，洞山良价可能是預設了弟子們對禪宗根本見地的「體」，已有正確的認識，可是擔心弟子們對禪宗根本見地的「用」並不熟練，所以出個題目考考徒眾，因此以「閑名在世」為題，暗

喻有執著煩惱的時候該怎麼辦。結果竟然冒出一位沙彌說「請和尚法號」的反問語，可見這位沙彌的見地甚高，對於法性的作用也十分的熟悉，換句話說是將禪宗根本見地的「用」展露無遺，因為他真正「請」的不是洞山良价的法號，而是「請」出根本的問題，那就是「誰有法號？」「有法號的是誰？」「法號是什麼？」沙彌用反問的方式突顯了禪宗根本的見地，那就是一切都是空幻無生的，世俗的「閑名」不過是「假名為有」的，所以沙彌的「請和尚法號」是以為世俗的「閑名」是無須破除的，提出「即俗即真」的見地，跳脫了「如何除閑名」的限制思考，一針見血的點出這個問題並不真實存在，以「有」破「有」，以「空」悟「空」，將二元對立打作一處，也充分說明洞山良价早年「過水睹影，大悟前旨」中「渠今正是我，我今不是渠」的法旨。

　　第二，禪宗根本見地的「共」與「別」，是指「佛性本體的本質共性」與「佛性本體的認知別相」。在禪宗的發展史上，曾經出現許多的宗派，這些宗派形成的歷史背景與意識形態都非常的複雜，大體上走的是「傳承法脈」的禪史與「修行法要」的禪法兩條二而一的進路。因此，達摩禪初傳一人，但是到了四祖道信，在其門下流出牛頭法融別立一宗，在《景德傳燈錄》卷 4 登錄有「金陵牛頭山六世祖宗」。此外，在五祖弘忍門下，也禪開南北二宗，至於惠能門下大分荷澤神會、青原行思與南嶽懷讓等三系，再由行思與懷讓門下衍生五家七派，這些宗派的分支流變，雖然也都是禪宗的一系，但是往往在禪法的認知理解或見地上，就會產生很大的歧異或論爭。因此，這些禪宗宗派的產生就形成了對禪宗佛性本體有「本質共性的了解」與「不共的別相認知」等情形。關於此點，中晚唐的宗密已經意識到這個問題的嚴重性。宗密在《禪源諸詮集都序》中，由於編輯《禪源諸詮集》的緣故，收集大約有百家之多，但是禪法的分類，概分為十家：「今且所述殆且百家，宗義別者，

猶將十室：謂江西、荷澤、北秀、南侁、牛頭、石頭、保唐、宣什及稠那、天台等。」[64]其中，天台並非是禪宗的宗派。在《圓覺經大疏釋義鈔》中，宗密曾論及禪宗的七家：北宗、淨眾宗、保唐宗、洪州宗、牛頭宗、南山念佛門禪宗與荷澤宗；在《禪門師資承襲圖》中則分為四家：北宗、洪州宗、牛頭宗與荷澤宗。此外，宗密也在《禪源諸詮集都序》中，判分禪宗有三宗：息妄修心宗、泯絕無寄宗與直顯心性宗。[65]宗密對這些宗派的分判都是以「禪法」為判攝的標準，顯然禪法都是肯定「佛性是不生不滅的」，但是對於修行哲學的系統，卻有不同的認知，簡單的說就是有「不共的見地」。若以宗密的著作而言，他在《禪源諸詮集都序》、《圓覺經大疏釋義鈔》與《禪門師資承襲圖》等著作中，都說明了他分判的各宗的見地，筆者為此特製表如下：

宗密對禪門各宗的禪法見地判攝一覽表	
五種禪名	五種禪的根本見解與禪法特質
(一)外道禪	帶異計欣上厭下而修者。
(二)凡夫禪	正信因果，亦以欣厭而修者。
(三)小乘禪	悟我空偏真之理而修者。
(四)大乘禪	悟我法二空所顯真理而修者。
(五)最上乘禪（亦名如來清淨禪，亦名一行三昧，亦名真如三昧）	達　摩　禪　的　共　同　見　地
	若頓悟自心本來清淨，元無煩惱，無漏智性，本自具足。此心即佛，畢竟無異，依此而修者。
	再　判　三　系（《禪源諸詮集都序》）
	息　妄　修　心　宗　泯　絕　無　寄　宗　直　顯　心　性　宗

(表格左側縱列標示：分判禪有五種)

---

[64] 見宗密：《禪源諸詮集都序》，《大正藏》第 48 冊，頁 400b 至 c。

[65] 請參閱拙著黃連忠：《宗密的禪學思想》，台北：新文豐出版公司，1995 年 4 月台 1 版，頁 103。

（《禪源諸詮集都序》）

見地特質與理論根據	說眾雖生本有佛性，而無始無明覆之不見，故輪迴生死。諸佛已斷妄想，故見性了了，出離生死，神通自在。當知凡聖功用不同，外境內心各有分限。	說凡聖等法，皆如夢幻都無所有，本來空寂，非今始無，即此達無之智亦不可得。平等法界，無佛、無眾生。法界亦是假名，心既不用，誰言法界無修不修，無佛不佛。	說一切諸法若有若空，皆唯真性。真性無相無為，體非一切，謂非凡非聖……然即體之用，而能造作種種；謂能凡能聖，現色現相等，於中指示心性。復有二類：（江西洪州宗）、（荷澤神會宗）然此兩家皆會相歸性，故同一宗。
分判的宗派	南侁、北秀、保唐、宣什。（牛頭、天台、惠稠、求那等，進趣方便，亦即大同，見解即別）	石頭、牛頭、徑山。（荷澤、江西、天台等門下亦說此理，然非所宗）	荷澤、洪州。

	北宗	保唐宗	牛頭宗	淨眾宗	荷澤宗	洪州宗
各家禪法見地的別相（《禪門師資承襲圖》）	眾生本有覺性，如鏡有明性。煩惱覆之不見，如鏡有塵闇。若依師言教，息滅妄念，念盡則心性覺悟，無所不知，如磨拂昏塵，塵盡則鏡體明淨，無所不照。	言滅識者：即所修之道也。意謂生死輪轉，都起心起妄。不論善惡，不起即真。亦不似事相行，以分別為怨家，無分別為妙道。	體諸法如夢，本來無事，心境本寂，……有此能了之智，亦如夢心，乃至設有一法過於涅槃，亦如夢幻。既達本來無事，理宜喪己忘情。	言三句者：無憶、無念、莫忘（妄）也。意令勿追憶過去之境，勿預慮未來榮枯等事，常與此智相應，不昏不錯，名莫忘也。或不憶外境，不念內心，脩然無寄。	諸法如夢，諸聖同說。故妄念本寂，塵境本空。空寂之心，靈知不昧。即此空寂之知，是汝真性。（然知之一字，眾妙之源。）	即今能語言動作，貪瞋癡忍，造善惡，受苦樂等，即汝佛性。即此本來是佛，除此無別佛也。（起心動念，彈指動目，所作所為皆是佛性。全體之用，更無別用。）
學說宗旨	拂塵看淨，方便通經。	教行不拘而滅識。	本無事而忘情。	三句用心，為戒定慧。	寂知指體，無念為宗。	觸類是道而任心。
哲學本體	息滅妄念，念盡則心性覺悟，無所不知。	起心即妄，不論善惡，不起即真，無是無非。	本來無事，心境本寂非今始空，迷之為有。	無	妄念本寂，塵境本空，空寂之心，靈知不昧。	起心動念，彈指動目所作所為皆是佛性。
修行理論	時時拂拭，莫有塵埃。	一切任他但貴無心。	本來無事，喪己忘情。	無憶、無念、莫忘。	知之一字，眾妙之源。	一切天真，任運自在。

修行方法	息滅妄念如磨拂昏塵。	一切任他而無分別於滅識。	喪己忘情為修。	不憶外境，不念內心，脩然無寄。	念起即覺，覺之即無，修行妙門，唯在此也。	任心而修。
見解特質	一切皆妄。	一切無心。	一切皆無。		直指知見。	一切皆真。
宗密評論	此但是染淨緣起之相，反流背習之門。朝暮分別動作一切皆妄。		本無事為悟，忘情為修。		於解則見諸相非相；於行則名無修之修。	朝暮分別動作一切皆真，念念全真為悟，任心為修。

　　從以上的簡表中，不難發現宗密將禪判爲五種，其中有三類：第一類，所謂外道禪、凡夫禪，是佛教以外的世間禪；第二類，所謂的小乘禪、大乘禪，是佛教不究竟的禪；第三類，所謂最上乘禪、如來清淨禪、一行三昧、真如三昧的禪是達摩禪，也是佛教的究竟禪，說明中國禪宗「達摩門下展轉相傳者，是此禪也」的源流。所以，宗密以爲所有禪宗的各宗派，其共同的根本正見是「若頓悟自心本來清淨，元無煩惱，無漏智性，本自具足。此心即佛，畢竟無異，依此而修者」的共法，雖然此共法仍有嫡傳及旁支的情況，但也說明達摩禪的根本見地是「自心本來清淨，元無煩惱，無漏智性，本自具足。此心即佛，畢竟無異」的進路。所以，在理論上，宗密以爲不論在任何的禪宗宗派或是旁出法系，都應該是秉持這個見地的大原則，然後才在小地方分割出去，形成大同而小異的情形。究竟是否如此，恐怕還要精細的辨別，但此舉主要之目的是說明達摩禪的「佛性本體的本質共性」之共同見地。至於宗密又判達摩禪有三宗：息妄修心宗、泯絕無寄宗與直顯心性宗，其中直顯心性宗乃達摩禪的嫡傳，其他爲旁支，所以三宗的禪法見地是不同的。因爲宗密強調的是「禪教一致」，所以他以教門三種：一密意依性說相教，二密意破相顯性教，三顯示真心即性教，相當於「有宗」、「空

宗」與「性宗」配對相符於「息妄修心宗」、「泯絕無寄宗」與「直顯心性宗」。以上三宗的禪法見地各有別相，落入具體的宗派及禪師個人，又可分別爲「息妄修心宗」的「北宗神秀」、「保唐宗」；「泯絕無寄宗」的「牛頭法融」、「淨眾宗」；「直顯心性宗」的「荷澤神會」、「江西洪州」等各宗，宗密判攝各宗的依據，即是各宗禪法的佛性本體的認知別相，所以說禪宗根本的見地是有「共法」與「別相」的。

　　第三，禪宗的根本見地有「實」有「權」，是指「佛性本體的真實了義」與「佛性本體的教化方便」。若以「佛性本體的真實了義」而言，則是離言絕相、離文字相、究竟寂滅的，因此維摩一默聲大如雷，祖師一喝頓超三界，也無法以任何形式表達「真實了義」的境界，必須唯證乃知，實證不生不滅的如來法身涅槃體性。因此，若以「真實了義」的標準而言，其主要的根本性質有以下四點：其一，以如來法身而言，佛性本體是自性清淨、無漏無爲的；其二，以涅槃體性而言，佛性本體是不生不滅、無生寂滅的；其三，以真如法性而言，佛性本體是無有變異、畢竟空寂的；其四，以法界實相而言，佛性本體是超離虛妄、即心即佛的。至於「佛性本體的教化方便」，則是禪宗祖師本於佛性本體的根本見地，以教化的目標與方便善巧的手段，指引學人明心見性。因此，在禪宗語錄公案中，處處可見禪師基於「佛性本體的真實了義」之根本見地，然後同時施于學人「佛性本體的教化方便」。筆者舉出以下二例說明之：

　　在《景德傳燈錄》中有一位「打地和尚」，其禪風頗爲有趣：

　　　忻州打地和尚，自江西（馬祖道一）領旨，自晦其名。凡學者致問，惟以棒打地而示之，時謂之打地和尚。一日，被僧藏卻棒，然後問，師但張其口。僧問門人曰：「只如和尚每有人問便打地，意旨如何？」門人即於灶底取柴一片，擲在

釜中。（普慧本新文豐印《景德傳燈錄》卷8，頁142。）

打地和尚從江西馬祖道一和尚處得個法眼，已經有體證無生的經驗，這是他的根本見地，也是充分了解「佛性本體的真實了義」。然而凡是有學者致問佛法真實了義時，他卻「惟以棒打地而示之」的方式回答，這裏面恐有玄機，一者可能是打地和尚在悟道時的因緣是如此的，所以依其本事因緣當下呈現入道的門徑，而不透過任何語言文字的表達；二者，以修證的原理而言，打地和尚惟以打地示之，以當下的現量展現「佛性本體的真實了義」，這也是其教化的方便之一；三者，若以佛法證悟後生起的「後得智」或「差別智」或「解脫知見」而言，可能打地和尚在這方面仍然是不夠成熟。[66] 至於取灶底柴一片而擲在釜中，就暗示了如此的見地仍不透澈，還須精細鍛鍊一番。

在《景德傳燈錄》另錄有一則「南泉斬貓」的重要公案：

> 師（南泉普願）因東西兩堂各爭貓兒，師遇之，白眾曰：「道得即救取貓兒，道不得即斬卻也。」眾無對，師便斬之。趙州自外歸，師舉前語示之，趙州乃脫履安頭上而出，師曰：「汝適來若在，即救得貓兒也。」（普慧本新文豐印《景德傳燈錄》卷8，頁133。）

南泉禪師因爲東西兩堂落入世間二元對立的爭執中，執著貓兒是實有之物，南泉和尚秉持著「佛性本體的真實了義」的見地，所以立一個題目，設置了「道得即救取貓兒，道不得即斬卻也」的機鋒，結果「眾無對」，無法以真實了義的證解回應這個問題，於是

---

[65] 筆者以「可能」來詮釋，並非是臆測，而是禪宗公案是當下唯一的機緣，筆者以自覺的察知預設的份際，所以用「可能」來說明。

南泉便斬了貓兒，後世也常引此公案爲教材，說什麼「出家和尙爲什麼殺生斬貓」？其實這是南泉禪師的「依於佛性本體見地的教化方便」，因爲一切法皆是無生，貓兒是無生，東西兩院人是無生，「道得即救，道不得即斬」也是無生，斬貓也是無生，一切如如，南泉禪師沒有執著，故如法，眾人無對是因爲一者執著貓兒是有，二者是被機鋒所騙，所以南泉斬貓，可以說斬得有理，但也可以不斬貓，因爲一切無生，如戲如夢。結果這個機鋒被趙州勘破，他以「乃脫履安頭上而出」。一般詮釋著會將此公案說成是各種象徵，其實當場有明眼人（如趙州禪師）他做出任何動作言語表達，或是不說一句話，只要契合無生之意，貓兒都會得救，這才是正解，至於附會各種解釋是多餘的。因此，從這則公案可以看出禪師在禪宗的根本見地上有「實」有「權」，大機大用，不拘一格的。

第四，禪宗根本見地的「法」與「義」，是指「佛性本體的實證體相」與「佛性本體的義理詮釋」。在《大乘起信論》中有所謂「離言真如」與「依言真如」，「離言真如」指的是禪師們實證的法性，是離開言說表達的；「依言真如」是指依照實證真如的境界說明法性的基本原理。因此，禪宗的根本見地，主要是來自於實證的體驗，也是對佛性本體證見的體相真實的契入，這佛性本體的體性如《大乘起信論》所說的「所言法者，謂眾生心」，然後「佛性本體的義理詮釋」是「依於此心顯示摩訶衍義」，於是「一心開二門」，其中的「一心」是眾生心，是禪宗根本見地的「法」，是「佛性本體的實證體相」；所謂的「一心開二門」，是指在一心的「法」中有兩種詮釋與修證的進路，分別是「心真如門」與「心生滅門」。至於所謂的禪宗根本見地的「義」，是「佛性本體的義理詮釋」，也就是《大乘起信論》中所謂的：「所言義者，則有三種。云何爲三？一者體大，謂一切法真如平等不增減故；二者相大，謂如來藏具足無量性功德故；三者用大，能生一切世間出世間善因果故。」

也就是以「體相用範疇」說明佛性本體的特質。從禪宗根本見地的「法」的立場而言,乃是「唯證乃知」,也是「佛性本體的實證體相」;從禪宗根本見地的「義」的立場而言,就是依據體相用範疇詮釋佛性本體的基本特質及開顯的殊勝意義。

第五章　禪宗公案修證境界論

第一節　從開悟思想論禪宗公案修證境界論的形成與意義

一、何謂開悟？開悟的定義、內容、原理與條件

　　遠在印度的釋迦牟尼佛開始，佛教是建立在「一個新的觀點」基礎上發展成後世許多的宗派，其中所謂「一個新的觀點」，也就是「悟」。佛教秉持著「以禪出教」的基本性格，強調合理的懷疑與真實的體驗，源頭即是釋迦牟尼佛在菩提樹下的「悟」，這一「悟」開啓了佛教乃至於「禪」的視窗，爲人類的生命指引出一條前所未有的道路。因此，釋迦牟尼佛的「悟」，就成爲佛教成立的最主要根據，也是佛教徒的終極目標與理想寄託所在，甚至可以說佛教或禪宗是以「悟」爲基本原則與檢證標準的，也以「悟」爲萬法的根源與存在的價值。所以，「悟」是佛教最爲核心的觀念，其中又以中國的禪宗特別講求「悟」的見地、相貌與修行工夫，尤其是禪宗語錄公案的內容裏，或隱或顯，都是扣緊了「悟」的主題而環繞開發的，所以研究「悟」的本質及原理，才能深入了解禪宗精闢的思想，才能揭示禪宗教義的底蘊，才能突破禪宗公案文字的迷障，最後彰顯並發起「悟」的價值與妙用。

　　什麼是「悟」呢？季羨林以爲在梵文和巴利文中約略有三個動詞與「悟」字的意義是相當的，其中第一個是 Vbudh，前面可以加上詞頭 pra 等等，意思是「醒」、「覺」、「悟」；第二個是 Vvid，前面可以加上詞頭 sam 等等，意思是「知道」；第三個是 Vjñā，前面可以加上詞頭 ā 等等，意思是「知道」。季羨林認爲其中以第一個最爲重要，因爲漢譯的「佛陀」，在梵文和巴利文中是 buddha，是 Vbudh 的過去分詞，意思是「已經覺悟了的人」、「覺者」、「悟者」，季羨林以爲佛陀就是一個「覺者」、「悟者」，由此可見這個「悟」字的重要意義。[1]可見，從釋迦牟尼佛是一位「覺悟的人」的基本觀點，了解到使釋迦牟尼佛「覺悟」的內容成就了「佛」這項尊號及背後的意義，換句話說，釋迦牟尼佛他「悟」的內容是十分重要的。此外，在漢語的使用中，「悟」這項名詞在《說文解字》中，釋爲「覺也，從心吾聲」，又「覺」是「寤」的意思，都有生理上醒覺、睡醒等意思。此外，在《莊子‧田子方》中有「物無道，正容以悟之，使人之意也消」的記載，是指得道的真人，遇見無道的人，不用言語的責備，就自正容貌儀態，以實際的行爲去啓悟他，所以此處指的是精神心理上的知曉、領會與明白。其中的「悟」，在成玄英疏中釋爲：「令其曉悟，使惑亂之意自然消除也。」然而，中國原有概念的「悟」，不論是醒覺或是領悟，都與佛教所謂的「悟」是有很大不同的，一般而言，從知解意識的領悟，佛教將其歸類爲「解悟」；只有身心契證真如實相的涅槃境界，被稱爲「證悟」，才是佛教特別指涉的「悟」。當然，佛教的「悟」，包含有「解悟」與「證悟」的分別，但是以「證悟」爲其目標及根本原則。此外，又有所謂「漸悟」與「頓悟」的判攝，以時間及禪法的特質說明「悟」的發生狀態。至於在佛教語詞的使用上，鈴木大拙以爲「悟」又可

---

[1] 請參閱季羨林代序、黃河濤著：《禪與中國藝術精神的嬗變》，台北：正中書局，1997 年 8 月台初版，頁 9-13。

以分爲名詞及動詞：動詞的「悟」是參究的意思，名詞的「悟」是指「悟境」或是「悟」到的內容。所以必須依照實際的情況或是文獻的前後脈絡來看，才能了解其所指爲何。[2]

　　因此，何謂「悟」呢？「悟」在佛教的發展中，往往因爲不同的時期或是宗派的分別，而有大同小異的差距，或是因爲詮釋的方式及用詞的詞義差別，顯示若干的出入，但是「悟」的根本內容是一致的。大體上「悟」在佛教名詞的使用有以下四種具體的內涵及其意義：

　　第一，「悟」是指體驗了釋迦牟尼佛當年在菩提樹下所「見」及所「知」的宇宙真理，親證不生不滅的涅槃境界，可以說是「開佛知見」。

　　第二，「悟」是指澈底的洞視了宇宙人生等一切萬法的虛幻，了解一切實相，當下破除了對世間事物的執著及偏見，可以說是「破除虛妄」。

　　第三，「悟」是指現量經驗的觸證，同時超越身心意識覺受的種種限制，體驗了言語文字無法形容的妙境，此妙境是無我及無我相的，因此跳脫三界，可以說是「不受輪迴」。

　　第四，「悟」是指從真實的體驗中認識了正確的宇宙真理，並且重新爲世間諸法安頓價值的層次，能夠將世間法與出世間法融和而開展，可以說是「萬法通達」。

　　因此，禪宗所謂的「開悟」，即是「開啓了佛的知見」，破除了世間諸法的虛妄，可以不受輪迴的纏縛而能萬法通達。如同天台宗所謂的「一心三觀」，在一心中同時證得一切智、道種智、一切種智等三智之果，即爲成佛。然而禪宗的「開悟」，也有討論悟境的大小及深淺問題，所以不是一悟即成佛，其中或有些階級次第須

---

[2] 請參閱鈴木大拙著：《鈴木大拙全集・第一卷》〈第三章　悟りと悟る　下〉，日本東京：岩波書店，1968(昭和 43 年)年 3 月 25 日發行，頁 124。

要討論。因此，禪宗的「開悟」，是一項專有名詞，並不同於世間一般用法的「醒覺」或「領悟」之類的，而是專指「悟入了真如法性」的體驗，同時超越了身心世界及世間所有而洞悉了宇宙真實相貌。許多古往今來的中外學者，時常誤解了禪宗「開悟」的真實義，以爲是心理的轉變或是了解什麼玄妙的道理。綜合有下列的誤解：

其一，以爲禪宗的「開悟」是「心理的極大轉變」，開啓了一種屬於心理上新的觀點，是「心理的體驗」，是一種「心領神會」，而以此認爲「開悟」是「心理」層面的問題，並且相對於「身體」的生理層面，進而認定禪宗開悟的意義。

其二，以爲禪宗的「開悟」是「進入宗教的神秘境界」，這項觀點是植基於佛教如同其他宗教的性質，以爲「開悟」如同基督教或其他宗教所謂的「神聖體驗」，主要是以「忘我」、「契合神旨」爲思考進路，進而認定禪宗開悟的意義。

其三，以爲禪宗的「開悟」是「體會物我一體的境界」，如大梵天的「梵我合一」的思想，或是道家式的「天人合一」思想，以爲禪宗「開悟」是「契入自然的境界」。此外，也有以「悟」爲「心」與「吾」字合，所以認爲「悟」是心與我的合一，走的是「萬化冥合，物我同體」的思考進路。

其四，以爲禪宗的「開悟」是「體會言語之外的意境」，這是從中國哲學史中「以莊解禪」或是《易經繫辭傳》引發的「言意之辨」的思考方向，特別是宋代以後在文學發展史上所謂的「以詩寓禪」、「以禪喻詩」的思考進路，以爲「妙趣不由文字傳」、「等閑拈出便超然」，於是詩禪相發，以詩歌的興起意境比喻禪悟的妙境，是「以意解禪」的思考進路。

以上四點，在禪學思想的詮釋著作中可以說是隨處可見，一般通俗解說的文字尚且不論，許多研究佛教的學者在禪宗「開悟」的定義上，也是時常出現語義含混不明的情形。其實，禪宗的「開悟」，

所體驗的非但不是「心理」或「生理」涉及的層面，更非一般宗教的「神秘境界」，所以沒有任何「神的意旨」或是「天啓」的思想，更非預設了「我」、「天」、「宇宙本體」等存在，因爲佛教以爲一切諸法緣起性空，並無真實不變的「我」，一切法皆無自性，也就是說一切法沒有不變的本性，一切都會因爲因緣的聚散而無常改變的。既然無「我」可得，無「天」可立，又何來「天人合一」呢？何來「物我同體」呢？至於，「體會言語之外的意境」是「以意說悟」的詮釋方式，其實禪宗的「開悟」是悟到萬法虛幻不實的真理，既然無「我」，又何來心意識呢？況且以心意識掃描到的所有境界，都是三界內的層次，其實是與「悟」了無關涉的。

　　禪宗的「開悟」，在近代學者方面有一些看法是值得進一步討論的，如鈴木大拙是以禪悟的體驗者自居，[3]所以對「開悟」有一番發乎經驗的見地，首先看他對「悟」所下的定義：

　　　「悟」這個字，日文讀作 satori，中文讀作 wu。梵文「菩提」（bodhi）與「佛陀」（Buddha）兩語皆出同一字根 bud，含有「悟」和「覺」的意思。故「佛陀」即是「覺者」，而「菩提」則為「覺悟」。「佛教」（Buddhism）意指覺者之教，這也就是說，佛教即是覺悟的教說。因此佛陀所說所教，皆為菩提的體現，亦即是悟。悟是佛教各宗的核心。有人以為

---

[3] 鈴木大拙曾經自述其參究「無」而開悟的過程：「直到那時，我一直意識到『無』仍在我的心中。但只要我意識到『無』在我的心中，那就意味著它與我有著相當的隔膜，而那就不是真正的三昧境地。不過，到了大約第五天『接心』快要終了時，我已不再意識到『無』了。我已與『無』合而爲一了，與『無』打成一片了，因此，由於意識到『無』所含的隔膜也就不再存在了。而這就是真正的三昧境界。但祇是進入此種三昧仍然不夠。你必須走出那種境界，從三昧中覺醒過來，而這種覺醒就是『般若智慧』。從三昧出來看清它的本來面目——那就是悟的時刻。在那次『接心』中，當我走出那種三昧境界時我在心裡說：『我看到了。這就是了。』」見鈴木大拙原著，徐進夫譯：《禪天禪地》，台北：志文出版社，1989 年 8 月再版，頁 27-28。

悟祇是大乘佛教的特色，但事實上並非如此。早期的佛教弟
子亦談「菩提」的體現，只要他們談到「菩提」，便不得不
說他們以悟的經驗為其學理的依據或基礎了。[4]

　　鈴木大拙以為「悟」即是「菩提」（bodhi），也就是「覺」的
意思，說明佛教是以「菩提的體現」的經驗為佛教學理的依據或基
礎，而且是通於大小乘佛教的基本教義。至於，鈴木大拙對「開悟」
的看法又是如何呢？他說：

　　開悟是此前從未想到的一個新的真理的驀然閃現。開悟是累
　　積許多知識與情感的東西之後突然發生的一種心靈的大變
　　動。這種累積達到最大極限之後，便完全塌倒在地，而一個
　　新的天空於焉盡呈眼底。清水冷到某種程度之後，立刻冰凍
　　起來，而使液體變成了固體，而不再能夠流動。當你覺得你
　　已竭盡一切時，開悟之事便在不知不覺中臨到你的身上。從
　　宗教上來說，這是一種新的誕生，而從倫理道德上來說，則
　　是個人與世界關係的一種重估。如此一來，這個世界上好像
　　著上了另一種不同的衣裝，遮掩了二元論的一切醜態，因為，
　　這種二元論係由推論和謬誤而來，在佛教的用語中叫做幻妄
　　（māyā）。[5]

　　鈴木大拙這段話有許多的說明是值得商榷的，因為禪宗的「開
悟」絕對不會是「累積許多知識與情感」後突然發生的一種「心靈

---

[4] 見鈴木大拙著，徐進夫譯：《禪天禪地》，台北：志文出版社，1989 年 8 月再版，
　　頁 39。
[5] 見鈴木大拙著，徐進夫譯：《歷史發展》，台北：志文出版社，1989 年 10 再版，
　　頁 289。

變動」，[6]因為禪宗認為知識是葛藤，情感是障道因緣，何況是去「累積」，甚至要「累積達到最大極限」，如何能因此「開悟」呢？知識與情感再怎麼累積，終究還是知識與情感，煮砂是不能成飯的，因為知識與情感是世間的因，如何能結成出世間的果呢？因此他以清水冰凍為喻，說明從知識與情感到開悟的成立是無法證成的。然而，鈴木大拙以「新的誕生」與「關係重估」說明開悟以後的價值與影響，這是可以被接受的，但是他又說如此可以「遮掩了二元論的一切醜態」，他是以二元論為世間思考的源頭，也就是所謂的「幻妄（māyā）」，既然如此，那「知識與情感」算不算是二元論的幻妄呢？顯然鈴木大拙對「開悟」有很大的誤解，這也許是譯者的錯譯，若不是的話，吾人有足夠的理由質疑鈴木大拙是否為禪悟的真實體驗者，既使對「開悟」以通俗的解說，都不會犯下如此的錯謬才是。當然，鈴木大拙對「開悟」的解釋還有多處提及，可能前後期思想的轉變差異，亦未嘗可知，如他對「開悟」曾另外解釋為：「對於萬法的自性所得的一種直覺或直觀的透視，與分析上的或邏輯上的理解正好相反。」[7]這樣的解釋是以「直覺或直觀」詮釋「開悟」的狀態，但是「直覺」是經過六根感官與六識作用的過程嗎？如果答案是否定的，那可以被解釋為「直觀」；但若是答案是肯定的，直覺還是經過六根感官與六識作用的過程，那是屬於心意識的範圍，而非「開悟」的層面。

　　此外，在廿世紀傑出的心理分析學家艾利克・佛洛姆（Erich Fromm）的著作中，提到他對開悟的定義及描述：

　　　　開悟不是心智的變態；它不是一種神智恍惚狀態。它不是可

---

[6] 鈴木大拙的這一段說法，可能是譯者在翻譯時的錯譯，或者是有前後文脈絡的特殊指涉。

[7] 見鈴木大拙著・徐進夫譯：《歷史發展》，頁210。

以見之於某些宗教現象中的自我迷戀心智狀態。……如果我
們想用心理學的說法來說明開悟，則我要說，它是這樣一種
狀態，在這種狀態中，人完全和他外在的真實及內在的真實
一致，他對於那真實充份認知，並且充份了解。他認知它——
——而不是他的頭腦，也不是任何其他部份，而是他，是整個
的人。他認知它；不是把它當做一個用思想去了解的客體，
而是它——那朵花，那隻狗，那個人——是在它或他之內的
充份的真實性中去認知它。覺醒的人對世界是開放的，有回
應性的，而他之所以能夠開放和回應，是因為他不再把自己
當做一個物來執著，因此他變得空虛，而準備著接受。開悟
的意思是「整個人格對於真實的充份覺醒」。[8]

　　佛洛姆說禪宗的「開悟」不是「心智變態」、「神智恍惚」與
「自我迷戀」等，都是對「開悟」正確的理解，可是他以心理學的
說法說明開悟，以為「開悟」是打破了「內在」與「外在」的界限，
於是「整體的認知」，並且就「是」所指涉的對象，於是打破了主
體與客體的界線，以「是」貫穿了一切也說明了一切。佛洛姆這樣
的說法似是而非，他說「開悟」是「整個人格對於真實的充份覺醒」，
可是覺醒的內容是「是」，這是走「物我同體」與西方哲學本體論
（ontology）的思考進路，因為是「同體」。所以是泯除了主客體的
分別，打破內在與外在的分際，於是再以「是」其所「是」，從事
物「本質」的角度切入，說明一切存在的根據，他以為「開悟」即
是如此覺醒。但是，禪宗的「開悟」，主要是從虛幻的假象中覺醒
過來，也許可以將「開悟」的功能說成是「整個人格對於世間虛幻
的充份覺醒」。

---

[8] 見鈴木大拙、佛洛姆原著，孟祥森譯：《禪與心理分析》，台北：志文出版社，1989
年3月再版，頁176-177。

印順法師在《華雨集》中曾解釋「觸證」的觀念來說明「開悟」
的意義：

> 「觸證」——觸是直接的接觸到，證是證實。法性不是名言，
> 不是聽到，理解，而是般若的直接的觸證。例如一杯蜜，要
> 真的嘗到了杯中的蜜味，才是觸證了。這裏說觸證法性，觸
> 證的觸，與色、聲、香、味、觸、法的觸不同，這觸是法性
> ——真理的親切體驗，中國學者每稱之為開悟，或證悟。[9]

印順法師的解釋深合佛教思想的真實義，其中的「證」釋為「證
實」，而不是向外求索而得，而是「證實」了真如法性。同時，由
於法性不是名言玄理之類的，所以無法以感官的聽聞或思考而得，
必須親身的體驗。但此體驗與六根對應六塵的「色、聲、香、味、
觸、法」是不同的「觸」，因此是身心全體契入不生不滅的法性的
「觸」。在《楞嚴經》中說：「明不隨根，寄根明發。」從六根根
性的不生不滅契入法性，所以有二十五圓通法門。因此，以「觸證」
契入法性即被稱為「開悟」，也稱「證悟」。

以上是說明「開悟」的定義及內容，接下來看「開悟」的原理。
所謂的「原理」，在西方哲學 principle 的解釋是「探求與闡發客觀
規律的觀點、命題和理論」，[10]在中文解釋又有「具有普遍意義的最
基本規律」或「事物根本形成根據或變化原因」或「原則」的意義。
因此，若從「形成的根據」立場而言，無疑的，「開悟」的根據是
「佛性本體」或是「不生不滅的法性」；若從「形成的原因」立場
而言，則是說明「悟」的「見地」、「境界」與「修行」三者合一
的共同開展，當然也必須具備「開悟」的條件。所謂「開悟」的條

---

[9] 見印順法師著：《華雨集》第一冊，台北：正聞出版社，1993 年出版，頁 248。
[10] 這裏的解釋是筆者參酌各種辭書的說法，加以綜合歸納而成。

件，有「思想理論」與「修證主體」兩方面。前者說明「開悟」的原理，以及必須具備那些思想周延的基本條件；後者說明企求「開悟」的「人」，必須具備那些思想行爲條件的配合。當然兩者並非截然分割的對立，相反的是必須相互的發明才能「開悟」。

從開悟思想的原理而言，必須具備的是：第一，「法性」或「佛性本體」的真實永恆的存在，這是保障「開悟」或「成佛」的根本可能與根據。第二，「眾生」或「人」必須具備「佛性」，能夠擁有「覺悟」法性的內在潛力。第三，必須具備「開悟的相應見地或觀念」，能夠指引眾生或修行主體契入法性。如果是「人」，佛教謂之「善知識」，如果是觀念，佛教謂之「根本智」或「解脫知見」。兩者綜合起來，就是「因緣」，說明「開悟」必須具備某些條件。

從開悟思想的「修證主體」而言，佛教每以「修行者」稱呼，主要是指「人」。從人透過修行而「開悟」，鈴木大拙以爲禪悟有四項決定因素：

> 我想觀察一下與禪悟經驗相關的幾個主要事實：㈠其中有一種基本的知識裝備，用以促進禪意識的成熟；㈡其中有一種超越自己的強烈欲望，這也就是說，真正的習禪之人，必須立志超越所有一切強加於他個己之上的限制。㈢就中往往需要一位導師的援手，為這個掙扎或奮鬥的靈魂開導；以及㈣某個不知名的地方發生了一種決定性的劇變，在「悟」的名義下進行。[11]

鈴木大拙說的「知識裝備」，應是指「對開悟理論的基本了解」。所謂「超越自己的強烈欲望」，應該不能被解釋爲世俗的欲望，而

---

[11] 見鈴木大拙著，徐進夫譯：《開悟第一》，台北：志文出版社，1988 年 4 月初版，頁 45。

是「上求佛道，下化眾生」的善法欲或求法欲。在小乘佛教的觀念而言，是個人解脫的訴求；在大乘佛教菩薩道的立場而言，是度盡眾生成佛的菩提心與悲願。鈴木大拙以為還須要有一位「導師」，也就是已經開悟的人給予指引。最後，在不知道無預期的情況下，「開悟」的因緣時節來臨，所以這個人開悟了。

聖嚴法師對開悟的條件，也有一段說法以為禪宗學人在修行的準備工夫方面，也是十分重要，修行中必須注意的事項很多，並且說明從明末蓮池袾宏選輯的「禪關策進」一書中，可以得知其梗概。聖嚴法師指出修行者應具備四項開悟的條件：分別是一、大信心，二、大願心，三、大憤心，四、大疑情等。[12]其中所謂的「大信心」有兩項，其一是指信有佛法僧三寶；其二是深信自己的本性與諸佛的佛性是完全一樣的，只要努力不懈即可明心見性。至於「大願心」有「通願」與「別願」，在「通願」方面有四項內容：其一是「眾生無邊誓願度」，其二是「煩惱無盡誓願斷」，其三是「法門無量誓願學」，其四是「佛道無上誓願成」。聖嚴法師認為以上的四大宏願，已經包括了偉大禪者所應具備的各種條件。至於「大憤心」，是指大精進勇猛的心，才能克服一切身心的障礙。最後所謂的「大疑情」，也是禪宗修持的一項特點，聖嚴法師甚至以「生死未了，如喪考妣」與「悟境未現，如糞中蛆」為喻，來說明未悟的凡夫，面對生死無明如同盲者。所以禪宗以一話頭引導禪宗行者萬法歸一，最後一旦思路絕離、心識頓斷的時候，便能出現悟境。

印順法師也認為學佛而求開悟，要達到如此的境界，必須要具備一些因緣與條件，他以為得般若前，先要有「正見」。佛法中所說的「見」，印順法師認為是指「很深刻的了解」，而且是「一種

---

[12] 請參閱聖嚴法師著：《禪的體驗》，台北：東初出版社，1988 年 1 月五版，頁108-114。

堅定、堅固的見解」,[13]也就是大乘法門的重心——發菩提心,以「菩提心」為「見」,就可以建立正確而堅定的見解,由此正見而開悟佛性。[14]印順法師曾引《雜含卷20‧550經》:「世尊現法律,離諸熱惱,非時通達,即於現法,緣自覺悟。」說明即「不待時」,是沒有時間限制的,什麼時候都可以開悟。即於現法,或譯作「即此見」(《雜含卷8‧215經》),意思是:如能修行,當下即會體悟此法。[15]這裏主要說明「開悟」的條件中,還有「非時通達」(當下)這一項。所有的開悟必然是從「當下」呈現,而非站在時間的序列上發生,主要原因是指「開悟」是悟入「無所得」的境界,此境界乃「無人、無我」的無一切相,何況是人類意識分別而造就出來的「時間」乃至於「空間」觀念。既然如此,悟境是跳脫時間與空間的限制,投射在人間的開悟發生之時,也必然是「當下」的零時間。相對的,如果已經開悟的人,以人類的時間序列而言,他長期的浸沐在悟境片雲不掛的法性之中,自然以悟者而言是沒有時間的觀念,所以「當下」也是開悟或悟境現前的一項條件。

以上的說明,是偏向於理論的敘述,若是從禪師修證的實際經驗裏,更能說明開悟的必備條件。其中虛雲老和尚參悟的過程,就符合許多禪悟的基本條件,值得吾人細細思量。在《虛雲老和尚年譜法彙增訂本》中載有他悟道的經過:

> (光緒二十一年乙未五十六歲)在禪堂中晝夜精勤,澄清一念,不知身是何物。……從此萬念頓息,工夫「落堂」,晝夜如一,行動如飛。一夕,夜放晚香時,開目一看,忽見大光明如同白晝,內外洞澈,隔垣見香燈師小解。又見西單師

---

[13] 請參閱印順法師著:《華雨集》第一冊,台北:正聞出版社,1993年出版,頁51。

[14] 請參閱印順法師著:《華雨集》第一冊,頁51。

[15] 見印順法師著:《佛法概論》,台北:正聞出版社,1985年2月6版,頁175。

在圍中，遠及河中行船，兩岸樹木種種色色，悉皆了見。……
予知是境，不以為異。至臘月八七，第三晚，六枝香開靜時，
護七例沖開水，濺予手上，茶杯墜地，一聲破碎，頓斷疑根，
慶快平生，如從夢醒。……因述偈曰：「杯子撲落地，響聲
明瀝瀝；虛空粉碎也，狂心當下息。」又偈：「盪著手，打
碎杯，家破人亡語難開，春到花香處處秀，山河大地是如來。」
16

　　以上這段引文大有蹊蹺，也說明修習禪悟的過程及方法，其中
的環節相扣，也可以說明開悟必備的一些條件。如「在禪堂中晝夜
精勤，澄清一念，不知身是何物」的記錄，說明除了見地之外，「精
進」是修行禪悟的第一要素。「澄清一念」是清淨禪定的功夫，「不
知身是何物」應是指禪定的境界，很可能是未到地定，所以「禪定」
是禪悟的第二條件。「從此萬念頓息」是指收攝心念，不致妄想紛
飛，有「萬法歸一」之勢，因此「攝念歸一」是禪悟必備的禪定要
素。至於「工夫落堂」是指修行用上了力，上了道，上了正軌，不
致於盲混瞎闖，也是所謂「工夫成片」的意思，這是禪悟必備的第
三條件。「晝夜如一，行動如飛」是禪定時的輕安現象，並非禪悟
的境界。至於，「忽見大光明如同白晝，內外洞澈，隔垣見香燈師
小解」，這是眼通開發的現象，是伴隨禪定而發起的，也是心光發
明的情況，在《楞嚴經》中稱此境界為「色陰區宇」，並說是「若
目明朗，十方洞開，無復幽黯，名色陰盡」、「此心澄露皎徹，內
光發明」、「忽於夜半，在暗室內，見種種物，不殊白晝」、「忽
於中夜，遙見遠方，市井街巷，親族眷屬，或聞其語。此名迫心，
逼極飛出，故多隔見」、「禪那現境，皆是色陰，用心交互，故現

16　見岑學呂著：《虛雲老和尚年譜法彙增訂本》，台北：大乘精舍，1986 年 4 月，
　　頁 46-48。

斯事」等，所以《楞嚴經》說以上的現象，都是「非為聖證，不作
聖心，名善境界，若作聖解，即受群邪」。所以，因為虛雲老和尚
對佛法的觀念與知見都十分正確，所以他說「予知是境，不以為異」，
表示對一切在修行過程出現的現象或境界都無須執著，這是禪悟的
第四項條件。在「護七例沖開水，濺予手上，茶杯墮地，一聲破碎，
頓斷疑根，慶快平生，如從夢醒」的敘述中，一者說明開悟的因緣，
是被開水濺到手上，茶杯墮地而破碎，因而打破黑漆桶；二者是說
明開悟的情形與覺受，是當下頓時的截斷了疑根，所以浸沐在法喜
中，又有如迷夢中覺醒過來，識破人間的虛幻。因此，在生活中不
可預期的時節因緣，正是開悟的第五項條件。至於虛雲老和尚作了
兩首開悟偈，說明悟境現起的過程，也值得研究，如「虛空粉碎，
狂心頓息」的情況，是指悟境現前。然而，「虛空粉碎」也可能是
禪定的三昧境界，「狂心頓息」也可能是止心相應時的現象，所以
不能輕率的以為如此便是開悟，畢竟詩偈是言詮，不能依文字的言
詮就以為是開悟的實境。換句話說，開悟詩偈是禪師描述悟境或發
抒見地的憑藉，並非悟境本身，即使帶有美感，那也只是禪詩的美
感而非禪悟的實境。

二、開悟的分類與意義

　　禪宗「開悟」的分類，[17]關涉的問題甚為複雜，其中各家判攝的
標準也不一致。尤其是禪宗自從六祖惠能以後，經歷了各派五世或

---

[17] 禪宗的「開悟」是非常獨特的，聖嚴法師以為與世間一般所謂的「藝術的悟」、
「科學的悟」、「哲學的悟」與「宗教的悟」是有所不同的，並且以為：「禪的立
場來看，以上四種，都不是真的悟境。悟，必定是自我中心的脫落，自私煩惱
的解放，分別執著的破除，所以應該更進一步超越於靈感與靈驗之上，才是真
正的悟境。」見釋聖嚴著：《禪與悟》，台北：東初出版社，1992 年 8 月初版五
刷，頁 11。

九世，流衍出潙仰、臨濟、曹洞、雲門與法眼等五宗。這五宗的禪
法宗旨，其中是以曹洞宗最爲細密，印順法師曾說曹洞宗的「禪風
回互丁寧，親切綿密」。[18]曹洞宗的形成與建立，開始於洞山良价
（807-869），已經屬於晚唐時期，特別是洞山良价創立了「五位頌」
的禪法，標示出「五位正偏」的分判，以此隨順眾生的根機而施以
教化。這項「五位正偏」的禪法，雖然是洞山良价所建立，但其思
想淵源，則是出自於其師雲巖曇晟的〈寶鏡三昧〉一文。後來形成
曹洞宗的「五位君臣」禪法，是用易經的觀念講修行功夫的方法理
論，其中特別取用《易經》的坎、離二卦，以離卦爲主，配合《易
經》的理論，詮釋禪法修持用功的門徑，也是對開悟悟境的分類。
鈴木大拙曾經對此有一段重要的看法：

> 禪的訓練中的五個「步驟」，將會有助於我們對禪的了解。
> 這五個步驟稱做「五位」，位的意思是「境地」，或「階段」，
> 「步驟」。這五個位可以分成兩組：叡知的（noetic）和情
> 意的或意志的（affective or conative）。前三位是叡知的，
> 後面兩位是情意的或意志的。中間的一位，即第三位，是叡
> 知開始轉入意志，知識開始轉為生命之轉捩點。[19]

以上對「五位」的看法，也說明了禪法在體悟過程中所經歷的
各種階段，不過值得注意的是，曹洞宗有時講明講暗，這與中國傳
統哲學中太極思想的陰陽說法是不同的。如果吾人墮入傳統陰陽對
立二元的說法，就會出現基本的錯謬。因爲陰陽的思想對佛法而言
是存於宇宙創生的混沌時期，展現出一個蒙昧無明的結構，也是一

---

[18] 見印順法師著：《佛教史地考論》，台北：正聞出版社，1986 年 12 月 6 版，頁
63。
[19] 見鈴木大拙、佛洛姆原著，孟祥森譯：《禪與心理分析》，台北：志文出版社，
1989 年 3 月再版，頁 102-104。

個世間輪迴的結構。相對的，洞山良价的五位君臣，是在呈示真實
的解脫境界，並且與這世間是無二無別的，也是屬於真空妙有的境
界。[20]

此外，禪宗的「開悟」，又可以分成信悟、解悟與證悟，[21]一般
是將「解悟與證悟」說成是「悟的範疇」。所謂的「信悟」，是由
虔誠的信仰產生信解與領會，這不是禪宗的開悟，而是某種信心的
來源與覺受的層次；所謂的「解悟」，是指由理解宇宙真理或法性
本質而得的通達觀念，這也不是佛教所謂的開悟，而是建立了正確
的知見；最後所謂的「證悟」，則是由實踐而真實的體驗到不生不
滅的法性，是一種觸證，是離心意識，是心意識流截斷之後頓現的
宇宙實相，所以說是「證悟」。

接下來說明「悟」的另一對範疇，是指「漸悟與頓悟」。[22]所謂
的「漸悟」，是指必須經由順序與次第的修行，而後才能逐漸的進
入悟境，也就是說是依照順序漸進的一種覺悟情形；所謂的「頓悟」，
則是指快速而直入覺悟境界的情形，在《禪源諸詮集都序》卷下一
說：「有云：因頓修而漸悟（如人學射。頓者，箭箭直注，意在中
的；漸者，日久方始漸親漸中。此說運心頓修，不言功行頓畢），
有云：因漸修而漸悟（如登九層之臺，足履漸高，所見漸遠。故有

---

20 請參閱洪啓嵩著：《禪的世界》，台北：阿含文化有限公司，1998 年 8 月初版，
頁 173。
21 有關「信悟」的提出，筆者是參考聖嚴法師的看法，請參見釋聖嚴著：《禪與悟》，
台北：東初出版社，1992 年 8 月初版五刷，頁 42。
22 有關於「漸悟與頓悟」的範疇的觀念來源，鈴木大拙以爲頓漸來自楞伽經：「契
悟禪理的這種頓漸觀念，原出『楞伽經』擇別淨化心靈意識想像之流的一節文
字。依照此經解說，此種淨化作用，從某一方面來看，可以說是逐漸的，但從
另一方面來看，亦可說是頓然或當下的。此經說心有兩類：對於某些人而言，
淨化到開悟的境界，不妨經由長久（也許要多生多劫）的習定時間逐漸而至；
但對某些人而言，也許可在一刹那間忽然達到，甚至在開悟之前不曾做過任何
有意識的努力。」見鈴木大拙著‧徐進夫譯：《歷史發展》，台北：志文出版社，
1989 年 10 再版，頁 198。

人云：欲窮千里目，更上一層樓）。」[23]以上是對漸悟與頓悟最好的說明之一。

最後看「悟」的另一組範疇——「三關」說。禪宗有「三關」的各項說法，如「黃龍三關」、「兜率三關」、「一鏃破三關」與「透三關」等。所謂的「黃龍三關」，是指臨濟宗黃龍派的祖師黃龍慧南（1002-1069）設有「生緣」、「佛手」、「驢腳」等三個問題，藉以接引化導禪宗的學人，所以稱爲「黃龍三關」。根據《頌古聯珠通集》卷 38 載有：「人人盡有生緣，上座生緣在何處？」（《卍續藏》第 115 冊・243 上）的說法，正當師徒或賓主兩人在問答交鋒的時候，黃龍慧南卻伸手問：「我手何似佛手？」後來又垂腳問：「我腳何似驢腳？」黃龍禪師生平發出這三個問題，以勘驗學人的境界，據說三十餘年沒有人能夠契合其禪悟的要旨，通透這三關的境界。

所謂「兜率三關」，是指宋代兜率從悅（1044-1091）用以接引化導學人的三項語句。在《無門關》第四十七則：「兜率悅和尙設三關問學者：『撥草參玄，只圖見性，即今上人性在甚處？』『識得自性，方脫生死，眼光落時，作麼生脫？』『脫得生死，便知去處，四大分離，向甚處去？』」（《大正藏》第 48 冊・頁 298 下）其中，第一關是希望能讓學人撥開生死無明的雜草，瞻仰禪宗宗門的真風，然後徹見自己不生不滅的本心法性；第二關希望能讓學人識得衆生本來具足的真性，以期給予透脫生死的根本轉變；第三關希望能讓學人直接透脫生死，才能了知生命畢竟的去處。

所謂「一鏃破三關」，是指唐代澧洲欽山文邃禪師與巨良禪客的問答語句，是一項禪宗公案的名稱，也作「欽山一鏃破三關」，在《碧巖錄》第五十六則載有：「良禪客問欽山：『一鏃射三關時如何？』山謂：『放出關中主看。』良云：『恁麼則知過必改。』山云：『更待何時？』良云：『好箭放不著所在。』便出。山云：

---

[23] 見宗密：《禪源諸詮集都序》，《大正藏》第 48 冊，頁 407c。

『且來，闍黎！』良回首，山把住云：『一鏃破三關即且止，試與欽山發箭看！』良擬議，山打七棒云：『且聽這漢疑三十年。』」（《大正藏》第 48 冊・頁 190 上）。意思是說以一箭射破三道關門，用以比喻一念頓時超越三大阿僧祇劫、以當下的一心貫澈三觀，或是以一棒打殺了對三世諸佛的執著，沒有經過任何階段或次第而直接悟入本來面目的情形。

　　最後，所謂的「透三關」，是指三種由低淺到高深的禪悟境界。第一，是所謂的「破初關」或「破本參」，是說明禪宗學人若是能夠銷盡塵念與截斷心意識生死流後，頓悟不生不滅的法性，徹見諸法的虛妄不實，以及悟得自己心性的本源，也就是禪宗常說的「本來面目」，或是「本地風光」來形容，又作「見性」之說。第二，則是在學人見性之後，再加以用功的修持，則會不但不被「有」觀念所障礙，而且也能不執著於「空」的現象，就被稱為是「透重關」或「破重關」，也有說成是「大死大活」的境界。第三，在「破初關」與「透重關」之後，再加以用功磨鍊，就能夠達到「空有無礙」、「寂照不二」的境界，也就是「透末後牢關」或「破牢關」。三關之說，究竟起於何時何人，已無法考訂，但是後世禪師與禪宗的學者，卻是十分常用這項名詞。不過值得討論的是，禪宗特別是南宗禪本來是強調「頓悟」的法門，為何卻設立「三關」的悟境分類呢？如印順法師就曾說：「禪宗的祖師禪，本是主張一悟百悟而徹底圓滿的；但結果也還是安立三關，次第悟入。」[24]又說：「如祖師禪的頓悟，本無次第，而末流也不能不設三關以勘驗學人。」[25]其實禪宗立三關，或許是因為教學的方便，[26]或許是因為悟境確有淺深而學人

---

[24] 見印順法師著：《中觀今論》，台北：正聞出版社，1987 年 3 月 6 版，頁 237。
[25] 見印順法師著：《無諍之辯》，台北：正聞出版社，1986 年 11 月 6 版，頁 36。
[26] 關於此點，巴壺天曾以為「空」、「有」、「中」即是禪宗的三關，他以此解說三關的意義，也是近代學者教學的融攝與方便。請參閱巴壺天著：《禪骨詩心集》，台北：東大圖書股份有限公司，1990 年 3 月再版，頁 18。

必須明了修學的次第，都是有其重要的意義。

　　最後討論禪宗「開悟」的意義。本章是從「開悟」的主題討論禪宗公案修證的境界，也是公案體相用範疇中的「相」範疇。本來佛教所謂的「境界」，是指「六境」或「六塵」的色、聲、香、味、觸、法，再加上「六根」（眼、耳、鼻、舌、身、意）與「六識」（眼識、耳識、鼻識、舌識、身識、意識）的總合，稱爲「十八界」，也被統稱爲「境界」。然而，本章討論的「修證境界」，是指修習禪宗法門時體悟的境界，也就是禪宗所謂的「悟境」。有關於「悟境」的理論與禪宗學人實際證悟的過程及狀況，具體的呈現在禪宗的語錄公案裏，也就是以公案記載中常使用的「開悟」爲此理論的統攝名詞，因此本章是以「公案修證境界論」爲研究的主題，更具體的說是「公案開悟的理論」，其中討論到修證的「境界」，既然是「悟境」，自然就不是佛教一般所說的「十八界」的「境界」。

　　有關於「開悟」的意義，杜松柏曾經說有五大意義：㈠人與道合、㈡由凡成聖、㈢救世無誤、㈣宗師勘驗、㈤活法求悟等五大意義。[27]杜先生的說法值得參考，也具體的說明禪宗「開悟」的殊勝妙義，其中「人與道合」是指悟者除去汙染、恐懼而充滿法喜；「由凡成聖」是指悟者大休大歇而由凡夫轉爲聖人；「救世無誤」是指悟者在大休大歇之前，尚有「入鄽垂手」的救世功程，特別是開悟以後，更能興起救世的悲心；「宗師勘驗」是指禪師開悟之後，須要其他開悟的師友考察驗正，以求不失宗風；「活法求悟」是指禪宗開悟的「從緣悟達」，是一種「活法」、「無定法」，所以禪宗各派門庭施設各有不同，其理在此。

　　除此之外，禪宗的「開悟」是禪宗成立乃至於佛教成立最重要的基礎，關於此點，鈴木大拙曾有一段令人動容的話：

---

[27] 請參閱杜松柏著：《知止齋禪學論文集》，台北：文史哲出版社，1994 年 11 月初版，頁 49-53。

> 如果沒有「悟」，就沒有「禪」可說；「悟」是禪的一切，
> 也是它的根本。沒有「悟」的「禪」，好似沒有光和熱的太
> 陽。禪也許會喪失它的一切典籍，喪失它的一切寺院，乃至
> 喪失它的一切裝飾道具，但只要有「悟」存在，它就會永遠
> 存在，永恆不滅。[28]

　　鈴木大拙的說法並非高舉了禪宗「悟」的意義，因為實際上正
是如此，他是從「理」的角度切入，以為「悟」是禪宗所有一切的
核心，也是根本的支柱。如果禪宗失去了「悟」，或者說佛教失去
了「悟」，那佛教或是禪宗就會與世俗的宗教一般，並沒有太大的
差別，也自然會被歸類成「勸人為善」的宗教行列，從此失落了禪
宗乃至於佛教的真精神。因此，「開悟」就成為禪宗成立的殊勝價
值，保障了佛教存在世間引領眾生成佛的根據，也能夠為苦難的人
類開啟一扇光明的視窗，所以佛弟子為弘揚佛法，首先就應該「開
悟」，真實的體驗從釋迦牟尼佛以心傳心而來的涅槃實相，才能真
正彰顯佛教存在世間的崇高價值。

三、語錄公案中開悟的語詞風格與悟境現象的描述

　　從前文中提及禪宗的開悟有許多的分類，這些分類或許是「後
設的」（meta）分析，因為開悟是當下的契入法性，所以許多禪學
理論只是對其境界做「描述」的工作。如果吾人希望能夠真正的明
白什麼是「悟」，只有親證乃知，可是若無法親證時，也只有依照
禪師在開悟時表現的現象來觀察，雖然這樣的外相觀察並不具備太

---

[28] 見鈴木大拙著‧徐進夫譯：《歷史發展》，台北：志文出版社，1989 年 10 再版，
頁 210。

大的意義，但是卻能從記錄這些現象的語錄公案中發現許多禪宗學
人在開悟時使用的詞語，並且依此從文獻歸納出「開悟特徵」，這
是具有學術意義的一種考察，也能讓吾人了解禪悟的現象。因此，
筆者依《景德傳燈錄》整理出對禪師開悟時所使用的名詞與形容詞
句舉例如下：

《景德傳燈錄》中有關「開悟」的記載一覽表		
	開悟者	開　　　　悟　　　的　　　記　　　載　　　情　　　形	卷/頁數
1	達磨達	達磨達蒙尊者開悟，心地朗然。	2/37
2	某尊者	彼尊者聞師指誨，豁然開悟。既而六眾咸誓歸依，由是化被南天，聲馳五印。遠近學者，靡然嚮風，經六十餘載，度無量眾。	3/44
3	異見王	王聞偈已，心即開悟，乃悔謝前非，咨詢法要，朝夕忘倦，迄於九旬。	3/45
4	馬祖道一	一蒙開悟，心意超然，侍奉十秋，日益玄奧。	5/92
5	智隍禪師	隍始開悟。師後卻歸金華，大開法席。	5/99
6	古靈神贊	行腳遇百丈開悟，卻迴本寺。	9/157
7	某僧	師遊山，見蟬蛻殼，侍者問曰：「殼在這裏，蟬子向什麼處去也？」師拈殼，就耳畔搖三五下，作蟬響聲。其僧於是開悟。	15/296
8	高亭簡	德山以手中扇子招之，師忽開悟，乃橫趨而去，更不迴顧。後於襄州開法，嗣德山。	16/305
9	隆壽興法	深慕禪那，乃問法於雪峰之室，服勤數載，從緣開悟。	18/360
10	清涼文益	因參琛和尚，琛問曰：「上座何往？」師曰：「邐迤行腳去。」曰：「行腳事作麼生？」師曰：「不知。」曰：「不知最親切。」師豁然開悟，與同行進山主等四人，因投誠咨決，悉皆契會，次第受記，各鎮一方。	24/479
11	天台德韶	一日，淨慧上堂，有僧問：「如何是曹源一滴水？」淨慧曰：「是曹源一滴水。」僧惘然而退。師於座側，豁然開悟，平生凝滯渙若冰釋。	25/502
12	永明道潛	師乃問曰：「空還具六相也無？」淨慧曰：「空。」師於是開悟，踊躍禮謝。	25/513
13	衡嶽慧思	夏滿猶無所得，深懷慚愧，放身倚壁，背未至間，豁爾開悟。法華三昧最上乘門，一念頓達。研練逾久，前觀轉增，名行遠聞，學侶日至。	27/559
《景德傳燈錄》中形容開悟運用「大悟」一詞一覽表		
1	提多迦	尊者（優波毱多）曰：「汝當大悟，心自通達，宜依佛法僧，紹隆聖種。」即為剃度，受具足戒，仍告之曰：「汝父嘗夢金日而生汝，可名提多迦。」	1/21
2	四祖道信	有沙彌道信，年始十四，來禮師（三祖僧璨）曰：「願和尚慈悲，乞與解脫法門。」師曰：「誰縛汝？」曰：「無人縛。」師曰：「何更求解脫乎？」信於言下大悟，服務九載。	3/53
3	鍾山曇璀	初謁牛頭融大師，大師目而奇之，乃告之曰：「色聲為無生之鴆毒，受想是至人之坑穽，子知之乎？」師默而審之，大悟玄旨。	4/66

4	某僧	時師（安國玄挺）侍立次，乃謂曰：「大德！正興一念問時，是真性中緣起。」其僧言下大悟。	4/66
5	佛窟惟則	初謁牛頭忠禪師，大悟玄旨。後隱於天台瀑布之西巖。	4/69
6	蒙山道明	祖曰：「不思善，不思惡，正恁麼時，阿那箇是明上座本來面目？」師當下大悟，徧體汗流，泣禮數拜，問曰：「上來密語密意外，還更別有意旨否？」	4/72
7	某僧	師曰：「惡人無善念，善人無惡心。所以道：『善惡如浮雲，俱無起滅處。』」其僧從言下大悟。	4/74
8	薛簡	師曰：「外道所說不生不滅者，將滅止生，以生顯滅，滅猶不滅，生說無生；我說不生不滅者，本自無生，今亦無滅，所以不同外道。汝若欲知心要，但一切善惡都莫思量，自然得入清淨心體，湛然常寂，妙用恆沙。」簡蒙指教，豁然大悟，禮辭歸闕，表奏師語。	5/82
9	五洩靈默	石頭知是法器，即垂開示。師不領其旨，告辭而去，至門，石頭呼之云：「闍梨！」師迴顧。石頭云：「從生至老，只是遮箇漢，更莫別求。」師言下大悟，乃蹋折拄杖而棲止焉。	7/125
10	大梅法常	初參大寂，問：「如何是佛？」大寂云：「即心是佛。」師即大悟。	7/125
11	亮座主	祖云：「卻是虛空講得。」亮不肯，便出。將下階，祖（馬祖）召云：「座主！」亮迴首，祖云：「是什麼？」亮豁然大悟，禮拜。	8/138
12	洪州水老	初參馬祖：「如何是西來的的意？」祖云：「禮拜著。」師纔禮拜。祖便與一蹋。師大悟，起來撫掌呵呵大笑，云：「也大奇！也大奇！百千三昧，無量妙義，只向一毛頭上便識得根源去。」便禮拜而退。	8/145
13	五臺智通	初在歸宗會下時，忽一夜巡堂，叫云：「我已大悟也！」眾駭之。明日，歸宗上堂，集眾問：「昨夜大悟底僧出來。」師出云：「智通。」歸宗云：「汝見什麼道理言大悟？試說似吾看。」師對云：「師姑天然是女人作。」歸宗默而異之。	10/188
14	金華俱胝	天龍和尚到庵，師乃迎禮，具陳前事，天龍豎一指而示之，師當下大悟。自此，凡有參學僧到，師唯舉一指，別無提唱。	11/205
15	臨濟義玄	愚（大愚）曰：「黃檗恁麼老婆，為汝得徹困，猶覓過在？」師於言下大悟，云：「元來黃檗佛法無多子。」	12/211
16	興陽歸靜	初參西院，乃問曰：「擬問不問時如何？」西際便行。師良久，西院云：「若喚作棒，眉鬚墮落。」師於言下大悟。	13/244
17	潭州華林	僧到參，方展坐具，師曰：「緩！緩！」僧曰：「和尚見什麼？」師曰：「可惜許！磕破鍾樓。」其僧大悟。	14/267
18	潮州大顛	初參石頭，石頭問師曰：「那箇是汝心？」師曰：「言語者是。」便被石頭喝出。經旬日，師卻問曰：「前者既不是，除此外，何者是心？」石頭曰：「除卻揚眉動目，將心來。」師曰：「無心可將來。」石頭曰：「元來有心，何言無心？無心盡同謗。」師言下大悟。	14/267
19	船子和尚	師問曰：「座主住甚寺？」會曰：「寺即不住，住即不似。」師曰：「不似，似箇什麼？」會曰：「目前無相似。」師曰：「何處學得來？」曰：「非耳目之所到。」師笑曰：「一句合頭語，萬劫繫驢橛。」垂絲千尺，意在深潭。離鉤三寸，速道！速道！會擬開口，師便以篙撞在水中，（京口和尚）因而大悟。師當下棄舟而逝，莫知其終。	14/274

20	石室善道	一日，隨石頭遊山次，石頭曰：「汝與我斫卻面前頭樹子，礙我。」師曰：「不將刀來。」石頭乃抽刀倒與師。師云：「不過那頭來？」石頭曰：「你用那頭作什麼？」師即大悟，便歸。	14/275
21	漸源仲興	石霜曰：「汝不見道吾道：『生也不道，死也不道。』」師於此大悟，乃設齋懺悔。	15/288
22	洞山良价	雲巖曰：「承當這箇事，大須審細。」師猶涉疑，後因過水覩影，大悟前旨，因有一偈曰：「切忌從他覓，迢迢與我疏。我今獨自往，處處得逢渠。渠今正是我，我今不是渠。應須恁麼會，方得契如如。」	15/289
23	洞山守初	師至明日，卻上問訊：「昨日蒙和尚放三頓棒，不知過在什麼處？」門曰：「飯袋子！江西、湖南便與麼去。」師於此大悟。	23/454
24	古賢院謹	師侍立次，見淨慧問一僧云：「自離此間，什麼處去來？」曰：「入嶺來。」淨急曰：「不易。」曰：「虛涉他如許多山水。」淨慧曰：「如許多山水也，不惡。」其僧無語，師於此言下大悟。	26/531
	《景德傳燈錄》中形容開悟運用「契悟」一詞一覽表		
1	堀多三藏	東遊韶陽，見六祖，於言下契悟。	5/84
2	河北智隍	祖愍其遠來，便垂開抉，師於言下豁然契悟，前二十年所得，心都無影響。其夜，河北檀越、士庶，忽聞空中有聲曰：「隍禪師今日得道也！」後迴河北，開化四眾。	5/85
3	洞山道全	初問洞山价和尚：「如何是出離之要？」洞山曰：「闍黎足下煙生。」師當下契悟，更不他遊。	17/326
4	天竺義澄	初參羅山，棲泊數載。後因羅山在疾，師問：「百年後忽有人問和尚，以何指示？」羅山乃放身便倒，師從此契悟。	23/464
	《景德傳燈錄》中形容開悟運用「頓悟」一詞一覽表		
1	某眾	提婆曰：「此是尊者現佛性體相，以示我等。何以知之？蓋以無相三昧，形如滿月，佛性之義，廓然虛明。」言訖，輪相即隱。復居本座，而說偈言：「身現圓月相，以表諸佛體。說法無其形，用辨非聲色。」彼眾聞偈，頓悟無生，咸願出家，以求解脫。尊者即為剃髮，命諸聖授具。	1/27
2	嵩嶽元珪	唐永淳二年受具戒，隸閑居寺，習毗尼，無解。後謁安國師，印以真宗，頓悟玄旨，遂卜廬於嶽之龐塢。	4/75
3	仰山慧寂	寂問：「如何是真佛住處？」祐曰：「以思無思之妙，返思靈燄之無窮。思盡還源，性相常住，事理不二，真佛如如。」師於言下頓悟，自此執侍。	11/191
4	天皇道悟	石頭曰：「汝身見在。」曰：「雖如是，畢竟如何示於後人？」石頭曰：「汝道阿誰是後人？」師從此頓悟，於前二哲匠言下有所得心，罄殫其跡。	14/260
5	投子大同	初習安般觀，次閱華嚴教，發明性海，復謁翠微山法席，頓悟宗旨。由是放任周遊，歸旋故土，隱投子山，結茅而居。	15/283
6	達觀智筠	後詣金陵報恩道場，參淨慧，頓悟玄旨，後住廬山棲賢寺。	25/517
7	住永安	師尤不喜俗務，擬潛往閩川，投訪禪會，屬路岐艱阻，遂迴天台山，結茅而止。尋遇韶國師開示，頓悟本心，乃辭出。	26/540

以上表列以「開悟」、「大悟」、「契悟」與「頓悟」為檢索的條件，在《景德傳燈錄》中描述開悟現象的詞語還有很多，如「發

無漏智」、「發明大事」、「發明心地」、「聞法心開」、「感悟微旨」、「領悟玄旨」、「自茲領旨」、「始悟玄理」、「默契真宗」、「頓然忘筌」、「喪身失命」、「坦然言下知歸」、「言下忽然有省」、「決了真詮」、「疑情盪焉」、「頓釋疑情」、「忽如醉醒」、「心意豁然」、「豁然契會」、「言下契會」、「從此悟入」、「歇處」、「一聞示誨，如飲醍醐」、「言下自識本心，不由自覺」、「這漢曠劫無明煩惱，今日頓息」……等不勝枚舉。其中就開悟語詞來說，綜合起來有四項特色：

其一，保有格義佛教與莊學色彩的形容詞，如「領悟玄旨」、「始悟玄理」與「頓然忘筌」等。雖然禪宗的興盛已是唐代以後的事，可是在中國人的語言使用習慣中，仍然會以格義佛教所開發的名詞為方便，至於莊學術語也偶有所見。

其二，描寫頓悟離不開「悟」、「契」、「頓」、「發」、「明」、「領」、「盪」、「釋」、「如」、「豁」、「開」、「喪」、「歇」、「識」等字眼，其中又可以分為五類：第一類是以「悟」、「契」、「明」為主，說明禪悟的特質；第二類是以「發」、「開」、「識」為主，說明得到悟境的情形；第三類是以「盪」、「釋」、「喪」為主，說明盪除心識、釋疑與失落身心的執著為主的；第四類是以「頓」、「豁」為主，強調禪悟是當下頓現的情形；第五類是以「如」、「歇」為主，比喻悟境的到來或是悟境本身。

其三，這些開悟的詞語使用，都非常強調時間的「當下」或「言下」，這是一種即時的領受，因為在對答間產生極大的衝擊，所以形諸文字，也能讓讀者從語錄公案中讀到這種強烈的語言風格。

其四，這些形容開悟的語言具有戲劇的張力與關鍵指標性的意義。所謂戲劇的張力是指如「言下大悟」、「豁然契會」、「這漢曠劫無明煩惱，今日頓息」等形容，都會讓讀者好奇禪師到底是大悟到什麼？契會了什麼？煩惱如何頓息？因為如同小說賣個關子，

就是不去說明什麼是「悟」，或者是「悟」到了什麼內容，引起讀者無限的好奇，所以形成戲劇的張力。至於關鍵指標性的意義，是指「開悟」是一項轉捩點，悟前是凡夫，悟後是聖人。所以在開悟語詞使用時，就會形成一個冰山形狀，也就是說在語錄公案中，相關開悟的語詞是關鍵意義的頂峰，就像浮在海面上的冰山一角，呈現出公案的最高指標的意義。

至於悟境現象的描述，可以分成語錄公案的記載與禪師個人的敘述兩種。先看前者，在《景德傳燈錄》中以「開悟」、「大悟」「契悟」與「頓悟」的上文表列中，可以發現禪師悟境現前或是大悟之後，有以下六種現象：

第一，開悟時心地朗然或心意超然的情形，如達磨達[29]、馬祖道一、提多迦的「心自通達」。強調開悟時心地開朗與超越俗情的狀況。

第二，開悟時頓除平生所有疑團，如天台德韶「平生疑滯渙若冰釋」。說明開悟時心中不再迷悶，也沒有任何疑問，強調「悟」的特質，即是「去疑」或「無疑」。

第三，禪師在開悟後會出現「悔謝前非」或「踊躍歡喜」的情形，如異見王、永明道潛的「踊躍禮謝」、漸源仲興的「設齋懺悔」、亮座主的「禮拜」、蒙山道明的「泣禮數拜」。其中，「悔」是懺悔前非，由迷轉悟，始悟昨非而今是；「謝」是感恩戴受，感戴傳佛心印的再造之恩。

第四，禪師在開悟後時常出現「橫趨而去，更不迴顧」的情形，如高亭簡、洞山道全的「更不他遊」。表示對開悟的內容已毫無疑問，不再有猶豫不決的情形，所以不再瞻前顧後。

第五，禪師在開悟的時候，通常會出現「遍體汗流」的情形，

---

[29] 在《景德傳燈錄》卷 2，頁 37，有達磨達受禪宗廿四祖師子比丘的教誨而開悟的記載。

如蒙山道明開悟時的狀況。這表示禪師開悟時會出現身心上的一些
徵兆，從佛教的立場而言，從生死的凡夫而成為開悟的聖者會有身
心上極大的轉變，這是值得注意與探討的問題。

第六，禪師在開悟的時候，通常會出現一些非常奇特的言語行
為，其中或悲或喜，都是十分強烈的，如洪州水老和尚的「撫掌呵
呵大笑」、五臺智通的深夜大叫「我已大悟」。禪師在體悟法性的
當下，時常出現的情緒反應往往是最真樸自然的，另如「一僧聞飯
鼓鳴，舉起钁頭，大笑便歸」，都是描述開悟時的反應。不僅如此，
在《景德傳燈錄》中也時常出現禪師在回答學人問題時，以「大笑」
來回答，如大慈寰中問趙州禪師「般若以何為體？」趙州則是大笑
而出。也有因為「失笑」（在大笑間頓時停止）而開悟的例子，如
香嚴智閑的「一日，因山中芟除草木，以瓦礫擊竹作聲，俄失笑間，
廓然惺悟」。以上是以「笑」為例，說明開悟時觸及某一項機緣，
往往會出現直接的情緒反應。

此外，在《景德傳燈錄》之外，歷代的祖師也曾經對自己體悟
法性的過程，有所描述。如雲棲袾宏蓮池大師（1535-1615）選輯的
《禪關策進》的前集收錄的 39 位祖師語錄，載有祖師們修證的次第
與方法，以及修習參究的過程與開悟的經驗，都是十分珍貴的資料。

第二節　論禪宗公案修證境界論的思想特質與檢證標準

一、禪宗開悟論的思想特質

何謂「開悟論」？所謂「開悟論」，即是禪宗公案的修證境界

論，簡單的說是探討語錄公案中相關於「開悟」的理論。禪宗語錄公案的基本型式，並非禪師自覺性或刻意安排的著作，也缺乏完整與系統性的理論詮釋與解說，呈現出包含詭辭、矛盾、隱語及激烈動作行為的語錄體風格。雖然如此，所有禪宗公案的共同主題，也是唯一的主題，都是環繞著「悟」這個核心所開展的，本文是採取《大乘起信論》中「法」與「義」的分類，將「是心則攝一切世間出世間法」的「眾生心」的「法」，以為是「悟」的整體、實相，這是不可解不可說的層次；相對的，依於此「眾生心」的「法」，顯示大乘佛法的真實「義」，此「義」也就是「體大」、「相大」與「用大」的體相用範疇。因此，從「相」範疇的報身功德而言，也就是「悟」的境界，若是以禪悟思想對應體相用範疇則是「義理系統」的層面。因此，雖然禪宗公案並非理論詮釋的思想著作，但是從環繞「悟」這個主題開發的問題及後設的討論，都是十分精彩的，再加上歷代的禪學研究者對禪宗開悟的原理、相狀與方法次第多有討論，綜合形成禪宗的「開悟論」思想。

在討論禪宗開悟論思想之前，應該對禪悟的特性有所了解。關於此點，鈴木大拙曾經列舉了禪悟的八項特性，值得參考，為了方便理解，筆者將其說法製作下列表述：

鈴木大拙列舉禪悟的八項特性[30]		
	特 性 名 稱	說 明 特 性 的 內 容
1	非理性 Irrationality	悟並不是一種用推理辦法可以求得的結論，故而亦非任何理智的測度所可得而曉了。大凡開悟的人，都無法以有條理或合乎邏輯的方式加以說明。
2	直覺性 Intuitive insight	開悟另一個名稱為「見性」，意思是「明見自性」，或「明見自己的佛性」，由此可見，悟的裏面顯然含有「見」或「知」的意味。……如果沒有這種「知」的特質，所謂「悟」便不成其為悟了，因為這就是「悟」之所以為悟的道理。

---

[30] 見鈴木大拙著，徐進夫譯：《開悟第一》，台北：志文出版社，1988 年 4 月初版，頁 25-31。

3	權威性 Authoritativeness	指由悟而得的「知」或「見」，具有最後、究竟或究極的決定性，不論你做多少的邏輯論證，都無法將它駁倒。……悟是一種覺知——在最內意識之中發生的一種內在知覺，故有權威之意，亦究極實在之意。
4	肯定性 Affirmation	具有權威性和究竟決定性的東西，都不會是消極否定的。……儘管悟的經驗往往以否定的詞語加以表述，但實在說來，它對萬事萬法所取的卻是一種積極肯定的態度；它以平等無偏的態度看待萬事萬法。
5	超然感 Sense of the beyond	單就開悟的心理而言，我們所能說明的，只是一種超然之感；但是，我們這種感覺稱之為「超然」，稱之為「絕對」、稱之為「上帝」，或稱之為「一人」，都是一種言過其實的話，超過了此種經驗的本身而落入了神學或玄學的窠臼。
6	無我調 Impersonal Tone	禪悟經驗最顯著的一面，也許是沒有像基督教神秘經驗中所見的那種個人的調味。佛教的悟中沒有個人的與性的感受和關聯。
7	高舉感 Feeling of Exaltation	（開悟以後）原本加於作為個體之上的那種拘限被打破了，而這種拘限的打破並不只是一種消極否定的事而已，同時也是一種積極肯定的事情，具有無窮的意義，此蓋由於這個個體的一種無限擴大之故。顯示吾人各種識功能的通常感覺，乃是一種拘束與依賴之感——雖然我們並非經常意識到它——此蓋由於意識的本身是兩種勢力互相限制而成的一種結果。與此相反的是，悟的主要成因則在消除任何意義的兩相對立——這種對立就是前面所述的意識原則，而悟的目的則在體現超越此種對立的無心境界。
8	剎那性 Momentariness	一個人一旦頓然大悟，便有一種剎那的經驗。實際說來，如果沒有這個頓然和剎那經驗的話，便沒有悟可言。

　　鈴木大拙以為禪悟的八項特性中，第一項說明禪悟是不能以理性思考的邏輯思辨來了解或表達，所以也無法透過外在的表達形式了解其實際的內涵。第二項是說明開悟具有「見」或「知」的功能，而此「見」此「知」是直覺性的了知。第三項是說明從開悟經驗所建立的權威立場，是如人飲水的「權威性」。第四項是說明開悟者會以平等無偏的態度對待萬事萬物，佛教將此釋為「忍」。第五項是說明「上無片瓦蓋頭，下無立足之地」的情境，是一種超然物外的感受體驗。第六項是說明開悟沒有任何人我的色彩，是人我分別的澈底打破。第七項是說明開悟者有超脫於世間萬法的高舉感受，得到澈底的滿足與無匱乏的覺受。第八項是說明開悟者從當下的剎

那契入法性，如果工夫保任的話，他時時刻刻會處在剎那的經驗中，換句話說開悟者能夠時時活在「當下」的剎那中，時間與空間都會相對的改變其結構，出現扭曲或停止的現象。

以上是鈴木大拙對禪悟現象歸納出的八項特性，頗能道出禪悟在感受及其本質的相關特點，說明禪悟時可能出現的特徵。然而這是就禪悟的實際經驗來談開悟的特性，若是討論開悟論的思想特質，鈴木大拙則較少關涉，這也是本文探究的重點。當然，從鈴木大拙涉及的禪悟八項特性，必然會與開悟論的思想特質有相當程度的關聯，也能反應出開悟特徵與思想層面某些內在義理的結構聯繫。更重要的是，禪宗的開悟論從禪悟的特性出發，必須深入禪宗公案在語言文字背後所透顯的理論思維，即使這種理論思維是零碎片斷的，也能反映出禪宗開悟論的某些觀念、判斷價值與意義，所以討論開悟論的思想是具有意義的。筆者以爲禪宗公案開悟論具備了六項思想的特質：

第一，從唯一的理想境界與修行實踐的終極目標而具備「開悟第一」的價值觀。所謂的「唯一」，在哲學上是所謂的價值「優先性」。換句話說，「開悟」是禪宗學人一生求法的理想境界，也是修行者實踐奮鬥的終極目標。所有的公案，不論是已悟的禪師，其教學目標都是企求弟子徒眾都能得到究竟的覺悟，所有的弟子徒眾也視開悟爲最重要乃至於唯一的理想境界。因此，在開悟論的思想方面，就會呈現「開悟第一」的價值觀，似乎只有「開悟」才有價值，只有「開悟」才能出世做人，只有「開悟」的人生才有意義。不僅如此，開悟的聖者可以紹承正法，住持佛教，傳承慧命，廣度眾生，故形成以「悟」爲最高的價值判斷，以及所有價值衡量的標準。關於這一點，在禪宗公案中時常出現如此的訴求，像是《景德傳燈錄》中多處提到的「第一義（諦）」的話頭，如（梁武）帝問（達摩）：「如何是聖諦第一義？」（唐相國杜鴻漸）問（保唐無

住）：「何名第一義？第一義者從何次第得入？」某僧問雪峰：「如
何是第一句？」，都將「第一義」視爲是最高的佛理，或是某位禪
師的根本宗旨。此外，又如靈雲志勤因桃華悟道，有偈曰：「三十
來年尋劍客，幾逢落葉又抽枝。自從一見桃華後，直至如今更不疑。」
從三十年的苦苦追尋而開悟之後就不再疑惑，說明「悟」是一種絕
對的價值觀。

　　第二，成立超越二元對立與心意識掃描的超絕形上學。[31]禪宗公
案的開悟理論除了是「開悟第一」的價值觀之外，主要還是成立在
傳統二元或多元思維以外的思想體系，不僅跳脫了心、意、識所能
揣摩、設想、思考、補捉乃至於掃描到的範圍，也打破所有世間實
有、人我存在、時空長存與輪迴不變的基本法則爲開悟後的自然體
認。因此，禪宗的開悟論不是走西方哲學本體論 ontology 的進路，
也不是走道家思想形而上學的「道」的思路，更不是神秘、虛無、
混沌、超現實等觀念，而是一種「超絕形上學」。所謂的「超絕形
上學」，也只是暫時安立的假名，因爲禪宗的開悟理論的根據，是
因爲眾生本自具足的佛性，也是不生不滅的法性，所以「超越世間
（或三界）二元對立」與「絕離心意識的實有感」，建立屬於超越
三界的形而上學，印順法師稱之爲「形而上的佛性本有論」。[32]如同
牟宗三以爲儒家思想是「道德的形上學」，[33]以道德爲形上學的進路
與具體內容一般，禪宗的開悟論思想則是「悟的超絕形上學」，是

---

[31] 有關於「超絕形上學」的名詞，在牟宗三《中國哲學十九講》中引康德的
metaphysics 說法，以爲有兩層意義，就是超絕形上學 transcendent metaphysics
與內在形上學 immanent metaphysics。可是本文所討論的及對「超絕形上學」意
義的界定是不同於牟宗三或康德的說法，下文即將說明。

[32] 有關於印順法師「形而上的佛性本有論」，主要是說明龍樹、彌勒菩薩都受有當
時北方佛教的影響，所以都編集爲相關的論典。因此，在當時繼承空相應大乘
經學風的學者，思想開始轉入真常不空的唯心論，或是形而上的佛性本有論，
見印順法師著：《佛法概論》，台北：正聞出版社，1985 年 2 月 6 版，頁 36。

[33] 請參閱牟宗三《中國哲學十九講》中第四章〈儒家系統之性格〉一文。

以「悟」爲「超絕形上學」的進路與具體內容。

第三，提供澈底解脫生死輪迴的新圖像思考進路。所謂的「圖像」，是指有如河圖洛書啓發了易學的思維與中國形上思考的模型，在魏晉玄學言意之辨的討論中曾有言、象、意的討論，如王弼「盡意莫若象，盡象莫若言」，但是又以爲言與象都只是表意的工具，所以「得意在忘象，得象在忘言」。這與禪宗的「因指見月」有異曲同功之妙，所謂「見月休觀指，歸家罷問程」而「見月忘指」了。在《楞嚴經》有「以指譬教」之喻，[34] 禪宗有《指月錄》與《續指月錄》載有禪門諸宗匠的歷略與機緣語句等。因此，透過禪宗公案的「指」，能夠觸見真如法性、佛性本體的「月」，即是一種新的圖像思考。只是禪宗公案的「圖像」，充滿了矛盾、隱語、詭辭與激烈的動作行爲，並且以此爲通往開悟的進路，能夠澈底的解脫生死輪迴罷了。至於另一種有形的禪宗圖像，是以宋代廓庵師遠撰作繪製而能表現禪宗修習次第的十幅圖畫的「十牛圖」爲代表，下文將有討論。

第四，貫穿世間生活與出世間覺悟的孔徑。禪宗不走理論分解的思路，不倚傍經教的言詮，強調「佛法在世間，不離世間覺」的重要性。同時，重視直接的體驗勝過思考的理解，尤其是在日常生活中尋求契悟的機會，便會呈現「生活即是修行」的態度，而且從生活中師徒的對答、灑掃應對的觀照，可以碰觸到通往覺悟的門徑。像是馬祖道一與南泉普願所說的「平常心是道」，長沙景岑在回答某僧問如何是平常心時說「要眠即眠，要坐即坐」的例子，都說明開悟的理論是能夠貫穿世間生活的修行與出世間覺悟境界的孔徑。

第五，展現人格轉化的佛教聖賢基本典範。在中國哲學中有「聖

---

[34] 《楞嚴經》卷 2 中有以下的經文：「如人以手指月示人，彼人因指，當應看月。若復觀指，以爲月體，此人豈唯亡失月輪，亦亡其指。」見《大正藏》第 19 冊，頁 111a。

人」的完美人格典範，然後有討論成聖的心性根據問題、聖人的境界問題與成聖的修行工夫問題。相對的在禪宗，這些問題都可以說是環繞著「悟」而開展的，因為禪宗的行者開悟之後，便是佛教內部體系中所謂的「聖賢」，如果是出家人未悟則被稱為是「凡夫僧」，已悟的被稱為「賢聖僧」。而且在開悟之後，像是取得合格的弘法執照，就可以公開的弘揚佛法與傳付心印，並且成為具有真實體驗佛法的發言人，有資格並且能夠為其他禪宗學人勘驗或證明，可見開悟是佛教聖賢人格成立的重要指標。當然，禪宗的開悟是有深淺次第的，相應的果位也是不一樣，所以從未悟的凡夫學習淨化自己的身心行為開始，按照開悟的幾項基本條件與原則，切實的修行實踐與行履，逐漸轉化人格，經過開悟的階段，還要悟後起修，除了保任之外，精益求精，然後可以從最初的凡夫一念發心，步步踏著無生的見地，直達佛果，展現出轉化人格的聖賢典範，終究成為完美人格的實現。關於這一點，也是太虛大師所謂的「人成即佛成」的觀念。[35]

第六，建立主觀經驗取代客觀理論為判斷的權威法則。從西方哲學到中國哲學，無論是重視客觀知識或是主觀體驗，都無法離開「經典」的觀念，即使是中國文學史上的《文心雕龍》也有〈宗經〉一篇，文中說「經」是「恆久之至道，不刊之鴻教」。這項「宗經」的觀念即使是佛教本身也是視為最高的權威，特別是被稱為「教門」的各宗，基本上開宗的理論依據即是佛教的經論，如天台宗依《法華經》開宗，華嚴宗依《華嚴經》立教。這也可以說是對聖人或是完美的佛的信仰與崇拜，轉化為對聖人或是佛開示的言句而信受奉行。然而禪宗卻是非常獨特的一反常態，以禪師主觀的開悟體驗為

---

[35] 這是太虛大師「人生佛教」的本意，以為「仰止唯佛陀，完成在人格，人成即佛成，是名真現實」，印順法師對此，也有一番詮釋，請參閱印順法師著：《佛在人間》，台北：正聞出版社，1987 年 3 月 6 版，頁 20-21。

絕對的權威，有時爲了教化徒眾莫對佛教經像產生執著，甚至出現如丹霞天然「燒佛」的動作，以及「毀經慢教」的情形，其目的不是真有意去毀壞佛像與佛經，而是藉此破除學人對經像的執著。所以，開悟的禪師就成爲佛法的代言人，具有證明、解釋佛法無謬的權力，甚至在惠能以後，逐漸形成以禪師的語錄取代佛教經論的權威地位。因此，禪宗的開悟思想是建立在禪師主觀的經驗之上，取代了客觀理論而成爲判斷佛法最高的權威法則。[36]

二、開悟的次第歷程與相應果位

前文述及「悟」有各項分類，如「解悟」與「證悟」的分別、「漸悟」與「頓悟」的判攝，以及所謂的禪悟「三關」等。前面兩項是就「悟」的性質來說，後面的「三關」才是禪悟的次第歷程。所謂三關，前文已有初步介紹，分別是「初關」（初參、本參）、「重關」與（末後）「牢關」。禪宗的「三關」，只是一般的通說，並無嚴謹的理論根據撐持著，也缺乏佛教經論的明確說明，特別是因爲禪悟本身是主觀的體驗，根本就不是可以提供客觀檢證的素材，不論開悟者是使用任何文字、言語、動作、圖像、器物，都無法絕對證明他是一位已經開悟的人，因爲他不能將其現量的經驗拿出來，以物質、有形、數位等各種型態呈示，他只有憑藉著譬喻的隱語或是象徵的符號，讓同樣有開悟經驗的人會心一笑，乃至於心心相印，也才能互相勘驗，相互證明。可是問題是印證開悟的是「悟者」，也不是客觀的度量衡，萬一世間根本不存在有開悟的「悟者」，

---

[36] 有關於以禪師開悟的主觀經驗爲權威法則，其中的重心是「開悟」，這與西藏密宗的「上師」具有權威地位是有所不同的，因爲密宗的上師一樣是佛法的代言人，甚至成爲徒眾皈依的對象，但是其權威的來源卻是「傳承」甚於「開悟」，因爲其重視傳承的程度是超越了開悟的訴求，所以與禪宗的開悟論的權威感是有所不同的。

那豈不是失落了唯一的檢證標準？這些都是禪宗史上的大問題，祖師們也十分重視這些問題可能引發的後果，那也就是禪宗宗門的衰落乃至斷絕。因此，初祖達摩在傳付正法眼藏給二祖慧可的時候，據傳是「內傳法印，以契證心；外付袈裟，以定宗旨」，必須靠外在有形的表徵以為傳法的信物。可是如此仍然不能向外保證傳法的品質，也擔心後世盲修暗證妄言證悟的情事發生，因此又以《楞伽經》四卷付與慧可，以為「唯有此經可以印心」，並且「仁者依行，自得度世」，可是也預言了「此經四世之後，變成名相」。四世以後成為名相的說法，或許是後世的假託，可是從傳付四卷《楞伽經》的這個動作，就可以看出達摩的苦心，希望能夠提供後世一個檢證的客觀標準，即使這項標準也只運用了四世而已。可是問題又出現了，一位開悟的人所體驗到的真如法性，或說是明心見性的境界，既然是不可言詮的、離心緣相、離語言相、離文字相，那又如何以佛經或《楞伽經》的文字相去判定悟境的真偽及深淺呢？又如何以自心的現量境界與小乘或大乘佛教經典中所謂的果地相對應呢？不僅如此，如果再加上佛教經典的真偽問題，或有人主張「大乘非佛說論」等，就會產生更為複雜的情況，因為連開悟的客觀檢證的佛教經典，可能都無法成立了。因此，討論開悟的次第歷程、相應果位與檢證標準就相對的更為重要了。

　　禪宗的三關說起於何時何人已不可考，但是成為禪宗公案中的熱門討論話題，歷代禪宗學者多附會「破初關」，是證小乘佛教聲聞修道的初果——須陀洹（梵文 srota-āpanna，巴利文 sotāpanna），又稱為「預流果」（預法性流），又可以分成「預流向」及「預流果」二種，這是四向四果中的前兩項。所謂「預流向」（梵文 srotāpatti-pratipannaka，巴利文 sotāpatti-paṭipannaka），是指契入悟道時，初見四聖諦的道理，得到無漏清淨智慧眼（也作法眼淨、淨法眼、清淨法眼）的階位。另外，因為此位直至初果，不再墮落於三

惡道中，所以又稱爲「無退墮法」。不過，因爲此位的聖者還沒有
證初果的果位，所以尚不爲「果」，而是稱爲「向」，蓋取其趣向
於「初果」的意義。至於預流果（梵文 srotāpanna，巴利文 sotāpanna），
又稱初果，是指斷盡三界的見惑（見道所斷惑
darśana-mārga-prahātavyānuśaya 的略稱，有八十八種惑），預入聖道
的法性流，預流果（初果）的聖者的輪迴生死，最長僅於人界與天
界中往返七次，也就是在此之間必然證得阿羅漢果，所以稱爲「極
七返生」、「極七返有」。換句話說，學者多以爲「破初關」，是
證入小乘初果，又有人以爲也是相應於大乘佛教菩薩的初地，但是
因爲菩薩初地在佛經中描述成境界深廣的高標準，恐怕初預法性流
是難以達到的，所以學者也多有保留的意見。其次，所謂的「破重
關」，是指證入二果（斯陀含）與三果（阿那含），「破牢關」是
指證入四果阿羅漢（梵文 arhat，巴利文 arahant）。以上也都有相應
大乘果位的說法，可是如何檢證的問題非常多，看法也莫衷一是，
所以本文也不再詳論。

　　除了三關的說法之外，禪宗對於修證次第的討論，其中最具特
色的是「十牛圖」的提出。[37]「十牛圖」是宋代廓庵師遠撰作繪製的
（有另一說清居禪師作），表現禪宗修習次第的十幅圖畫。此十圖
是以「牧牛」爲主題，所以又稱爲「牧牛圖」，並且各自附上「自
序」及「偈頌」，藉以闡示修習禪法的方法，以及相應的階位。這
十圖的名稱，依序是「尋牛」、「見跡」、「見牛」、「得牛」、
「牧牛」、「騎牛歸家」、「忘牛存人」、「人牛俱忘」、「返本
還源」與「入鄽垂手」等。據藍吉富指出，十牛圖的思想理論基礎
是源自於《六祖壇經》的見性法門，這也是印度大乘佛教真常唯心
思想的一種推演。藍先生又以爲這十幅圖是說明由迷起悟的十段歷

---

[37] 十牛圖頌，原來全稱「住鼎州梁山廓庵和尚十牛圖頌并序」，共一卷，目前收錄
　　於《卍續藏》第 113 冊。

程，出自於後代禪師的綜合整理，也並非每位禪師都會經歷這十項
階段。同時這十段歷程，也可以分成四個階段，分別是：起步摸索、
證悟見性、功夫純熟與渡化眾生等。[38]因此，十牛圖主要寄寓的意旨
是禪宗的學人從發心修行開始，直到解脫證悟的十項歷程，也是禪
宗對傳統佛教的解脫次第提出的一項創見，前九項偏向於小乘解脫
道的修證次第，最後在第十項以「入鄽垂手」表示迴小向大，廣渡
眾生之意，深具宗教悲情的展現。本文以下所討論的是《禪宗全書》
所收錄三篇中的前後兩篇：㈠宋·廓庵師遠的《十牛圖頌》，㈡明·
胡文煥的《十牛圖頌》，㈢清·夢菴超格的《牧牛圖頌》。爲了方
便理解與說明，筆者以下列附圖表列敘述的方向討論之：

宋·廓庵師遠的《十牛圖頌》與說明一覽表				
	圖　　　像	序	頌曰／和／又	說　　　明
尋牛一		從來不失，何用追尋。由背覺以成疏，在向塵而遂失。家山漸遠，岐路俄差。得失熾然，是非鋒起。	忙忙撥草去追尋，水闊山遙路更深；力盡神疲無處覓，但聞楓樹晚蟬吟。只管區區后外尋，不知腳底已泥深；幾迴芳草斜陽裏，一曲新豐空自吟。本無蹤跡是誰尋？誤入烟蘿深處深；手把鼻頭同歸客，水邊林下自沈吟。	以「牛」比喻眾生的佛性，尋牛即是尋求自我佛性的出現。此時是發心修行的過程，「忙忙撥草」是形容修行用功情形。
見跡二		依經解義，閱教知蹤。明眾器爲一金，體萬物爲自己。正邪不辯，真偽奚分？未入斯門，權爲見跡。	水邊林下跡偏多，芳章離披見也麼？縱是深山更深處，遼天鼻孔怎藏他？枯木巖前差路多，草窠裏輥覺非麼？腳跟若也隨他去，未免當頭蹉過他。見牛人少見牛多，山北山南見也麼？明暗一條來去路，箇中認取別無他。	從閱經禪坐修行的過程中，發現了牛(佛性)的足跡，工夫落堂也上路了，如此攝心迴光，以待頓悟的時節因緣到來。
見牛三		從聲得入，見處逢原。六根門著著無差，動用中頭頭顯露。水中鹽味，色裏膠青，眨上眉毛，非是他物。	黃鸝枝上一聲聲，日暖風和岸柳青；只此更無回避處，森森頭角畫難成。識得形容認得聲，戴嵩從此妙丹青；微頭微尾渾相似，子細看來未十成。驀地相逢見面呈，此牛非白亦非青；點頭自許微微笑，一段風光畫不成。	此時初見識得認得法性，可是尚未見全牛，從此得到確定的信解，建立了根本的見地，由於難以描述，所以「畫不成」。

[38] 請參閱藍吉富撰〈十牛圖頌〉序，收錄於藍吉富主編：《禪宗全書》第 32 冊。

得牛四		久埋郊外，今日逢渠。由境勝以難追，戀芳叢而不已。頑心尚勇，野性猶存，欲得純和，必加鞭楚。	竭盡神通獲得渠，心強力壯卒難除；有時纔到高原上，又入烟雲深處居。牢把繩頭莫放渠，幾多毛病未曾除；徐徐驀鼻牽將去，且要迴頭識舊居。芳草連天捉得渠，鼻頭繩索未全除；分明照見歸家路，綠水青山暫寄居。	此時已然見性(今日逢渠)，不再輪迴生死(久埋郊外)，得見全牛。可是煩惱習氣尚未淨除(野性猶存)，仍須鍛鍊(加鞭楚)。
牧牛五		前思纔起，後念相隨。由覺故以成真，在迷故而為妄。不唯由境有，惟自心生。鼻索牢牽，不容擬議。	鞭索時時不離身，恐伊縱步入埃塵；相將牧得純和也，羈鎖無抑自逐人。共分山林寄此身，有時亦路馬蹄塵；不曾犯著人苗稼，來往空勞背上人。牧來純熟自通身，雖在塵中不染塵；來來卻得蹉跎力，林下相逢笑殺人。	見性後的調心，仍須時時保任(鞭索不離身)，明見佛性於生活中，不再製作煩惱犯人稼苗，能夠日有增長道業，在塵不染。
騎牛歸家六		干戈已罷，得失還無。唱樵子之村歌，吹兒童之野曲，橫身牛上，目視雲霄，呼喚不回，撈籠不住。	騎牛迤邐欲還家，羌笛聲聲送晚霞；一拍一歌無限意，知音何必鼓唇牙。牧童歸去橫牛背，弄笛吹風一路歸；忽然變作還鄉曲，未必知音者伯牙。倒騎得得自還家，羌笛聲衣帶晚霞；步步清風行處穩，不將寸草挂唇牙。	此時脫離情識妄想的羈絆，駕馭心性純熟，所以騎乘本具佛性的心牛，歸返本地風光的家鄉，任運自在，逍遙自得。
忘牛存人七		法無二法，牛目為宗。喻蹄兔之異名，顯筌魚之差別。如金出鑛，似月離雲。一道寒光，威音劫外。	騎牛已得到家山，牛也空兮人也閑；紅日三竿猶作夢，鞭繩空頓草堂間。欄內無牛趁出山，烟簑雨笠亦空閑；行歌行樂無拘繫，贏得一身天地間。歸來何處不家山？物我相忘鎮日閑；須信通玄峰頂上，箇中渾不類人間。	此時歸返本性無為的家鄉，心中無事，工夫無修，鍛鍊成熟(如金出鑛)，佛性全體展現(似月離雲)，全漏心性瞄寒光。
人牛俱忘八		凡情脫落，聖意皆空。有佛處不用遨遊，無佛處急須走過。兩頭不著，千眼難窺。百鳥含花，一場懡㦬。	鞭索人牛盡屬空，碧天寥廓信難通；紅爐焰上爭容雪？到此方能合祖宗。慚愧眾生界已空，箇中消息若為通？後無來者前無去，未審憑誰繼此宗？一鎚擊碎太虛空，凡情無蹤路不通；明月堂前風颯颯，百川無水不朝宗。	於此凡聖兩忘，人我兩頭不著，泯除一切差別，生佛俱空，不存人相，不取法相，到此安心無為而離一切相。
返本還源九		本來清淨，不受一塵。觀有相之榮枯，處無為之凝寂。不同幻化，豈假修治？水綠山青，坐觀成敗。	返本還源已費功，爭如直下若盲聾；庵中不見庵前物，水自茫茫花自紅。靈機不隨有無功，見色聞聲豈用聾？昨夜金烏飛入海，曉天依舊一輪紅。用盡機關費盡功，惺惺靈事不如聾；草鞋根斷來時路，百鳥不啼花亂紅。	以山青水綠，不留一塵一埃的圖像，比喻自己的本心佛性是本來清淨，絕無煩惱、妄念的，當體即是諸法實相的呈現。
入鄽垂手十		柴門獨掩，千聖不知。埋自己之風光，負前賢之途轍。提瓢入市，策杖還家，酒肆魚行，化令成佛。	露胸跣足入鄽來，抹土塗灰笑滿腮；不用神仙真祕訣，直教枯木放花開。者漢親從異類來，分明馬面與驢腮；一揮鐵棒如風疾，萬戶千門盡擊開。袖裏金鎚劈面來，胡言漢語笑盈腮；相逢若解不相識，樓閣門庭八字開。	大徹大悟之後，為濟度眾生而垂下慈悲之手，入於街市巷井中，現入塵境相，和光同塵，化導眾生共證無上佛道。

　　以上是廓庵師遠的《十牛圖頌》。接著看清‧夢菴超格的《牧牛圖頌》，也是十圖，但是大同而有小異，也值得加以討論：

清·夢菴超格的《十牛圖頌》與說明一覽表		
圖　　像	普明原唱／磐山修次韻	說　　明
未牧第一	生獰頭角恣咆哮，犇走溪山路轉遙； 一片黑雲橫谷口，誰知步步犯佳苗。 水雲沙沙亂聲哮，密密尋踪路更遙； 晝夜風霜不知處，恐伊相犯別家苗。	此時比喻眾生心性未調，散心雜亂，恣意妄作，遠離覺悟，有如黑雲籠罩，處處製造煩惱(犯稼苗)，所以是未牧心性。
初調第二	我有芒繩驀鼻穿，一回奔競痛加鞭； 從來劣性難調制，猶得山童盡力牽。 縲獲繩頭把鼻穿，謾將痛處更加鞭； 也知鄉井迢迢遠，搜轉頭來著力牽。	此時初有調心修行的工夫(芒繩與加鞭)，能夠收攝奔馳的心念，加以調制，但是仍然須要時時觀照，著力牽繫流逸而出的心光。
受制第三	漸調漸伏息奔馳，渡水穿雲步步隨； 手把芒繩無少緩，牧童終日自忘疲。 不從他性遠驅馳，十步提持漫漫隨； 幾度黑風吹暴雨，通身泥水總忘疲。	經過不斷調伏奔馳的心念，於是能將心念受制而息止往外流逸，於此禪定工夫已然上路，所以忘自身疲累，能夠安心修行。
迴首第四	日久功深始轉頭，顛狂心力漸調柔； 山童未肯全相許，猶把芒繩且繫留。 驀地忘機自轉頭，悄然性氣已調柔； 山中水草了知足，不用遲疑在外留。	此時工夫迴光返照，銷落塵念，將狂心逐漸調柔，禪定力逐漸加深，但尚未見性，所以山童未肯全許，仍須要善加繫念與調伏。
馴伏第五	綠楊陰下古溪邊，放去收來得自然； 日暮碧雲芳草地，牧童歸去不須牽。 閒放林間與水邊，橫騎短笛恁悠然； 歸來一帶煙霞晚，瀟灑歌謠不假牽。	此時已走上古仙人道，於心性收放自如，不假作意起觀，自然攝入定，達致三昧現前，輕安禪悅，所以短笛悠然，瀟灑歌謠。
無礙第六	露地安眠意自如，不勞鞭策永無拘； 山童穩坐青松下，一曲昇平樂有餘。 出入無欄心自如，擬思量處更猶拘； 滿懷風月人牛穩，鞭索俱忘樂有餘。	「露地」與「白牛」圖像是已經見性開悟的象徵，所以不勞修行鞭策而永無三界的拘繫，真正主人穩坐法性青松下，無心自如。
任運第七	柳岸春波夕照中，淡煙芳草綠茸茸； 饑飧渴飲隨時過，石上山童睡正濃。 野岸溪灣花柳中，一環山水翠林茸； 逍遙快活無求也，軟草為氈睡興濃。	此時為見性後的工夫保任，著重在生活間的自在觀照，饑則吃飯渴則飲水，如此逍遙快活，任運無心，無心任運。

相忘第八		白牛常在白雲中，人自無心牛亦同； 月透白雲雲影白，白雲明月任西東。 撈到忘懷混沌中，千山一色絕相同； 風光不覺人牛處，任運騰騰西復來。	法性白牛在白雲中忘形，人也無心，牛也無心，彼此相忘，不見我相，不生法相，千山一色，本地風光常漏，一切任運騰騰。
獨照第九		牛兒無處牧童閒，一片孤雲碧嶂間； 拍手高歌明月下，歸來猶有一重關。 不須收放得安閒，脫略尋常顧盼間； 散步謾歸明月下，踏翻從上兩重關。	此處法性銷融(牛兒無處)，靈光獨耀(一片孤雲)，微有一絲的無明仍未通透(重關)，未得最後澈悟，所以仍須末後一句才可。
雙泯第十		人牛不見杳無蹤，明月光寒萬象空； 若問其中端的意，野花芳草自叢叢。 人牛處處竟無蹤，新月孤懸萬象空； 借問歸源端的旨，枯椿春到綠叢叢。	最後人牛雙泯，一朝風月，萬古長空，山河不動，法性自流，證契涅槃，了了長明，於是野花芳草自爾逢春向榮。

　　禪宗的悟境雖然引起世人的好奇與一窺究竟的企圖，但是從猜測與想像並無法得知悟境的真實內容，所謂「開口就錯，動念即乖」，如果以種種文字、知識、推理邏輯、語言分析、科學判斷等方法來猜測、想像、揣摩與分析悟境，甚至附會大小乘佛教的果位，都與悟境的真實內容，越離越遠。所以在禪宗發展史上的的歷代祖師，就算他們有非常高深透澈的悟境，可是卻很少將其體悟的悟境以文字或其他方式表達出來，更別說是證到何等果位。也只有憑藉禪師悟後的開示法語、詩偈、讚頌銘文之中，稍微體會禪師究竟悟到了什麼；相對的，也唯有真實證悟的人，才能一眼看穿其玄機與妙理，畢竟有相同的經驗。雖說如此，禪師所悟的法性是一致的，悟的理是一致的，但是所悟的實際內容與相狀，筆者以爲是有所不同的。因爲諸佛法身無二，但是報身會隨其本事因緣而有所不同，所以在悟境的報身功德而言，是有共法與不共法的。所謂「歸元無二路，方便有多門」，此「方便」不僅是修行方法的不同，而且可能是悟境契入的差異，也會隨著修行者的因緣不同而現起不同的悟境，乃至有大小、廣狹、寬窄、厚薄的不同。雖說如此，由離貪、離瞋、

離痴而證入法性，祖師們仍然有共同體悟的經驗，所以能看穿開悟
者的詩偈與法語背後，究竟契證到什麼樣的境界。例如傅翁的〈心
王銘〉、三祖僧璨的〈信心銘〉、梁末亡名的〈息心銘〉、牛頭法
融的〈心銘〉、永嘉玄覺的〈證道歌〉、石頭希遷的〈參同契〉、
洞山良价的〈玄中銘〉、宋代廓庵師遠的《十牛圖頌》等，都是對
於悟境的一些文字描述與修證方法的介紹。尤其本文討論的《十牛
圖頌》，是禪宗史上比較明確的指出一位禪者從發心修行到開悟再
到入世化導眾生的歷程。其中，「牧童」即是禪宗的修行人，「牛」
是比喻佛性，在夢菴超格的《牧牛圖頌》中的「黑牛」是覺性未明，
「白牛」是佛性開顯。前後兩種圖都以「露地」的見牛比喻爲開悟，
可見以圖像比喻修行開悟的用意至爲明顯，從十張圖畫中，廓庵師
遠的《十牛圖頌》較著重悟後起修與入世濟眾的表現；後者，夢菴
超格的《牧牛圖頌》，則是比較著重心性的調伏與契入。兩者提供
的十項階段，雖然不是每位修行者都會必然經歷，但是從其中卻能
讓吾人對禪悟的過程與修證的次第，有一番較爲清楚的認識。

三、開悟的公案教學系統與檢證標準

　　禪宗的開悟是否有檢證標準呢？除了明眼的禪師互相印證之
外，「人」是過去禪宗爲其他人勘驗開悟與否的唯一標準，也只有
已經開悟的人有資格有能力成爲佛法的代言人與證明人，然而問題
是：他憑證什麼標準呢？絕不是客觀的知識、物質及其他有形或數
位化的度量標準，而是開悟的人本身主觀對法性真如的體驗，並且
由此體驗開發出一種以公案爲中心的教學系統與檢證標準。換句話
說，初期的禪師以生活的現場爲教學的課堂，隨機點撥指引弟子徒
眾契悟法性，於是產生許多教學的對話實錄。其中包含了語言文字
圖像動作等內容，這些初期的公案爲契入的門徑，也是勘驗的紀錄，

結果成為後世禪宗教學的教材，或拈或頌，再加一番疏釋，形成詮釋的循環，也間接成為後代學人由公案參究中自我評量的標準之一。因此，從公案的教學系統而言，從初期的公案是以對話語錄為主，轉變成以祖師的公案為教學素材，其中可以看出禪宗有逐漸衰落的傾向，於是變成「參話頭」、「鬥機鋒」等愈來愈激烈的場面出現，相對的，對禪悟的契證也就愈來愈講求形式上的印可，而非心印的直契。雖說如此，以開悟的訴求為主題而形成的公案教學系統，大體上有三項特色：

第一，禪師「舉」古代公案，讓當代學人參究，目的並不是「以古鑑今」，而是「藉古人的胸襟澆今人的塊壘」形式，以引起學人禪意識的發起，以及追摹古人的道風行徑。然而更重要的是，以古則公案為契證勘驗的標準之一，若學人真實會得，便是與古代澈悟的禪師「同一個鼻孔出氣」，可以「把臂同歡」與「共說無生話」。在後世的禪宗語錄中，也時常出現禪師在有所契悟之後，對於《景德傳燈錄》等禪籍中的公案一目了然，宿疑全消，如近代的太虛大師在自傳中自述其修行體驗的悟境是「禪錄上的疑團一概冰釋，心智透脫無滯」的情形。[39]

第二，公案成為教學的重心，主要是體現在「創造性的詮釋循環」，所謂「創造性的詮釋循環」是一種以公案為素材或主題的討論，而此對答的討論，又形成另一項具有創造性的公案，甚至後世

---

[39] 有關太虛大師的悟境敘述，在《太虛大師自傳》中說：「一日，閱經次，忽然失却身心世界，泯然空寂中靈光湛湛，無數塵剎煥然炳現如凌空影像，明照無邊。座經數小時如彈指頃，歷好多日身心猶在輕清安悅中。數日間，閱盡所餘般若部，旋取閱華嚴經，恍然皆自心中現量境界。伸紙飛筆，以似歌非歌，似偈非偈的詩句隨意抒發，日數十紙，累千萬字。昱山、淨寬等灑然驚異，恐同憨山所曾發禪病，我微笑相慰，示以平常態度，遂仍一般饑吃困眠的安靜下來。從此，我以前禪錄上的疑團一概冰釋，心智透脫無滯，曾學過的台、賢、相宗以及世間文字，亦隨心活用，悟解非凡。」請參見太虛大師著：《太虛大師自傳》，台北：普門文庫，1986年3月再版，頁23-24。

也不斷發生類似解經之文謂之「傳」，解傳之文謂之「注」，解注之文謂之「疏」，解疏之文謂之「釋」、「鈔」等不斷詮釋的過程。關於此點，在《景德傳燈錄》中已經出現了大概的模型。如卷 8 有「南泉斬貓」公案的「道得即救取貓兒，道不得即斬卻也，……趙州乃脫履安頭上而出」的記載。後來雪峰問德山：「古人斬貓兒意如何？」其他如「如何是祖師西來意」、「如何是和尚家風」、「如何是佛法大意」、「作一圓相」等，甚至於以動作行爲的「棒」、「喝」也成爲一種創造性的詮釋循環。

第三，禪宗的祖師時常在對話中設立機關，以爲勘驗的標準，如黃龍三關以「生緣」、「佛手」、「驢腳」三問，以接化學人並與之勘驗，這既是教學的系統，也是檢證的標準。此外，如雲門文偃的「函蓋乾坤、目機銖兩、不涉萬緣」三句、臨濟義玄的四賓主、汾陽善昭的三種師子、洞山良价的「鳥道、玄路、展手」等俱是擁有雙重的意義，以上俱見於《人天眼目》。至於在《從容錄》第 67 則有首山省念禪師接化學人的三項機要語句，更可以看出教學系統與檢證標準的符契：「首山示衆云：『第一句薦得，與佛祖爲師；第二句薦得，與人天爲師；第三句薦得，自救不了。』僧云：『和尚是第幾句薦得？』山云：『月落三更穿市過。』」（《大正藏》第 48 冊，頁 275 上）其中有夾注說：「三句可辨，一鏃遼空。」可見一方面說徒衆能夠三句辨得，就能成爲具格的大禪師，也必定是開悟的聖者；另一方面也顯示這是首山省念的教學系統，所以具有教學與勘驗的雙重意義。

除此之外，有關於開悟的檢證標準，歷代禪宗祖師明白的解說者不多，南懷瑾就提到《宗鏡錄》中永明延壽（904-975）論及開悟的十個標準，南懷瑾說：「所謂的開悟，究竟如何？標準是什麼？最平實的說法，是永明延壽禪師在《宗鏡錄》中提到的，包括了禪宗的見地、修證、行願。《宗鏡錄》告訴我們，什麼叫作悟了。書

中提出十個問題，悟了的人沒有不通經教的，一切佛經教理一望而知。……一個人到底悟了沒有，前面這十個問題，可以作判斷標準。」[40]當然，這是以祖師的立論觀點作為評判是否開悟的一種說法。值得注意的是，《宗鏡錄》的說法是永明延壽的切實體驗呢？還是他依據佛經而整理出來的，吾人不得而知，可能他延續宗密禪教一致的學風，為禪宗的開悟相應於佛教教義的基本原理所作的努力。《宗鏡錄》有關於開悟的十項標準如下：

> 設有堅執己解，不信佛言，起自障心，絕他學路，今有十問以定紀綱：一、還得了了見性，如晝觀色，似文殊等否？二、還逢緣對境，見色聞聲，舉足下足，開眼合眼，悉得明宗，與道相應否？三、還覽一代時教，及從上祖師言句，聞深不怖，皆得諦了無疑否？四、還因差別問難，種種徵詰，能具四辯，盡決他疑否？五、還於一切時一切處智照無滯，念念圓通，不見一法能為障礙，未曾一刹那中暫令間斷否？六、還於一切逆順好惡境界現前之時，不為間隔，盡識得破否？七、還於百法明門心境之內，一一得見微細體性根原起處，不為生死根塵之所惑亂否？八、還向四威儀中行住坐臥，欽承祇對，著衣喫飯，執作施為之時，一一辯（辨）得真實否？九、還聞說有佛無佛，有眾生無眾生，或讚或毀，或是或非，得一心不動否？十、還聞差別之智，皆能明達，性相俱通，理事無滯，無有一法不鑒其原，乃至千聖出世，得不疑否？
>
> （《大正藏》第 48 冊，頁 421 上）

永明延壽的這段話，可以歸納成以下四項重點：第一，開悟的

---

[40] 見南懷瑾講述：《如何修證佛法》，台北：老古文化事業公司，1989 年 8 月台灣初版，頁 215-217。

現量經驗必須時時現前，而且必須十分明晰，所以要能在日常生活中開眼闔眼都了了見性，完全明白禪宗的心法要旨而與道相應。第二，對於佛經中的第一諦義理與祖師的公案都能了無疑惑，聞至深佛理而不怖畏，並且於一切時空中，能夠以智慧照澈無滯，念念圓通洞明，不被順逆好惡的境界現前時所轉。第三，必須依照《百法明門論》的實我本空與一切法非實法的唯識觀，明辨微細的體性根源之起處，然後施向行住坐臥四威儀中去檢驗。第四，對於一切有佛無佛的各種世間辯論或其他讚毀是非的任何說法，因為得到決定信解的緣故，所以一心不動便能夠鑒察萬法的本原，明達性相、理事而無礙。以上是永明延壽對開悟所訂下的十項標準，他以法眼宗三祖與淨土宗六祖的身分，雜揉了教門各家的看法，也混同了宗門與教門的差異，更強調了主觀體驗與客觀檢證的相互發明的重要性。當然，永明延壽的苦心是有學術史上的意義，他如同宗密一般，也希望禪宗的開悟能夠回到經教的檢證，同時配合見性體驗與經論教理兩者的互相印證，證成禪宗頓悟法門的殊勝與佛經教理的永恆價值。可是，以上十項的標準仍是文字相貌，一位開悟的禪師又如何以此文字相來自我檢驗超絕世間所有的悟境呢？如何肯定說「這個就是」呢？更何況以「證悟境界」的實相體驗配對「百法唯識」的法相，恐怕是牛馬相異雞兔同籠了。雖說如此，對於禪宗公案的教學系統與檢證標準而言，永明延壽的說法還是非常值得肯定的，因為他確實為主觀體驗開悟為優先性的禪宗，建立了一套客觀化的檢證原則，間接說明了開悟的內容與特性，減少世人對禪宗開悟的誤解程度，也提供了後世禪宗學人參考的依據。

第六章　禪宗公案修行工夫論

第一節　解讀公案語言的條件與方法

一、公案語言口語詞的解讀條件與方法

　　禪宗公案修行工夫論思想是體相用的「用」範疇，主要是說明以「悟」為中心的修行方法。這項範疇在禪宗思想中是指佛教的宗教實踐，也是中國哲學以生命意義的圓成實現為內涵的討論範圍，所強調的是「實踐方法」，而非西方哲學本體論 ontology 對稱的「現象」，或是近代哲學方法論訓練中的「思想方法」。[1]禪宗公案「用」範疇的真實意向，比較接近儒家孔、孟思想的修養意義，如孔子思想以「仁」為主體，所以「我欲仁，斯仁至矣」的「仁」，是即體即用的，也就是「仁」是本體，也是修養的工夫。至於孟子以性善為心性的根據，「四端」則是心性的具體呈現，所以「擴充四端」

---

[1] 禪宗公案的「用」範疇不等同於西方哲學的「方法論」，特別是以「思想方法」或「邏輯」為結構內容的方法論，並不適合套在禪宗公案的相關研究上。有關方法論的其中一項說法，如勞思光對方法論的定義是：「我們所說的方法論，就是指著『思想方法』的理論說；思想方法是思想過程中人應該依循的一些條目，現在我們講這些條目的理論，就稱作『方法論』；學這種『方法論』就是接受『方法論訓練』。本來『方法論』是 Methodology 的譯名，在西方哲學中，用法也不一致，有好幾層意義。」見勞思光著：《思想方法五講》，香港：友聯出版社，頁13。

就是修養的工夫。相對的，禪宗以「佛性本體」與「見地」為「悟」的根據，至於「悟」的方法，則是以禪師的「教學方法」與禪宗學人的「修行方法」為兩大主軸。因為禪師的教學方法主要是「啟悟法」，這裏面包括了見地與修證的各項要領，而且是以修證的次第實踐為主。至於禪宗學人的修行方法，則是在禪師的啟悟法中所開示的具體內容，強調的是切實的踐履。因此，前者是以「老師」的角度與主體看修行方法，後者是以「學生」的角度與主體看修行方法。兩者都具體的表現在「語言」的範圍中，也是解讀公案的基本條件與方法。所以本章以此三項為進路，分別闡述禪宗公案修行工夫論。

人類的「語言」，是人在「人間」展現的主要方式，廣義的說：人類所有的外在表現，甚至包括意識與潛意識，都可以納入「語言」的範圍中。所以，「語言」所代表的涵義，不僅僅只是「符號」而已，其中還包括了「口頭的」、「書面的」、「圖像的」、「身體的」與「意識及潛意識的」等型態。若是從人類文化的符號系統來看，「語言」是訊息傳播中最重要的代碼（code），在符號學的領域裏，有所謂收訊者（addressee）對訊息（messages）來源的解譯產生的「解碼」（decoding）內涵。因此，在禪宗語錄公案中，由於文字語言所形成的「訊息」，或是在詮釋學上所謂的「文本」（text），如何能被解讀，解讀的方法與解讀之後如何運用等相關問題，都是公案修行工夫論思想中的重要課題，也是本節研究的進路。

從禪宗史的發展來看，早期達摩祖師的禪法是「藉教悟宗」，基本上是沿著「禪悟」與「經教」不相捨離的道路，後來的達摩兒孫從教意（佛法大意）發展到強調祖意（祖師西來意），再發展到連祖意也不持受，只在日常生活之中，對生活當下的事物，使用矛盾、反詰、暗示、逼嚇與棒喝等方式，啟發學人的頓悟，終於形成難以理解的公案語言。公案的語言之所以難以解讀，主要有「生活

口語的障礙」、「禪宗專門術語的不斷衍生」、「非邏輯語言的指意不明」與「公案詩偈與動作等意義斷層」等四項特性，至於解讀的條件與方法，分別解說如下：

其一，由於公案是生活語言的對話實錄，所以充滿了當時流行的口語、俗語、俚語、諺語與方言，[2]雖然像《景德傳燈錄》是由楊億等文人加以修飾，並由官方頒布天下，但因年代久遠，除非經過詳細考證，否則不知其所指為何。關於此點，大陸學者袁賓對於禪宗口語詞有全面深入而獨到的研究，在其《禪宗著作詞語彙釋》中有系統的徵引文獻 143 種，分別詮釋歷代公案中 396 條口語詞，每條口語詞詳記出處，旁參多家，精於訓詁，揭明底蘊，是目前研究禪宗口語詞的權威著作。[3]另在〈再談禪宗語錄中的口語詞〉一文中指出語詞的一般性用法或現今用法，往往不適用於禪宗語錄的口語詞的了解，他舉出六項不同於一般意義的語詞，如「良久」（很久）卻作「沈默」或「默然」解；緇素（黑白或出家在家人）作「分辨」解；「不審」與「未審」兩者意義截然不同，「不審」是見面時的問候語，「未審」是不知道的意思；「撈龍」、「羅籠」是控制某人的意思；「把茅蓋頭」（一把茅草蓋在頭上）實際上是指禪僧主持寺院；「瞥地」有大悟、領悟之意。[4]可見不能由一般的語詞了解全部禪宗語錄公案的生活語言，並且要注意其上下文的脈絡意義，才能正確的明白語錄所記載的生活詞語。

至於解讀禪宗語錄公案之口語詞的條件與方法，主要分成三項原則及進路。首先必須了解漢譯佛經及禪宗語錄是口語詞的淵藪，

---

[2] 以上各種口語、俗語、俚語、諺語與方言的名詞稱謂，一般統稱為「口語詞」，本文以下也以此名詞總稱之。

[3] 請參見袁賓著：《禪宗著作詞語彙釋》，江蘇：古籍出版社，1990 年 11 月第一次印刷，頁 2。

[4] 見袁賓：〈再談禪宗語錄中的口語詞〉，廣州華南師範大學：《語文月刊》，1989 年 3 月出版，頁 12-13。

所以要了解語錄中的口語詞，必須要具備對佛教經論的一般常識，而且對禪宗的修持要領與表達特質有整體的認識。第二，由於語錄中的口語詞多半具有地方方言的色彩，所以除了配合方言學在聲韻及訓詁方面的基本理解之外，還要大量的閱讀敦煌變文中的相關資料，藉以旁參考釋各家語錄。郭在貽以爲對口語詞的研究必須具備四項程序，分別是：求證、溯源（包括窮流）、袪惑與通文等。[5]所謂的「求證」，即是從語言材料中尋找證據，包括本證與旁證之分。所謂「溯源」，即是從歷史語言學的角度，研究一詞的來龍去脈與意義產生的原因。所謂「袪惑」，就是袪除前賢與當代學者的某些謬見或誤解。所謂「通文」，即是以考釋後的結論，能夠暢通無阻的解釋一些語錄著作中的同類詞語。[6]第三，在前面兩項的基礎之上，在解讀語錄公案中的口語詞時，必須還要考慮到前後文的文義脈絡，或是公案中時常出現的無義語及矛盾語，也就是說對於非邏輯性的文詞敘述，口語詞的解釋，就要跳出傳統語詞詮釋的框框，因爲禪師之目的並不是要學人按照理路去思維，而是希望能夠藉某些口語詞的突然使用，截斷學人的心識，所以此時的口語詞只是使用上的工具，而並不代表有任何的意義。

後來禪宗的口語詞，對中國文學的影響是十分深遠的，特別是造成宋代詩學上「以俗爲雅」的現象。所謂「以俗爲雅」，包含了詩歌的語言及素材兩方面。宋詩語言中的「以俗爲雅」，是受到禪宗語錄公案等典籍通俗活潑口語之語言風格的直接啓示。因爲從中國漢魏六朝以來到隋唐五代的詩學發展中，除了杜甫、白居易等少數的詩人之外，一般是很少以俚語入詩的。可是到了北宋的中後期，蘇軾等人竟將俗字俚語塡入詩中而蔚然成風，並且在後來各種詩話

---

[5] 請參見郭在貽〈禪宗著作詞語彙釋〉序，收錄於袁賓著：《禪宗著作詞語彙釋》，頁 2-3。

[6] 有關於禪宗的口語詞研究，也可以參考梁曉虹著：《禪學研究》，江蘇：江蘇古籍出版社，1998 年 11 月初版。

中受到普遍的推崇及肯定。至於素材方面的「以俗爲雅」，顯然是與禪宗走向世俗化有密切的關係，關於這一點是與禪宗將印度佛教的宗教精神普及於世俗而形成世俗化的情形相類似，特別是北宋真宗頒布《景德傳燈錄》於天下，於是禪宗公案就成爲文人士子必讀的典籍，也相對的在北宋禪宗日益士大夫化的情況下，造成文士採取公案口語詞的精神而「以俗爲雅」了，由此可見公案口語詞的影響。[7]

其二，公案在解讀方面的困難，另有一項就是公案中隨處可見的專門術語或別有指稱的特定名稱太多。在語錄公案中，除了原來佛教經論的名相之外，大量而不斷衍生的術語或是問答的主題，十分困擾後世的學者，因爲這些既非佛教的名詞，也不是生活的口語，答案也千奇百怪，莫衷一是。如《景德傳燈錄》中以「牛」爲討論主題的，有南泉普願與溈山靈祐的「水牯牛」、溈山靈祐的「蚊子上鐵牛」、臨濟義玄的「露地白牛」、龍山和尚的「兩箇泥牛鬥入海」，都有特定的指涉，也有相對的象徵意義。

二、公案語言的非邏輯之解讀方法

公案在解讀方面的困難，最爲學者困惑的就是「非邏輯語言的指意不明」。這項問題甚爲複雜，也至爲重要，因爲公案的主體是文字語言，如果語言都循著傳統文人的思維脈絡建構，當然可以用語言思維脈絡去了解。可是公案的語言是生活的語言，是在日常生活中交談對話的實錄，其中省略了大部分人、事、時、地、物的說明，使得後人無法以單純的語言對話了解當時的情形。同時，禪宗公案中的語詞所以難解，主要還是因爲公案有「有義語」及「無義

---

[7] 請參見周裕鍇著，《文字禪與宋代詩學》，北京：高等教育出版社，1998 年 11 第一版，頁 206-214。

語」兩大類，也就是說有些公案能夠被解說，那是因爲禪師開示禪法，或是與當下的契悟無關；如果是「無義語」，又遇到口語詞，就會出現解讀上雙重的困難。不僅如此，公案中的對話有些是村夫村婦所使用的生活語言，並不是由嚴謹思維與邏輯思考架構出來的雅正文句，所以無法以文獻著作的標準衡量。至於後世乃至於近代的學者，不是受過良好文字訓練的文人，就是精於理性思維與邏輯思辨的現代學者，恆以本身的條件及背景去解讀公案，自然會格格不入。畢竟，公案的語言只是敲門磚，只是爲達頓悟的工具，是爲了「見」法性月的世間「指」（概念或符號），又是生活的質樸語，根本就不是爲建立錦繡斑斕的文章，或是成就嚴謹的思想著作。因此，歷代文人以文章分析的角度，以及現代學者以邏輯思辨的方法，去研究公案語言的基本態度是背道而馳的。換句話說，放棄原有的思想背景與治學態度，還原到文本中，透過公案的真實參究，也就是以禪宗的修行者自期，沒有任何的預設，沒有任何先入爲主的研究方法，而且經過一定的基礎訓練之後，才有可能解讀公案非邏輯性的語言。當然，語言還是參究公案重要入門的門徑，如古代的禪師以語言文字揭示禪法，後代的學者通過語言文字得以解悟，如此語言成爲一種禪法傳播與解讀的憑藉，因此公案語言的形成，其中一項重要特色就是將佛教經論的邏輯語言轉換成語錄公案機鋒的口語之非邏輯語言。

此外，公案非邏輯性的語言之所以難解，還有它本身是中國語文的關係，如鈴木大拙認爲中國語文最適宜表現禪法，特別是單音的文字：

> 中國語文是最宜於表現禪道的文字；就其文字的一面來說，也許是傳遞禪意的最佳媒介了。由於它是一種單音節文字，故而極其簡明而又富於活力，故而一個字可以傳達多重的意

義。雖然，意義的含混，也許是由於這些優點而有難以避免
的缺點，但禪卻善於利用此點，因此，語意的含混一旦到了
禪師的手中，就成了威力無比的武器。禪師不但不願含糊其
詞，更是不願被人誤解，但一個選擇適當的單音，一旦從他
口中說出之後，就成了一個極富含意的字眼而傳達了整個的
禪學體系。[8]

鈴木大拙認為單音節文字的多元含混語義，本來是語詞使用上的缺
點，但是禪師卻正好利用這項缺點而加以靈活的運用，甚至傳達到
整個禪學體系。鈴木大拙的這項說法，只說出一半的事實，因為中
國語文的確擁有多元含混的特性，特別是在不同時空、對象、情況
或是文意脈絡下有不同的含義，這對禪師在表達某些特定概念或是
希望學人跳出某些執著時，是有一定的功效。但是，禪師在選擇部
分單音節的文字時，往往是晴天霹靂般的橫空殺出，以單音節的字
眼，展現全體的威力。如以臨濟義玄來說，這有四種情形，分別是：
第一種單音節的使用如「金剛王寶劍」般，是要喝斷學人的心識，
斬斷生死輪迴的牽纏。第二種單音節的使用如「踞地金毛師子」，
以收攝學人的心識，不致盲目迷昧。第三種單音節的使用如「探竿
影草」，主要是測量勘驗學人的程度與情況，再給予適當的指導。
第四種單音節的使用如「一喝不作一喝用」，則是權變無跡，應用
自在，不落凡情聖解。以上四項的單音節文字使用，筆者是預設了
「喝」的型式，若以此標準也就說明了這個單音節文字是「無義語」，
自然不是鈴木大拙所說的「極富含意的字眼」。再者，鈴木大拙在
文後所舉的例子，如：

---

[8] 見鈴木大拙著，徐進夫譯：《歷史發展》，台北：志文出版社，1989 年 10 再版，
　頁 328。

> 僧問：「如何是雲門劍？」門云：「祖！」
>
> 問：「佛有三身，那一身說法？」答：「要！」
>
> 問：「如何是正法眼？」答：「普！」
>
> 問：「如何是道？」答：「得！」[9]

　　如果以上等例子是「極富含意的字眼」，那禪師在說什麼？如果禪師有所「說」，那就是世俗有形的一般話語，構不上公案或禪宗對話基本的模式。反之，如果禪師無所「說」，那就是藉以上單音節文字，以廣義的「喝」的型態出現，自然合於臨濟四喝的情形。

　　除此之外，公案的語言是經驗的語言，特別是開悟以後對悟境的描述，或是提拔後進的無義語，如果吾人不具備某些特定的經驗，如開悟或一般的入禪定，自然就不會理解公案語言背後的真實義。因此，吾人在解讀公案時，最重要也是最根本的條件，就是必須具備「開悟」的經驗。如此，吾人才能從自身的真實體驗，云印證或比較兩人所「悟」或「見」的異同。相反的，如果吾人並不具備「開悟」的真實體驗，甚至連禪宗乃至於佛教的教義思想都不熟稔的話，又憑何條件解讀公案呢？所以，從相對的立場來看，可能並不是公案難解，而是解讀公案的人，並未具備解讀的基本能力，於是眾口鑠金，積非成是，以為公案難解。話雖如此，可是縱使有「開悟」經驗的人，在千百年後閱讀古代的禪宗語錄公案，由於年代的久遠，文意的簡略，如果再加上某些詩偈的晦澀，恐怕也會因為「文字障」（文字本身的障礙）而難以通讀，更何況未悟的人，隨意的附會己意，強為之解，以此態度立場作解，恐怕更難契入公案語言的真實意旨。[10]至於禪師是如何表達體悟的真理呢？楊惠南教授以為透過

---

[9] 見鈴木大拙著，徐進夫譯：《歷史發展》，頁 328-329。

[10] 鈴木大拙曾經表示對禪師語句的另一項看法，以為語言無法表達禪師理念，他說：「禪師們的目標在於指示如何體驗禪的真理，但並非以他們以及我們大家所用的語言作為傳達理念的媒介。語言，就其訴諸文字而言，可以表現情感、心

「矛盾」、「不可說」及兩者混用的三種方式表達，非常適切的道
出其根本的特色：

> 禪師們往往用兩種令人困擾的方式，來表達他們內心所體悟
> 的真理。這兩種方式是：㈠用「矛盾」的語句或動作，來表
> 達內心所體悟的真理；㈡用「不可說」的語句或動作，來表
> 達內心所體悟的真理。事實上，禪師們還往往把這兩種方式
> 交互混用，而成為第三種方式：㈢用「矛盾」而且「不可說」
> 的語句或動作，來表達內心所體悟的真理。[11]

至於一般所謂的邏輯，吾人可以從鈴木大拙對此的理解切入，
他說：

> 亞里斯多德邏輯是同一律（A 是 A），矛盾律（A 不是非 A）
> 與排中律（A 不能是 A 又是非 A）為基礎。亞理斯多德說：「同
> 一事物就同一點而言，不能同時屬於某一事物又不屬此一事
> 物……這乃是一切原則中最為確定的原則。」與亞里斯多德
> 邏輯相反的一種邏輯，我們可稱之為困思邏輯，它認為 A 與
> 非 A 在做為 X 的表詞時，並不互相排斥。困思邏輯在中國與
> 印度思想中，在赫拉克里圖（Heraclitus）的哲學中以及後
> 來的黑格爾與馬克思思想中，都佔著主要的成份。困思邏輯
> 的普遍原則被老子說得十分清楚：「正言若反。」莊子也把

緒、或內在的境界，但無法傳達理念，因此之故，當我們到禪師的語句中尋求
其具現理念的意義時，它就變得完全不可理解了。」見鈴木大拙著，徐進夫譯：
《歷史發展》，台北：志文出版社，1989 年 10 再版，頁 265。可是這樣的說法
並不能成立，或許是譯者未譯出真義，如以引文來看，語句是能夠傳達理念的，
但是語句傳達的理念，與禪悟是不相干的。
[11] 請參閱楊惠南：《禪史與禪思》「論禪宗公案中的矛盾與不可說」，台北：東大圖
書股份有限公司，1995 年 4 月初版，頁 265。

它說得很清楚：「其一也一，其不一也一。」[12]

以上這段話值得深入討論，如果以傳統邏輯型式的同一律、矛盾律與排中律來看，這是就外在表達形式的角度，說明兩種有形的物質無法同時等於與不等於，這在語句的邏輯上或含義上是矛盾的。可是鈴木大拙提到另一種「困思邏輯」，以爲原本矛盾的兩項語詞（A與非A）在做爲另一項（X）的表述詞時，可以相容而不互相排斥，並且以老莊的思想爲例，可是這裏面牽涉到一項最大的問題，就是「莊禪異同」的學術公案。有些學者認爲所謂的「禪學」，事實上其內容是「莊學」，亦即禪學思想是《莊子》學說的一種延續，也是佛教中國化的禪宗，所以成立的思想基磐，如印順法師以爲「玄學化的牛頭禪，以『喪我忘情爲修』」是受到《莊子》學說的影響，並且認爲「（唐）會昌以下的中國禪宗，是達摩禪的中國化，主要是老莊化，玄學化」、「慧能門下，發展在江南的，逐漸的面目一新，成爲中國禪，那是受到牛頭禪（也就是老莊化）的影響」。[13]雖然印順法師以爲禪學的形成，特別是在南方發展形成的南宗禪，受到老莊思想的影響，但並不表示印順法師同意禪學是《莊子》學說的延續。相對的，莊禪的異同，可能無法以簡單的形式就遽下斷論認爲「莊」與「禪」無異，如張伯偉從〈禪宗思維方式的解剖——兼論莊、禪異同〉一文中有較爲持平的看法：「能不能因爲禪宗使用《莊子》中的語言，以及彼此在對某些問題處理上的相通，就將莊、禪混爲一談呢？回答是否定的。」[14]張伯偉並且引用了萬松老人

---

[12] 見鈴木大拙、佛洛姆原著，孟祥森譯：《禪與心理分析》，台北：志文出版社，1989 年 3 月再版，頁 159-160。

[13] 參見印順法師著：《中國禪宗史》，台北：正聞出版社，1988 年 6 月 5 版，序文頁 8-10。

[14] 見張伯偉著：《禪與詩學》，台北：揚智文化事業股份有限公司，1995 年 1 月初版，頁 151-159。

（1166-1246 南宋曹洞宗僧）的看法：「今人見天童（宏智禪師）用
《莊子》，便將老、莊雷同至道。殊不知古人借路經過，暫時光景
耳。忽有個出來道：『莊子豈不知首山行履處？』但向道：『月落
三更穿市過』，是外篇是內篇？」[15]因此，所謂的「困思邏輯」，也
只是一種通則，如果將如此通則套在禪宗的公案語言上，便會出現
一個問題：就是公案語言中原本矛盾的兩項語詞（A 與非 A），事實
上，這兩項詞語都只是工具，並沒有實在的意義，也無任何的指涉，
甚至是要打破一切的指涉，那又如何成為另一項（X）的表述詞呢？
換句話說，兩項矛盾的語詞（A 與非 A），本身並無任何意義的脈絡，
而且毫不相干，其目的也不是指涉另一項事物（X），所以前兩者不
能成立所謂的矛盾，也由於沒有指涉，所以根本也無（X）的存在，
因此禪宗公案語言，並不都適用於所謂的「困思邏輯」。

　　因此，公案的語言是非邏輯的語言，是屬於生活經驗的語言，
可能無法以世間任何一種邏輯形態來統攝它，但是也不能說是「無
邏輯」，因為「無邏輯」容易被解釋為「沒有邏輯」或「不合邏輯」。
這是對公案語言的一項嚴重誤解，因為語言的邏輯只是討論外在的
形式，並不涉及實質的內涵，然而公案的語言涉及「悟」的層面，
這是從形而下直接跳脫到形而上的情況，如指見月般的存在某種特
殊關係，所以不是世間任何一種邏輯關係能夠含攝的，自然不能說
是「沒有邏輯」或「不合邏輯」，因此說是「非邏輯」較為適切。
相對的，公案的語言存在著教化眾生的特殊意義，即使在使用時僅
有工具義而無實義，或許可以勉強說成是佛教所謂的「悉檀」
（siddhānta）邏輯，甚至「第一義」邏輯，也就是「化導眾生教法」
的邏輯。這是筆者一項大膽的試稱，以為公案語言存在著教化的功
能，特別是四悉檀中的「第一義悉檀」，本來意思是指破除一切的
論議或語言相貌，直接示以第一義闡明諸法實相的道理，能夠使眾

---

[15] 《從容庵錄》卷 5，《大正藏》第 48 冊，頁 275。

生真正契證佛陀的教法。所以筆者以爲公案的語言邏輯是「悉檀」邏輯甚至「第一義」邏輯。

至於公案的非邏輯形態，鈴木大拙又以爲禪是以「消融法」爲表現方式之一：

> 禪的另一種表現方式是消融，亦即對立的否定，相當於神秘家所說的「否定之道」（vianegativa）。要點在於避免陷入禪師常說的四個前題。亦即所謂的「四句」（catushkotia）之中的任何一句裏面：一、「這是Ａ」（「有」）；二、「不是Ａ」（「無」）；三、「是Ａ亦非Ａ」（「亦有亦無」）；四、「非Ａ亦非非Ａ」（「非有非無」）。依照印度這種推理方法（因明學）來說，我們只要否定或肯定，必然會陷入這些邏輯公式之一裏面。我們的理知只要在這種通常的二元論的溝槽裏面活動，就會無可避免地落入這種絕境之中。我們所作的任何陳述，都得如此表現，都不出這種邏輯的範圍。但禪認爲，真理亦可在既非肯定亦非否定的情形下求得。這真是人生的難題，但禪師們總會避免這種困境。[16]

鈴木大拙以上的說法亦似是而非，所謂的「離四句」是對的，因爲禪師在教學上的確是希望避免「有」、「無」、「亦有亦無」與「非有非無」的範疇，所以採取某些言語上或動作行爲跳脫出去的作法，鈴木大拙以爲那是「消融——對立的否定」。可是所謂的「消融法」，只是存在某些對立開展的課題，在公案語言中，「否定」也只是一種教學的方法，但不是主要的方法。因爲否定是「導偏於正」的手段，目的是袪除學人的執有執無，如果說是「對立的否定」，那還

---

[16] 見鈴木大拙著，徐進夫譯：《歷史發展》，台北：志文出版社，1989 年 10 再版，頁 252-253。

存在「否定」這樣東西，其實應該是「一法不立」才是，更無所謂將有無「消融」在某一特定的情形。關於此點，陳沛然以爲「佛家爲破眾生之執，故此有其自身一套獨特之方法論：『雙遣法』。若用西方學者之詞項，則名之爲『雙重否定法』（methodology of double negation）；若用傳統之詞，則可名之爲兩難式。」[17]這裏所謂的「雙遣法」或「雙重否定法」，也只是形式上邏輯的雙重否定，可是經過一再的「否定」，並不代表就契入了真如實相，因爲真如法性的契入不是一直透過否定的方式可以達到，而且單純以形式的否定，是無法獲致任何「無生」的內涵。這樣的論證，也適用於法相宗兩個術語「表詮」與「遮詮」中的「遮詮」對於公案語言的詮釋。在永明延壽的《宗鏡錄》卷34說「遮謂遣其所非，表謂顯其所是」的「遮」性質，是在於排除與主詞相矛盾或是對立的性質，相當於邏輯的「否定」，在我國名學上稱爲「異」。換句話說，「遮詮」就是以否定的方式來闡明事理。[18]同理可證，「遮詮」的邏輯並不適用於禪宗公案的語言，不過公案的語言中的確也存有部分「否定」式的邏輯，[19]但那不是公案語言的主要形態，也非公案語言的實際內涵。

三、公案詩偈與動作語言的解讀條件與方法

公案在解讀方面的另一項困難，則是由禪宗公案的詩偈與動作

---

[17] 見陳沛然著：《佛家哲理通析》，台北：東大圖書股份有限公司，1993年10月初版，頁59。

[18] 請參閱沈劍英著：《因明學研究》，上海：東方出版中心，1996年1月第2次印刷，頁44-45。

[19] 有關「遮詮」的使用，周裕鍇說禪宗主要使用遮詮的表達方式：「怎樣解決『不立文字』與『不離文字』之間的矛盾呢？宋代禪師們借鑑並改造了佛經詮釋學中『遮詮』的方法，在語言唇吻中殺出一條『活路』來。」見周裕鍇著，《文字禪與宋代詩學》，北京：高等教育出版社，1998年11第一版，頁181。這樣的說法是部分可以成立的，因爲宋代禪師的確借鑑改造了「遮詮」的方法，成爲禪門教學方法的一種。

等而造成意義的斷層。所謂「意義的斷層」，是指公案語言過於簡
略或是過於抽象，以致於無法從外在的形式還原公案的本意。從過
去到現在，禪宗語錄公案的讀者多半是以自己所了解的公案意旨，
去填補「文本」與「真相」之間的落差，這種現象特別是表現在公
案的詩偈與肢體動作的行為等兩方面。首先看詩偈方面，巴壺天以
為禪宗語言常用比興體詩來表達，其原因是必須透過直覺的體驗，
以為詩是「具有象徵性的比興法，藉有限表無限，藉具體表抽象，
藉特殊表普遍」的方便性。[20]所以他在〈禪學參究者應具有的條件與
認識〉一文中指出，參究公案應具備下列四種條件之一，就是有關
於比興詩法了解之「詩法的素養」。[21]在禪宗詩偈的各項分類中，比
興詩佔了絕大多數，不過值得注意的是禪詩有那些分類呢？如楊惠
南教授在《禪史與禪思》中提到「禪詩的種類及其實例」：

> 由於禪宗，特別是六祖惠能後的「南禪」，含有《楞伽經》
> 與《(金剛)般若經》的兩大思想傳統，因此，禪宗的詩詞，
> 也自然分成了兩大類。而在兩大類的禪詩之中，又各個分成
> 了幾個小類；這正如下表所顯示的：一、與《楞伽經》之「佛
> 性」思想有關的禪詩：㈠闡述「眾生皆有佛性」的禪詩；㈡
> 闡述萬法皆「佛性」之顯露的禪詩。二、與《(金剛)般若經》
> 之「空」思想有關的禪詩：㈠闡述包容「兩邊」的禪詩；㈡

---

[20] 巴壺天以為禪宗語言用比興體詩表達的原因，主要是因為：「禪宗語言何以要用
比興體的詩來表達呢？人類的知識有三種：感性知識、理性知識和自性知識。
禪宗公案所表達的絕對體的自性，是言語道斷，心行處滅的，因而不得不藉重
比興體詩——用可感覺的具體事物，象徵那不可感覺的與不可思議的自性。……
所以『絕對』的東西，在中國、西洋、印度，都是從負的方面來表達。」請參
閱巴壺天著：《禪骨詩心集》，台北：東大圖書股份有限公司，1990 年 3 月再版，
頁 9-11。

[21] 其他三項分別是：一、堅強的意志；二、特殊的悟性；三、佛學的基礎，請參
閱巴壺天著：《禪骨詩心集》。

闡述遣蕩「兩邊」的禪詩。[22]

楊教授的分類是著眼於禪詩的思想背景，環繞的主題是《楞伽經》的「佛性」與《般若經》的「空」思想，總共是四小類的禪詩類別，如此的分類法精簡扼要的點出禪詩思想的底蘊。至於禪詩的內涵與作用，如張伯偉在《禪與詩學》中分成「述禪理」、「用禪典」與「表禪境」等三類，[23]杜松柏在《禪學與唐宋詩學》中分成兩大項共八小類，分別是第一大項「以詩寓禪」有「示法詩」、「開悟詩」、「頌古詩」與「禪機詩」；在另一大項「以禪入詩」有「禪理詩」、「禪典詩」、「禪迹詩」與「禪趣詩」等，都是十分值得參考的分類方式。[24]另外，李淼又提出單一範疇的「啓導詩」的定義，以爲在禪宗語錄中大量以詩偈對答的詩都可謂之爲「啓導詩」，或是稱爲「接引詩」。也就是指禪師以詩爲啓悟的手段來接引門徒，作爲啓發門徒開悟的方法。像這類詩多以單句或雙句的形式出現，以詩問以詩答。這類詩偈也是禪師的卓越創造產物，這類對答詩的普遍大量運用表現了禪宗特殊的語言觀的卓越性。所謂「不立文字又不離文字」的最佳表現方式即是指這類的對答詩偈。這類對答詩充分展示了詩的朦朧性、模糊感、不可解性與特殊的美感，因此才構成了禪宗詩偈的謎宮。禪宗語錄中最難懂或者說根本無法懂的部分，就是表現在這類對答詩偈上面。[25]除此之外，禪宗處處可見運用詩偈的形式來發揚禪宗宗旨的作品，如〈信心銘〉、〈證道歌〉等。另外在韻文形式表達方面，則是如〈參同契〉、〈寶鏡三昧〉等作品，

---

[22] 見楊惠南著：《禪史與禪思》，東大圖書股份有限公司，1995 年 4 月初版，頁 382。

[23] 請參閱張伯偉著：《禪與詩學》，頁 5。

[24] 請參閱杜松柏著：《禪學與唐宋詩學》，台北：黎明文化事業股份有限公司，1978 年 12 月再版。

[25] 請參見李淼著：《禪宗與中國古代詩歌藝術》，高雄：麗文文化事業股份有限公司，1993 年 10 月初版，頁 87。

或是以歌詠、唱讚、感嘆自己證悟的境界。這些詩偈的主題不是談風說月，或是抒寫生活的情趣，而是契入悟境的一種文學性表現，所以充滿了禪與詩互相融合的美學氣韻。[26]

至於禪僧之詩與一般詩人之詩有何不同呢？加地哲定以爲禪僧之詩與普通詩人的作品不同，普通詩人的詩即使是吟山水詠風物、吐露人之感懷，都是一般的常情，任何人都能夠直接與之共鳴或者是對話，獲得同樣的感受。然而，禪僧的詩就不是這樣了。禪僧之詩或者是超越世俗的常情、跨過宇宙的時空、不立物我分別的境界，或者是逆說的矛盾、意義的晦澀，或者是順取的無義語，或者是表面上平凡普通、看上去都好像是徒具豪言壯語，或者是飛躍、隱瞞、斷絕人類的思慮。在禪家的眼中看來，詩也只是至極當然事物的直接敘述，本地的風光面貌也只能夠赤裸裸的體現，無法以詩來隱匿。[27]

禪宗的詩偈，若是從禪宗史與《景德傳燈錄》來看，主要可以分成三個階段：第一階段，是從釋迦牟尼佛到西天二十八祖至於中國禪宗的五祖，此時是以「付法偈」或「付法遺偈」的形式爲主。第二階段，從惠能開始，在《六祖壇經》中大量的使用「說法偈」，後來惠能的嫡傳弟子尙能以詩偈爲問答的憑藉。到了第三階段，就是唐代詩學的興盛之下，禪師們大量的運用詩偈表達自己禪悟的境界，或是詮表禪修的要旨，這一些也可以稱爲「偈頌公案」。然而，禪宗的偈頌，雖然也是公案語言的一環，但是與問答的公案是有很大不同的。因爲問答的公案是以「啓悟」爲主要目的，所以語言不是重點，而是一種手段。相對的，禪師的詩偈往往詮表、暗示或發抒個人禪悟的體驗，並不是以「啓悟」爲主要的目的，所以對禪詩

[26] 請參見加地哲定著、劉衛星譯：《中國佛教文學》，高雄：佛光出版社，1993 年 7 月 1 日初版一刷，頁 309。

[27] 請參見加地哲定著、劉衛星譯：《中國佛教文學》，頁 325。

的觀察角度就應該由「教學問答」轉變至「開悟等悟境描述的美感經驗」上面，或者是「禪法思想的妙義與悟道生活的真諦」之理解。前者如福州靈雲志勤禪師的「自從一見桃華後，直至如今更不疑」、澧州藥山惟儼的「雲在青天水在缾」、鑒真禪師的「清風樓上赴官齋，此日平生眼豁開」、處真禪師的「一片凝然光燦爛，擬意追尋卒難見」、韶州龍光和尚的「龍光山頂寶月輪，照耀乾坤爍暗雲」、明州奉化縣布袋和尚的「一鉢千家飯，孤身萬里遊」等，皆具有詩學的美感或者是悟境的描述。至於後者，如襄州居士龐蘊的「神通并妙用，運水及般柴」、汝州首山省念禪師的「明暗盡時俱不照，日輪午後見全身」、筠州洞山良价禪師的「切忌從他覓，迢迢與我疏」、南嶽玄泰的「其道自玄玄，箇中無佛祖」與善慧大士的「空手把鋤頭，步行騎水牛」等，皆是具有禪理的詩偈。至於解讀的條件與方法，則是除了透過個人傳統詩法的訓練之外，還要有禪修實證的體驗，才能「縫補」禪宗詩偈中意義的斷層，達到心領神會的境地。

其次，禪宗語錄公案中時常出現激烈的肢體動作，或棒或喝，或是藉用生活的器物展現禪法的機關，如五臺山隱峰禪師推車碾過馬祖道一的腳、南泉斬貓、麻谷掀禪床、船子和尚的當下棄舟而逝等。至於棒與喝，則是在語錄公案中俯拾皆是。這些激烈的肢體動作或行為究竟有什麼含義呢？如慧風就以為禪宗的棒喝是有一套原則的：「禪家的一棒一喝間，都有明暗賓主之辨，縱奪殺活之機，有時一拳是報恩，有時一踏是情深。這是禪的教學方法，稱之為『大機大用』，決不是無目的地胡來一套。」[28]在千百年後的吾人，若要解讀公案中的動作語言，應該先有一番認知，那就是禪師是基於慈

---

28 見慧風：〈從禪宗的教學方法、勞動精神中看出宗師們的風格〉，此文收錄於張曼濤主編：《現代佛教學術叢刊》②《禪學論文集》，大乘文化出版社，1976 年 10 月初版，頁 183。

悲心的緣故,基於來自體驗真實悟境的見地,以及對眼前學人的根機與當時學人佛法的認知見解,甚至於包括追求真理的熱忱與堅定的道心等諸多因素的考量,然後給予適切的而直接的棒喝,所以暗藏縱奪殺活之機,深寓禪法的大機與大用,不是尋常的知解或是私意的臆測所能了解。所謂「道得也三十棒,道不得也三十棒」,這只是無實義的原則,事實上要看當時的情形,而且是已證悟的禪師,面對弟子必須給予適切的指導時,才施以最為親切的棒喝。所以,這也是造成意義的斷層,吾人必須透過實修體驗的經歷,才能進一步「縫補」其中的落差。至於解讀時,仍須了解禪宗思想中「啐啄同時」的教學理念。「啐啄同時」是指禪師與學人二者間師資道合與機巧相投,有如母雞抱卵,其中小雞欲出,以嘴吭聲敲殼,名為「啐」;母雞也希望小雞出殼,因此以嘴齧殼,名為「啄」。兩者必須在時機上相應,否則過早或過晚,都失去了悟道的機緣。在《碧巖集》第 16 則:「大凡行腳人,須具啐啄同時眼,有啐啄同時用,方稱衲僧。如母欲啄,而子不得不啐。子欲啐,而母不得不啄。……所以啐啄之機,皆是古佛家風。」(《大正藏》第 48 冊,頁 156 上)正好說明棒喝的原理。況且,在臨濟義玄的「四喝八棒」理論中,也可以看出禪門的棒喝是有一番原則,並不是胡亂施為。關於此點,南懷瑾對禪門棒喝有精采而切要的辯護:

> 世之論禪,常咎棒喝,孰知此弊,圓悟大慧師弟,已力闢之矣。今之禪者,誰在行棒行喝耶?不過徒有此名耳!棒喝交馳,正是宗門大匠無量慈悲作用,或以之接引後學,或故意撩撥無明根本,如楔出楔,方得解脫。古德有言:我有時是罰棒,有時是賞棒,有時一棒不作一棒用。……若斯深義,與夫大機大用,豈草草者所可妄學,所可妄誹耶![29]

---

[29] 見南懷瑾著:《禪海》,台北:先知出版社,1973 年 9 月三版,頁 46-47。

　　因此，吾人對公案語言中的棒喝應有較爲切實的了解，如果無法通讀而明了，那是因爲吾人對禪師體驗當下無生的悟境從未經歷過，所以無法明白禪師以棒喝爲教學方法的實際作用。況且，從語錄公案文獻中記載的棒喝行爲，完全截斷其他重要的背景因素，如學人的身心狀況，以及受棒喝的原因與禪師用棒喝的道理。如果再將其他背景因素包括時、空、人、事、地、物的種種說明，雖然吾人無法真實明了禪師的心境及其使用棒喝的慈悲，但是卻可以增進吾人對禪門棒喝的進一步了解。當然，最好的解讀條件及方法，即是能夠有體驗悟境的經歷，才能充分理解禪師以棒喝爲教學方法的原因，也才能「縫補」文獻記載過於簡略的意義斷層，明白公案動作語言的真實義。

第二節　禪師啟悟的教學方法

一、見地、證量、心力與生活因緣的啟悟爲操作模型

　　禪師啓悟學人的教學方法，一直是研究禪宗的學者津津樂道的，可是一般學者研究的重心卻是放在言語與動作行爲上，如鈴木大拙以爲禪師的啓悟方法，可以分爲言語法與直接法兩種。[30]在蔡榮婷《禪師啓悟法——以景德傳燈錄爲中心》一書中，更是非常詳細的將禪師啓悟學人時運用的語言、動作等形式，加以分類陳述，然

---

[30] 鈴木大拙以爲禪師啓悟的方法非常特別，不同尋常，不合邏輯，故而亦非門外人所可得而理解。請參閱鈴木大拙著，徐進夫譯：《歷史發展》，台北：志文出版社，1989 年 10 再版，頁 249。

後再依序解說其中禪師教學的方法。這本書的研究進路是從「形式」研究其「內涵」的意義，分類的細密程度頗能呈示禪師運用語言動作的全面觀照，筆者特將本書的啓悟形式重新以表列的方式，羅列於下：[31]

蔡榮婷禪師啓悟法一覽表				
運用符號之啓悟法	圓相			
	圓相與文字之配合			
運用語言之啓悟法	答與問相干者	以肯定句表達者	依經偈解說者	
			直接回答者	以日常生活回答者
				以學生病根回答者
				以強烈肯定回答者
				舉例回答者
				以矛盾法回答者
		以否定句表達者		
		以疑問句表達者		
		以反詰句表達者		
		以條件句表達者		
		以感歎句表達者		
	答與問不相干者	詞、句	語詞	
			語句　日常語句	敘述句
				否定句
				反詰句
				命令句
			詩偈	
		召喚		
		聲音	喝	
			咄	
			叱	
			噓	
運用語言與動作配合之啓悟法	語言與老師之配合			
	語言、老師與物之配合			
	語言、老師與學生之配合			

---

[31] 請參見蔡榮婷著：《禪師啓悟法——以景德傳燈錄爲中心》，台北：文殊雜誌社，1986年5月1日初版。

	語言、老師、物與學生之配合				
運用動作之啓悟法	老師自身之動作	單一部位之動作	眼部動作	眼之開合	
				視	
			口部動作	笑	
				張口	
				出舌	
			手部動作	一種姿態之動作	豎指頭
					指(點)
					展手
					撫掌
					擺手
					以手作啄勢
					以手作撮勢
				多種姿態之動作	彈指一聲、展開兩手
			足部動作	展一足	
				駐步	
		多部位配合之動作	眼、口之配合		
			手、耳之配合		
			手、軀幹之配合		
			足部與其他部位之配合	下禪啄立	
				起入方丈	
	老師與物之配合	老師與拂子之配合			
		老師與拄杖之配合			
		老師與其他器物之配合	拈布毛吹之		
			推枕子出		
			舉茶匙子		
			敲淋腳		
	老師與學生之配合	手部與學生之配合	托		
			搊住		
			摑		
		足部與學生之配合	蹋		
	老師、物與學生之配合	老師、拂子與學生之配合			
		老師、拄杖與學生之配合			
		老師、其他器物與學生之配合			
運用默之啓悟法	良久				
	默然				

　　從蔡榮婷的分類中，可以發現其將禪師啓悟的運用形式分成五項範疇，分別是「運用符號之啓悟法」、「運用語言之啓悟法」、

「運用語言與動作配合之啓悟法」、「運用動作之啓悟法」與「運用默之啓悟法」等，以爲可以統攝啓悟法所運用的各項形式。如此的研究深具科學解析的精神，也很能夠呈現禪師運用各種外在形式以啓悟弟子的方法。可是將禪師的啓悟法附屬於形式的分類中，容易誤導讀者以爲禪師的啓悟以形式爲主，或者是禪師的啓悟必須依賴外在形式才能表達。然而，禪師在啓悟弟子時，是以啓悟的原理爲優先性呢？還是以形式爲優先性呢？當然是以啓悟的原理或原則爲優先，然後才會以各項的機緣或當下的情況，給予學人最爲直接而適切的指導。可是，若不透過形式分類的討論，恐怕也很難有研究的門徑得以進入，所以蔡榮婷的研究進路仍有相當之意義及功用。可是，禪師的啓悟方法真正的重點與討論的核心，應該是「啓悟的背景、理念及原則」，而不是外在的形式。但是，這又牽涉到學術研究的客觀性問題，如果學術研究處處講求「客觀化」、「物質化」及「系統化」，恐怕禪師的啓悟法是無法成爲學術研究的主題或是根本無法切入問題的核心。因爲，禪師啓悟的背景因素，必然包含禪師的見地、證量與慈悲方便等問題，尤其是禪師體悟的深淺與方便智的差別，會直接影響啓悟的方法，可是不論是見地、證量或是慈悲、理念與啓悟的原則等等，都無法以外在的形式，予以客觀的解析及系統化，不僅無從檢證也無法下手作相關的研究。因此，以下四項要點，能夠具體的說明禪師啓悟法難以深入研究的原因：

　　第一，禪宗成立的最初特質，就是標榜「教外別傳，以心傳心」的宗教性格。禪宗不走學術分解的道路，不走依經說教與教義理論研究的進路，強調佛心直傳，以心印心。可是偏偏此「佛心」的彰顯與契入，完全是無形無相的，並且是透脫世間意識及語言能夠掃描與詮表的範圍。既然意識掃描不到，言語又無法表達，僅憑外在的現象形式，絕對是無法如實的了解證悟佛心的內容。因此，在合

格的禪師必然具備體證佛性的前提下，其悟境與見地就無法具體而客觀的成爲研究的主題及對象。

第二，禪宗的傳承與禪悟的根本特質，具有高度秘密與無法公開的性質。禪宗從印度傳至中國，直到惠能才放棄「代傳一人」的傳承性格，而且傳承的過程多半具有神秘的特性。這裏所謂「神秘」，主要是指祖師在付法的過程並未明確交待爲何將祖位傳付給某位禪師，僅以衣鉢爲傳法的象徵。相對的，傳付祖位的祖師及受法的禪師，都未明確說明「此人」證悟到何種境地，爲何嗣承法要而成爲祖師呢？如《景德傳燈錄》中說西天二十八祖的祖位傳承，如六祖彌遮迦、七祖婆須蜜、十二祖馬鳴大士、十六祖羅睺羅多、十九祖鳩摩羅多、二十一祖婆修盤頭、二十二祖摩拏羅、二十四祖師子比丘與二十八祖菩提達摩等，皆曾受佛預記或是其他修行者的預言，以爲終將嗣承祖位。乃至於在《景德傳燈錄》卷 5 中有「西天般若多羅讖汝（南嶽懷讓）足下出一馬駒（馬祖道一），踏殺天下人，並在汝心，不須速說」的預言，可見禪宗初期直到馬祖道一時，仍充滿了許多宗教預言的神秘色彩，而且都是「不足與外人道也」的態度。相對的，從預讖的角度說明傳承的宿世因緣，卻模糊了祖師何以傳授與祖師何以受位的真正根本因素——悟。若是從世俗的角度而言，大位傳授必然有一個理由，在君主封建的時代，皇帝依據宗法與個人意旨等諸多原因，擇定江山的繼承人。在民主時代，人民以選票選出總統，移轉政權，總是有一項合理的根據，說明傳授的原因。然而，禪宗的祖師因爲得到真實的證悟，所以嗣承祖位，並且依此根據，再將大法傳授給下一位祖師，可是在禪籍中卻是迴避了最重要的「悟」的內容及相關的說明，亦造成了後代禪師在啓悟學人上也迴避了相同的問題，造成啓悟方法的不彰顯。所以傳承與證悟的神秘性對禪師啓悟的理念表達有很大的負面影響。

第三，後代的禪師特別是中國的禪師，可以說全部避諱談「證

悟果位或證量」的問題。本來在佛經中敘述佛弟子證悟到小乘或大乘的果位是很平常的，可是中國的禪師從來避談個人相關證悟的境界，僅以簡單的言語或詩偈來暗示或是象徵。主要的原因是佛教本身對個人證悟果位向來視做「不可言說」的範圍，如《金剛經》中「我得阿羅漢道，即為著我、人、眾生、壽者」的說法，所以「實無有法名阿羅漢」，因此禪師即使證悟都不明說。可能還有因為中國禪師反對將「證悟」與「神通」等證量，當做「招牌」或是標榜個人權威主義的工具，或是以此營謀「名聞利養」而造成眩惑眾生的情形。所以禪師即使證到三明六通的境界，可能在外相上還是布衣粗衲的出家人，即使在言語上或動作上呈現不同凡響的表現，但是絕不會昭告天下說自己是「大澈大悟底人」。也正是因為如此，禪師不正面說明自己證悟的境界，所以造成無法交待「憑何」化導學人的根據，於是由已被公開認定的大禪師「推薦」，或是由社會上口語傳播的力量互相傳述介紹，於是法席漸盛，形成了弘化的中心。可是，若由悟得不夠澈底的禪師接化學人與大澈大悟的禪師接化學人，在方法上與效果上是有很大不同的，但是「悟」得如何，禪師都避諱不談了。

　　第四，禪師啓悟理論與方法不能彰顯的最重要原因是「不說破原則」。禪師都秉持這項根本原則，不為學人說破「悟境是什麼」、「如何可以得悟」、「你要如何去悟」、「如何為悟作工夫」等，只要與「悟」這項根本大事有關的，一概不說。不僅不說，甚至連基本的暗示、隱喻都不願給學人。師徒一上對話的陣線，就是電光火石、刀光劍影，一剎那間立判凡聖，一言之下，便知得悟與否，其機鋒轉語與啓悟方法，也往往在一瞬間完成功用。所以公案的對話，多半不是「告訴你怎麼做工夫」，而是「將真實的悟境拿出來」。因此，禪師從不說破有關「悟」的一切，只是以檢驗修行的成果為主。至於禪師不說破「悟」的原因很多，略有四項：其一，說破的

真如是「文字相」，是製造了更多的葛藤，會讓學人產生妄執，以
爲文字的表義即是真如實相本身，所以禪師不說。其二，禪悟的境
界本來就不是言語所能具體說明的，這又教禪師如何說呢？縱使用
各種譬喻及方法，終不能讓學人得以明白什麼是悟境，也唯有親證
乃知了。其三，禪悟必須是自悟，如果禪師用特別手段逼令根機未
深的學人得悟，反而會揠苗助長，甚至斷絕了法身慧命，所悟的境
界不僅容易退失，而且見地不真、來由不明，都是功夫未到而強爲
之開眼。所以禪師不以說破爲原則，目的是希望學人能夠自參自悟，
讓功夫更加純熟。其四，禪師以不說破設下機關，讓學人能夠因此
收攝妄動的心念，讓開悟的最大原動力——「疑情」繼續發酵，直
至機緣成熟時崩解無始以來的無明障礙。如洞山良价與雲巖設齋說
「我不重先師道德，亦不爲佛法，只重不爲我說破」的感動，因爲
雲巖曡成不爲洞山良价說破悟爲何物，所以洞山才能「過水睹影，
大悟前旨」。可是禪師的不說破，也就等於禪師自我宣布「啓悟的
原理與方法不能告知」一樣，所以也隱藏了最重要的教學原理。雖
說如此，禪師的不說破並非是對求法的學人沒有教導的過程，相反
的，禪宗最重視生活的教育，只是不說破最後的悟境，目的就是爲
了逼學人臨崖撒手頓悟自性。

　　至於禪師是以何根據爲啓悟的原則呢？筆者以爲是「以見地、
證量、心力與配合生活當下因緣的點撥指教」爲禪師啓悟的操作模
型。所謂的「啓悟」，就是禪師爲學人開啓佛的知見。在《法華經》
中說是「開示悟入佛之知見」，也就是體驗不生不滅的真如法性，
體驗現量的涅槃境界。禪師之所以能夠開啓學人的悟境，主要還是
因爲禪師本人對涅槃法性有真實的體驗，才能以「過來人」的姿態
出現，明確的爲學人開啓一扇前所未見的視窗，讓學人跳脫生死輪
迴的牽纏。因此，禪師必須具備開悟的「見地」，也就是實際的法
性體驗，這是成就「啓悟」學人的第一項條件。第二項條件，禪師

必須是具備深化悟境的「證量」。所謂的「證量」，是指「證悟的現量」，而且必須符契佛教所說的「果位」，特別是四果阿羅漢，才是真正具眼合格的開悟老師，因為四果阿羅漢親證涅槃，斷盡三界見、思之惑，斷盡一切煩惱而離貪、離瞋、離痴，體證無生。[32]但是由於禪宗多避談果位問題，所以只能以「證量」來說明其切實而深入的悟境。「見地」與「證量」的不同，在於「見地」是由體驗真如法性的經驗中得到的「開悟知見」，「證量」則是將「見地」深化與修行而形成穩定的悟境狀態，也相應於小乘或大乘佛教的果位。如此，才具備指導學人開啟悟見的進階因素，才能給予已悟的學人悟後的後續指導。第三項條件，禪師啟悟學人的另一要素是「心力」，此「心力」並非單指心靈的力量，而是指禪師基於「見地」與「證量」的緣故，加上禪定力的因素，所形成的「用」。換句話說，「心力」是指「悟的力量」或是「轉動悟的力量」。因為禪師的見地本身或證量本身，若要發為世用或為教化的善巧方便，必然是有體有用的，此體即是指「見地」與「證量」。至於用則是「心力」。以上三者是禪師啟悟學人的必備要素與必修學分，至於「善巧方便」則是禪師的選修學分，有了以上必選修學分合格之後，才能出世為師，為人印證，開啟後進學人的悟見。

禪師有了「見地」、「證量」與「心力」之後，如要啟悟學人的悟見，還須要在日常生活中，時時觀察學人的根機、修行的進度、觀念的通達與求法的決心，然後在日常生活中的言談對話裏，觀照學人開悟機緣是否成熟，如果已經成熟，禪師就會以語言或動作等

---

32 有關禪師具備傳法資格問題，在佛教還有「阿闍梨」（梵語 ācārya），意譯為軌範師或傳授師，在密教《大日經》卷 1〈具緣品〉載，阿闍梨必須具足以下十三德：㈠發菩提心。㈡妙慧慈悲。㈢兼綜眾生。㈣善巧修行般若波羅蜜多。㈤通達三乘。㈥善解真言實義。㈦知眾生心。㈧信諸佛菩薩。㈨得傳授灌頂等妙解曼荼羅畫。㈩調柔其性，遠離我執。㈡於真言行善得決定。㈢究習瑜伽。㈣住於勇健之菩提心。以上十三項特質，可以做為禪師應具備條件之參考。

任何一種表達方式讓學人當下契悟法性。因此，禪師用什麼方法讓
學人開悟並不重要，重要的是禪師如何可以使學人開悟，其操作的
模型是什麼？因此，禪師基於「見地」、「證量」與「心力」的根
本條件，再配合日常生活中當下的機緣點撥指教，讓學人能夠言下
見性，就是禪師啓悟學人的基本模型。關於此點，融熙法師曾說明
禪師澈悟心通力足而喝斷學人意識的情況：

> 古人大澈大悟，心通力足，對來機擬議時之一刹那頃，藉一
> 喝而截斷現業流識，將心印心，頓時相應，蓋臨濟用喝，以
> 聲塵顯用，亦猶德山用棒以觸塵顯用也。[33]

古代的禪師大澈大悟之後，由於心中無所罣礙，又具足見地與證量，
所以「大力」充足。再配合生活的當下因緣，正當學人「擬議」（意
念正要發動）的當下一刹那，給予棒或喝的截斷意識，即時（同一
時間）心心相應。融熙法師說臨濟義玄用「喝」的方法，是以聲塵
顯發禪法的妙用，德山宣鑒是以「棒」的方式觸塵顯發禪法的妙用，
都是禪師的善巧方便。

二、明不說破、暗設機關與痛下殺手的教學策略

　　禪師啓悟的教學方法是否有教學上的策略呢？答案是肯定的。
除了前文述及，禪師對「悟」的相關主題是避諱不談的，原因主要
是因為避免給學人「頭上安頭」，徒增學人的困擾，也不願學人以
「知解」的方式尋悟而不能證悟。同時，禪師「明不說破」禪悟的
契機，並不表示禪師對學人不給予適當的教化，相反的，禪師時常

---

[33] 見融熙法師著：《葛藤集》，台北：天華出版事業股份有限公司，1978 年初版，
頁 37。

在生活之中，透過各種方式，或是言語，或是動作，或是圖像，暗
設機關。所謂的「機關」，也就是禪師為令學人得以契悟，在生活
的應對中隨順其根機而設立的機法，也就是所謂的公案、話頭，或
者是給予學人一棒喝，目的總是希望學人能夠發起疑情，收攝心念，
迴光返照，不使心光在生活中隨意流逸。由於學人根機的不同，精
進的程度各異，所以經過未定的一段時日之後，學人心中被禪師所
設下的「機關」而得以訓練而逐漸成熟，漸漸能夠止心相應，功夫
成片，如果再加上對佛教的知解觀念正確，此時禪師就會選在最恰
當的時機，痛下殺手。所謂的「痛下殺手」，是指「截斷學人的心
識卜度」，不讓學人有片刻的思量臆測、猶豫不決，是要讓學人當
下「一念不生」，不以意識、思維揣度悟境，當下直入無生之境。
至於禪師痛下殺手的時機，以及選用何種方式出手，事先禪師是沒
有預設的。當然，禪師對學人根器的觀察，以及學人禪意識成熟的
程度，都是禪師觀照的重點，如果時機真的成熟，禪師就會毫不考
慮的以任何一種方式截斷學人的生死流意識，在當下以充沛的心力
頓開生命的另一扇全新的視窗。如融熙法師說禪師明不說破卻暗設
機關後，待因緣成熟時，再以沛然的心力令學人開悟的情形：

> 祖師心通，照知當人根熟，死盡偷心，或予反詰，或予問題，
> 令其妄想，頓時堵塞，而於當人擬議轉揆之一剎頃，以湛然
> 沛然之心印力用，直捷印之，於時如兩鏡相照，加被力故，
> 頓然明白，摸著自家鼻孔，是為直指（善知識之可貴在此）。
> 34

　　由於禪師自在心通，或許也同時具備禪定與神通，能夠觀照當

---

34 見融熙法師著：《葛藤集》，台北：天華出版事業股份有限公司，1978 年初版，
　　頁 39。

機的學人是否根機成熟，如果偷心死盡，表示不再妄求塵勞欲望的時候。或者給予言語上反詰，或者是給予一個無從下手的問題，目的總是希望學人能夠將其妄想轉移到問題勾起的疑情上面。此時，不僅收攝萬念於一念，而且無法以「知解」的方式自我解答問題，有如「蚊子上鐵牛，無汝下嘴處」，因此不再妄想紛飛，達到學人開悟的先決條件。至於無法以「知解」的方式自我解答問題，更是禪師設下機關的巧妙所在，如趙州從諗禪師「狗子無佛性」之說，有禪門第一公案之美喻，因為「一切眾生皆有佛性，狗子為什麼卻無？」便引起學人的強烈懷疑，為什麼禪師不直接明白的說破「悟」是什麼，卻設下一個機關，讓學人左想右想總是得不到合理的答案，直到發現「思想」或「意識」是無助於生死解脫的，可是強烈的疑問卻是貼在腦後門上，緊緊的與生命完全貼合在一起，直到一天機緣成熟而開悟，才能通透這個問題。以上禪師明不說破而暗設機關，正是禪師啟悟的教學方法，其中的「狗子無佛性」一句，為什麼是「無」呢？這個公案的機關，主要是利用「無」為關鍵，為學人設下的入禪意識門的階梯，是一種攝持心念與發起疑情的工具，本身並不可解，也不必解，如果強為之解，恐怕只是完全錯會了祖師的心意，不僅遠離了禪悟的契機，而且將根本沒有任何意義的「無」，附會了個人的私見，如將「無」解釋為「非為物之有無，乃表超越存在的佛性之實態」，如此的解釋正好說明祖師何以要施以棒喝，因為才動思慮便是喪身失命了，何況還為其加上注腳，那是錯會了祖師設下公案的真實意。至於融熙法師在引文中提到的「湛然沛然之心印力用，直捷印之，於時如兩鏡相照，加被力故，頓然明白」的說法，值得辨正。因為，禪宗所謂的「以心印心」，在佛陀祖師而言，的確是具備「湛然沛然的心印與力用」，而此心印即是法印，亦是實相印，也就是見地與證量，至於力用則是由覺性大海中升起的法力，而非世俗的力用，所以祖師的「喝」與「棒」，不是用世

間的「力」，而是用「心」，用出世間的「力」。所以聲音不在大
小，動作不在重輕，只是祖師以全副生命力完全的投入，恐怕要聲
音小、動作輕是不太可能的。相對的，在語錄公案中被「打」被「喝」
的學人，有時描述遭棒喝的文字語言，恐怕也不能望文生義，畢竟
禪師用字遣詞，多半語涉雙關，暗喻見地、悟境與工夫。如百丈懷
海禪師被馬祖道一的大喝下，竟然是「直得三日耳聾眼黑」，若不
會禪悟妙旨的人，很容易將這句話說成是「百丈禪師被馬祖道一大
喝得耳聾與眼睛看不見東西三天」，那就完全錯解了祖師的大機大
用，也完全不明白語錄公案中許多雙關的妙語。而且從佛教與禪宗
的立場而言，語錄公案是不會去記載「耳聾眼黑」或是一般世間生
病、截肢等小事，因為佛教認為色身根本是妄執所成，五蘊皆空，
菩薩為度眾生或為求無上菩提，時常願捨頭目腦髓，怎會記載「耳
聾眼黑」呢？那是因為「耳聾眼黑」是借喻百丈禪師在馬祖道一的
教化下，一喝之下在三日內都浸沐在無人我相、無法相的寸絲不掛
的本地風光中，這是何等高妙的手段，何特超特的手眼，難怪百丈
在敘述這段公案時，座下的「黃檗聞舉，不覺吐舌」，也由衷的表
示無比的讚嘆。若由此公案觀察，馬祖是以「喝」為手段為工具，
痛下殺手截斷了百丈的心意識流，並不是融熙法師所說的「直捷印
之如兩鏡相照，加被力故，頓然明白」，因為「以心印心」，是指
「已經悟了的無罣礙心」與另一悟者的「已悟的無罣礙心」相印，
兩者片絲不掛而有如無雲晴空的心，如空靈的明鏡相印照，而非「已
經悟了的無罣礙心」去印「充滿煩惱的心」而使其開悟，更不是「加
被力」的緣故，而是祖師善巧與洞然明白的妙智，使學人在公案機
關的引導下，心識收攝於一念，最後再把此「一念」打破，於是契
入不生不滅的法性境界中。

　　在禪宗語錄公案中較少提及禪師的教學理論與方法，在禪學的
發展史上，臨濟義玄是較有教學系統的禪師，他的「四料簡」、「三

句」、「四喝」、「四賓主」與「四照用」等，皆能簡明扼要的說明其教學的理念與方法。關於此點，已於本文第二章第三節中介紹過，故不再重複說明。至於近代對公案教學方法較有完整闡述的，如南懷瑾說機鋒轉語的用途及寓意，可以說明禪師明不說破、暗設機關與痛下殺手的情形：

> 機鋒者，及具眼宗師，勘驗學者見地工用之造語；如上陣交鋒，短兵相接，當機不讓，犀利無比；或面對來機，權試接引，如以鋒刃切器，當下斬斷其意識情根，令其透脫根塵，發明心地；或兩者相當，未探深淺，故設陷虎迷陣，卓竿探水，以勘其見地工用之深淺；一句轉語，撥盡疑雲，相與會心一笑。故機鋒非無意義，更非隨便作為。[35]

禪師設置機鋒，亦即機關，目的是為了勘驗學人的見地與工夫，就好像軍隊上陣交鋒，刀光劍影，銳利無比。或者是權巧嘗試的接引學人，又有如鋒利的刀劍，能夠當下斬斷學人的意識情根，得到真實的體悟。若是對學人的根器沒有確切的把握，還須要多了解學人的程度，於是暗自設下機關，探察學人的見地與工夫，最後才用一句轉語，掃蕩學人的情識，以心印心。因此，禪師設下機關是具備非常重要的意義。至於，所謂的「轉語」，也就是能令學人當下轉迷開悟的語句，這項語句必然是針對學人的病處，痛下針砭，一針見血，直中要害，當然也是祖師的見地、證量與心力配合的產物，若是時節因緣成熟，往往能讓學人當下明心見性，契入法性真如。

　　除此之外，近代的心理學家弗洛姆以心理分析的角度分析公案，雖然未必合於禪宗的實情，但是頗值得參考：

---

[35] 見南懷瑾著：《禪海》，台北：先知出版社，1973 年 9 月三版，頁 31。

> 禪的（教育）方法可以說是要把學生逼入角落。公案使得學
> 生無法在知性思考中尋求庇護；公案就像一個障礙，使得學
> 生無法再逃。心理分析者也做著──或應當做著──類似的
> 事。他必須避免用種種的解釋來餵養患者，因為這只能阻止
> 患者從思考躍入體驗。他要把合理化的藉口一個一個移除，
> 把拐杖一個一個撤走，使得患者再無從逃避，使他突破充滿
> 心中的種種幻象，而體驗到真實──即是說，對於以前未曾
> 意識到的某些事情，現在變得意識到。[36]

　　禪宗的教育方法，未必是要將學人都逼入角落，有時也用「有」
的肯定方法去除學人「無」的執著。但是不再餵養學人知性思考的
用心是肯定的，最後也將「拐杖一個一個撤走」，未必會引導學人
契入悟境。何況弗洛姆說「以前未曾意識到的某些事情，現在變得
意識到」，可見仍然以「意識」為限，恐怕如此是無法契入非意識
思量的真如法性了。

三、以有破有、以空破空與空有相破的啟悟原理

　　在禪師啟悟的教學方法中，除了具備見地、證量、心力之外，
也會勘驗學人的根器，然後給予適切的指導，或是暗設機關，或是
等待機緣，或是痛下殺手，完全要看當時的情況而定。至於禪師以
何種教學引導的方式為啟悟的基本原理呢？筆者以為具備了三項特
質，分別是：其一，「以有破有」是以物質實有或概念實有的矛盾
性，破除學人對「有」的執著。其二，「以空破空」是以精神觀念
或是意識揣度的執著相扣激，藉以破除學人對「空」的執著。其三，

---

[36] 見鈴木大拙、佛洛姆原著，孟祥森譯：《禪與心理分析》，台北：志文出版社，
1989 年 3 月再版，頁 191。

「空有相破」是以「空」破「有」，或者是以「有」破「空」，藉以破除對「有」或「空」或「即空即有」與「非有非空」的執著。三者靈活運用，不拘一格，總是扣緊學人的端緒，激發心地的光明，令其能契悟法性。換句話說，所謂的「扣端激發」，正有如《論語‧子罕第九》中孔子所說的：「吾有知乎哉？無知也。有鄙夫問於我，空空如也，我叩其兩端而竭焉。」過去有些注釋書注解其中的「知」為「知識」，事實上在此所說的「知」，應作「智慧」解，所以孔子所說的「無知」，不是沒有知識，而是沒有任何先入為主的執著的一種智慧。正如大珠慧海禪師所說的「我不會禪，並無一法可示於人」、「貧道未曾有一法度人」。另如大薦福寺弘辯禪師的「佛之一化，實無一法與人」、德山宣鑒的「我宗無語句，實無一法與人」。所謂的「無一法與人」，是指禪師體悟到不生不滅的真如法性，無可宣說，悟境也是「寸絲不掛」的，更不是某種實有之物，也無法以「贈送」的方式，讓別人能不經修持而獲得。所以孔子的「空空如也」是不存預設，然後觀察了解學人的問題，使其不偏不倚得入中道，所以是扣其偏執的兩端，竭盡其所知而導入中道的義理。同樣的，禪師基於澈悟的見地，以及體證的空性，離貪、離瞋、離痴而心無罣礙，也絕對沒有任何預設的成見，一樣是「空空如也」。然後面對學人時，扣其執有執無的偏執兩端，激發學人本具的佛性，令其直入不生不滅的真如境界。孔子的教學態度與禪師的教學原理，在精神原則上是相同，但是兩者實質的內涵卻有很大的差異，因為孔子是以「仁」為教學的中心思想，強調道德的修養與人性的自覺；禪師是以「悟」為教學的核心，從收攝學人的心念到啟發本心佛性的圓成實現，兩者各擅勝場，各有立場，也各有特色。

　　至於「以有破有」，在《景德傳燈錄》中隨處可見，如報恩院玄則禪師「丙丁童子來求火」的公案：

　　（玄則禪師）初問青峰：「如何是佛？」青峰曰：「丙丁童
　　子來求火。」師得此語，藏之於心。及謁淨慧，淨慧詰其悟
　　旨，師對曰：「丙丁是火而更求火，亦似玄則將佛問佛。」
　　淨慧曰：「幾放過，元來錯會。」師雖蒙開發，頗懷猶豫，
　　復退思既殆，莫曉玄理，乃投誠請益。淨慧曰：「汝問，我
　　與汝道。」師乃問：「如何是佛？」淨慧曰：「丙丁童子來
　　求火。」師豁然知歸，後住報恩院。（普慧本新文豐印《景德傳燈
　　錄》卷25，頁515。）

引文中的這段公案，非常能夠看出禪師運用「以有破有」的教學原
理破除學人的迷執。公案的緣起是玄則剛開始問青峰禪師「如何是
佛」，這原本是平常的問句，青峰禪師回答說「丙丁童子來求火」，
玄則有一些心得，並且後來以此心得就教淨慧禪師，淨慧詰問其領
悟的宗旨，玄則就說上一段解說的看法，淨慧說差一點就印可他，
原來玄則他完全錯會了青峰禪師的玄機。後來玄則覺得還有疑問，
於是向淨慧投誠請益，於是玄則再問「如何是佛？」結果未料淨慧
竟說「丙丁童子來求火」，當下玄則就悟入了法性。這段公案可以
分成三個階段：第一階段，玄則初聞「丙丁童子來求火」，就以此
為實解，將此話以為是「有義語」。第二階段，是淨慧並未肯定玄
則，玄則開始生起疑惑，猶豫不決，於是向淨慧請益，這是發起疑
情的階段。第三階段，玄則再向淨慧請益時，淨慧就針對玄則執著
的「丙丁童子來求火」給予「有」與「有」的矛盾，以「有」破「有」，
終至於契入空性。由此可見，禪師以實有概念的相衝擊，藉以達到
「一法不立」的境地，透過實體觀念的相互撞擊之後，粉碎了原來
的執著。另如洞山良价圓寂前告訴眾人說：「吾有閑名在世，誰為
吾除得？」結果一位沙彌出來說：「請和尚法號。」洞山良价說「吾
閑名已謝」來肯定「以有破有」的禪機。另如，有僧問（淨慧）：

「如何是曹源一滴水？」淨慧曰：「是曹源一滴水。」

　　再看「以空破空」的教學原則，在《景德傳燈錄》主要表現在「良久」與「默然」兩種形式。如《碧巖集》第65則記有「外道問佛」一事：

　　　外道問佛：「不問有言，不問無言。」世尊良久。外道讚嘆
　　　云：「世尊大慈，開我迷雲，令我得入。」

　　既然是不問有言無言，顯然是執著「空」相，此時釋迦牟尼佛以「良久」回答，以沈默的「空」破除思慮的「空」。《景德傳燈錄》曾記有一則類似的公案：

　　　問：「無絃琴，請師音韻。」師（汝州首山省念禪師）良久
　　　曰：「還聞麼？」僧曰：「不聞。」師曰：「何不高聲問著？」
　　　（普慧本新文豐印《景德傳燈錄》卷13，頁246。）

　　既然是無絃琴，又如何能彈出音律來？於是首山省念以「良久」回答，正是以空破空的手法。又如某僧問（濛谿和尚）：「一念不生時如何？」濛谿和尚以「良久」回答。

　　除了「良久」及「默然」的外在形式之外，初祖菩提達摩對二祖慧可的啟悟，即是以空破空的手法：

　　　光（慧可）曰：「我心未寧，乞師與安。」師（達摩）曰：
　　　「將心來，與汝安。」曰：「覓心了不可得。」師曰：「我
　　　與汝安心竟。」（普慧本新文豐印《景德傳燈錄》卷3，頁47。）

　　本來慧可是「我心未寧」，表示心中有煩惱而不得安心，達摩

卻回答「將心來」，即是將煩惱的心拿來，我來爲你安好，慧可說「覓心了不可得」，這句話有點玄機，可能古人記事過於簡略，從達摩要慧可拿出心來，到慧可說這句話之間，很可能經過很久的時間，而且慧可此時收攝萬念，已經萬法歸一，並且進入禪定的境界，就在這個時候，達摩下一轉語「我與汝安心竟」。既然煩惱之心是空相，又如何會有煩惱，於是達摩以空破空，以空幻的「將心來」破空幻的「有」心未寧，就以此空相點破玄機。

至於「空有相破」的教學原理，也是禪師在教學時最爲常見及靈活運用的情形，其中包括「以空破有」、「以有破空」兩大項。至於放在一起討論的原因，是因爲此處所謂空與有是相對立的開展，而非定義上的虛無或有實，也就是惠能所說的「於相離相，於空離空，來去相因」的要領。關於此點，六祖惠能曾有系統性的論述，也是南宗的說法總綱領，《六祖壇經》中說：

> 師（六祖惠能）言：「汝等十弟子近前，……吾教汝說法，
> 不失本宗。舉三科法門，動用三十六對，出沒即離兩邊，說
> 一切法，莫離於性相。若有人問法，出語盡雙，皆取法對。
> 來去相因，究竟二法盡除，更無去處。[37]

其中「舉三科法門，動用三十六對」的說法哲學及其說法的運用，[38]惠能說：「出沒即離兩邊，說一切法莫離於性相。」主要是不落於世俗二元對立與分別的見解，故說「出沒即離兩邊」。然後，說法開示要回歸性相，直契心要，所以「說一切法莫離性相」。至於三十六對哲學的主要用途與使用方法，惠能進一步說明如下：

---

[37] 見楊曾文校寫：《敦煌新本六祖壇經》，上海：古籍出版社，1993 年 10 月第 1 次印刷，頁 56。

[38] 有關「舉三科法門，動用三十六對」的說法哲學，筆者另文〈從敦博本《六祖壇經》論惠能頓悟禪的中心思想與實踐哲學〉中曾有詳論，故不贅述。

言語與法相有十二對，外境無情有五對，自性起用有十九對，
都合成三十六對法也。此三十六對法，解用通一切經，出入
即離兩邊。如何自性起用三十六對？共人言語，出外，於相
離相；入內，於空離空。著空即惟長無明，著相即惟長邪見。
執空之人有謗法，直言不用文字。既云不用文字，大不合言
語，言語即是文字。自性上說空，正語言本性不空。迷自惑，
語言除故。暗不自暗，以明故暗；暗不自暗，以明變暗。以
暗現明，來去相因，三十六對，亦復如是。[39]

三十六對哲學的主要用途，是惠能頓悟禪開示本心與言下點撥之方
便應化，能夠「解用通一切經，出入即離兩邊」。至於使用方法，
主要是「於相離相，於空離空，來去相因」的要領。

在《景德傳燈錄》中有百丈惟政開「大義田」的公案，能夠看
出禪師以「空」破「有」的禪機：

（洪州百丈山惟政禪師）一日，謂眾曰：「你為我開田，我
為汝說大義。」僧眾開田竟，師晚間上堂，僧問：「開田已
竟，請師說大義。」師下禪牀，行三步，展手兩畔，以目視
天地，云：「大義田即今存矣。」（普慧本新文豐印《景德傳燈錄》
卷6，頁109。）

百丈惟政要弟子去「開田」，說開田之後要為學人們指示「悟」的
心要大義，學人們不懂禪師的禪機，竟然真的去開田，到了晚間上
堂時，學人們要禪師踐履承諾，結果禪師展開兩手而說「大義田」
就在這裏。學人們執著「田」的物質實相，在心外作工夫，不知禪

---

[39] 見楊曾文校寫：《敦煌新本六祖壇經》，頁57-59。

悟的「大義」是不能以有形之物來求索，應該以「離生滅」之心相應「離生滅」之悟，如此出世間因果才能相符，禪悟也才能相應。

至於「以有破空」的教學原理，在《景德傳燈錄》中載有溈山靈祐受百丈禪師啓悟的公案：

> 一日，侍立，百丈問（靈祐禪師）：「誰？」師曰：「靈祐。」百丈云：「汝撥鑪中有火否？」師撥云：「無火。」百丈躬起，深撥，得少火，舉以示之云：「此不是火？」師發悟。
>
> （普慧本新文豐印《景德傳燈錄》卷9，頁149。）

這段公案可以看出百丈禪師慈悲深切，爲免溈山靈祐落入頑空，於是扣端激發，示以「妙有」之道，所以是以「有」破「空」，讓溈山靈祐得以契入法性。

因此，以「法性之妙有破物質之實有」、「以法性之空破思想意識之空」與「真空妙有破頑空實有」的扣端激發，是爲禪學啓悟的教學原理。

第三節　禪宗學人的修行要領與參究公案的方法

一、發心立願、開悟見地與攝心無住的修行初機要領

一般研究禪宗的學者，多半循著「禪史」與「禪法」兩條路線建構。研究禪宗史的學者，多半留心文獻的考據與歷史意識的思維，對於禪宗的思想也視爲歷史發展的脈絡而加以披尋，留意在南北宗的分立與五宗的延續，也旁及近代禪門傳承的演變；相對的，研究

禪法的學者，著意在禪學理論的系統與特質，分析禪法與禪學的形成及判攝的依據，也對禪師個人的禪法機用做深入的探討，對公案加以剖析。然而，禪宗學人初心發起的修行工夫之研究，卻一直是較爲忽略的研究主題，主要原因是因爲禪宗的祖師們在開示或公案裏，表達出來的預設是每一位聽眾都是具備一定程度的修行者，已經不是剛開始學禪的入門漢，特別是在《景德傳燈錄》的公案中，祖師的一言一行，都是學人悟入法性的契機，一揚眉一瞬目，都是修行入理的訣竅。因此，對於初心發起之學人的工夫理論，在近代的禪宗研究領域裏是容易被忽略的，道理就在學者們研究的重心在「頓悟」、「公案」、「禪法的特質」等層面，相對的忽略了禪宗學人也是佛教徒，也必須有戒定的基礎，而且禪師對戒定等佛教初階的修行觀念，是有別於其他宗派的。至於佛教徒的發心立願與收攝心念等觀念及實際操作程序，更容易爲吾人所忽視，可能是因爲具有宗教的信仰意味或主觀經驗，也會認爲那是非常基本的，所以無須深入研究。筆者以爲，禪宗公案之所以有價值，並不在於深奧難解，是在於提供吾人契入法性的門徑，一把通往解脫涅槃境域的鑰匙。然而，若無基礎的修行觀念及工夫，一則不能了解公案存在的價值，二則不能契入公案參究的核心，也就遠離了禪宗公案的真精神。如果戒定無基，同時對於禪宗基礎的修行工夫沒有任何掌握的話，解讀公案就非常容易附會私意，也無法深入禪宗思想的妙用及堂奧。因此，本文特將禪宗學人的初心發願、開悟見地與攝心無住列入修行工夫的範圍，願藉此範圍的討論，揭示參究公案的基礎工夫理論，發明禪宗思想的基磐，彰顯初機學禪的門徑及其意義。

　　禪宗初機學人是佛教徒，所以必然接受佛教基本的戒律與禪定訓練，早期的禪宗修行者多依附在律寺內生活，直到百丈懷海禪師立下清規，禪宗才有完整的組織與律儀。相對的，禪宗的學人如同其他教門宗派寺院的出家人一般，戒律的行持與基礎禪定的訓練在

形式上是完全一樣的，但是在內容精神上，禪宗更為重視理事的
「理」，更為強調體用的「體」，因此展現不同的思想特質與行為
模式。大體來說，禪宗重視生活的教育，其他教門宗派的祖師，也
一樣重視生活的修持，在基本觀念及下手工夫方面並未有太大的分
別。不同的是兩者使用了不同的語言、分判的系統及認知的態度，
教門各派依經解義，如天台智者大師的《釋禪波羅蜜》與《摩訶止
觀》皆詳明於次第及系統，反觀禪宗教化的重心不在禪定的進程，
而在啟悟的核心，所以對禪定的態度是以之為修行的基礎，如南嶽
懷讓對馬祖道一的詰問：「坐禪豈得成佛耶？」南嶽懷讓並不是反
對坐禪的形式及功能，而是強調一切修行的根本，在於心地法門的
開通。同時，禪宗重視生活的修持，但不同於教門行者以佛教經論
的名相為依歸，反而以公案話頭收攝心念為入手的方便。因此，討
論禪宗學人的修行工夫，應該先從禪宗學人是佛教徒的立場開始了
解，才能建立對禪宗修行工夫完整的認識，也才能真正分辨禪宗修
證理論的特質及意義。

　　禪宗學人初入佛門，首先接受到的觀念與教門相同的，包含了
戒律、出家人的威儀、佛法的基礎觀念、禪定等六波羅蜜的行持，
所以不在本文討論的範圍。可是相對的，初機的禪宗學人在發心立
願、開悟見地與攝心無住方面，卻能看出禪宗初機修行工夫的特質。
如《景德傳燈錄》中錄有〈宗密答史山人十問〉的「發心修行」觀
念，非常能夠看出禪宗「發心」的緣起：

　　　（史山人）十問：「和尚因何發心？慕何法而出家？今如何
　　　修行？得何法味？所行得至何處地位？今住心耶？修心耶？
　　　若住心，妨修心；若修心，則動念不安。云何名為學道？若
　　　安心一定，則何異定性之徒？伏願大德運大慈悲，如理如如，
　　　次第為說。」（圭峰宗密）答：「覺四大如坏（壞）幻，達

> 六塵如空華，悟自心為佛心，見本性為法性，是發心也。知
> 心無住，即是修行；無住而知，即為法味。住著於法，斯為
> 動念，故如人入闇，則無所見。今無所住，不染不著，故如
> 人有目，及日光明，見種種法，豈為定性之徒？既無所住著，
> 何論處所？」（普慧本新文豐印《景德傳燈錄》卷13，頁254。）

宗密的這段話，頗能道出禪宗的「發心」義，也是禪宗學人修行的
重要觀念。他對「發心」的定義，特別強調「覺」、「達」、「悟」
與「見」這四個字，以為四大六塵是壞幻空華，故覺也達也；自心
本性是佛心法性，故悟也見也。所以禪宗的「發心」著重在開悟見
地的開啟，也就是以「見地」為發心的燈塔指針，也以「見地」為
修行的指導原則。因此，宗密強調「知心無住，即是修行」，這個
「知」，不是世間的知解觀念或認知，而是荷澤神會所說的「靈知」
的「知」，也就是從「見地」的立場說「知」。若「知」此心無住，
則不染不著，一切通達。至於史山人問「所行得至何處地位」，即
是問宗密修持得何種果位，宗密的回答也是「佛來佛斬，魔來魔斬」
的禪宗標準答案：「既無所住著，何論處所？」不去討論修行的果
位，不去討論修證到何種地位，不立「有」相，不著「無」相，既
然一切不著，何來「處所」的果位呢？

　　此外，在「立願」方面，如慶州刺史魏靖緝而序之成十篇的《永
嘉集》，永嘉玄覺特別強調「誓度一切」的觀念。誓度一切眾生的
信念，是佛教徒的共同心願，並且在《永嘉集》中說「慕道志儀第
一」要點就是「夫欲修道，先須立志，及事師儀則，彰乎軌訓」的
看法。至於禪宗的立願則有四項特質：其一，立願為追隨禪師修持
的願望，如杭州招賢寺會通禪師所說的「誓遵師教」，強調禪宗有
依止於師的傳統，對於老師是特別的敬重與依賴。其二，立願追求
禪宗根本開悟的精神，如筠州黃檗山慧禪師的「誓求祖道」，以表

求頓悟法門的決心。其三，立願追求佛陀教外別傳的聖教正法，如袁州仰山慧寂禪師的「誓求正法」，以表示禪宗是正法的代表。其四，立願以精進的修持爲學禪的根本方法，如北宗神秀禪師的「誓心苦節」，強調精勤實修的心願。

再者，禪宗祖師對初機的學人特別重視「攝心」的修持方法，而且是必須在日常生活中時時刻刻地注意的。這項修持的觀念，特別是惠能在《六祖壇經》中強調的「一行三昧」，六祖惠能期待學道者能夠從生活中各自觀心，在日常生活中修持「一行三昧」而頓悟菩提，就是能令自己頓悟本性。反之，若不能自己悟道，就需要尋覓大善知識指示修道的方向以期見性。因此，若不能自我啓發而見性悟道者，是需要善知識開示修道正路以見性。反之，若能自悟者，則不假善知識開示。雖說如此，若不能自悟而向外覓求善知識時，須知不要心外求法，若心外求善知識而得解脫，無有是處。換句話說，不論是自悟也好，或覓求大善知識示道也好，皆須識自人人本心之內皆具之善知識，此善知識即是自性，才是悟道之源。因此，在頓悟自性的前後，都必須在日常生活中行「一行三昧」，常行直心，也就是「攝心無住」功夫的理論根源，《壇經》說：

> 一行三昧者，於一切時中，行、住、坐、臥，常行直心是。《淨名經》云：「直心是道場、直心是淨土。」莫心行諂曲，口說法直，口說一行三昧，不行直心，非佛弟子。但行直心，於一切法上，無有執著，名一行三昧。迷人著法相，執一行三昧，直言坐不動，除妄不起心，即是一行三昧。若如是，此法同無情，卻是障道因緣。道須通流，何以卻滯？心不住法，道即通流，住即被縛。若坐不動是，維摩詰不合呵舍利弗宴坐林中。善知識！又見有人教人坐，看心看淨，不動不起，從此置功。迷人不悟，便執成顛，即有數百般如此教道

者，故知大錯。[40]

　　其中，「一行三昧」原是念佛三昧的一種，禪宗四祖道信依照
《文殊般若經》所開創出來的禪法。到了惠能時，則被轉化深入爲
生活修行的法門。惠能以爲「一行三昧」是在一切時中，不論行、
住、坐、臥，都時時刻刻在在處處常行直心，並且以「常行直心」
的「無諂曲」、「無執著」、「不住法」等法要，爲「攝心而無住」
的重要禪宗修持理論基礎。因此，惠能引用《淨名經》（即《維摩
詰經》）的經句來說明，揭示於一切法上無有執著，不著法相，通
流無礙的禪法，即是一行三昧，也是後世禪宗學人「攝心無住」的
最高指導原則，以「攝心無住」爲生活修持的要領。一行三昧的禪
法，到了惠能五傳弟子，即荷澤神會一系的圭峰宗密，更是將一行
三昧設定爲達摩禪宗最高心法的代表，也是一切三昧的根本，此一
轉變及對後世禪宗實踐哲學的影響，值得進一步的觀察。宗密在《禪
源諸詮集都序》中說：

> 若頓悟自心本來清淨，元無煩惱，無漏智性，本自具足。此
> 心即佛，畢竟無異，依此而修者，是最上乘禪，亦名如來清
> 淨禪，亦名一行三昧，亦名真如三昧。此是一切三昧根本，
> 若能念念修習，自然漸得百千三昧。達摩門下展轉相傳者，
> 是此禪也。[41]

　　除了一行三昧的修法要領之外，惠能頓悟禪的實踐哲學中生活
修行「攝心無住」的另一項要點，則是「修般若行」的修證工夫。

---

[40] 見楊曾文校寫：《敦煌新本六祖壇經》，上海：古籍出版社，1993 年 10 月第 1 次
印刷，頁 15。
[41] 見宗密：《禪源諸詮集都序》，《大正藏》第 48 冊，頁 399b。

事實上，《壇經》揭示的修行方法之中，也以修般若行爲中心。何謂般若？何謂般若行？又如何修之？這些在《壇經》中皆有明確的說明：

> 何名般若？般若是智慧。一切時中，念念不愚，常行智慧，即名般若行。一念愚即般若絕，一念智即般若生。……著境生滅起。如水有波浪，即是於此岸；離境無生滅，如水永長流，故即名到彼岸。故名波羅蜜。迷人口念，智者心行。當念時有妄，有妄即非真有；念念若行，是名真有。悟此法者，悟般若法，修般若行。不修即凡，一念修行，法身等佛。善知識！即煩惱是菩提。前念迷即凡，後念悟即佛。[42]

惠能說什麼是「般若」呢？他說：「般若是智慧。」什麼是「般若行」呢？他說：「一切時中，念念不愚，常行智慧，即名般若行。」換句話說，修般若行是一切時中，念念不被愚痴所惑，而且常行清淨的智慧，即是般若行，所以是「攝心而無住」。其中，所謂的「愚」，當然是包括貪、瞋、痴等一切煩惱障礙。在身心的實相上，會出現掉舉、昏沉、渴望、驚怖……等不舒服乃至痛苦的狀態。這些都是障礙，凡是能除愚及除障礙而離生滅之法門，皆可謂般若波羅蜜。不過惠能提醒行者，切莫口念般若而心行邪曲，必須心行般若，念念除妄，悟般若法，修般若行，然後可以「即煩惱是菩提」，依此念念覺悟而成佛。所以，禪宗學人修持以此爲基，在生活中時時「攝心」而不被貪、瞋、痴、愚等一切煩惱所惑，因此「無住」，即是般若行，即是一行三昧。換句話說，禪宗學人一開始必須要有「一行三昧」與「般若行」等觀念見地，才能在收攝心念時不爲「收攝」

---

[42] 見楊曾文校寫：《敦煌新本六祖壇經》，上海：古籍出版社，1993 年 10 月第 1 次印刷，頁 27。

這個動作或工具所累，並以「無住」的不執著相應於「本地風光」的「悟」的不執著，於是出世間因果相符。因此，禪宗的修持理論，主要是從發心立願為首，以開悟見地或大乘法門的融通觀念為指導原則，將果位的見地向上一提而成為禪宗學人修行的觀念及入手的方法。簡單的說，欲要達到「覺」的果地境界，則用「覺」的因地法門；欲要達到「悟」的開啟，則要以「悟」的見地為行履的施行原則，所以《景德傳燈錄》中潙山靈祐禪師所說「只貴子眼正，不說子行履」，這一句話就道出了禪宗修持理論的特色。

　　綜合而言，禪宗的修持理論與方法，應該是從見地、行願與攝心無住的修行為系統，從最基本的調身、調息與調心三要素為入門的築基工程，並且配合個性、身心狀況等精神心理、環境等內外緣因素，做最好的調整，並且在明眼善知識的指導下按部就班，打好修行的基礎，這是禪宗修證的初步基礎（初機）理論。至於修行的法門，如參究公案話頭為主的臨濟禪，或是以默照心性為主的曹洞禪，都是禪宗學人可以依憑的修持系統。至於禪宗修行的次第觀念，則是因為各宗的宗旨不同而略有差異，但大體而言，南宗頓教從《金剛經》、《圓覺經》與《維摩詰經》的理論基礎來說是「不立階級」的。如《景德傳燈錄》中唐相國杜鴻漸問法於益州保唐寺無住禪師說：「何名第一義？第一義者從何次第得入？」保唐無住回答說：「第一義者，無有次第，亦無出入。世諦一切有，第一義即無，諸法無性性，說名第一義。佛言：『有法名俗諦，無性第一義。』」禪宗即是「第一義」，所以多半不論修行次第，更不落階級有無，青原山行思禪師也說：「聖諦尚不為，何階級之有？」這也是高舉「悟」的見地為修行的理論特色之一。至於，禪宗祖師有時為禪門修行法要略為疏說時，會以綱要的次第演說禪法的宗旨，如《景德傳燈錄》中錄有永嘉玄覺的《永嘉集》，從「慕道志儀第一」到「發願文第十」等列了十重次第。並且又說了「觀心十門」的理論：「初

則言其法爾，次則出其觀體，三則語其相應，四則警其上慢，五則誠其疏怠，六則重出觀體，七則明其是非，八則簡其詮旨，九則觸途成觀，十則妙契玄源。」不過這些比較偏重於禪學理論的系統陳述，對於禪宗的根本見地與修持方法而言是屬於旁支的體系，故不詳論。

二、參究公案話頭與發起疑情的進階修行工夫理論

　　從禪宗史的發展來看，早期收錄在《景德傳燈錄》的公案，多半保有素樸的原型，也造就了後世以此公案的原型再加以深入參研，於是取代了佛教經論在禪宗修行理論的主要參考依據。因此，到了南宋時期，禪宗因為修行工夫理論思想的不同，開始有了「公案禪」與「默照禪」兩種表面對立的禪法，也是禪宗為挽救時弊而發起的復興運動。「公案禪」的代表人物是大慧宗杲（1089-1163），為宋代臨濟宗楊岐派的禪僧，先後曾經參訪洞山微、湛堂文準、圜悟克勤等禪師，其人辯才縱橫，平日致力弘揚參究公案的禪法，其禪法除了被稱為是「公案禪」外，又稱為「看話禪」，主要是常用逼考、棒喝等激烈手段令學人開悟，以參究古德的公案為入手的法門，所以目的是為了讓學人生起大疑情，將妄想雜念等收攝起來，最後一網打盡。至於「默照禪」，又稱為「曹洞禪」，代表的祖師是與大慧宗杲同時代的宏智正覺（1091-1157），為宋代曹洞宗禪僧，在世時與臨濟宗的大慧宗杲，譽為當世的二大甘露門。其禪法主張不採用公案的參究，而主張以深入的默照禪修獲致內在解脫的境地。因此，本文以「公案禪」為討論的主要課題，便不敘述默照禪的禪法大要了。

　　從《景德傳燈錄》頒行天下之後，後代禪師教導學人修行的方法，逐漸由創造性的生活現場自然形成的現成公案，轉變成繼承性

的從文獻中參研古德的公案妙旨。因此，就出現了公案禪與拈提爲
主的文字禪，其中常用到的字眼，包括了「舉」、「參」、「看」、
「參究」、「體究」、「提撕」、「提起」、「提掇」、「工夫」
等，都是將古德公案視爲參究的對象。歸結而言，主要就是「參話
頭」的禪修方法。

　　至於「話頭」的起源，憨山大師（1546-1623）在《憨山老人夢
遊集》（《憨山大師夢遊集》）卷 11 中有〈答大潔六問〉提及公案
成立的緣由：

> 初無看話頭下疑情之說，後至黃檗以下，乃教人看話頭，以
> 古人一則公案為本參，相傳為實法。及至今時，師家教人，
> 但參公案，不究自心，因此疑誤多人。故今參禪者多未有得
> 正知見者，且又自以參禪毀教，蓋為非真參禪也，殊不知古
> 人為學人難入，特以一期方便權宜，只要人識自本心耳，佛
> 祖豈有二心耶？殊不知提話頭堵截意根，不容一念生滅邊
> 流，即是入定要門。[43]

憨山大師以爲從黃檗禪師開始，有了參究公案的法門，主要是因爲
學禪的行者難以進入禪悟之門，所以設下「方便權宜」的階梯，藉
以引導行者「堵截意根」，以禪定的培養而成爲開悟的基礎。後來，
清末民初的虛雲老和尚（1840-1959）也曾經說明話頭產生的原因是：
「古代祖師直指人心，見性成佛。如達摩祖師的安心、六祖的唯論
見性，只要直下承當便了，沒有看話頭的。到後來的祖師，見人心
不古，不能死心塌地，多弄機詐，每每數他人珍寶，作自己家珍，

---

[43] 見明·憨山德清撰：《憨山大師夢遊全集》卷 11〈答大潔六問〉，藍吉富主編：《禪
宗全書》第 51 冊，頁 154 下。

便不得不各立門庭，各出手眼，纔令學人看話頭。」[44]多弄機巧與別
立手眼的方便，所以有了參究話頭的禪修方法。至於何謂「話頭」
呢？虛雲老和尚他說：

> 什麼叫「話頭」，「話」就是說話，「頭」就是說話之前。
> 如念「阿彌陀佛」是句話，未念之前，就是「話頭」。所謂
> 「話頭」，即是一念未生之際，一念纔生，已成話尾。這一
> 念未生之際，叫做不生、不掉舉、不昏沈、不著靜、不落空，
> 叫做不減。時時刻刻，單單的的，一念迴光返照。這「不生
> 不減」就叫看話頭，或照顧話頭。[45]

　　所謂的「話頭」，是心意動念之前的「本然狀態」。若是心意
一念發動的刹那，即使未形成語言或是「成形的念頭」，都已經算
是「話尾」了。關於此點，在北宋理學家周濂溪的《通書》中，也
有類似的看法，在〈聖〉第四章說「知幾」的工夫理論：

> 寂然不動者，誠也；感而遂通者，神也；動而未形，有無之
> 間者，幾也。誠精故明，神應故妙，幾微故幽，誠、神、幾
> 曰聖人。

周濂溪以「寂然不動」為誠的本體，也就是天道的實體，這是「體」
的範疇；以「感而遂通」為天道的神妙作用，這是「用」的範疇。
在本體與作用之間，「動而未形」是本體中一念已然發動的時候，
而還沒有形成明確的心念之前，這就是天道的「幾」微。然後說，

---

[44] 見岑學呂編著：《虛雲老和尚年譜法彙增訂本》，台北：大乘精舍，1986 年 4 月，
　　頁 639-640。
[45] 見岑學呂編著：《虛雲老和尚年譜法彙增訂本》，頁 640。

誠的本體是純精而「明」的；天道的作用是相應而「妙」的；體用之間是「機微」妙運的。所以能藉由「機微」的通徹精察，進而體證天道的「明」與作用的「妙」，則是「聖人」。這裏的「動而未形，有無之間」的「幾」，是不是就等同於禪宗所謂的「話頭」呢？筆者以為可以從三個角度說明：其一，若從本體而言，禪宗的本體是「真如法性」，也是佛性的本體，是不生不滅的涅槃境界；但周濂溪所謂的本體是「誠」，是天道運行的終極原理，是宇宙的本體，其屬性是「明」，宋儒也常用「敬」來說明「無妄」與「專注」涵義，這是道德哲學範疇。因此，兩者在本體義是不同的。其二，在作用上，禪宗的妙用是明心見性，是覺悟眾生本具之佛性，藉以契入不生不滅的真如，著眼在修行的工夫；周濂溪所謂的作用是「感而遂通」，是指發起道德的修養能夠相應於天道的本體。其三，禪宗的話頭是「一念未生之際」，是心念尚未發動的時候，在此參究不生不滅的真如法性為何；周濂溪所謂的「動而未形，有無之間」，是心念初萌而尚未形成善惡之時，在這裏作深刻的觀照省察，然後轉通成為合理為善，做道德修養的工夫，所以兩者之間是有很大不同的地方。

因此，禪宗所謂的「話頭」，不能從「本體生出一念之前」的觀念解釋，因為禪宗的本體是「不生不滅」的法性。所以參究話頭，是從「話頭」（如念佛者誰）這一念生起處觀照，由這「一念未生時是誰」而起疑情，其原理則是從「不生不滅」的角度切入，以「不生不滅」的方法，契入「不生不滅」的境界。

再者，禪宗的「參話頭」，也就是參究古德公案的主題、話題。其中，「話頭」這裏面又可以分成可以解釋有意義的「有義語」，如參究「狗子無佛性」的「為什麼是無」中「無」是什麼？「萬法歸一，一歸何處」及「念佛者誰？」；另一種是不能或無法解釋的「無義語」，如「如何是祖師西來意？」答曰：「鎮州大蘿蔔頭」，

其他像是「庭前柏樹子」、「麻三斤」、「青州布衫重七斤」、「乾
屎橛」等。此外，參究公案的話頭又可以分成「參活句」與「參死
句」，其中是以「句」與「意」來區分的。若是參究「意」的，則
爲「死句」，也就是可以被分解、可以被解釋、有理路、能夠找出
答案的話頭。所謂的「死句」，即是表示了無生意，不可能由此開
悟的，因爲「死句」只會引發心意識的思維卜度，並不能阻塞思路
的發展，這對參究公案而言是一灘死水的。相對的，參「句」的「活
句」，則是不可以被解釋、沒有理路、不能夠找出答案的話頭，所
以「活句」能阻塞情識思維的發展，能夠開啓禪悟的道路，也才能
發起參究公案最重要的「疑情」。大慧宗杲曾說：「有解可參之言
乃是死句，無解之語去參才是活句。」所以參究公案的目的，要爲
了能夠從參究「活句」的話頭，發起「疑情」。所以要參「活句」，
不要參「死句」。同時，「話頭」語句就是公案中的關鍵語、要緊
語與無滋味語，所以參究公案中的「活句」的話頭，並非是用來思
量揣度的，而是爲了「掃蕩情識的知解」、「杜塞心意識思量的分
別」、「收攝心念的妄想紛飛」等，這是以楔除楔、以毒攻毒的方
法，以有破有、以空破空的原理，這也是參究公案話頭的作用。

　　參究公案的「話頭」，最重視的就是發起「疑情」。何謂「疑
情」？虛雲老和尚從「念佛者誰」的話頭，解釋什麼是「疑情」：

　　　　看話頭先要發疑情，疑情是看話頭的拐杖。何謂疑情？如問
　　　念佛的是誰？人人都知道是自己念。但是用口念呢？還是用
　　　心念呢？如果用口念，睡著了還有口，爲什麼不會念？如果
　　　用心念，心又是個什麼樣子？却沒處捉摸，因此不明白。便
　　　在「誰」上發起輕微的疑念，但不要粗，愈細愈好，隨時隨
　　　地，單單照顧定這個疑念，像流水般不斷地看去，不生二念。
　　　若疑念在，不要動著他，疑念不在，再輕微提起，初用心時

必定靜中比動中較得力些，但切不可生分別心，不要管他得
力不得力，不要管他動中或靜中，你一心一意的用你的功好
了。「念佛是誰」四字，最著重在個「誰」字，其餘三字不
過言其大者而已，如穿衣吃飯的是誰？屙放尿的是誰？打無
明的是誰？能知能覺的是誰？不論行住坐臥，「誰」字一舉，
便有最容易發疑念，不待反覆思量卜度作意纔有，故誰字話
頭，實在是參禪妙法。[46]

引文中虛雲老和尚的開示，委曲詳盡，所謂「參話頭」就是「看話
頭」，去「看」（觀照）由「念佛者誰」這個話頭所產生的疑問。
但是，要看的不是這個疑問本身，而是這個疑念從何發起，也就是
這個疑念「一念未生之際」是什麼？簡單的說，所謂的「疑情」，
就是由觀照「一念未生之際」的疑念生起處，所引發的身心疑惑的
總體情緒。所以，禪宗學人在參究公案話頭時能夠生起「疑情」，
也就代表工夫上路了，這也是十分緊要與非同小可之事，因為「疑
情」充塞身心宇宙的時候，也就代表離開悟不遠了。相反的，絕對
大多數的人，卻很難或是根本不能發起疑情，所以虛雲老和尚才會
如此婆心深切的開示，說明初機學禪，要能發起疑情，必然要細細
思量，時時刻刻的去想「為什麼？」然後隨時隨地，去找「誰」？
這個工夫，看起來簡單，做起來卻是非常不容易，通常沒有明眼的
禪師指導，一般禪宗的學人是很難自己摸索上路。相對的，如果疑
情的作用發揮了，工夫上路了，通常也會伴隨著初階的禪定，以及
各種「觸法」的生起，也包括輕安、善根發相等。因此，疑情初發
起時也會產生許多的障礙，還須要進一步的用功在觀照上。以上引
文，表面上看起來瑣碎囉嗦，但是句句懇切，著著依著經驗工夫前
進，也說明了初機參話頭最難發起疑情，因為其中還包括了對佛法

---

[46] 見岑學呂編著：《虛雲老和尚年譜法彙增訂本》，頁 640-641。

的認知程度，以及對佛法勝義諦的了解。因此，要能發起疑情，必
須具備一些基本條件，誠如鈴木大拙所說的發起疑情要有五項重裝
備：

> 學者在接下公案參究之前，必須先有如下的裝備：一、發起
> 一種至誠的意欲，誓必解除業力的纏縛和生活的痛苦不可；
> 二、切要明白，佛徒生活的目的在於悟道，以使悟的意境臻
> 於圓熟；三、切要明瞭，一切知解努力皆無法達到這個目的，
> 這也就是說，必須以一種最最活的辦法解決存在的究極問
> 題；四、深信開悟就是覺醒埋藏吾人內心深處的佛性；五、
> 要有一種強大的追詢精神（疑情），不到體驗自身的佛性，
> 絕不罷休。學者如果沒有上列五重裝備，要公案的參究達到
> 成功的目標，恐無指望。[47]

以上的五項條件，的確是禪宗學人能夠發起疑情的重要支柱。鈴木
大拙特別強調「誓願」與「深信」這兩個觀念，也就是說明禪宗學
人能夠將其所有的一切毫無保留地投入其中的原因，這也是參究疑
情最為重要的原動力。基本上，疑情的發起與開悟的現前，一定是
禪宗學人全部生命投入之後才有可能達到的目標。在世間法上，如
果不能專注去做某一件事，恐怕都很難成功，何況以「散心」、「漫
心」來求出世間的佛果，那是完全不可能的。「專注」與「攝心」
是修行的前方便，是入道的基本工夫與條件，不只是禪宗如此，在
《論語》中有「發憤忘食」的投入，《老子》中有「豫兮若冬涉川」、
「渙兮若冰之將釋」的提撕，宋明理學家在解釋《中庸》的「誠」
是「敬」的專注，都可以看出「專注」與「攝心」是與「道」接近

---

[47] 見鈴木大拙著，徐進夫譯：《開悟第一》，台北：志文出版社，1988 年 4 月初版，
頁 103-104。

的。禪宗不僅如此，在專注時能達到「心一境性」的禪定境界還不夠，如同疑情發起充塞宇宙身心時一般，最後必須等待時節因緣的到來，在電光火石間刹那「爆破」疑團，此時才是「絕處逢生」般的契入法性流，一切疑團渙然冰釋，本地風光現前，識得本來面目。當然，從疑情的初發起到疑情爆破間還有許多階段，須要簡別。但是，問題的關鍵是在如何可以促成疑情的成熟，以及避免可能陷入的歧路，為了方便理解，筆者製表如下：

	十項疑情不能發起的原因與促使成熟的方法一覽表[48]		
	疑情不能發起的原因	促使疑情成熟的方法	說　　　　明
1	對於佛教與禪宗思想沒有根本認識。	建立對佛教與禪宗正確的知見。	這是最基礎的了解。
2	沒有追求最究竟真理的決心。	發起追究宇宙究竟真理的誓願。	發心立願。
3	貪著世間名聞利養諸事形成散漫心。	專心一致而時時攝心參看話頭。	攝持心念而不向外奔馳。
4	身心煩擾於世事而無法得到安寧。	身心安住而無世事打擾。	避除外緣的干擾。
5	閱讀並參究多則公案。	專究一則公案而精進不懈。	選擇一則公案參究。
6	以知解邏輯強解公案附會己意。	不解釋公案的意義。	避免以妄心解釋公案。
7	看守公案的話尾或唸誦話頭語句。	專注看照一念未生之際的話頭。	捉對方向下手。
8	討厭喧囂的環境，偏愛靜境。	專注而不被環境因素所干擾。	不受環境影響參話頭。
9	一天之中只有部分時間看話頭。	一天之中任何時間都在看話頭。	不受時間影響參話頭。
10	沒有善知識的指導而盲修瞎練。	有善知識的指導而能日有進境。	善知識指導的重要性。

---

[48] 此表的製作，是參考鈴木大拙以為疑情發起的十項方法，他說：「促使疑情成熟之法，約如下述：㈠不慮世事、㈡不貪靜境、㈢不為瑣事所困、㈣時時自警，如貓捕鼠、㈤集中精神，專究公案、㈥不於無可解釋處妄救知解、㈦不以聰明伶俐對之、㈧不作『無事』解會、㈨不以暫時證明為究竟、㈩不似念佛、念咒般地念誦公案。學者如能遵守上列警告，必可發起疑情；否則的話，不但疑情發不起，而且會走入歧路，永遠不脫生死束縛，亦即永遠沒有證悟的可能。」見鈴木大拙著，徐進夫譯：《開悟第一》，台北：志文出版社，1988 年 4 月初版，頁 126-127。但是筆者以為還須要建立對佛教與禪宗正確的知見及善知識的指導，故加以修訂而成。

以上各十項原因，可以了解看話頭疑情不能發起的原因及促成疑情成熟的方法。綜合而言，主要是建立正確的知見，避免世事的干擾，不去強解公案的意義，不怕喧鬧的環境，全神貫注而隨時隨地參究公案的話頭，再加上善知識的良好指導，就能成熟的發起疑情。

疑情發起之後，還有許多的關卡須要突破，虛雲老和尚對此也有扼要的說明：

> 初心人所發的疑念很粗，忽斷忽續，忽熟忽生，算不得疑情，僅可叫做想。漸漸狂心收籠了，念頭也有點把得住了，纔叫做參。再漸漸功夫純熟，不疑而自疑，也不覺得坐在什麼處所，也不知道有身心世界。單單疑念現前，不間不斷，這纔叫做疑情。實際說起來，初時那算得用功，僅僅是打妄想，到這時真疑現前，纔是真正用功的時候，這時候是一個大關隘，很容易跑入歧路：㈠這時清清淨淨無限輕安，若稍失覺照，便陷入輕昏狀態。若有個明眼人在旁，一眼便會看出他正在這個境界，一香板打下，馬上滿天雲霧散，很多會因此悟道的。㈡這時清清淨淨，空空洞洞，若疑情沒有了，便是無記，坐枯木巖，或叫「冷水泡石頭。」到這時就要提，提即覺照。單單的這一念，湛然寂照，如如不動，靈靈不昧，了了常知。如冷火抽煙，一線綿延不斷，用功到這地步，要具金剛眼睛，不再提，提就是頭上安頭。[49]

引文中說明從初機觀照的妄想到工夫的上路，攝心細看是一個關鍵。等到工夫上路，疑情發起時，這時候才由「看」進步到「參」這個階段。如果工夫上路了，身心已是一體，疑念也是不疑而自疑

---

[49] 見岑學呂編著：《虛雲老和尚年譜法彙增訂本》，頁 641-642。

了。也不知道身在何處，也不知道世間萬事，只有一個疑念綿綿密密的黏著身心世界，甩都甩不掉，看世間萬事萬物如夢如幻，相似又不相似，於是符合古人所說的，在參公案前，見山是山，見水是水；參公案時，見山不是山，見水不是水；等待契悟後，見山又是山，見水又是水。雖說如此，疑情成熟時，也會出現輕安而容易陷入昏沈的狀態，或是清淨空洞無記的狀態。因此，工夫到此，就不須要一提再提，只要保持清明的觀照，讓疑情自然形成充塞身心宇宙唯一的疑團，吞吐不出，只待善知識最後一啄，便能打破黑漆桶，契悟法性。或是生活中任何一個因緣現前，都能粉碎虛空。再者，疑情成熟到心力充足時，加上福德因緣具足，也可以自我撲破，大悟現前，發明心地，出世再做一個人。

三、知、明、默、疑、契、證六位參究公案話頭的歷程與方
　　法

　　從禪宗學人在發心立願、開悟見地與攝心無住一段時日之後，逐漸具備基礎的禪定力與正確的知見，然後就可以進入參究公案的過程，前文已針對參究公案話頭與發起疑情的修行工夫理論略加說明。接著，筆者將參究公案的程序加以整理，略分爲六項進程：「知」、「明」、「默」、「疑」、「契」與「證」，分別是：第一，是「知」曉參究公案與發起疑情的意義、功能、價值與方法，並且包含發心立願的志向，而且能夠建立正確的佛教觀念。第二，是「明」了禪宗開悟的見地與體相用的分別，以爲參究公案的指導原則。第三，是「默」參公案的話頭，將全部生命放在參究公案上，如貓捕鼠般的專注。第四，是「疑」情發起，只要默參的工夫上路，自然能發起疑情，爲開悟做好準備。第五，是「契」入法性的階段，此時疑團爆破，本地風光現前，明心見性。第六，是「證」悟澈底，是契

入法性後的悟後起修，直至通透末後一句，了澈三關，直至圓證最究竟的境界。以上第一、二項是建立知見，第三、四項是入手參究，第五、六項是圓成實現公案的法門。以上六項並非嚴謹的次第，但是做為研究公案修行工夫論的特質與意義，是供作學術性的參考。為了方便理解與對照，筆者從《景德傳燈錄》與明代曹洞宗僧無異元來（1575-1630）《博山和尚參禪警語——示初心做工夫警語》兩種文獻整理出「知」、「明」、「默」、「疑」、「契」與「證」的祖師開示語，並略加以說其旨趣：

\multicolumn{5}{c}{《景德傳燈錄》與《博山和尚參禪警語》中六位參究公案方法一覽表}
		《景德傳燈錄》中參究公案方法	《博山和尚參禪警語》中參究公案方法	說　　　明
1	知	(1)（牛頭法融）夫百千法門，同歸方寸；河沙妙德，總在心源。一切戒門、定門、慧門，神通變化，悉自具足，不離汝心。 (2)（西京光宅寺慧忠國師）禪宗學者，應遵佛語。一乘了義，契自心源。 (3)（馬祖道一）自家寶藏不顧，拋家散走作什麼？我遮裏一物也無，求什麼佛法？ (4)（黃檗希運）夫出家人，須知有從上來事分。 (5)（平田普岸）神光不昧，萬古徽猷，入此門來，莫存知解。 (6)（黃檗希運）佛與眾生，更無差異。	(1)做工夫，最初要發箇破生死心堅硬，看破世界身心悉是假緣，無實主宰。 (2)做工夫，貴在起疑情。何謂疑情？如生不知何來，不得不疑來處；死不知何去，不得不疑去處。 (3)做工夫，最怕耽著靜境，使人困於枯寂，不覺不知。 (4)做工夫，要中正勁挺，不近人情。 (5)做工夫，不可在古人公案上卜度，妄加解釋。 (6)做工夫，不得沾著世法。 (7)做工夫人，不可尋文逐句，記言記語，不但無益，與工夫作障礙。 (8)做工夫，最怕比量，將心湊泊，與道轉遠。	(1)從「知」的立場而言，應知道百千法門，都在心上做工夫，佛與眾生等無差別，所以要開發自家寶藏。 (2)學禪修行工夫，入門便要捨棄所有知解，應遵佛語，依一乘了義的佛法，契悟本心心源。 (3)在修行前，須看破世界身心都是虛幻無實的。 (4)在修行前，須知發起疑情的重要性，於不疑處有疑。 (5)在修行前，須知做工夫的注意事項，避免缺失。

			(9)做工夫，最怕思維作詩作偈作文賦等。	
2	明	(1)（慧可大師）是心是佛，是心是法，法佛無二。 (2)（牛頭法融）一切煩惱業障，本來空寂；一切因果，皆如夢幻。無三界可出，無菩提可求，人與非人，性相平等，大道虛曠，絕思絕慮。 (3)（馬祖道一禪師）夫求法者，應無所求，心外無別佛，佛外無別心。 (4)師（福州大安）即造于百丈，禮而問曰：「學人欲求識佛，何者即是？」百丈曰：「大似騎牛覓牛。」 (5)師（古靈神贊）登座，舉唱百丈門風，乃曰：靈光獨耀，迥脫根塵。體露真常，不拘文字。心性無染，本自圓成。但離妄緣，即如如佛。	(1)做工夫，最要緊是箇切字。……切之一字，豈但離過，當下超善、惡、無記三性。一句話頭，用心甚切則不思善，用心甚切則不思惡，用心甚切則不落無記。 (2)做工夫，不得求人說破。若說破，終是別人底，與自己沒相干。	(1)修行禪宗法門，首重明了「心、法、佛無二」的見地，無涅槃可證，無菩提可求，無三界可出。 (2)必須明了求法之人，是無法可求的，只要識自本心，即是修行工夫。 (3)若要修行契入法性，應知本地風光是遠離妄想與頭上安頭的舉措。 (4)若要修證，便要明了修行工夫只在一個「切」字，深切明白以專注無心之「切」，可以頓超善惡有無的分別。 (5)明了「悟」終不可說，亦不可解，不求人為己說破，明了「悟」非外求可得，求之亦失的道理。
3	默	(1)（百丈懷海）汝等先歇諸緣，休息萬事，善與不善、世出世間一切諸法，莫記憶、莫緣念，放捨身心，令其自在。 (2)師（古靈神贊）臨遷化，告眾曰：「汝等諸人還識無聲三昧否？」眾曰：「不識。」師曰：「汝等靜聽，莫別思惟。」眾皆側聆，師儼然順寂。 (3)一日，師（石霜慶諸）在米寮內篩米，潙山	(1)做工夫，把箇死字貼在額頭上，將血肉身心如死去一般，只有要究明底這一念子。 (2)做工夫，舉起話頭時要歷歷明明，如貓捕鼠相似，古所謂不斷黎誓不休。 (3)做工夫，不得將心待悟。 (4)做工夫，要緊要正，要綿密，要融裕。 (5)做工夫，著不得一絲毫別念。 (6)做工夫，做到無可用	(1)修行參究的工夫，首在放歇諸緣，一切世間法悉皆放捨而莫憶念把持，以及調身、調息與調心。 (2)修行工夫，在於攝心靜默，莫抛撒心意識流而心光外逸，但默契之而已。 (3)從平常生活中，常行無諂曲、無妄念的直心。 (4)參究公案，要有大死一番的決心，歷歷明明、綿綿密密的不讓

		云：「施主物，莫拋撒。」師曰：「不拋撒。」 (4)（黃蘗希運）心自無心，亦無無心者；將心無心，心即成有，默契而已。 (5)（趙州從諗）問南泉：「如何是道？」南泉曰：「平常心是道。」	心處、萬仞懸崖處、水窮山盡處、羅紋結角處，如老鼠入牛角，自有倒斷也。 (7)工夫不怕做不上，做不上要做上，便是工夫。 (8)做工夫，只在一則公案上用心，不可一切公案上入解會，縱能解得，終是解，非悟耶。 (9)工夫不可須臾間斷，可間斷非工夫也。 (10)做工夫，不可須臾失正念。	工夫間斷。 (5)參究公案，必須心提正念，只問耕耘，不問收穫。但求工夫成片，不可以心待悟。
4	疑	(1)溈山於地上拾得一粒，云：「汝道不拋撒，遮箇什麼處得來？」師（石霜慶諸）無對。 (2)雲巖曰：「但向伊道：『即遮箇是。』」師（洞山良价）良久。 (3)（臨濟義玄）曰：「某甲暫來禮拜和尚。」黃蘗遂打趁令去。師（臨濟義玄）行數里，疑此事，卻迴終夏。 (4)師（洞山良价）猶涉疑，後因過水睹影，大悟前旨。 (5)僧曰：「怎麼即頓決疑情，便契心源。向上宗乘，如何言論？」師（隆壽無逸）曰：「待汝自悟始得。」 (6)（天台德韶）百千諸佛方便一時洞了，更有什麼疑情？	(1)做工夫人，抬頭不見天，低頭不見地，看山不是山，見水不是水，行不知行，坐不知坐，千人萬人之中，不見有一人，通身內外只是一箇疑團。 (2)做工夫，不怕死不得活，只怕活不得死。 (3)工夫做得真切，將身心與器界煉得如鐵橛子相似，只待渠爆得斷，卒得折，更要撮得聚始得。 (4)疑情發得起，放不下，便是上路。 (5)做工夫，不得作道理會，但硬硬參去，始發得起疑情。 (6)做工夫，不妨一一舉起話頭，如看無字，便就無上起疑情。……疑情發得起，盡十方世界是一個疑團，不知有父母底身心，通身是箇疑	(1)工夫成片，自然能發起疑情。疑情發起時，身心宇宙唯剩一個疑團，而且進出吞吐不得，直待爆破。 (2)疑情發起，總在平常生活中，自然有疑，也切勿放過，可以好好專注參究。 (3)疑情發起時，切勿自己給自己一個安心的答案，若不明究澈底，決不罷休。 (4)若某一話頭不能順利發起疑情，不妨試試另一話頭。然而最好任一話頭，都能工夫上路。 (5)參究話頭，要有打破一切疑團的決心，在行住坐臥都要能入，最後也能出。

		團。 (7) 做工夫，疑情發得 　　起，更要撲得破。	
5	契	(1)（忻州打地和尚）凡 　　學者致問，惟以棒打 　　地而示之。 (2) 師（福州大安）曰：「識 　　後如何？」百丈曰： 　　「如人騎牛至家。」 (3) 龍（龍潭崇信）曰：「見 　　什麼？」（德山宣鑒） 　　曰：「從今向去，不疑 　　天下老和尚舌頭也。」 (4) 師（石霜慶諸）曰：「百 　　千粒從遮一粒生，未 　　審遮一粒從什麼處 　　生？」溈山呵呵笑， 　　歸方丈。 (5)（靈雲志勤）自從一 　　見桃華後，直至如今 　　更不疑。	(1) 若大悟時，如蓮花忽 　　開，如大夢忽覺，良 　　以夢不待覺，睡熟時 　　自覺。……悟不待 　　時，因緣會合時自 　　悟。……悟時如披雲 　　見天而廓落無依。 (2) 只待彼（疑情）如桶 　　箍自爆，再見善知 　　識，不待開口，則大 　　事了畢，始撫掌大 　　笑。	(1) 契悟真如法性，要能 　　在老實參究中等待時 　　節因緣的自然到來。 　　自然如夢初醒，一切 　　如如。 (2) 契悟時，非言語所能 　　形容，自然與道相冥 　　合，只能譬喻而無法 　　明示。 (3) 契入法性，是因為參 　　究公案得力，加上善 　　根成熟，戒定圓滿， 　　又多遇善知識點破玄 　　機，方能成就。 (4) 契悟之後，具備開悟 　　的見地，疑團冰釋。 (5) 契悟之後，才是真正 　　修持的開始，因此要 　　悟後起修。
6	證	(1)（馬祖道一）一蒙（南 　　嶽懷讓）開悟，心意 　　超然，侍奉十秋，日 　　益玄奧。 (2)（大珠慧海）饑來喫 　　飯，困來即眠。 (3)（石鞏慧藏）一回入 　　草去，便把鼻孔搋 　　來。 (4)（溈山靈祐）若真悟 　　得本，他自知時，修 　　與不修，是兩頭語。 　　如今初心雖從緣得， 　　一念頓悟自理，猶有 　　無始曠劫習氣未能頓 　　淨，須教渠淨除現業 　　流識，即是修也，不 　　道別有法教渠修行趣 　　向。 (5) 師（福州大安）曰：「未 　　審始終如何保任？」	(1) 若悟後不見大善知 　　識，縱得安逸，終是 　　未了。	(1) 悟後起修，須要明眼 　　善知識的指導，工夫 　　較能百尺竿頭，更進 　　一步。 (2) 開悟之後，古德多半 　　侍奉老師，日夕請 　　益，磨鍊精進，在根 　　本智開通後，培養差 　　別智。 (3) 悟後依然須要時時保 　　任，一有忘失便要提 　　起。 (4) 頓悟本心，乃是理 　　證，悟後尚須在日常 　　生活中不斷精進，淨 　　除無始曠劫習氣。 (5) 悟後要能「無修之修」 　　為原則，也就是以「無 　　修」的心性不染為工 　　夫，隨時保任。 (6) 到了圓滿證悟階段，

		百丈曰:「如牧牛人執杖視之,不令犯人苗稼。」 (6)(趙州從諗)問南泉:「知有底人向什麼處休歇?」南泉云:「山下作牛去。」		得大自在,無入而不自得,理事圓融,人法雙泯。

　　從以上兩種文獻《景德傳燈錄》與《博山和尚參禪警語——示初心做工夫警語》文中,可以發現唐五代北宋初年的公案,絕大多數都不明講公案或禪法是如何參究,比較重視佛法見地的開通,以及道心的堅定、入理的門徑,總是三兩句以各種生活中事物的譬喻,點到爲止。同時,在《景德傳燈錄》中公案的記載也極爲簡要,甚至絕大多數是幾句對話的言語,一問一答,有時過簡的不著邊際,令後世讀者完全不能明白公案發生的背景與週邊因素,總是突如其來,又戛然而止,留下了太多意義的斷層,特別是無義語,更是無法彌補其真正的含義。如某僧問潭州三角山總印禪師:「如何是三寶?」回答竟說:「禾、麥、豆。」其他如「乾屎橛」、「麻三斤」、「鎮州蘿蔔重三斤」等,皆是無意義而無須執著,更不須附會任何解釋。因此,在早期公案中,禪師多不談如何發起疑情的問題,更避免了一些瑣碎的說明,如工夫何以上路、如何做工夫、做工夫時要避免那些問題等等,總是留下最純樸的對話或是悟道的因緣。至於後世的禪師,可能是有鑒於禪宗學人的根基日益淺薄,道心也日益浮散,所以不得不設下參究公案的法門,詳細的解說參究公案的方法。因此,整體而言,前期的公案是以開發見地爲主,偏向於「體」範疇的介紹;後期的公案是以解說初心入門的門徑爲主,偏向於「用」範疇的闡示。所以,本文綜合兩種文獻,以建構參究公案的「知」、「明」、「默」、「疑」、「契」與「證」的六位參究歷程及方法。

　　禪宗的學人在「契入法性」與「體證實相」之後,往往如同在宋代廓庵師遠的《十牛圖頌》中所敘述的,經過了「人牛俱忘」及

「返本還源」的階段，最後進入「入鄽垂手」的歸結。因此，充分展現了禪師在大澈大悟之後，爲濟度世間的眾生而垂下慈悲之手，進入於街市巷井之中，現出和光同塵的相貌，在日常生活中化導眾生體證究竟的佛性。關於此點，在《景德傳燈錄》中時常出現禪師在悟道之後，或是隱居山林，或是參訪雲水，或是住持道場，總還是有四眾弟子前來問法，只是表現在外的很可能不是生活語言中的慈悲問候，而是痛下針砭的老婆心切。換句話說，禪師棒喝的手段或許激切，但是用心卻是十分慈悲的。綜合而言，禪師在澈悟之後，表現出「入鄽垂手」的悲願濟世，在佛教史仍有以下三項特殊的意義：

第一，禪宗被稱爲大乘佛教的一支，自非小乘佛教自了漢的修持立場，所以發心爲首，立願爲先，一樣是發起救度眾生的菩提心，澈悟的結果也自然相應於菩提心的開啓。因此，澈悟之後的「入鄽垂手」，就充分展現了禪宗是大乘佛教的宗派，也具備了大乘佛教的思想特質。

第二，禪師澈悟之後的「入鄽垂手」，象徵了圓滿的生命，必然是走向世間法與出世間法圓融開展的境界，無法脫離現實的生活而高蹈玄虛，反而會深入紅塵世間，隨緣盡份的實現佛法出現於世的意義。同時，「入鄽垂手」也呈現了惠能「佛法在世間，不離世間覺」的理念，將禪宗推向了生活化與大眾化的基本性格。

第三，禪師澈悟之後的「入鄽垂手」，並不是修行的終點，相對的卻是深化及提昇到永恆追求「佛果」（無上正等正覺）的開始。換句話說，禪師澈悟之後的渡眾悲願及入世弘法，是永無止盡的修行開始，也具體的呈現出人格圓滿、智慧洞明的境界，而且永恆不斷的相續發明，普及一切。

第七章　結論——禪宗公案學術研究的展望

一、建構禪宗公案研究的哲學範疇與方法論的新思維

　　經過本文粗淺的研究，對於禪宗公案學術化的研究方法，以及研究過程中涉及的各項義理層面，已經有了初步的研究成果，但是對於禪宗公案學術化研究整體的思想系統與方法論，本文的研究只是初步的開始，日後仍須努力以赴。

　　禪宗公案是否能夠成爲學術研究的客觀對象呢？又是否能由客觀的學術研究彰顯公案的思想及價值呢？筆者以爲，所謂的學術研究是秉持著客觀的精神，以追求真、善、美的理想目標之方法，學術研究是手段，是工具，而非目的。因此，從方法論的立場而言，學術研究主要是彰顯研究對象的特質，闡釋思想的系統，說明趣入的進路，以及分析研究對象的各項得失利害、構成背景因素等，更重要的是提供一套合理的操作程序，以供吾人能在理論思想及修行實踐中，得到正確的指引與切實的利益。

　　「哲學範疇」一直都是思想研究重要的基礎，能夠啓發哲學的思維，深入思想義理的底蘊，也是建構思想研究系統及方法最爲重要的背景因素。本文從哲學範疇的思考角度，運用在《大乘起信論》中提出的「體相用」範疇，主要的理論架構是「法」與「義」的對稱，也是「眾生心」實相的「法」及依於此心而顯示的「義」，而

「義」的內容及系統，就是「體相用」範疇。因此，本文設定「公案」的本身就是「法」，解釋「法」的實質內容及思想義理的系統，就是「體相用」範疇的「義」。換句話說，本文立論的基礎，就是來自於《大乘起信論》的「一心三大」思想。

　　環顧本文的研究，從第二章開始分析公案的成立及相關的主題，包含了三項主要的研究層面：其一，公案的文獻學研究領域；其二，公案形式結構、分類作用及語言特性的研究層面；其三，公案思想義理系統與方法論的研究。本文是以第三項「公案思想義理」為研究的主題，旁及第一、二項文獻及相關背景的研究。因此，本文將公案的全體考察放在第二章，從禪宗公案的定義、起源與形成中，說明「公案」語詞的學術定義，以及形成的歷史因素，了解公案研究的背景及基礎。接著，從禪宗公案的形式、演變與發展裏，闡述公案文獻與文類的形成，以及表達形式的轉變。再從禪宗公案的分類、結構與作用的介紹裏，研究公案的各項分類及探討的主題，分析了公案的組織結構及其特殊的作用與功能，也得到初步的結論。然後，從禪宗公案的特質、影響與價值中，詮釋公案的語言特性及思想的特質，並且說明公案對後世深遠的影響及地位價值，由此也可以看出公案研究的重要性。

　　從本文第三章的研究成果中，可以發現體相用範疇的形成與中國哲學原有的體用範疇有密切的關係，更可以發現體相用範疇的成立，能夠解決禪宗公案本身缺乏思想系統的致命傷，更可以藉由體相用範疇的建立，彰顯公案在禪宗思想中有「佛性本體論」、「修證境界論」及「修行工夫論」的思想特色。

　　若是從哲學的歷史發展來觀察，一個民族整體的文化思維、意識形態與哲學系統，都是一個時代又一個時代哲學思潮所累積推波助瀾而成的，也是經由一群哲學思想家遞相推演討論一系列命題及範疇而成。因此，通過對中國哲學範疇的深入研究，可以了解中國

各時代思潮的面貌與前後哲學史上各項觀念的演變。特別是對禪宗思想的研究，建立合理與適宜的研究範疇，尤其是當務之急。本來哲學範疇是經由各時代哲學家的推演研究，不斷的開發、改造與創新而成為新的範疇，禪宗思想研究範疇的形成，也是必須經過一段蘊釀及深入分析的階段。然而，歷代學者對於禪宗公案的探討，多半停留在宗教實踐或引為文學上詩學的比附，一來缺乏思想上系統的整理，二來缺乏文獻上的爬梳。因此，禪宗公案始終無法脫離神秘的宗教實踐色彩，或是轉化為詩文小說中討論的題材。因此，本文以《大乘起信論》體相用思想為根基，建構成討論公案思想的研究範疇，企圖成立公案研究方法論的思維。同時，以此研究的成果，希望透過哲學的歷史觀，也就是由範疇發展而形成觀念演變的哲學史觀，為公案的學術研究在中國哲學史中尋求一合理的地位。當然，從本文介紹的範疇演變及其相互關係的研究中，已經初步建構了禪宗哲學的某種系統思維，乃至於嘗試指出方法論建構的發展方向。同時，經由本文的探討，從體相用範疇說明事物或物質的「本體」、「相貌」與「作用」，加以引申並深化為禪宗公案的佛性本體、開悟境界與修行工夫理論，也可以藉此範疇溝通儒釋道三家在本體論的成聖根據、境界論的聖人境界與工夫論的實踐方法。因此綜合看來，《大乘起信論》的體相用範疇十分適合於解釋中國哲學與禪宗公案思想的特殊性質，同時也具備開放詮釋與會通比較的功能，可以成為禪宗或是儒釋道學術研究的公共模型與研究方法論的思考進路。

　　除此之外，《大乘起信論》對於禪宗思想影響有三方面：第一項，是確立修行的終極目標，也就是「一心」的真如佛性，這是「體」範疇探討的主要內容；第二項，是說明心真如門與心生滅門的思考進路，能夠為禪宗提供體用不二的理論架構，並且由此發展出討論聖人境界的「相」範疇；第三項，則是建立了禪宗工夫理論的理論

基礎，爲禪宗生活化的修持模式與應機點撥的機鋒公案舖設了最重要的思想基磐。因此，從體範疇確立研究的主題、對象及其界義，主要探討的是佛性本體的思想；從相範疇確立的研究，主要探討是開悟境界的問題；從用範疇確立研究禪師在公案中是否揭示了修行的要訣或門徑，以及在公案中表達了那些具體的修行方法。因此，建立合理的哲學範疇成爲切入禪宗公案思想研究的著力點，而體相用範疇就成爲禪宗公案學術化研究的必備工具。同時，透過本文以體相用範疇研究公案，已經試圖建立並開展了研究公案的現代化學術系統與規格，並且從傳統上以佛教徒修行信仰或宗教實踐爲唯一的立場跳脫出來，謀求合乎現代學術研究的規範，建立禪學的思想系統，而且成就了儒釋道等不同學科間的溝通管道，提供現代思想詮釋與古代公案對話的橋樑，也希望經由體相用範疇的分析，有系統的了解禪師的哲學思想主體，展現的開悟之生命境界風姿，以及公案的修證方法。因此，從體相用範疇研究禪宗公案深具學術的價值與現代意義，也能引發公案思想研究方法論的新思維。

二、開展禪宗公案思想研究的新局面

透過本文的研究，特別是以體相用範疇爲思考的進路，以體相用範疇的分類原則爲探討公案思想的意義層面，期望能以此淺薄的成績，開展禪宗公案學術思想研究的新局面。

近代國內外學界，對於禪宗的研究多偏向禪宗史與文獻學的探討，也有涉及禪法的剖析，可是多半是以文獻中的禪學資料爲研究的素材。本文以公案爲研究的對象，希望突破傳統禪宗研究的樊籬，也將過去公案主題研究的零碎片斷，以體相用範疇的分類加以整合。因此，本文是禪宗公案系統化研究的一種學術性嘗試，也是禪宗研究史上較爲少見的研究方法。然而，不可諱言的是，《大乘起

信論》的體相用範疇，是以佛教經論的視角，俯瞰公案的文本，以預設的體相用範疇爲溝渠，試圖疏通公案隱晦不明的本體論思想。如此的研究方法與範疇的切入，未必是最爲適宜的進路，因爲預設本身夾帶了真常唯心論的思想，也隱含了判教的思維。這一點，對於禪宗思想研究的方法論而言，多少含有以「佛教經論的思想」作爲檢證，或研究「禪宗公案」的味道，在目的上也可以說是「藉教悟宗」或「藉教明宗」的進路。然而，禪宗本身果真是如此嗎？也許從達摩到弘忍，包括牛頭宗與北宗等，適用於此項的探討模式，而且早期《楞伽經》與《大乘起信論》在思想義理上有密切的關係，諸多學者已有論及。但是，從惠能開始，五家七宗的分流，以及晚唐五代以來語錄公案制度的形成，祖師們的公案，已經跳脫傳統佛教經論的束縛，展現高度的思想創意與特殊的語言型態，甚至包括了激烈的肢體動作及毫無理路的行爲表現，難道也能夠以體相用範疇來圈定或是套入而成爲研究的主題？對於這一點，筆者以爲本文的研究只達到三分之一的成果。所謂的三分之一，第一項是指公案的研究，若以宗教實踐的立場而言，是要能夠從中擷取智慧的精髓，以爲個人修行實踐的指針，並且圓滿實現生命的最高價值，再形諸理論的架構，以及研究範疇的建立。第二項，完全放棄任何的預設，直接從公案的文本中，發掘合理周延的範疇，並且能從此範疇切入公案的底層，揭顯思想的構造及義理的系統，不再依傍任何預設的範疇，而能成就獨立的研究系統。關於前兩項，筆者以爲本文都未能達到如此的目標。但是選擇已有的周延範疇，作爲探討的分類層面，以及藉此體相用範疇釐清公案的佛性本體論的預設及禪宗見地的特質，分析禪宗開悟思想的分類原則及檢證標準，說明解讀與參究禪宗公案的原則及方法，介紹禪師的教學手段，以及禪宗學人修行的要領與修行工夫論思想，希望本文的研究能有一些微薄的貢獻。

　　除此之外，本文在研究過程中也發現佛教或禪宗是有所謂本體

論的思想，只是佛教或禪宗基本的立場是反對西方哲學 ontology 的「本體論」中有一個「物質或精神或抽象的形上實體」，也不認為有「存在的唯一不變的本原」，因此討論宇宙萬事萬物的「本質與現象」對佛教而言是無法成立的命題。值得注意的是，佛教的本體論並非預設的形上實體，而是說明佛教的「本體」是指大乘佛教思想的「法體」，是指「不生不滅的佛性」，是指「諸法的體性」，是屬於緣起性空的思想，而此體性是「空幻無生」的。從這一點確立之後，就能夠說明禪宗公案成立的理論根據，以及公案中一切施為的思想來源。同時，這項理論的根據，對禪宗而言，其實還包括了分解與綜合的進路，並且具體呈現在開悟的見地上，形成開悟見地的理論。這一點對於公案的分析及詮釋是非常重要的，因為有了「體」範疇的佛性本體論與開悟的根本見地，就說明了可以藉由公案的實踐，體現佛性本體的根據，也就證成佛教「眾生皆有佛性」與「見性成佛」的理論。

　　接著，從「相」範疇的「開悟論」思想探討禪宗公案的修證境界論，也就是研究語錄公案中相關於「開悟」的理論。因為所有禪宗公案的共同主題，也是最重要的主題，都是環繞著「悟」這個核心所開展的思想體系。因此，從「相」範疇的報身功德而言，也就是「悟」的境界，是以禪悟思想對應體相用範疇則是「義理系統」的層面。除此之外，本文研究發現，禪宗的開悟論思想呈現出「開悟第一」的價值觀，也似乎只有「開悟」才有人生存在的價值及意義，也只有「開悟」才能圓滿實現宗教實踐的目標。不僅如此，開悟的思想結合了世間法與出世間法的最高意義，因為開悟對於佛教而言，特別是禪宗，一剎那間由凡轉聖，由薄地凡夫一躍過龍門而成為地位特殊的聖賢。從世間法的角度來看，開悟的禪師，等於是取得公開弘法的執照，能夠紹承佛陀的正法，住持佛教的寺院及精神，傳承諸佛如來的慧命，廣度苦難的眾生。相對的，從出世間法

的立場而言，開悟是體驗了宇宙究竟的真理，體驗了不生不滅的法性，能夠從開悟及悟後再精進的修持中，澈底解脫三界六道的輪迴，圓滿證悟無餘涅槃的境界。因此，就形成了禪宗是以「悟」為最高的價值判斷，以及所有價值衡量的標準。

　　最後討論的「用」範疇，本文從解讀公案的探討中，明了解讀禪宗語錄公案之口語詞的條件與方法，主要分成三項原則及進路，其中除了具備佛教經論的一般常識與禪宗的修持要領之外，還要能夠注意語錄中的口語詞多半具有地方方言的色彩，然後再善加利用專家學者的研究成果，並且考慮到前後文的文義脈絡，也就是對於非邏輯性的文詞敘述或口語詞的解釋，都要能夠跳出傳統語詞詮釋的框框。同時，最好的解讀條件及方法，就是能夠有親身體驗悟境的經歷，才能充分理解禪師運用各種方法的理由，也才能夠「縫補」文獻記載過於簡略的意義斷層，發明公案動作語言的真實義。至於禪宗啓悟教學方法的層面，也是公案思想「用」範疇探討的主題之一。其中，本文研究發現探討禪師啓悟的理論，並不能僅從公案的某些動作或形式而加以草率的論斷，因為禪師具備了開悟的見地與體驗，所以對本地風光的了解及趨入路徑熟悉，才是指導學人悟道的憑藉。再配合深入的證量與長期修持得來的豐沛心力，以及生活現場的因緣，等待學人工夫的逐漸成熟，就能給予切實的指導。同時，禪師永不說破「悟」的實相，卻以啓發的形式，步步引導學人自參自悟，尋求自我的突破。不僅如此，禪師時常在生活的對話中，暗設禪悟的機關，藉以收攝學人的身心，藉以防止情識的妄動，然後在機緣成熟時，痛下截斷心意識的手段，展現出禪師的機用及善巧。當然，這也是配合開悟的見地與各方面條件，才能完成的工作。最後，在說明禪宗學人的修行要領與參究公案的方法中，本文研究的結論是，禪宗修持的理論與方法，應該是從見地、行願與攝心無住的系統，落實到最基本的調身、調息與調心的入門工夫，再加上

明眼善知識的指導下按部就班打下修行的基礎,這是禪宗修證的初
機理論。接著可以從曹洞宗的默照禪,或是臨濟宗的看話禪入門。
本文所討論的看話禪,是以公案的參究爲主,藉以發起疑情,突破
疑情而證悟實相。本文在此的研究成果,主要是試圖建構參究公案
的「知」、「明」、「默」、「契」、「疑」與「證」的六位參究
歷程及方法,藉此可以統攝公案參究的次第及系統,將所有以「悟」
爲理論的層面,呈現在公案的參究與實踐上面,彰顯公案存在的價
值及意義。

　　因此,透過本文的研究,除了謀求釐清佛教有無本體論之外,
也連帶說明禪宗開悟見地的特質,以及展現在禪宗公案裏隱隱浮現
的修行工夫理論。所以,本文的研究只是一個開始,希望能對未來
禪宗學術思想更深入的研究及開展,略盡棉薄與拋磚引玉之力。

三、實現禪宗生命觀的最高理想與圓滿境界

　　禪宗公案學術化研究之目的,並不只是建構客觀的理論系統與
研究方法論,也不僅是發明禪宗思想的義理,或是說明禪宗修持的
理論,而是能從研究的過程中,將研究的心得促進吾人生命價值觀
的全面提昇,與生活品質真善美境界的達成。換句話說,從中國哲
學重視實踐爲優先的文化性格而言,無疑的,真實的體驗遠比理論
的架構來得重要。但是,強調實踐優先與體驗爲首的中國哲學或是
佛教禪宗,並非一定要忽略理論的根據層面,或是思想義理的分析。
相對的,有了思想理論的確實根據,以及精密的義理分析,更能形
成實踐的指導原則,以及提供實踐所需的原動力。換句話說,禪宗
的公案可以表現成奇怪詭異的行爲,語言可以矛盾及無邏輯,但是
並不代表公案離開了禪宗,離開了佛教。畢竟吾人在研究公案時,
很容易忽略公案除了是禪宗或是佛教的法師們個別創作的表現外,

其背後有一個龐大的思想背景在支撐著，那就是禪宗或是佛教根本的宗教精神。如果吾人在研究公案時，刻意截斷公案背後的思想背景，只是就智識的層面及角度分析公案的話，得到的將是支離破碎而無實益的理論，這些理論在禪宗公案語言的非邏輯中，就會出現相互矛盾的窘態。相對的，若是能從學術研究與宗教實踐相互發明的立場來研究公案的思想，就會同時保有理論的智識與實踐的體驗，反而更能彰顯公案的學術價值與實踐優先的特色。

近一百年來，國學的思想面臨西學的衝擊，以及現代工業化、商業化及物質文明的挑戰，再加上近代的學術研究夾帶著二元對立、精細分解、數位物質與崇尚理論的方法預設，使得傳統國學重視心性一元、綜合統一、心靈體驗與生命實踐特質的逐漸失落。歸結原因，除了時代環境的急速變遷，以及物質文明取代心靈體驗而成為時代思潮的現象之外，以客觀物質化的學術研究取向，掌握了全球的教育體系，也就是造成以生命實踐的國學難以發展的重要原因之一。因此，吾人欲要振興傳統國學，以至於發揚佛教與禪宗的精神，就要從物質化的學術研究中取得一種平衡，也就是重視客觀學術研究精神的同時，也能夠平等尊重心靈主觀體驗的價值，並且強調在智識成立的同時，也有益於道德、修行、實踐等體驗的提昇。因此，從傳統國學的處境反省禪宗學術研究的目標，就可以發現所謂的學術研究精神，是不能自外於包含心性主觀體驗的整體性研究。所以，對於禪宗而言，所謂的整體性研究，就是以學術理論研究的成果為修行實踐的指導與參考，並且由此全面提昇生命的價值觀及生命的境界。

透過本文淺薄的研究，回應最初研究的動機及預設的目標，相信這是筆者全面深入研究禪宗思想的開始，也是展望未來能夠更為深入佛教義理的起步，為圓滿實現禪宗或是佛教崇高優美的生命觀，奠定奮鬥努力的方向。

附錄表一

景德傳燈錄各卷禪師人數統計表					
卷	傳　法　世　系　名　稱	輯錄語錄的序號及人數		未輯錄語錄的序號及人數		合　計
1	(1)七佛(2)天竺 15 祖	A001-021	21 位	B001	1 位	22 位
2	天竺 35 祖	A022-034	13 位	B002-023	22 位	35 位
3	中華 5 祖並旁出尊宿共 25 人	A035-042	8 位	B024-040	17 位	25 位
4	道信大師法嗣共 183 人	A043-070	28 位	B041-195	155 位	183 位
5	慧能與慧能法嗣 43 人共 44 人	A071-090	20 位	B196-219	24 位	44 位
6	南嶽懷讓法嗣第一世 9 人 第二世 37 人	A091-105	15 位	B220-250	31 位	46 位
7	南嶽懷讓法嗣第二世 45 人	A106-123	18 位	B251-277	27 位	45 位
8	南嶽懷讓法嗣第二世 56 人	A124-166	43 位	B278-290	13 位	56 位
9	南嶽懷讓法嗣第三世 56 人	A167-188	22 位	B291-324	34 位	56 位
10	南嶽懷讓法嗣第三世 61 人	A189-217	29 位	B325-356	32 位	61 位
11	南嶽懷讓法嗣第四世 89 人	A218-252	35 位	B357-410	54 位	89 位
12	南嶽懷讓法嗣第四世 13 人 第五世 51 人 第六世 19 人	A253-308	56 位	B411-437	27 位	83 位
13	懷讓第七世及曹溪別出共 77 人	A309-325	17 位	B438-497	60 位	77 位
14	青原行思法嗣第一世 1 人 第二世 21 人 第三世 23 人	A326-355	30 位	B498-512	15 位	45 位
15	青原行思法嗣第四世 17 人 第五世 14 人	A356-384	29 位	B513-514	2 位	31 位
16	青原行思法嗣第五世 72 人	A385-422	38 位	B515-548	34 位	72 位
17	青原行思法嗣第五世 洞山良价法嗣 26 人 第六世 43 人	A423-473	51 位	B549-566	18 位	69 位
18	青原行思法嗣第六世 雪峰義存法嗣 14 人	A474-487	14 位		0 位	14 位
19	青原行思法嗣第六世 雪峰義存法嗣 42 人	A488-518	31 位	B567-577	11 位	42 位
20	青原行思法嗣第六世 106 人	A519-588	70 位	B578-613	36 位	106 位
21	青原行思法嗣第七世 57 人	A589-642	54 位	B614-616	3 位	57 位
22	青原行思法嗣第七世 70 人	A643-706	64 位	B617-622	6 位	70 位
23	青原行思法嗣第七世 152 人	A707-803	97 位	B623-677	55 位	152 位
24	青原行思法嗣第八世 74 人	A804-865	62 位	B678-689	12 位	74 位
25	青原行思法嗣第九世上 清涼文益法嗣 30 人	A866-895	30 位		0 位	30 位
26	青原行思法嗣第九世下至第十一世共 125 人	A896-966	71 位	B690-743	54 位	125 位
27	禪門達者雖不世有名於時者 10 人	A967-976	10 位		0 位	10 位
	合　　　　　計	976 位		743 位		1719 位

附錄表二

景德傳燈錄各版本禪宗祖師人數統計表

典籍	卷數	1	2	3	4	5	6	7	8	9	10	11	12	13	14	15	16	17	18	19	20	21	22	23	24	25	26	27	合計
福州東禪寺版與四部叢刊本	語錄	21	13	8	28	20	15	18	43	22	29	35	56	17	30	29	38	51	14	31	70	54	64	97	62	30	71	10	976
	載名	1	22	17	155	24	31	27	13	34	32	54	27	60	15	2	34	18	0	11	36	3	6	55	12	0	54		743
	小計	22	35	25	183	44	46	45	56	56	61	89	83	77	45	31	72	69	14	42	106	57	70	152	74	30	125	10	1719
	語錄	34		36		20	235								263							378							966
	載名	23		172		24	278								116							130							743
	小計	57		208		44	513								379							508							1709
法寶錄記載之古版	語錄	34		204		20	235								263							413							1169
	載名	23		17		24	278								116							133							591
	小計	57		221		44	513								379							546							1760
	語錄	34		37		20	250								274							381							996
	載名	23		172		24	268								115							129							731
	小計	57		209		44	518								389							510							1727
高麗本	語錄	21	13	8	28	20	15	19	43	25	30	38	63	17	32	29	40	54	14	31	74	56	63	97	64	30	71		996
	載名	1	22	17	156	24	31	27	13	31	32	51	23	60	13	2	34	17	0	11	36	3	6	54	12	0	54		731
	小計	22	35	25	184	44	46	46	56	56	62	89	86	77	45	31	74	71	14	42	110	59	69	151	76	30	125		1727
普慧藏與大正藏本	語錄	21	13	8	28	20	15	18	43	22	29	35	56	17	30	29	38	51	14	31	70	54	64	97	62	30	71	10	976
	載名	1	22	17	155	24	31	27	13	34	32	54	27	60	15	2	34	18	0	11	36	3	6	55	12	0	54		743
	小計	22	35	25	183	44	46	45	56	56	61	89	83	77	45	31	72	69	14	42	106	57	70	152	74	30	125	10	1719

說明
(1)【語錄】是指載有語錄的禪師者。　(2)【載名】是指各卷首登錄有禪師法名而無語錄者。
(3)第二十七卷雖然不是禪宗祖師，但因仍被編撰彙集視為「禪門達者雖出不世有名於時者」，故一併統計。

附錄三　禪宗東西祖統（西天二十八祖）傳承對照一覽表

全部序號	1	2	3	4	5	6	7	8	9	10	11	12	13	14	15	16	17	18	19	20	21	22	23	24	25	26	27	28	29	30	31	32	33	34	35	36	37	38	39	40	41
西天二十八祖								1	2	3	4	5	6	7	8	9	10	11	12	13	14	15	16	17	18	19	20	21	22	23	24	25	26	27	28						
1 六祖壇經序 411								尊者大迦葉	尊者阿難	尊者末田地																						尊者舍那婆斯	尊者優波毱多	尊者婆須蜜	尊者僧伽羅叉	尊者達摩多羅	尊者不若蜜多羅				
2 付法藏傳 472								摩訶迦葉	阿難	商那和修（末田提）	優波毱多	提多迦	彌遮迦	佛陀難提	佛陀蜜多	脇比丘	富那奢菩	馬鳴菩薩	比羅	龍樹	迦那提婆	羅睺羅	僧伽難提	僧伽耶舍	鳩摩羅馱	闍夜多	婆修槃陀	摩奴羅	鶴勒那夜奢	師子											
3 摩訶止觀 594								大迦葉	阿難	商那和修（末田地）	憂波毱多	提多迦	彌遮迦	佛陀難提	佛陀蜜多	脇比丘	富那奢	馬鳴	毘羅	龍樹	提婆	羅睺羅	僧佉難提	僧法耶舍	鳩摩羅馱	闍夜多	盤馱	摩奴羅	鶴勒夜那	師子											
4 龍門石窟・付法藏伝								佛付摩訶迦葉第一	阿難	末田地／商那和修	優波毱多第五	提多迦第六	彌遮迦比丘第七	佛陀難提比丘第八	佛陀蜜多比丘第九	脇比丘第十	富那奢比丘第十一	馬鳴菩薩第十二	毘羅菩薩第十三	龍樹菩薩第十四	提婆菩薩第十五	羅睺羅第十六	僧伽難提第十七	僧伽耶舍比丘第十八	鳩摩羅馱比丘第十九	闍夜多比丘第二十	婆修槃陀比丘第二十一	摩奴羅比丘第二十二	鶴勒那夜奢比丘第二十三	師子比丘第二十四											

5　南宗定是非論 732	代	6　左溪大師碑 754	7　歷代法寶記 775	代	8　曹溪大師傳 781
惠能					
弘忍					
道信					
僧璨					
慧可					
菩提達摩		菩薩僧　菩提達摩　禪師	菩提達摩多羅　禪師		
僧伽羅叉	28		須婆蜜多	二十八	達磨多羅
須婆蜜	27		優婆毱多	27	須婆蜜多
優婆毱斯	26		舍那婆斯	26	優婆掘多
舍那婆斯	25		師子比丘	25	舍那婆斯
	24		鶴勒那		
	23		摩拏羅		
	22		婆修槃陀		
	21		闍夜多		
	20		鳩摩羅馱		
	19		僧迦耶舍		
	18		羅睺羅		
	17		迦那提婆		
	16		龍樹		
	15		毘羅長老		
	14		馬鳴		
	13		富那耶奢		
	12		脇比丘		
	11		佛陀蜜多		
	10		佛陀難提		
	9		彌遮迦		
	8				
	7		提多迦		
	6		彌遮迦		
（優婆毱斯）	5		優婆毱多	5	憂波毱多
（舍那婆斯）	4		商那和修	4	婆波毱多
末田地	3		末田地	3	商那和修
阿難	2		阿難	2	阿難
迦葉	1		摩訶迦葉	1	摩訶迦葉
如來			釋迦如來滅度後		如來
5　南宗定是非論 732		6　左溪大師碑 754	7　歷代法寶記 775		8　曹溪大師傳 781

9　敦煌本六祖壇經（七佛）	10　寶林傳　801	11　內證佛法相承血脈譜　819	12　圓覺經大疏鈔　823
惠能第四十			
弘忍第三十九			
道信第三十八			
僧璨第三十七			
曹溪國僧慧可第三十六			
菩提達摩第三十五	菩提達磨第二十八	菩提達磨	達磨多羅第二十八
婆須蜜多第三十四	般若多羅第二十七祖	般若多羅	僧伽羅叉第二十七
僧迦羅第三十三	不如密多第二十六祖	僧伽羅叉	婆須密多第二十六
優婆掘第三十二	婆舍斯多第二十五祖	優婆掘多	優婆掘第二十五
舍那婆斯第三十一	師子比丘第二十四祖	舍那婆斯	舍那婆斯第二十四
師子比丘第三十	鶴勒那第二十三祖	師子比丘尊者	師子比丘第二十三
鶴勒那第廿九	摩拏羅第二十二祖	鶴勒那夜遮	鶴勒那夜遮第二十二
摩拏羅第廿八	婆修盤頭第二十一祖	摩奴羅	摩奴羅第二十一
婆須盤多第廿七	闍夜多第二十祖	婆修盤陀	婆修盤陀第二十
闍耶多第廿六	鳩摩羅多第十九祖	闍夜多	闍夜多第十九
鳩摩羅馱第廿五	僧伽難提第十八祖	鳩摩羅馱	鳩摩羅馱第十八
僧迦耶舍第廿四	伽耶舍多第十七祖	僧伽耶舍	僧伽耶舍第十七
僧迦那提第廿三	羅睺羅多第十六祖	僧迦難提	僧迦難提第十六
羅睺羅第廿二	迦那提婆第十五祖	羅睺羅多	羅睺羅第十五
迦那提婆第廿一	龍樹尊者第十四祖	迦那提婆	迦那提婆第十四
龍樹第二十	迦毘羅第十三祖	龍樹菩薩	龍樹菩薩第十三
毘羅長者第十九	馬鳴菩薩第十二祖	毘羅比丘	毘羅比丘第十二
馬鳴第十八	富那夜奢第十一祖	馬鳴菩薩	馬鳴菩薩第十一
富那奢第十七	脇尊者第十祖	富那羅奢	富那奢第十
脇比丘第十六	伏馱蜜多第九祖	脇比丘	脇比丘第九
佛陀蜜多第十五	佛陀難提第八祖	佛陀蜜多	佛陀蜜多第八
佛陀難提第十四	婆須蜜第七祖	佛陀難提	佛陀難提第七
提多迦第十三	彌遮迦第六祖	彌遮迦	彌遮迦第六
優婆掬多第十二	提多迦第五祖	提多迦	提多迦第五
末田地第十一	優婆毱多第四祖	優婆毱多	優婆毱多第四
商那和修第十	商那和修第三祖	商那和修	商那和修第三
阿難第九	阿難第二祖	阿難	阿難第二
大迦葉第八	大迦葉第一祖	摩訶迦葉	迦葉第一
釋迦牟尼佛第七	垂迹釋迦	垂迹釋迦大牟尼尊	

13 聖冑集 899	14 祖堂集 952	15 傳燈錄 1004
第卅三代惠能禪師	第三十三祖惠能	第三十三祖惠能大師
第卅二代弘忍禪師	第三十二祖弘忍	第三十二祖弘忍大師
第卅一代信行禪師	第三十一祖道信	第三十一祖道信大師
第卅代僧際禪師	第三十祖僧璨	第三十祖僧璨大師
第廿九代惠可禪師	第二十九祖慧可師	第二十九祖慧可大師
第廿八代菩提達摩	第二十八祖菩提達摩	第二十八祖菩提達磨
	第二十七祖般若多羅	第二十七祖般若多羅
	第二十六祖不如密多	第二十六祖不如蜜多
	第二十五祖婆舍斯多	第二十五祖婆舍斯多
	第二十四祖師子尊者	第二十四祖師子尊者
師子比丘	第二十三祖鶴勒	第二十三祖鶴勒那
摩奴羅尊者	第二十二祖摩拏羅	第二十二祖摩拏羅
婆修槃陀	第二十一祖婆修盤頭	第二十一祖婆修盤頭
闍夜多	第二十祖闍夜多	第二十祖闍夜多
鳩摩羅馱	第十九祖鳩摩羅多	第十九祖鳩摩羅多
僧伽耶舍	第十八祖伽耶舍多	第十八祖伽耶舍多
僧伽難提	第十七祖僧伽難提	第十七祖僧伽難提
羅睺羅	第十六祖羅睺羅多	第十六祖羅睺羅多
提婆菩薩	第十五祖迦那提婆	第十五祖迦那提婆
毘羅尊者	第十四祖龍樹	第十四祖龍樹大士
龍樹菩薩	第十三祖毘羅	第十三祖迦毘摩羅大士
馬鳴菩薩	第十二祖馬鳴	第十二祖馬鳴大士
	第十一祖富那耶舍	第十一祖富那夜奢
脇比丘	第十祖脇尊者	第十祖脇尊者
伏陀蜜多	第九祖伏馱密多	第九祖伏馱蜜多
佛陀難提	第八祖佛陀難提	第八祖佛陀難提
婆須密	第七祖婆須密	第七祖婆須蜜多
彌遮迦	第六祖彌遮迦	第六祖彌遮迦
提多迦尊者	第五祖提多迦	第五祖提多迦
優婆鞠多	第四祖優波毱多	第四祖優婆毱多
商那和修	第三祖商那和修	第三祖商那和修
阿難	第二祖阿難	第二祖阿難
摩訶迦葉	第一祖大迦葉	第一祖摩訶迦葉
釋迦牟尼如來	第七釋迦牟尼佛	釋迦牟尼佛
	第六迦葉佛	迦葉佛
	第五拘那含牟尼佛	拘那含牟尼佛
	第四拘留孫佛	拘留孫佛
	第三毘舍浮佛	毘舍浮佛
	第二尸棄佛	尸棄佛
	第一毘婆尸佛	毘婆尸佛

附錄四　景德傳燈錄偈頌公案一覽表

序號	卷	刻本	藏經	作者	偈頌作者	偈　頌	內	答
0001	1	15	204C	0001	毘婆尸佛	身從無相中受生，猶如幻出諸形象，	幻人心識本來無，罪福皆空無所住。	
0002	1	15	204C	0002	尸棄佛	起諸善法本是幻，造諸惡業亦是幻，	身如聚沫心如風，幻出無根無實性。	
0003	1	15	205A	0003	毘舍浮佛	假借四大以為身，心本無生因境有，	前境若無心亦無，罪福如幻起亦滅。	
0004	1	15	205A	0004	拘留孫佛	見身無實是佛身，了心如幻是佛幻，	了得身心本性空，斯人與佛何殊別？	
0005	1	15	205A	0005	拘那含牟尼佛	佛不見身知是佛，若實有知別無佛，	智者能知罪性空，坦然不怖於生死。	
0006	1	16	205A	0006	迦葉佛	一切眾生性清淨，從本無生無可滅，	即此身心是幻生，幻化之中無罪福。	
0007	1	17	205B	0007	釋迦牟尼佛	法本法無法，無法法亦法，	今付無法時，法法何曾法？	
0008	1	17	250B	0007	釋迦牟尼佛	諸行無常，是生滅法，	生滅滅已，寂滅為樂。	
0009	1	17	205C	0007	釋迦佛弟子	諸行是常，何能致火燼？	請尊三昧火，闍維金色身。	
0010	1	18	206A	0008	迦葉	如來弟子，且莫涅槃，	得神通者，當赴結集。	
0012	1	18	206A	0009	阿難	比丘諸眷屬，離佛不莊嚴，	猶如空中月，眾星之無月。	
0013	1	18	206B	0008	迦葉	法本本來法，無法無非法，	何於一法中，有法有非法？	
0014	1	19	206B	0009	阿闍世王	稽首三界尊，棄我而至此，	暫憑悲願力，且莫般涅槃。	
0015	1	19	206B	0009	昆舍離王	尊者一何速，而趣寂滅場！	願住須臾間，而受於供養。	
0016	1	19	206C	009	阿難	二王若嚴住，勿為苦悲戀，	涅槃當我淨，而無諸有故。	
0017	1	19	206C	0009	阿難	本來付有法，付了言無法，	各各須自悟，悟了無無法。	
0018	1	20	207A	0010	商那和修	非法亦非心，無心亦無法，	說是心法時，是法非心法。	
0019	1	20	207A	0010	商那和修	通達非彼此，至聖無長短，	汝除輕慢意，疾得阿羅漢。	
0020	1	21	207B		梵王	若因地倒，還因地起，	離地求起，終無其理。	
0021	1	21	207B		波句	稽首三昧尊，十力聖弟子，	我今顧迴向，勿令有劣弱。	
0022	1	21	207C	0011	優波毱多	心自本來心，本心非有法，	有法有本心，非心非本法。	
0023	1	21	207C	0012	多迦	巍巍七寶山，常出智慧泉，	迴為真法味，能度諸有緣。	
0024	1	21	207C	0011	毱多	我今付汝法，當現大智慧，	金從礦中出，照耀於天地。	
0025	1	22	208A	0012	提多迦	通達本法心，無法無非法，	悟了同未悟，無心亦無法。	
0026	1	22	208A	0013	彌遮迦	我從無量劫，至于生此國，	本姓頗羅墮，名字婆須蜜。	
0027	1	22	208B	0013	彌遮迦	無心無可得，說得不名法，	若了心非心，始了心心法。	
0028	1	23	208B	0014	婆須蜜	心同虛空界，示等虛空法，	證得虛空時，無是無非法。	

						內容
0029	1	23	208B	0014	婆須蜜多	賢劫眾聖祖，而當第七位。尊者哀念我，請為宣佛地。
0030	1	23	208C	0016	伏馱蜜多	父母非我親，誰是最親者？諸佛非我道，誰為最道者？
0031	1	23	208C	0015	佛陀難提	汝言與心親，父母非可比；汝行與道合，諸佛心即是。外求有相佛，與汝不相似。欲識汝本心，非合亦非離。
0032	1	24	208C	0015	佛陀難提	虛空無內外，心法亦如此；若了虛空故，是達真如理。
0033	1	24	208C	0016	伏馱蜜多	我與禪祖中，當得為第八；法化無量眾，悉遮阿羅漢。
0034	1	24	209A	0016	伏馱蜜多	真理本無名，因名顯真理；受得真實法，非真亦非偽。
0035	1	25	209A	0017	難生(臨尊者)	此地變金色，預知於聖至；當坐菩提樹，覺華而成已。
0036	1	25	209A	0018	當那夜奢	師坐金色地，常說真實義；迴光而照我，令入三摩諦。
0037	1	25	209B	0017	難生	真體自然真，因真說有理；領得真真法，無行亦無止。
0038	1	25	209C	0018	富那夜奢	迷悟如隱顯，明闇不相離；今付隱顯法，非一亦非二。
0039	1	25	209C	0020	迦毗摩羅	稽首長老尊，今於此地上，宣通第一義；當受如來記。
0040	1	26	209C	0019	馬鳴大士	隱顯即本法，明闇元不二；今付悟了法，非取亦非離。
0041	1	27	210A	0020	迦毗摩羅	非隱非顯法，說是真實際；悟此隱顯法，非愚亦非智。
0042	1	27	210B	0021	龍樹尊者	身現圓月相，以表諸佛體；說法無其形，用辨非聲色。
0043	1	27	210B	0021	龍樹尊者	為明隱顯法，方說解脫理；於法心不證，無瞋亦無喜。
0044	2	29	211B	0022	迦那提婆	本對傳法人，為說解脫理；於法實無證，無終亦無始。
0045	2	30	211B	0022	迦那提婆	入道不通理，復身還信施；汝年八十一，此樹不生耳。
0046	2	31	212A	0023	羅睺羅多	於法實無證，不取亦不離；法非有無相，內外云何起？
0047	2	31	212A	0024	僧伽難提	稽首大慈父，和南骨血母；我今欲出家，幸願哀愍故。
0048	2	31	212B	0024	僧伽難提	心地本無生，因地從緣起；緣種不相妨，華果亦復爾。
0049	2	32	212C	0025	伽耶舍多	有種有心地，因緣能發萌；於緣不相礙，當生生不生。
0050	2	33	213A	0026	鳩摩羅多	性上本無生，為對求人說；於法既無得，何懷決不決？
0051	2	33	213B	0027	闍夜多	言下合無生，同於法界性；若能如是解，通達事理竟。
0052	2	34	213C	0028	婆修盤頭	泡幻同無礙，如何不了悟？達法在其中，非今亦非古。
0053	2	35	214A	0029	摩拏羅	心隨萬境轉，轉處實能幽；隨流認得性，無喜復無憂。
0054	2	36	214B	0030	鶴勒那	認得心性時，可說不思議；了了無可得，得時不說知。
0055	2	36	214C	0030	鶴勒那	一法一切法，一切一法攝；吾身非有無，何分一切？
0056	2	37	215A	0031	師子比丘	正說知見時，知見俱是心；當心即見心，知見即於今。
0057	2	38	215C	0032	婆舍斯多	聖人說知見，當境無是非；我今悟真性，無道亦無理。
0058	2	39	216A	0033	不如密多	真性心地藏，無頭亦無尾；應緣而化物，方便呼為智。

編號	冊	頁	代碼	代碼	說法者	偈頌
0059	2	40	216B	0034	般若多羅	心地生諸種，因事復生理。果滿菩提圓，華開世界起。
0060	3	42	217A	0035	菩提達磨	路行跨水復逢羊，獨自悽悽暗渡江。日下可憐雙象馬，二株嫩桂久昌昌。
0061	3	45	218B	0035	波羅提	在胎為身，處世為人，在眼曰見，在耳曰聞，在鼻辨香，在口談論，在手執捉，在足運奔。遍現俱該沙界，收攝在一微塵。識者知是佛性，不識喚作精魂。
0062	3	45	218C		神人	師壽於百歲，八十而造非。為近至尊故，未省毀譽是。二十年功德，其心未賽故。聰明輕慢故，而復至於此。所見諸賢等，當感果如是。自今不疏忽，不久成奇智。諸聖悉惇存，如來亦復爾。
0063	3	48	219C	0035	多羅至本	吾本來玆土，傳法救迷情。一華開五葉，結果自然成。
0064	3	49	220A	0035	菩提達磨	亦不睹惡而生嫌，亦不觀善而勤措，亦不捨智而近愚，亦不拋迷而就悟。達大道兮過量，通佛心兮出度，不與凡聖同躔，超然名之曰祖。
0065	3	51	220C	0036	慧可大師	本來緣有地，因地種華生。本來無有種，華亦不曾生。
0066	3				長沙	假有元非有，假滅亦非無。涅槃償債義，一性更無珠。
0067	3	53	221C	0040	僧璨大師	華種雖因地，從地種華生。若無人下種，華地盡無生。
0068	3	54	222B	0041	道信大師	華種有生性，因地華生生。大緣與信合，當生生不生。
0069	3	55	222C	0058	神秀	身是菩提樹，心如明鏡臺。時時勤拂拭，莫遣惹塵埃。
0070	3	55	223A	0058	慧能	菩提本非樹，心鏡亦非臺。本來無一物，何假拂塵埃？
0071	3	56	223A		慧能	有情來下種，因地果還生。無情既無種，無性亦無生。
0072	3	56	223A	0042	弘忍大師	莫繫念，念成生死河。輪迴六趣海，無見出長波。
0073	4	65	229A	0047	智威禪師	念想由來幻，性自無終始。若得此心知，長波當自止。
0074	4	65	229A	0048	慧忠	余本性虛無，緣妄生人我。如何息妄情？還歸空處坐。
0075	4	65	229A	0047	智威禪師	虛無是實體，人我何所存？妄情不須息，即汎般若船。
0076	4	65	229A	0048	慧忠	人法雙淨，善惡兩忘。真心本質，菩提道場。
0077	4	71	229B	0058	神秀	一切佛法，自心本有。將心外求，捨父逃走。
0078	5	82	231B	0071	慧能大師	心地含諸種，普雨悉皆萌。頓悟華情已，菩提果自成。
0079	5	84	236B	0071	慧能大師	即心名慧，即佛乃定。定慧等持，意中清淨。悟此法門，由汝習生。用本無生，雙修是正。
0080	5	84	237A	0073	韶州法海禪師	即心元是佛，不悟而自屈。我知定慧因，雙修離諸物。
0081	5	85	237B	0071	慧能大師	生來坐不臥，死去臥不坐。元是臭骨頭，何為立功過？
0082	5	85	237B	0071	慧能大師	一切無心自性戒，一切無礙自性慧。不增不退自金剛，身去身來本三昧。
0083	5	85	237B	0074	吉州志誠禪師	五蘊幻身，幻何究竟？迴趣真如，法還不淨。
0084	5	86	237C	0071	慧能大師	禮本折慢幢，頭奚不至地？有我罪即生，亡功福無比。

						內容
0085	5	86	238A	0071	慧能大師	汝今名法達，勤誦未休歇，空誦但循聲，明心號菩薩，汝今有緣故，吾今為汝說，但信佛無言，蓮華從口發。
0086	5	86	238A	0071	慧能大師	心迷法華轉，心悟轉法華，誦久不明己，與義作讎家，無念念即正，有念念成邪，有無俱不計，長御白牛車。
0087	5	87	238B	0077	洪州法達禪師	經誦三千部，曹溪一句亡，未明出世旨，寧歇累生狂，羊鹿牛權設，初中後善揚，誰知火宅內，元是法中王。
0088	5	87	238B	0071	慧能大師	自性具三身，發明成四智，不離見聞緣，超然登佛地，吾今為汝說，諦信永無迷，莫學馳求者，終日說菩提。
0089	5	87	238C	0071	慧能大師	大圓鏡智性清淨，平等性智心無病，妙觀察智見非功，成所作智同圓鏡，五八六七果因轉，但用名言無實性，若於轉處不留情，繁興永處那伽定。
0090	5	87	238C	0078	壽州智通禪師	三身元我體，四智本心明，身智融無礙，應物任隨形，起修皆妄動，守住匪真精，妙旨因師曉，終亡染污名。
0091	5	88	239A	0079	江西志徹禪師	因守無常心，佛演有常性，不知方便者，猶春池拾礫，我今不施功，佛性而見前，非師相授與，我亦無所得。
0092	5	89	239B	0071	慧能大師	不見一法存無見，大似浮雲遮日面，不知一法守空知，還如太虛生閃電，此之知見瞥然興，錯認何曾解方便，汝當一念自知非，自己靈光常顯見。
0093	5	89	239B	0080	信州智常禪師	無端起知解，著相求菩提，情存一念悟，寧越昔時迷，自性覺源體，隨照枉遷流，不入祖師室，茫然趣兩頭。
0094	5	90	239C	0071	慧能大師	無上大涅槃，圓明常寂照，凡愚謂之死，外道執為斷，諸求二乘人，目以無為作，盡屬情所計，六十二見本，妄立虛假名，何為真實義？唯有過量人，通達無取捨，以知五蘊法，及以蘊中我，外現眾色象，一一音聲相，平等如夢幻，不起凡聖見，不作涅槃解，二邊三際斷，常應諸根用，而不起用想，分別一切法，不起分別想，劫火燒海底，風鼓山相擊，真常寂滅樂，涅槃相如是，吾今彊言說，令汝捨邪見，汝勿隨言解，許汝知少分。
0095	5	92	241A	0084	南嶽懷讓禪師	心地含諸種，遇澤悉皆萌，三昧華無相，何壞復何成？
0096	5	97	242C	0086	司空山本淨禪師	四大無主復如水，遇曲逢直無彼此，淨穢兩處不生心，壅決何曾有二意？
0097	5	97	243A	0086	司空山本淨禪師	觸境但似水無心，在世縱橫有何事？見聞覺知無障礙，聲香味觸常三昧，如鳥空中只麼飛，無取無捨無憎愛，若會應處本無心，始得名為觀自在。
0098	5	98	243A	0086	司空山本淨禪師	見道方修道，不見復何修？道性如虛空，虛空何所修？徧觀修道者，撥火覓浮漚，但看弄傀儡，線斷一時休。

編號	卷	頁	碼	碼	禪師	偈頌
0099	5	98	243B	0086	司空山本淨禪師	道體本無修，不修自合道。若起修道心，此人不會道。棄卻一真性，卻入鬧浩浩。忽逢修道人，第一莫向道。
0100	5	98	243B	0086	司空山本淨禪師	推真責無相，窮妄安無形。返觀推窮心，知心亦無窮。
0101	5	99	243B	0086	司空山本淨禪師	善既從心生，惡豈離心有？善惡是外緣，於心實不有。捨惡送何處？取善令誰守？傷嗟二見人，攀緣兩頭走。若悟本無心，始悔從前咎。
0102	5	99	243C	0086	司空山本淨禪師	視身如在夢，夢裏實是閙。忽覺萬事休，還同睡時悟。智者會悟夢，迷人信夢閙。會夢如兩般，一悟無別悟。富貴與貧賤，更亦無別路。
0103	5	102	245A		應真	湘之南，潭之北，中有黃金充一國。無影樹下合同船，瑠璃殿上無知識。
0104	5	103	245B		臥輪禪師	臥輪有伎倆，能斷百思想。對境心不起，菩提日日長。
0105	5	103	245B	0071	慧能大師	慧能沒伎倆，不斷百思想。對境心數起，菩提作麼長？
0106	6	105	246A	0091	江西道一禪師	心地隨時說，菩提亦只寧。事理俱無礙，當生即不生。
0107	7	126	254C	0119	大梅法常禪師	摧殘枯木倚寒林，幾度逢春不變心。樵客遇之猶不顧，郢人那得苦追尋？
0108	8	139	260B	0136	米嶺和尚	祖祖不思議，不許常住世。大眾審思量，畢竟只這是。
0109	8	140	260C	0140	泉州龜洋山無了禪師	八十年來辨西東，如今不要白頭翁。非長非短非大小，還與諸人性相同。無來無去兼無生，了卻本來自性空。
0110	8	146	263B	0166	襄州居士龐蘊	日用事無別，唯吾自偶諧。頭頭非取捨，處處勿張乖。朱紫誰為號？丘山絕點埃。神通并妙用，運水及搬柴。
0111	8	146	236B	0166	襄州居士龐蘊	有男不婚，有女不嫁。大家團欒頭，共說無生話。
0112	8	146	263B	0166	襄州居士龐蘊	無女復無兒，作麼有誠親？勸若休歷坐，金剛般若性，外絕一纖塵。我聞并信受，總是假名陳。
0113	8	147	263C		靈照	心如境亦如，無實亦無虛。有亦不管，無亦不居。不是賢聖，了事凡夫。易復易，即此五陰有真智。十方世界一乘同，無相法身豈有二？若許頓入菩提，不知何方有佛地。
0114	9	155	267A	0170	天台平田普岸禪師	大道虛曠，常一真心。善惡勿思，神清物表。隨緣飲啄，更復何為？
0115	9	161	269C	0184	福州龜山智真禪師	心本絕塵何用洗？身中無病豈求醫？欲知是佛非身處，明鑑高懸未照時。
0116	10	172	274B	0189	長沙和尚	百丈竿頭不動人，雖然得入未為真。百丈竿頭須進步，十方世界是全身。
0117	10	172	274B	0189	長沙和尚	學道之人不識真，只為從來認識神。無始劫來生死本，癡人喚作本來身。
0117	10	173	274B	0189	長沙和尚	摩訶般若照，解脫甚深法。法身寂滅體，三一理圓常。欲識功齊處，此名常寂光。
0118	10	173	274C	0189	長沙和尚	最深深，最深深，法界人身便是心。迷者迷心為幻色，悟時剎境是真心。身界二塵無實相，分明達此號知音。

序號	卷	頁	碼一	碼二	禪師	偈頌
0119	10	173	275A	0189	長沙和尚	滿眼本非色。滿耳本非聲。文殊常觸目。觀音塞耳根。會三元一體。達四本同真。堂堂
0120	10	174	275A	0189	長沙和尚	虛空問萬象。萬象答虛空。誰人親得聞。木叉丱角童。
0121	10	175	275B	0189	長沙和尚	礙處非牆壁。通處勿虛空。若人如是解。心色本來同。
0122	10	175	275B	0189	長沙和尚	佛性堂堂顯現。住性有情難見。若悟眾生無我。我面何殊佛面？
0123	10	175	275C	0189	長沙和尚	七生依一滅。一滅持七生。六七永無遷。
0124	10	175	275C	0189	長沙和尚	誰問山河轉？山河轉向誰？圓通無兩畔。法性本無歸。
0125	10	175	276A	0189	長沙和尚	不識金剛體。卻喚作緣生。十方真寂滅。誰在復誰行？
0126	10	176	276A		南泉	今日還鄉入大門。南泉親道遍乾坤。法法分明皆祖父。迴頭慚愧好兒孫。
0127	10	176	276A	0189	長沙和尚	萬文竿頭未得休。堂堂有路少人遊。禪師願達南泉去。滿目青山萬萬秋。
0128	10	176	276A	0189	長沙和尚	萬法一如不用揀。如誰揀誰不揀？即今生死本菩提。三世如來同簡眼。
0129	10	176	276A	0189	長沙和尚	千年竹。萬年松。枝枝葉葉盡皆同。勤手無非不觸佛公。
0130	10	178	277A		大德	何慶青山不道場。何須策杖禮清涼。雲中縱有金毛現。正眼觀時非吉祥。
0131	10	182	279A	0196	衢州子湖巖利蹤禪師	三十年來住子湖。二時齋粥氣力麤。間汝時人會也無？
0132	10	184	279C	0204	福州長谿龜山正原禪師	滄溟幾度變桑田。唯有虛空獨湛然。已到岸人休緩棹。未曾受者要須船。
0133	10	184	279C	0204	福州長谿龜山正原禪師	尋師認得本心源。兩岸俱玄一不全。是佛不須更覓佛。只因如此更忘緣。
0134	10	188	281A	0216	五臺山智通禪師	舉手攀南斗。迴身倚北辰。出頭天外見。誰是我般人？
0135	11	193			香嚴	去年貧未是貧。今年貧始是貧。去年貧無卓錐之地。今年貧錐也無。
0136	11	195	283C	0218	袁州仰山慧寂禪師	年滿七七。老去是今日。任他自浮沈。兩手攀屈膝。
0137	11	198	285A	0222	福州靈雲志勤禪師	三十來年尋劍客。幾回落葉又抽枝。自從一見桃華後。直至如今更不疑。
0138	11	207	288C	0251	漳州羅漢義玄禪師	字內為閑客。人中野懶僧。任從他笑我。隨處自騰騰。
0139	12	236	291A	0253	鎮州臨濟義玄禪師	沿流不止問如何。真照無邊說似他。離相離名人不稟。吹毛用了急須磨。
0140	13	247	304C	0318	汝州首山省念禪師	今年六十一。老病隨緣且遣日。今年記取來年事。來年記著今朝日。
0141	13	247	305A	0318	汝州首山省念禪師	白銀世界金色身。情與非情共一真。明暗盡時俱不照。日輪午後是全身。
0142	14	264	311B		石頭	從來共住不知名。任運相將只麼行。自古上賢猶不識。造次凡流豈易明？
0143	14	266	312B		李荷	練得身形似鶴形。千株松下兩函經。我來問道無餘說。雲在青天水在瓶。
0144	15	289	321C	0367	筠州洞山良价禪師	也大奇！也大奇！無情說法不思議。若將耳聽終難會。眼處聞聲方可知。
0145	15	289	321C	0367	筠州洞山良价禪師	切忌從他覓。迢迢與我疏。我今獨自往。處處得逢渠。渠今正是我。我今不是渠。應
0146	15	295	324A	0371	澧州夾山善會禪師	勞持生死法。唯向佛邊求。撥火覓浮漚。

編號					禪師	偈頌
0147	16	311	330C	0411	南嶽玄泰	今年六十五，四大將離主，其道自玄玄，箇中無佛祖。不用剃頭，不須澡浴，一堆猛火，千足萬足。
0148	17	329	338B	0431	後洞山師虔禪師	長長三尺餘，鬱鬱覆荒草，不知何代人，得見此松老。
0149	17	333	340A	0439	撫州疏山光仁禪師	我路上名衣外，白雲無處閑，世有無根樹，黃葉風送還。
0150	17	336	341C	0445	福州香谿從範禪師	迦葉上名衣，披來須捷機，攙分招的箭，密露不藏龜。
0151	18	348	346A	0474	福州玄沙宗一大師	萬里神光頂後相，沒頂之時何處望？事已成，意不休，此箇元來觸處同，智者撩著便提取，莫待須臾卻失卻。
0152	18	348	346A	0474	福州玄沙宗一大師	玄沙遊徑別，時人切須知，三冬陽氣盛，六月降霜時，有語非關舌，無言切要詞。我最後一句，出世少人知。會
0153	18	360	351C	0482	福州鼓山興聖國師神晏	直下雖難會，尋言轉更賒，若論佛與祖，特地隔天涯。
0154	19	370	356A	0499	鑒真禪師	清風樓上赴官齋，此日平生眼豁開，方知普通年遠事，不從蔥嶺帶將來。
0155	19	370	356A	0499	鑒真禪師	眼光隨色盡，耳識逐聲消，還源無別旨，今日與明朝。
0156	20	391	364B	0542	處真禪師	一片凝然光燦爛，擬意追尋卒難見，任他千聖出頭來，大事分明皆總辨，是快活，無繫絆，萬兩黃金終不換，從是向渠影中現。
0157	20	394	366A	0555	韶州龍光和尚	龍山頂寶月輪，照耀乾坤爍暗雲，尊者不移元一質，千江影現萬家春。
0158	20	397	367A	0562	京兆重雲智暉禪師	我有一間舍，父母為修蓋，住來八十年，近求覓損壞，早擬移他處，事沙有憎愛，待他摧毀時，彼此無相礙。
0159	20	404	370A	0585	普道禪師	南山路兀東山低，新到莫辭三轉泥，明明不曉卻成迷，嗟汝在途經日久，論心秋月皎，相看陌路同，貌似東山叟，一遍會已曉。城
0160	20	404	370A		法眼禪師	木兀山裏人，貌古人復少，關今只么來，一遍會已曉？
0161	21	416	374A	0601	天台山國清寺師靜	若道法者如幻有，造諸過惡應無答，云何所作業不忘，而藉佛慈興接誘？
0162	22	435	381C	0657	志端禪師	來年二月二，別汝暫相棄，蒸灰散四林，勿占檀那地。
0163	22	441	384B	0681	清聳禪師	世人說路行難，鳥道羊腸豈尺間，珍重晉寧谿畔水，汝歸滄海我歸山。
0164	22	445	386A	0691	韶州披雲智寂禪師	以字不是八不成，森羅萬象此中明，直饒巧說千般妙，不是謳和不是經。
0165	23	453	389B	0707	韶州般若寺啓柔禪師	妙說三下板，諸德盡來參，既善分時節，今生不再三。
0166	23	459	391B	0734	溫州溫嶺瑞鹿院神嶽禪師	蕭然獨處意沈吟，誰信此絃發妙音，終日堂堂唯靜坐，更無人問本來心。
0167	23	460	392A	0740	洪州大寧院	騰空正是時，應須仄上眉，從茲出倫去，莫教白頭兒。
0168	23	463	393A	0741	婺州明招德謙禪師	蓦刀叢裏要全威，汝等當善護持，火裏鐵牛生檻子，臨岐誰解湊白髮？
0169	23	466	394B	0760	蘄州四祖山清皎禪師	吾年八十八，日日自兒孫，明明了江月，黃梅楊祖教，白兆承宗訣。日

					禪師	偈頌
0170	23	470	395C	0779	泉州龜洋慧忠禪師	雪後始諳松桂別，雲收方見莫河分。不因世主教還俗，那辨雞群與鶴群？多年塵事漫騰騰，雖著方袍未是僧，今日修行依舊慧，滿頭留髮候然燈。形容雖變候常存，混俗心源水不昏。
0171	24	488	402B	0819	漳州報劬院玄應定慧禪師	今年六十六，世壽有延促。無生火熾然，出合與歸源。一時俱備足。
0172	24	491	403B	0831	廬山歸宗第十二世道詮禪師	比擬忘言合大虛，誰知道德全無用。有為薪不續，今日為僧實識書。
0173	25	503	408B	0866	天台山德韶國師	通玄峰頂，不是人間。心外無法，滿目青山。
0174	25	523	416C	0885	洪州百丈山大智院道常禪師	不要三乘與祖宗，君今欲會通宗旨，後夜猿啼在亂峰。
0175	26	531	419C	0898	宣州興福院可勳禪師	秋江煙島晴，鷗鷺行行立。不念觀世音，爭知嗁門入？
0176	26	534	421A	0912	河東廣原和尚	剎剎現形儀，塵塵具覺知。性源常鼓浪，不悟未曾移。
0177	26	537	421C	0918	杭州慧日永明寺智覺禪師	欲識永明旨，門前一湖水。日照光明生，風來波浪起。
0178	26	540	423B	0925	杭州報恩光教寺第五世住永安禪師	汝問西來意，且過這邊立。昨夜三更時，雨打虛空濕。電影豁然明，不似蚍蜉念。
0179	26	545	425C	0944	溫州瑞鹿寺上方遇安禪師	不是嶺頭攜得事，當從雞足付將來？古聖賢曾若此，非吾今日為君裁。
0180	27	557	430B	0968	善慧大士	空手把鋤頭，步行騎水牛。人從橋上過，橋流水不流。
0181	27	558	430C	0968	善慧大士	傾捨為群品，奉供天中天。仰祈甘露雨，流澍普無邊。
0182	27	559	431B	0669	衡嶽慧思禪師	頓悟心源開寶藏，隱顯靈通現真相。獨行獨坐常巍巍，百億化身無數量。縱合含靈盡虛空，看時不見微塵相。可笑物兮無比況，口吐明珠光燦爛。尋常見說不思議，一語標名言下當。
0183	27	559	431B	0969	衡嶽慧思禪師	天不能蓋地不載，無去無來無障礙。無長無短無青黃，不在中間及內外。超群出眾太虛玄，指物傳心人不會。
0184	27	567	434B	0976	明州奉化縣布袋和尚	一鉢千家飯，孤身萬里遊。青目睹人少，問路白雲頭。
0185	27	567	434B	0976	明州奉化縣布袋和尚	彌勒真彌勒，分身千百億。時時示時人，時人自不識。
0186	27	569	435A		僧肇法師	四大元無主，五陰本來空。將頭臨白刃，猶似斬春風。

參考書目舉要

壹、佛教經論類

(一)大正藏經類

經序	冊	經　　論　　名　　稱	卷	編　撰　譯　者
0099	1	雜阿含經	50	劉宋・求那跋陀羅譯
0123	2	佛說放牛經	1	姚秦・鳩摩羅什譯
0209	4	百喻經	4	蕭齊・求那毘地譯
0215	1	佛說群牛譬經	1	西晉・法炬譯
0220	5	大般若波羅蜜多經	600	唐・玄奘譯
0223	8	摩訶般若波羅蜜經	27	姚秦・鳩摩羅什譯
0235	8	金剛般若波羅蜜經	1	姚秦・鳩摩羅什譯
0251	8	般若波羅蜜多心經	1	唐・玄奘譯
0262	9	妙法蓮華經	7	姚秦・鳩摩羅什譯
0278	9	大方廣佛華嚴經	60	東晉・佛馱跋陀羅譯
0279	10	大方廣佛華嚴經	80	唐・實叉難陀譯
0474	14	佛說維摩詰經	2	吳・支謙譯
0475	14	維摩詰所說經	3	姚秦・鳩摩羅什譯
0476	14	說無垢稱經	6	唐・玄奘譯
0512	14	佛說淨飯王般涅槃經	1	劉宋・沮渠京聲譯
0602	15	佛說大安般守意經	2	後漢・安世高譯
0604	15	佛說禪行三十七品經	1	後漢・安世高譯
0613	15	禪祕要法經	3	姚秦・鳩摩羅什等譯
0614	15	坐禪三昧經	2	姚秦・鳩摩羅什譯
0618	15	達摩多羅禪經	2	東晉・佛陀跋跋羅譯
0670	16	楞伽阿跋多羅寶經	4	劉宋・求那跋陀羅譯
0842	17	大方廣圓覺修多羅了義經	1	唐・佛陀多羅譯
1509	25	大智度論	100	後秦・鳩摩羅什譯
1564	30	中論	4	姚秦・鳩摩羅什譯
1568	30	十二門論	1	姚秦・鳩摩羅什譯
1569	30	百論	2	姚秦・鳩摩羅什譯
1579	30	瑜伽師地論	100	唐・玄奘譯
1610	31	佛性論	4	陳・真諦譯
1611	31	究竟一乘寶性論	4	後魏・勒那摩提譯

1666	32	大乘起信論	1	梁・真諦譯
1667	32	大乘起信論	2	唐・實叉難陀譯
1795	39	大方廣圓覺修多羅了義經略疏註	4	唐・宗密述
1843	44	大乘起信論義疏	4	隋・慧遠撰
1846	44	大乘起信論義記	5	唐・法藏撰
1859	45	肇論疏	3	唐・元康撰
1911	46	摩訶止觀	20	隋・智顗說
1915	46	修習止觀坐禪法要	1	隋・智顗述
1916	46	釋禪波羅蜜次第法門	12	隋・智顗說
1917	46	六妙法門	1	隋・智顗說
2003	48	佛果圜悟禪師碧巖錄	10	宋・重顯頌古・克勤評唱
2004	48	萬松老人評唱天童覺和尚頌古從容庵錄	6	宋・正覺頌古・行称評唱
2005	48	無門關	1	宋・宗紹編
2006	48	人天眼目	6	宋・智昭集
2008	48	六祖大師法寶壇經	1	元・宗寶編
2010	48	信心銘	1	隋・僧璨作
2011	48	最上乘論	1	唐・弘忍述
2012	48	黃檗山斷際禪師傳心法要	1	唐・裴休集
2013	48	禪宗永嘉集	1	唐・玄覺撰
2014	48	永嘉證道歌	1	唐・玄覺撰
2015	48	禪源諸詮集都序	4	唐・宗密述
2016	48	宗鏡錄	100	宋・延壽集
2018	48	永明智覺禪師唯心訣	1	宋・延壽撰
2021	48	禪宗決疑集	1	元・智徹述
2022	48	禪林寶訓	4	宋・淨善重集
2023	48	緇門警訓	10	明・如巹續集
2024	48	禪關策進	1	明・袾宏輯
2025	48	勅修百丈清規	10	元・德煇重編
2034	49	歷代三寶紀	15	隋・費長房撰
2035	49	佛祖統紀	54	宋・志磐撰
2036	49	佛祖歷代通載	22	元・念常集
2037	49	釋氏稽古略	4	元・覺岸編
2040	50	釋迦譜	5	梁・僧祐撰

2041	50	釋迦氏譜	1	唐・道宣撰
2058	50	付法藏因緣傳	6	元魏・吉迦夜共曇曜譯
2059	50	高僧傳	14	梁・慧皎撰
2060	50	續高僧傳	30	唐・道宣撰
2061	50	宋高僧傳	30	宋・贊寧等撰
2075	51	歷代法寶記	1	
2076	51	景德傳燈錄	30	宋・道原纂
2077	51	續傳燈錄	36	
2078	51	傳法正宗記	9	宋・契嵩編
2079	51	傳法正宗定祖圖	1	宋・契嵩編
2080	51	傳法正宗論	2	宋・契嵩編
2092	51	洛陽伽藍記	5	元魏・楊衒之撰
2837	85	楞伽師資記	1	唐・淨覺集

(二)卍續藏經類

冊	經　　論　　名　　稱	卷	編　撰　譯　者
14	圓覺經大疏	12	唐・宗密述
87	大梵天王問佛決疑經	2	
87	大梵天王問佛決疑經	1	
110	菩提達磨大師略辨大乘入道四行觀	1	梁・菩提達磨說
110	頓悟入道要門論	1	唐・慧海撰
110	諸方門人參問語錄（附達磨大師安心法門）	1	唐・慧海撰
110	中華傳心地禪門師資承襲圖	1	唐・裴休問、宗密答
110	宗門十規論	1	唐・文益撰
112	博山參禪警語	2	明・成正集
112	禪門鍛鍊說	1	明・戒顯著
113	十牛圖頌	1	宋・慈遠述
113	十牛圖頌	1	明・胡文煥著
115	頌古聯珠通集	40	宋・法應集
118	正法眼藏	6	宋・宗杲集並著語
118	古尊宿語錄	48	宋・頤藏主集
119	御選語錄	19	清・世宗皇帝御選
119	四家語錄	5	
119	拈八方珠玉集	3	宋・祖慶重編
119	禪宗無門關	1	宋・慧開抄錄

130	隆興編年通論	30	宋・祖琇撰
130	釋門正統	8	宋・宗鑑集
136	建中靖國續燈錄目錄	3	宋・惟白勅集
136	建中靖國續燈錄	30	宋・惟白勅集
136	聯燈會要	31	宋・悟明集
138	五燈會元	20	宋・普濟集
143	指月錄	32	明・瞿汝稷集
146	禪宗正脉	10	明・如巹集

(三)禪宗全書

冊	經　論　名　稱	卷	出　處
1	全唐文禪師傳記集		全唐文
2	景德傳燈錄	30	普慧藏本
3	傳燈玉英集（殘卷）		宋藏遺珍集
32	十牛圖頌（三種）		嘉慶・永來重刊本
37	六祖壇經諸本集成（上）		
38	六祖壇經諸本集成（下）		
48	天目中峰和尚廣錄（山房夜話）	30	頻伽藏本
96	禪林象器箋（上）		日本・鉛印本
97	禪林象器箋（下）		日本・鉛印本
100	看話決疑論		韓國・鉛印本

(四)佛光大藏經・禪藏

代稱	經　論　名　稱	卷	類　別
景	景德傳燈錄	30	史傳部
星	星雲禪話	4	語錄部

貳、古代典籍類

書　目　名　稱	作　者	出　版　者	出版日期
十三經注疏		台北：藝文印書館	
老子讀本	余培林注釋	台北：三民書局	1989.09 八
莊子讀本	黃錦鋐注釋	台北：三民書局	1988.03 八
朱子語類	朱熹撰	北京：中華書局	1994.03 一
王陽明全集	王守仁撰	上海：古籍出版社	1992.12 一
明儒學案	黃宗羲撰	台北：里仁書局	1987.03
宋元學案	黃宗羲、全祖望撰	台北：河洛出版社	1975.03

參、近代典籍類

(一)佛學專著類

書　目　名　稱	作　　者	出　　版　　者	出 版 日 期
禪史與禪思	楊惠南著	台北：東大圖書公司	1995.04 初
禪門上堂詩中的「平常心是道」	楊惠南著	台北：佛教藝術雜誌社	1987 .10
禪詩禪思	楊惠南著	台北：佛教藝術雜誌社	1987 .05
禪思與禪詩——吟詠禪詩的密林裡	楊惠南著	台北：東大圖書公司	1999.01 初
禪海	南懷瑾著	台北：先知出版社	1973.09 三
禪話	南懷瑾著	台北：老古文化事業	1990.01
禪海之筏	陳榮波著	台北：志文出版社	1989.08 再
禪宗無門關重要公案之研究	楊新瑛著	高雄：佛光出版社	1992.11 再
禪宗與中國文化	葛兆光著	台北：里仁書局	1987.10.10
禪宗的歷史與文化	胡適等著	台北：新潮社文化	1991.04 初
禪宗思想的形成與發展	洪修平著	高雄：佛光出版社	1991.10 初
禪宗與中國古代詩歌藝術	李　淼著	高雄：麗文文化事業	1993.10 初
禪宗智慧與風姿	程兆熊著	台北：久大文化	1987.09 初
禪宗六變	顧偉康著	台北：東大圖書公司	1994.12 初
禪骨詩心集	巴壺天著	台北：東大圖書公司	1990.03 再
禪與悟	釋聖嚴著	台北：東初出版社	1992.08 初
禪與中國藝術精神的嬗變	黃河濤著	台北：正中書局	1997.08 初
禪與詩學	張伯偉著	台北：揚智文化事業	1995.01 初
禪學與唐宋詩學	杜松柏著	台北：黎明文化事業	1978.12 再
禪的體驗	釋聖嚴著	台北：東初出版社	1988.01 五
禪的世界	洪啓嵩著	台北：阿含文化	1998.08 初
禪林囈語	白雲禪師著	台東：大智書苑	1969.04 初
禪林采風錄	白雲禪師著	彰化佛印月刊社	1982.07
禪師啓悟法	蔡榮婷著	台北：文殊雜誌社	1986.05
禪七與公案的奧秘	洪啓嵩著	台北：時報文化出版	1994.05 初

禪門解行	聖嚴法師著	台北：圓神出版社	1991.09 初
禪詩牧牛圖頌彙編	杜松柏著	台北：黎明文化事業公司	1983.05 初
中國禪學研究論集	冉雲華著	台北：東初出版社	1990.07 初
中國佛教文化研究論集	冉雲華著	台北：東初出版社	1990.08 初
中國佛學特質在禪	太虛大師	台北：菩提印經會	1986.12
中國佛教史概論	陳新會著	台北：文史哲出版社	1981.06
中國佛教泛論	藍吉富著	台北：新文豐出版	1993.08 初
中國佛學的現代詮釋	吳汝鈞著	台北：文津出版社	1995.06 初
中國佛性論	賴永海著	高雄：佛光出版社	1990.12 初
中國禪學思想史	洪修平著	台北：文津出版社	1994.04 初
中國佛教人物與制度	呂澂等著	台北：彙文堂出版社	1987.06 初
中國禪宗史話	褚柏思著	高雄：佛光出版社	1990.07 四
中國大乘佛學	方東美著	台北：黎明文化事業	1988.11 三
中國禪學思想研究	何國銓著	台北：文津出版社	1987.04
中國禪宗的形成	蔡日新著	台北：圓明出版社	1999.03 初
佛教與佛學	龔師鵬程著	台北：新文豐出版	1996.08 初
佛性與般若	牟宗三著	台北：學生書局	1989.02 五
佛教史料學	藍吉富著	台北：東大圖書公司	1997.07 初
佛教思想發展史論	楊惠南著	台北：東大圖書公司	1993
佛教因明的探討	林崇安著	台北：慧炬出版社	1991.03 初
佛教各宗大綱	黃懺華著	台北：天華出版事業	1980.08 初
佛家哲理通析	陳沛然著	台北：東大圖書公司	1993.10 初
佛學研究方法論	吳汝鈞著	台灣：學生書局	1989.09 初
公案禪話	吳怡著	台北：東大圖書公司	1979.05 初
葛藤集	融熙法師著	台北：天華出版事業	1978.11 初
知止齋禪學論文集	杜松柏著	台北：文史哲出版社	1994.11 初
新唯識論	熊十力著	台北：學生書局	1985.03 再
如何修證佛法	南懷瑾講	台北：老古文化事業	1989.08
宋代儒釋調和論及排佛論之演進	蔣義斌撰	台北：臺灣商務印書館	1988.08 初
印度哲學史	楊惠南著	台北：東大圖書公司	1995.08 初

太虛大師自傳	太虛大師著	台北：普門文庫	1986.03 再
安祥禪	耕雲著	台北：中華禪學雜誌社	1995.09 再
詩與禪	孫昌武著	台北：東大圖書公司	1994.08 初
滄海文集	幻生著	台北：正聞出版社	1991.06
神會和尚傳	胡適著	台北：遠流出版社	1988.09 三
王陽明與禪	陳榮捷著	台北：學生書局	1984.11 初
碧巖集點校（圜悟克勤禪師編著）	歐陽宜璋點校	新店：圓明出版社	1994.05.初
華嚴宗哲學	方東美著	台北：黎明文化事業	1986.06 三
隋唐及五代佛教史	湯用彤著	台北：慧炬出版社	1986.12 初
《大乘起信論》與佛學中國化	龔雋著	台北：文津出版社	1995.11 初
大慧宗杲之禪法	鄧克銘著	台北：東初出版社	1990.07 初
永明延壽宗教論	孔維勤著	台北：新文豐出版	1983.01 初
現代中國佛教史新論	江燦騰著	高雄：淨心文教基金會	1994.04
碧巖集的語言風格研究	歐陽宜璋著	新店：圓明出版社	1994.04
大乘起信論講義	圓瑛編輯	台北：新文豐	1990.11 初
虛雲老和尚年譜法彙增訂本	呂寬賢編	台北：大乘精舍印經會	1995.08
法藏	方立天著	台北：東大圖書公司	1991.07 初
宗密	冉雲華著	台北：東大圖書公司	1988.05 初
道元	傅偉勳著	台北：東大圖書公司	1996.04 初
吉藏	楊惠南著	台北：東大圖書公司	1989.04 初
慧遠	區結成著	台北：東大圖書公司	1987.12 初
惠能	楊惠南著	台北：東大圖書公司	1993.04 初
竺道生	陳沛然著	台北：東大圖書公司	1988.06 初
湛然	賴永海著	台北：東大圖書公司	1993.03 初
湯用彤	孫尚揚著	台北：東大圖書公司	1996.06 初
永明延壽	冉雲華著	台北：東大圖書公司	1999.06 初
熊十力	景海峰著	台北：東大圖書公司	1991.06 初
世界佛教通史上冊	聖嚴法師	台北：東初出版社	1991.09 六
隋代佛教史述論	藍吉富著	台北：台灣商務印書館	1993.10 二
漢魏兩晉南北朝佛教史	湯用彤著	板橋：駱駝出版社	1987.08 初

漢魏兩晉南北朝佛教思想史	李世傑撰	台北：新文豐出版	1980.05 初
宋代理學與佛學學之探討	熊琬著	台北：天津出版社	1985.04 初
龍樹與中觀哲學	楊惠南著	台北：東大圖書公司	1988.10 初
隋唐佛教宗派研究	顏尚文著	台北：新文豐出版	1980.12 初
絕對與圓融	霍韜晦著	台北：東大圖書公司	1989.12 初
釋禪波羅蜜次第法門	黃連忠釋譯	台北：佛光山宗務委員會	1998.02 初
宗密的禪學思想	黃連忠著	台北：新文豐	1995.04 初

(二)印順法師著作類（含印順法師思想研究）

般若經講記	印順著	台北：正聞出版社	1987.03 再
寶積經講記	印順著	台北：正聞出版社	0987.04 再
勝鬘經講記	印順著	台北：正聞出版社	1987.01 再
藥師經講記	印順著	台北：正聞出版社	1986.10 再
中觀論頌講記	印順著	台北：正聞出版社	1983.04 再
攝大乘論講記	印順著	台北：正聞出版社	1986.10 再
大乘起信論講記	印順著	台北：正聞出版社	1987.02 再
佛法概論	印順著	台北：正聞出版社	1985.02 再
中觀今論	印順著	台北：正聞出版社	1987.03 再
唯識學探源	印順著	台北：正聞出版社	1986.10 再
性空學探源	印順著	台北：正聞出版社	1987.04 再
成佛之道	印順著	台北：正聞出版社	1983.09 再
太虛大師年譜	印順著	台北：正聞出版社	1986.05 再
佛在人間	印順著	台北：正聞出版社	1987.03 再
學佛三要	印順著	台北：正聞出版社	1987.03 再
以佛法研究佛法	印順著	台北：正聞出版社	1986.08 再
淨土與禪	印順著	台北：正聞出版社	1986.06 再
我之宗教觀	印順著	台北：正聞出版社	1986.12 再
無諍之辯	印順著	台北：正聞出版社	1986.11 再
教制教典與教學	印順著	台北：正聞出版社	1986.12 再
佛教史地考論	印順著	台北：正聞出版社	1986.12 再
華雨香雲	印順著	台北：正聞出版社	1986.12 再
佛法是救世之光	印順著	台北：正聞出版社	1986.09 再
原始佛教聖典之集成	印順著	台北：正聞出版社	1988.04 再

說一切有部爲主的論書與論師之研究	印順著	台北：正聞出版社	1989.10 再
中國禪宗史	印順著	台北：正聞出版社	1988.06 再
中國古代民族神話與文化之研究	印順著	台北：正聞出版社	1991.09 再
初期大乘佛教之起源與開展	印順著	台北：正聞出版社	1988.01 再
如來藏之研究	印順著	台北：正聞出版社	1989.10 再
空之探究	印順著	台北：正聞出版社	1989.05 再
印度之佛教	印順著	台北：正聞出版社	1988.10 再
法海微波	印順著	台北：正聞出版社	1989.10 再
印度佛教思想史	印順著	台北：正聞出版社	1989.11 再
印順佛學思想研究	郭朋著	台北：正聞出版社	1992.11 初
印順導師的思想與學問	藍吉富編	台北：正聞出版社	1989.10 再

(三)鈴木大拙著作類

禪思想史研究（鈴木大拙全集）	第二卷	松岡文庫	1968.05
公案論（鈴木大拙全集）	第四卷	松岡文庫	1968.06
禪の思想（鈴木大拙全集）	第十三卷	松岡文庫	1969.02
禪の研究（鈴木大拙全集）	第十二卷	松岡文庫	1969.10
禪による生活（鈴木大拙全集）	第十二卷	松岡文庫	1969.10
禪への道（鈴木大拙全集）	第十三卷	松岡文庫	1969.02
禪問答と悟り（鈴木大拙全集）	第十三卷	松岡文庫	1969.02
禪與心理分析	孟祥森譯	台北：志文出版社	1989.03 再
禪天禪地	徐進夫譯	台北：志文出版社	1989.08 再
鈴木大拙禪論集：歷史發展	徐進夫譯	台北：志文出版社	1989.10 再
開悟第一	徐進夫譯	台北：志文出版社	1988.04 初
禪風禪骨	耿仁秋譯	台北：大鴻圖書	1992.09 初
禪佛教入門	李世傑譯	台北：協志工業叢書	1971.11 再
禪學隨筆	孟祥森譯	台北：志文出版社	1972.01 初
禪與與心理分析（鈴木大拙‧佛洛姆著）	孟祥森譯	台北：志文出版社	1971.09 初

禪與藝術	劉大悲譯	台北：天華出版事業	1982.09 再
(四)翻譯著作類			
中國禪思想史（柳田聖山著）	吳汝鈞譯	臺灣商務印書館	1985.12 初
中國佛教發展史	中村元等著	台北：天華出版事業	1984.05
中國佛教文學（加地哲定著）	劉衛星譯	高雄：佛光出版社	1993.07 初
禪的訓練	徐進夫譯	台北：天華出版事業	1980.12 初
禪學講話（日種讓山著）	芝峰法師譯	台北：文津出版社	1985.07
禪的公案探究（杜默靈等著）	徐進夫編譯	台北：武陵出版社	1983.12 初
禪的智慧（中山正和著）	朱廣興譯	台北：洪建全基金會	1995.07 初
中國佛教通史第一卷（鎌田茂雄著）	關世謙譯	高雄：佛光山出版社	1990.02 再
中國佛教通史第二卷（鎌田茂雄著）	關世謙譯	高雄：佛光山出版社	1986.04 初
中國佛教通史第三卷（鎌田茂雄著）	關世謙譯	高雄：佛光山出版社	1990.02 初
中國佛教通史第四卷（鎌田茂雄著）	關世謙譯	高雄：佛光山出版社	1993.02 初
中國禪（鎌田茂雄著）	關世謙譯	高雄：佛光出版社	1990.07 三
禪語錄(上冊)（馮作民）	宋秀玲編譯	台北：星光出版社	1982.07
開悟的神祕與趣味（Eugen Herrigel 著）	魯宓譯	台北：方智出版社	1997.07 初
中國佛教史概說（野上俊靜等著）	釋聖嚴譯	台北：台灣商務印書館	1989.12 六
中國禪思想史（柳田聖山著）	吳汝鈞譯	台北：台灣商務印書館	1985.12 三
禪門三柱（菲力浦·凱普樓編著）	顧法嚴譯	台北：慧炬出版社	1989.05 三

明末中國佛教之研究（釋聖嚴著）	關世謙譯	台北：學生書局	1988.11 初
符號學要義（羅蘭巴特著）	洪顯勝譯	台北：南方叢書出版社	1989.11 再
結構主義與符號學（T.霍克思著）	陳永寬譯	台北：南方叢書出版社	1989.03 再
佛性思想	釋恆清	台北：東大圖書公司	1997.02
佛典成立史（水野弘元著）	劉欣如譯	台北：東大圖書公司	1996.11 初
印度教、佛教、禪（南茜.羅絲原著）	廖世德編譯	台北：星光出版社	1984.10 初
佛學研究指南	關世謙譯	台北：東大圖書公司	1993.01 再
原始佛教思想論（木村泰賢著）	歐陽瀚存譯	台北：臺灣商務印書館	1990.09 六
佛教思想㈠在中國的開展（玉城康四郎主編）	許洋主譯	台北：幼獅文化事業	1995.02 初
佛學研究入門（平川彰等著）	許明銀譯	台北：法爾出版社	1990.05 初
中國禪宗史（阿部肇一著）	關世謙譯	台北：東大圖書公司	1988.07 初
禪學智慧（平田精耕著）	柯素娥譯	台北：大展出版社	1991.05 三
㈤佛學以外專著類			
中國哲學範疇發展史（天道篇）	張立文著	台北：五南圖書	1996.07 初
中國哲學範疇導論	葛榮晉著	台北：萬卷樓圖書	1993.04 初
中國學術思想史	鄺士元著	台北：里仁書局	1992.01.01
中國學案史	陳祖武著	台北：文津出版社	1994.04 初
什麼是中國形上學	周伯達著	台北：學生書局	1999.04 初
中國哲學的方法論問題	馮耀明著	台北：允晨文化實業	1989.09 初
中國學術思想變遷之大勢	梁啓超著	台北：中華書局	1989.06 十
中國哲學的特質	牟宗三著	台北：學生書局	1974.08 再
圓善論	牟宗三著	台北：學生書局	1895.07 初
才性與玄理	牟宗三著	台北：學生書局	1989.10 八

心體與性體	牟宗三著	台北：正中書局	1989.05 初
現象與物自身	牟宗三著	台北：學生書局	1984.08 四
康德的道德哲學	牟宗三著	台北：學生書局	1983.10 再
當代西方哲學與方法論	台大哲學系主編	台北：東大圖書公司	1988.03 初
郭象	湯一介著	台北：東大圖書公司	1999.01 初
王弼	林麗真著	台北：東大圖書公司	1988.07 初
嚴復	王中江著	台北：東大圖書公司	1997.04 初

肆、現代佛教學術叢刊

編序	論　　文　　名　　稱	作　者	冊　數／分　冊　書　名
0001	壇經考之一——跋曹溪大師別傳	胡　適	(1)《六祖壇經研究論集》
0002	壇經考之二——記北宋本的六祖壇經	胡　適	(1)《六祖壇經研究論集
0003	荷澤大師神會傳	胡　適	(1)《六祖壇經研究論集》
0004	關於神會和尚生卒年代的改定	彭楚珩	(1)《六祖壇經研究論集》
0005	神會與壇經	錢　穆	(1)《六祖壇經研究論集》
0006	神會與壇經——評胡適禪宗史的一個重要問題	印　順	(1)《六祖壇經研究論集》
0007	六祖壇經異刊本之發現	李嘉言	(1)《六祖壇經研究論集》
0008	讀六祖壇經	錢　穆	(1)《六祖壇經研究論集》
0009	讀六祖〔法寶壇經〕	乃　光	(1)《六祖壇經研究論集》
0010	論能秀兩大師	唐大圓	(1)《六祖壇經研究論集》
0011	六祖壇經大義——慧能真修真悟的故事	錢　穆	(1)《六祖壇經研究論集》
0012	六祖之偈——關於六祖之偈	錢穆	(1)《六祖壇經研究論集》
0013	關於六祖壇經	楊鴻飛	(1)《六祖壇經研究論集》
0014	略述有關六祖壇經之真偽問題	錢　穆	(1)《六祖壇經研究論集》
0015	〔壇經之真偽問題〕讀後	楊鴻飛	(1)《六祖壇經研究論集》
0016	再論關於壇經真偽問題	錢　穆	(1)《六祖壇經研究論集》
0017	再論壇經問題」讀後	楊鴻飛	(1)《六祖壇經研究論集》
0018	慧能與壇經	澹　思	(1)《六祖壇經研究論集》
0019	談六祖壇經真偽問題	蔡念生	(1)《六祖壇經研究論集》
0020	禪史禪學與參禪——結束討論禪宗史學的爭論	華嚴關主	(1)《六祖壇經研究論集》

0021	禪宗六祖傳法之分析	陳寅恪	(1)《六祖壇經研究論集》
0022	壇經之筆受問題	羅香林	(1)《六祖壇經研究論集》
0023	壇經法義之體會	蕭春溥	(1)《六祖壇經研究論集》
0024	六祖壇經管見	羅時憲	(1)《六祖壇經研究論集》
0025	「六祖壇經」研究略見	高永霄	(1)《六祖壇經研究論集》
0026	從六祖壇經以論禪門人物之人生智慧及其生活境界	許兆理	(1)《六祖壇經研究論集》
0027	中國佛學特質在禪	太　虛	(2)《禪學論文集(一)》
0028	中國佛學的特質在禪	心　源	(2)《禪學論文集(一)》
0029	佛教思想之開展與禪的考察	木村泰賢	(2)《禪學論文集(一)》
0030	中國的禪宗	白　聖	(2)《禪學論文集(一)》
0031	禪宗的思想	巴壺天	(2)《禪學論文集(一)》
0032	禪的世界觀	李世傑	(2)《禪學論文集(一)》
0033	禪宗的思想與風範	鑒　安	(2)《禪學論文集(一)》
0034	從禪宗的教學方法、勞動精神中看出宗師們的風格	慧　風	(2)《禪學論文集(一)》
0035	達摩禪系和禪的教學	石　屋	(2)《禪學論文集(一)》
0036	談談有關初期禪宗思想的幾個問題	呂　澂	(2)《禪學論文集(一)》
0037	禪：答胡適博士	鈴木大拙	(2)《禪學論文集(一)》
0038	存在主義、實用主義與禪	鈴木大拙	(2)《禪學論文集(一)》
0039	唐代禪宗與現代思潮	太　虛	(2)《禪學論文集(一)》
0040	唐代禪宗學說略述	呂　澂	(2)《禪學論文集(一)》
0041	試論唐末以後的禪風——讀「碧岩錄」	鑒　安	(2)《禪學論文集(一)》
0042	禪對中外詩畫的影響	邢光祖	(2)《禪學論文集(一)》
0043	中土禪宗五祖述略	船　庵	(3)《禪學論文集(二)》
0044	初祖菩提達磨禪師	船　庵	(3)《禪學論文集(二)》
0045	二祖慧可禪師	船　庵	(3)《禪學論文集(二)》
0046	三祖僧璨禪師	船　庵	(3)《禪學論文集(二)》
0047	四祖道信禪師	船　庵	(3)《禪學論文集(二)》
0048	五祖弘忍禪師	船　庵	(3)《禪學論文集(二)》
0049	牛頭法融與牛頭禪	慧　風	(3)《禪學論文集(二)》

0050	論慧能六祖禪	陳真如	(3) 《禪學論文集(二)》
0051	禪宗五枝派別述略	黃益毅	(3) 《禪學論文集(二)》
0052	石頭禪要	乃　光	(3) 《禪學論文集(二)》
0053	馬祖禪要	乃　光	(3) 《禪學論文集(二)》
0054	百丈禪要	乃　光	(3) 《禪學論文集(二)》
0055	潙仰宗禪要	乃　光	(3) 《禪學論文集(二)》
0056	臨濟禪初探	乃　光	(3) 《禪學論文集(二)》
0057	漫談趙州禪	乃光	(3) 《禪學論文集(二)》
0058	達摩的行跡	程兆熊	(3) 《禪學論文集(二)》
0059	南泉的庭前花	程兆熊	(3) 《禪學論文集(二)》
0060	黃蘗的罵	程兆熊	(3) 《禪學論文集(二)》
0061	趙州的門	程兆熊	(3) 《禪學論文集(二)》
0062	道吾的不道不道	程兆熊	(3) 《禪學論文集(二)》
0063	德山的來勢	程兆熊	(3) 《禪學論文集(二)》
0064	仰山的遊山	程兆熊	(3) 《禪學論文集(二)》
0065	俱胝的一指	程兆熊	(3) 《禪學論文集(二)》
0066	雲門的敲門	程兆熊	(3) 《禪學論文集(二)》
0067	香林的成勞	程兆熊	(3) 《禪學論文集(二)》
0068	風穴的一塵	程兆熊	(3) 《禪學論文集(二)》
0069	投子的投明須到	程兆熊	(3) 《禪學論文集(二)》
0070	宋代禪宗的血脈考	曾普信	(3) 《禪學論文集(二)》
0071	蘇東坡肚子裡的禪宗骨董	融　熙	(3) 《禪學論文集(二)》
0072	禪學古史考	呂　澂	(4) 《禪宗史實考辨》
0073	禪學考原	胡　適	(4) 《禪宗史實考辨》
0074	達摩以前中土之禪學	忽滑谷快天	(4) 《禪宗史實考辨》
0075	中土禪宗之導源與發展	許　丹	(4) 《禪宗史實考辨》
0076	中國禪學考	蒙文通	(4) 《禪宗史實考辨》
0077	禪宗與菩提達摩	巴　宙	(4) 《禪宗史實考辨》
0078	禪宗初祖菩提達摩考	黃懺華	(4) 《禪宗史實考辨
0079	菩提達摩	湯用彤	(4) 《禪宗史實考辨》
0080	菩提達摩考	胡　適	(4) 《禪宗史實考辨》
0081	與胡適之論菩提達摩書	太　虛	(4) 《禪宗史實考辨》
0082	楞伽宗考	胡　適	(4) 《禪宗史實考辨》
0083	宋譯楞伽與達摩禪	印　順	(4) 《禪宗史實考辨》

0084	南朝至唐光孝寺與禪宗之關係	羅香林	(4)《禪宗史實考辨》
0085	舊唐書僧神秀傳疏證	羅香林	(4)《禪宗史實考辨》
0086	光孝寺與六祖慧能	謝扶雅	(4)《禪宗史實考辨》
0087	慧能傳質疑	何格恩	(4)《禪宗史實考辨》
0088	與柳田聖山論禪宗史書》	胡　適	(4)《禪宗史實考辨
0124	跋斐休的唐故圭峰定慧禪師傳法碑	胡　適	(6)《中國佛教史論集(二)》
0125	大顛惟儼與韓愈李翱關係考	羅香林	(6)《中國佛教史論集(二)》
0128	宋代的佛教	東　初	(7)《中國佛教史論集(三)》
0129	趙宋佛教史上契嵩的立場	牧田諦亮	(7)《中國佛教史論集(三)》
0130	宋代佛教對社會及文化之貢獻	方　豪	(7)《中國佛教史論集(三)》
0193	達摩大師的「二入四行觀」與「安心法門」	無　礙	(12)《禪宗典籍研究》
0194	宋譯楞伽與達摩禪	印　順	(12)《禪宗典籍研究》
0195	讀寶誌十四科頌與少室逸書	錢　穆	(12)《禪宗典籍研究》
0196	新校定的敦煌寫本神會和尚遺著兩種	胡　適	(12)《禪宗典籍研究》
0197	雪寶百頌講座	無　言	(12)《禪宗典籍研究》
0198	碧巖錄解題	王進端	(12)《禪宗典籍研究》
0199	碧巖集評述	乃　光	(12)《禪宗典籍研究》
0200	「宗鏡錄」如何以「法界大緣起」闡釋心和境的關係	傅　振	(12)《禪宗典籍研究》
0201	永嘉禪師證道歌述解	南　亭	(12)《禪宗典籍研究》
0202	禪的牧牛圖	李岳勳	(12)《禪宗典籍研究》
0212	趙宋以後的佛教宗派	山內晉卿	(14)《中國佛教史論集(五)》
0225	元賢禪師的「鼓山禪」及其生平	林子青	(15)《中國佛教史論集(六)》
0226	晦山和尚的生平及其禪門鍛鍊說	林元白	(15)《中國佛教史論集(六)》
0232	語錄與順治宮廷	劉　二	(15)《中國佛教史論集(六)》
0288	禪宗對我國繪畫的影響	無　住	(18)《佛教與中國文化》
0298	宋明理學與禪宗	南懷瑾	(18)《佛教與中國文化》
0299	宋明理學與禪宗文化	東　初	(18)《佛教與中國文化》
0319	略論禪宗與中國文學	何　朋	(19)《佛教與中國文學》

0347	佛家邏輯	呂　澂	㉑《佛教邏輯與辯證法》
0348	論佛家邏輯的必然性與概然性	李潤生	㉑《佛教邏輯與辯證法》
0349	因明與邏輯	霍韜晦	㉑《佛教邏輯與辯證法》
0451	楞伽疏決與唯識抉擇談質疑	周繼武	㉘《唯識問題研究》
0459	駁印順師評破讀唯識新舊二譯不同論後的意見	守　培	㉘《唯識問題研究》
0460	答守培師駁評破讀唯識新舊二譯不同論後的意見	印　順	㉘《唯識問題研究》
0464	評熊十力哲學	朱世龍	㉘《唯識問題研究》
0465	評熊十力所著書	萬　鈞	㉘《唯識問題研究》
0513	禪宗	呂　澂	㉛《中國佛教的特質與宗派》
0529	宗密教禪一致思想之形成	幻　生	㉜《華嚴學概論》
0530	宗密思想的特質	李世傑	㉜《華嚴學概論》
0568	大乘起信論辯	章太炎	㉟《大乘起信論與楞嚴經考辨》
0569	大乘起信論考證	梁啓超	㉟《大乘起信論與楞嚴經考辨》
0570	評大乘起信論考證	非　心	㉟《大乘起信論與楞嚴經考辨》
0571	大乘起信論料簡	王恩洋	㉟《大乘起信論與楞嚴經考辨》
0572	料簡起信論料簡	陳維東	㉟《大乘起信論與楞嚴經考辨》
0573	起信論解惑	唐大圓	㉟《大乘起信論與楞嚴經考辨》
0574	起信論唯識釋質疑	王恩洋	㉟《大乘起信論與楞嚴經考辨》
0575	真如正詮	唐大圓	㉟《大乘起信論與楞嚴經考辨》
0576	起信論料簡之忠告	唐大圓	㉟《大乘起信論與楞嚴經考辨》
0577	大乘起信論料簡駁議	常　惺	㉟《大乘起信論與楞嚴經考辨》
0578	起信論研究書後	會　覺	㉟《大乘起信論與楞嚴經考辨》

0579	起信論料簡駁議	守　培	㉟《大乘起信論與楞嚴經考辨》
0580	起信平議	印　順	㉟《大乘起信論與楞嚴經考辨》
0581	起信與禪——對大乘起信論來歷的探討	呂　澂	㉟《大乘起信論與楞嚴經考辨》
0831	達摩祖師之研究	文　智	㊾《佛教人物史話》
0839	永明延壽的宗風與其細行	忽滑谷快天	㊾《佛教人物史話》
0847	法國學者戴密微的「祖堂集」源流考	陳祚龍	㊿《中國佛教史學史論集》
0876	佛教思想之開展與禪的考察	木村泰賢	㊷《禪宗思想與歷史》
0877	禪宗公案之透視	巴壺天	㊷《禪宗思想與歷史》
0878	禪公案的意義與價值	無　礙	㊷《禪宗思想與歷史》
0879	看話禪與默照禪	黃懺華	㊷《禪宗思想與歷史》
0880	如來禪與祖師禪	牟宗三	㊷《禪宗思想與歷史》
0881	看話與疑情	無　礙	㊷《禪宗思想與歷史》
0882	禪宗的三關問題	融　熙	㊷《禪宗思想與歷史》
0883	頓悟禪的真面目	無　礙	㊷《禪宗思想與歷史》
0884	神會的「顯宗記」及語錄	胡　適	㊷《禪宗思想與歷史》
0885	讀「宗鏡錄」	毓　之	㊷《禪宗思想與歷史》
0886	早期禪學思想與述略	李孝本	㊷《禪宗思想與歷史》
0887	禪宗的起源與傳承	培　風	㊷《禪宗思想與歷史》
0888	中國禪學小史	曾普信	㊷《禪宗思想與歷史》
0889	中國禪學之發展	胡　適	㊷《禪宗思想與歷史》
0890	中國禪宗歷史之演變	東　初	㊷《禪宗思想與歷史》
1027	嵩山少林寺初祖達磨之道場	東　初	㊾《中國佛教寺塔史志》
1094	禪宗的人間佛教	談　玄	㊽《佛教與人生》
1246	禪宗與天台宗之關係	關口真大	⑺《佛教各宗比較研究》
1247	禪宗與唯識宗之關係	妙　根	⑺《佛教各宗比較研究》
1248	禪宗與密宗	談　玄	⑺《佛教各宗比較研究》
1249	禪宗與淨土	能　度	⑺《佛教各宗比較研究》
1583	楞伽阿跋多羅寶經題略釋	應　機	⒑《經典研究論集》
1584	楞伽經編集時地考	善　慧	⒑《經典研究論集》

伍、佛學論文集類

佛光山國際禪學會議實錄	佛光山編	高雄：佛光出版社	1980.03 初
佛教的思想與文化	釋聖嚴等編	台北：法光出版社	1991.04 初
中印佛學泛論—傅偉勳教授六十大壽祝壽論文集	藍吉富主編	台北：東大圖書公司	1993.12 初
國際佛學研究年刊第二期	林明昌主編	國際佛學研究中心	1992.10 初
佛學研究中心學報第三期		台灣大學佛學研究中心	1998
中華佛學研究所論叢(一)	釋惠敏等著	台北：東初出版社	1989.05 初
中國人性論（台大哲學系主編）		台北：東大圖書公司	1990.03 初

陸、期刊論文類（含學報論文）

論　文　名　稱	作　者	期刊名稱	卷	期	出版日期
《宗鏡錄》中的洞山禪師偈頌	王師開府	法光		74	1995.11
《阿含經》中的涅槃義	王師開府	法光		61	1994.10
大乘起信論的心性論	釋恆清	內明		212	1989.11
《大乘義經》的佛性說	釋恒清	佛學研究中心學報		2	1997.07
《大般涅槃經》的佛性論	釋恒清	佛學研究中心學報		1	1996
《佛性論》之研究究	釋恆清	中印佛學泛論			1993
唐代宗密及其禪教會通論	楊曾文	中華佛學學報		12	1999.07
禪宗「見性」思想的發展與定型	冉雲華	中華佛學學報		8	1995.07
從禪悟的觀點論海德格、道元與慧能（成中英撰）	鄭振煌譯	中華佛學學報		7	1994.07
看話禪和南宋主戰派之間的交涉	楊惠南	中華佛學學報		7	1994.07

禪宗的體用研究究	杜松柏	中華佛學學報	1	1987.03
惠能及其後禪宗之人性論的研究	楊惠南	哲學與文化	14:06	1987.06
剖析禪宗話題之義理結構與發展	高本漢	中國佛教	32:4	1988.04
兩個偉大心靈的會通——從智者大師到六祖惠能	陳松柏	中國佛教	29:8	1985.08
如何得見性？——談石黑禪師的五天精進求悟課程	佐藤孝治	中國佛教	30:6	1986.06
龍樹的範疇論	游祥洲	佛光學報	5	1980.10
景德傳燈錄之研究	增永靈鳳	佛光學報	6	1981.05
禪宗文獻研究在日本	楊曾文	當代	26	1988.06
從「肇論」、「壇經」論大乘空宗/禪宗神秘主義	祝平一	鵝湖	166	1989.04
唐代以後禪宗的演進趨勢	能靖	獅子吼	28:09	
禪宗叢林體制之商榷	吳永猛	文藝復興	01:06	1970.06
禪宗教學法	依空法師	明道文藝	136	1987.07
中國社會與禪宗叢林制度的關係	姜韻華	中國佛教	29:09	1985.09
禪宗「棒喝」教化方式形成的歷史背景	曹仕邦	大陸雜誌	69:01	1984.07
禪宗寶笈「祖堂集」之發現與印行	悟翁	國立編譯館館刊	01:03	1972.06
禪宗與德希達之解構學——試以「無門關」諸公案論「衍異」	馬樂伯	中外文學	總175	1986.12
唐湘山宗慧禪師〈牧牛歌〉析論	蔡榮婷	中正中文學術	創刊號	1997.12
禪宗公案文化現象解讀	林世榮	中央研究所論文	5	1998.05
禪宗公案義理結構之分析	陳雅芳	禪與佛學論文集		1995.10
心理學、本體論與禪的解脫	鄭學禮	哲學與文化	17:02	1990.02

肯定、否定與禪的邏輯	鄭學禮	哲學與文化	15:06	1988.06
中國哲學中的方法與詮釋學–非方法論的方法論	成中英	台大哲學論評	14	1991.01
禪淨融合主義的思惟方法–從中國人的思惟特徵論起	釋恆清	台大哲學論評	14	1991.01
宗教語言的意義問題	傅佩榮	台大哲學論評	11	1988.01
評胡適與鈴木大拙討論禪	錢穆	海潮音		1977.03
景德傳燈錄的編者問題	大華	海潮音		1979.11
胡適・鈴木大拙・與禪宗真髓	傅偉勳	海潮音		1985.02
論佛教與漢語辭匯	梁曉虹	書目季刊	26:03	1992.12
佛教學詮釋系統建構方法芻議	黃連忠	慧炬	342	1992.12
從宗寶本六祖壇經論六祖惠能的生活實踐哲學	黃連忠	菩提樹	482	1993.01

柒、學位論文類

㈠博士論文類

大乘起信論「一心開二門」之研究	孫富支	中國文化大學哲學研究所	1990.06
佛教譬喻文學研究究	丁敏	政治大學中國文學研究所	1990.06
晚唐暨五代禪宗的發展以與會昌法難有關的僧侶和禪門五為重中心	賴建成	中國文化大學史學研究所	1994
敦煌變文與祖堂集疑問句比較研究	王錦慧	台灣師範大學國文研究所	1997.05

㈡碩士論文類

臨濟義玄禪學研究	蕭　玫	台灣師範大學國文研究所	1996.06
馬祖道一及其禪學思想之研究	鄭真熙	台灣師範大學國文研究所	1997.05
宗密禪教一致與和會儒道思想之研究	黃連忠	淡江大學中國文學研究所	1994.05

捌、大陸資料類

(一)專著研究類

中國禪宗通史	杜繼文‧魏道儒著	江蘇：江蘇古籍	1995.02 再
佛學與現代中國詩壇	王廣西著	河南：河南大學	1995.05 初
中國禪宗思想發展史	麻天祥著	湖南：湖南教育	1997.03 初
文字禪與宋代詩學	周裕鍇著	北京：高等教育	1998.11 初
禪月詩魂：中國詩僧縱橫談	覃召文著	北京：三聯書店	1995.08 再
中國禪宗思想歷程	潘桂明著	北京：今日中國	1992.11 初
中國禪宗與詩歌	周裕鍇著	上海：人民	1992.07 初
禪悟之道南宗禪學研究	刑東風著	北京：中國人民大學	1992.09 初
中國禪學思想史綱	洪修平著	南京：南京大學	1996.03 次
祖堂集（南唐‧釋靜、筠編撰）	吳福祥點校	長沙：岳麓書院	1996.06 初
《古尊宿語要》代詞助詞研究	盧烈紅著	武漢：武漢大學	1998.05
中國禪學思想史綱	洪修平著	江蘇：南京大學	1994.09 初
敦煌新本六祖壇經	楊曾文校寫	上海：上海古籍	1993.10 初
因明學研究	沈劍英著	上海：東方出版	1996.01 再
中國佛教教育儒佛道教比較研究	丁鋼著	四川：四川教育	1988.04 初
佛教與中印文化交流	季羨林著	江西：江西人民	1990.12 二
佛教與中國傳統文化	蘇淵雷著	湖南：湖南教育	1992.11 二
禪詩二百首	袁賓主編	江西：江西人民	1995.09 初
佛教般若思想發展源流	姚衛群著	北京：北京大學	1996.10 初
中國哲學初步	李錦全主編	廣東：廣東人民	1997.05 再
中國佛教文化論稿	魏承思著	上海：上海人民	1992.06 二
禪學研究第 3 輯		江蘇：江蘇古籍	1998.11
禪宗著作詞語匯釋	袁賓編著	江蘇：古籍	1990.11 初
中國佛教史第一卷	任繼愈主編	北京：中國社會科學	1988.03 三
中國佛教史第二卷	任繼愈主編	北京：中國社會科學	1985.11 初

中國佛教史第三卷	任繼愈主編	北京：中國社會科學	1988.04 初
魏晉南北朝佛教論叢	方立天著	北京：中華書局	0995.07 二
中國近代佛學思想史稿	郭朋等著	四川：巴蜀書社	1992.03 二
佛教史	杜繼文主編	北京：中國社會科學	1991.12 初
漢魏兩晉南北朝佛教	郭朋著	山東：齊魯書社	1986.06 初
五燈會元	宋·普濟著	北京：中華書局	1997.10 六
佛教與中國文學	孫昌武著	上海：上海人民	1988.07 初
本體論研究	俞宣孟著	上海：上海人民	1999.05 初
禪宗宗派源流	何雲等著	北京：中國社會科學	1998.08.初
中國古代判例研究	汪世榮著	北京：中國政法大學	1997.05 初
佛教與中國傳統文化	王堯主編	北京：宗教文化	1997.12 初
呂澂佛學論著選集	呂澂著	濟南：齊魯書社	1996.12 再
中國哲學的詮釋與發展	北京大學哲學系編	北京：北京大學	1999.05 初
中國佛教文化論	賴永海著	北京：中國青年	1999.04 初
分燈禪	王志跃著	浙江：浙江人民	1997.12 初
如來禪	洪修平著	浙江：浙江人民	1997.12 初
佛教與中國文化	湯一介著	北京：宗教文化	1999.09 初
祖師禪	董群著	浙江：浙江人民	1997.12 初
詩與禪	程並林著	南昌：江西人民	1998.10 再
俗語佛源（中國佛教文化研究所編）		上海：上海人民	1993.03 初
禪外說禪	張中行	黑龍江人民出版社	1992.02 初
宋元佛教	郭　朋	福建人民出版社	1985.04 初

(二)期刊論文類

論　文　名　稱	作　者	期刊名稱	卷　期	出版日期
曹溪禪學典據考釋──從《大乘起信論》看曹溪禪學的形成與開展	龔　雋	中國哲學史	1998/2	1998.05

大慧宗杲「妙悟」說的美學意蘊及影響	劉方	學術界	1998/01	1998.02
貴州臨濟禪宗燈系溯源	張新民	貴州文史叢刊	1998/02	1998.05
談談禪宗語錄	李壯鷹	北京師範大學	1998/02	1998.05
禪宗思想方法探微	李傳芳	山西師大學報	總22	1998.06
論禪宗向詩歌的滲透	酆喬彬	中國韻文學刊	總4	1990.05
從詩和禪聯姻的流變解讀謝榛的禪悟說	李慶立	蘇州大學	總98	1997.01
再談禪宗語錄中的口語詞	袁賓	語文月刊	2	1989
禪宗六祖得法偈之我見	田光烈	法音	總72	1990.08
關於發展理論研究的方法論問題	衛建林	哲學研究	1998/06	1998.06
中國哲學史的特殊性與中國哲學史方法論	謝寶笙	學術月刊	1998/01	1998.03
本體功夫思想的合理因素和現實意義	屠承先	中國哲學	1998/04	1998.06
本體論與漢代佛學之發展	賈占新	河北大學學報	總80	1995
論禪宗思想中的內在性和超越性問題	湯一介	北京社會科學	總20	1990.12
中西體用之爭概述	北之矢	文化研究（複）		1988.04
論中國古代哲學的範疇體系	張岱年	中國哲學史（複）		1985.04
中國哲學體用論的源與流	景海峰	中國哲學史（複）		1991.05
論先秦道家"體用不二"的本體構建	王暉	中國哲學史（複）		1993.12
關於研究中國哲學史範疇的方法和途徑	馮契	中國哲學史（複）		1984.03
論中國哲學中的體用範疇	方克立	中國哲學史（複）		1984.09

關於中國哲學史範疇、概念和思潮發展規律問題	魏　民	中國哲學史（複）		1984.04
體用範疇的由、內涵及意義	楊太辛	中國哲學史（複）		1987.12
作爲哲學範疇的宏觀與微觀	金森楏	浙江師大學報	總 59	1993.01
不離文字與不立文字	徐時儀	宗教	1998/02	1998.05
熊十力的宇宙本體論與方法論	韓　強	中國哲學史（複）	1993/12	1994.02
宋代禪籍（柳田聖山著）	蔣寅譯	俗語言研究	5	1998.08
宋代詩學術語的禪學語言	周裕鍇	俗語言研究	5	1998.08

玖、日文佛學類

(一)專著研究類

禪の精髓	中岡宏夫編著	東京：誠信書房	1959.09
中國華嚴思想の的研究	鎌田茂雄著	東京：東京大學	1978.10 初
原人論	鎌田茂雄著	東京：明德出版社	1989.06 再
原始仏教の研究	平川彰著	東京：春秋社	1980.07 初
根本仏教	金岡秀友編	東京：佼成出版社	1979.09
禅の構造	二本柳賢司	京都法藏館	1987.07
禪宗燈錄譯解	禮山	山東人民出版社	1996.01 初
唐・五代の禅	田中良昭	東京大東出版社	1994.07
中國禪宗史の研究——南宗禪成立以後の政治・社會史的考察	阿部肇一	東京誠信書房	1963.03
中國禪宗史——禅思想の誕生	印順	東京山喜房佛書林	1997.01
禅思想の批判的研究	松本史朗	東京大藏出版社	1994.01
禪宗所用経典の研究	松浦秀光	東京山喜房佛書林	1993.05
禪宗経典使用概史	松浦秀光	東京山喜房佛書林	1987.12
大乘起信論の研究	柏木弘雄	東京春秋社	1981.02

初期禅宗における理論形成	沖本克己	京都花園大學國際禪學研究所	1998.03
宋代禅宗史の研究	石井修道	東京大東出版社	1987.10

(二)期刊論文類

論　文　名　稱	作　　者	期　刊　名　稱	卷　期	出版日期
景德伝燈録序をめぐる諸問題	石井修道	仏教学	18	1984.10
五燈の『景德伝燈録』と『天聖広燈録』にぉけろ現成について	新野光亮	印度学佛教学	通卷53	1978.12
『景德伝燈録抄註』について	椎名宏雄	印度学佛教学	通卷42	1973.03
高麗本『景德伝燈録』について	西口芳男	印度学佛教学	通卷64	1984.03
禅宗語録の形成	柳田聖山	印度学佛教学	通卷35	1969.12
身心脱落考	原田弘道	印度學佛教學	通卷80	1992.03
圜悟克勤の心要	岩村康夫	印度學佛教學	通卷85	1994.12

【雜錄】

夢見火金褐油亮的長毛獅子　　　　　　　　　黃連忠

　　西元二○○○年四月廿四日凌晨一時，我因為寫作我的博士論文《禪宗公案體相用思想之研究——以景德傳燈錄為中心》一文至最後一章最後一節，身心疲困倦乏至極，於是上床小憩，忽然於夢間極為清晰的一瞥，在剎那間看見一頭火金淡紅褐油亮的長毛獅子。這頭獅子全身長滿長毛，毛色是火金褐油的光彩，毛色純一而無雜，光彩燁然，明亮而略為發光，不知如何形容，因為於世間未曾見有如此光耀明晃的顏色，也未曾見有如此披滿長毛的獅子。似乎不像是中國傳說中的五彩麒麟，卻有傳說中麒麟的光耀明亮，我不知道那是什麼，也不知道是不是對我淺薄論文的一種警示，或許以後遇到有修有證的大德菩薩，可以告訴我箇中緣由。

　　後來俄然覺起，從夢中瞬間醒來，忽然覺得精神氣力無限飽滿，眼光銳利，耳聽聰捷，信心十足，對我寫作禪宗思想似乎宿疑全消，也似乎佛菩薩肯定我寫的論點合於佛法的觀念。如果真的如此，若有一念一毫功德，我願迴向法界有情，願諸眾生同圓佛智。如若不然，我亦願誠心禮懺三世諸佛菩薩，哀憫弟子障深慧淺，或許輕率為文而有誤導眾生之嫌，雖秉持治學之良知，然而因果自負，時願觀照，時願修正，以此略報四恩三有之宏恩。

自家寶藏不顧，拋家散走做什麼？

——旁記一場禪宗學術與現代心靈的對話　　　　華月

（黃連忠博士論文口試實錄節選_2000 年 6 月 29 日在台灣師範大學國文研究所）

蒞臨指導

黃教授　王教授　熊教授　高教授　王教授

　　筆者有幸聆聽連忠學長的博士論文口試，雖然自己對佛學的涉獵疏淺，但是抱持著學習與觀摩的心情，全程參與旁聽了學長的論文答辯過程，特別是五位資深教授的殷切指導，感受到學界長者的風範，也讓我這小輩見識了生平第一次的博士論文口試，受益匪淺。口試完之後，學長也拜託我整理口試錄音帶，經過兩個月陸續的反覆聆聽，雖然苦於許多專有名詞的生疏，但是學長不以為意也不厭其煩的告訴我正確的字詞，終於完成了全文近三萬字的口試實錄，本來我以為學長會將口試全文連同論文出版，但是學長表示無心如此，但我覺得內容或許有一些值得後學參考，或是可以更清楚的說明論文的內容，或是在教授們與學長等佛學專家的對話中能看出激盪的智慧火花，於是我提議節選部分重要內容，學長於是答應，但希望我能真實的從口試錄音帶中節選三項原則的內容：第一，必須有助於學位論文寫作的要點，具有客觀性；第二，必須是合於學術的規格，具有載錄的價值；第三，必須真實的筆錄教授們的意見，不可擅自修改，而且必須尊重教授的立場，也應請教授們看過自己的意見才能發表。雖然我無法做到第三項，但是我儘量做到客觀的擷取與口語的基本潤飾，而且選擇的片段，相信也合於前面的原則，如果還有疏失，文責自負，畢竟我是以自我觀點節選的，至於文中所提及的頁數是連忠學長博士論文口試本中的頁數，許多已經修訂，也無法與本書的頁數相符合，特此說明。最後，筆者希望本文的節選，能夠以此回饋並以棉薄之力奉獻於學界。

熊教授：

看了黃連忠的這部論文，這篇論文的題目我是非常非常有興趣，我覺得這部論文大致上可以歸納為幾點特色，也就是它的優點部份：

第一個是題目很有意義，值得去探論。

第二個是綱目條理很清楚，從第一章一直到第七章，非常清楚地把它一個問題開始到它形成演變過程，到公案到它的體相用、本體論一直到它的工夫論。

第三個就是文獻資料非常詳實，非常非常地多，可以算是蒐集的很廣很博，那麼也雜也博，這是很不容易的。

第四個是我想作者想要建構一個自己的體系，我相信應該我講的大概沒有錯吧！建構一個自己的體系來解釋禪宗的公案，這種是在論文裡面有很多是資料的蒐集啦！……那這一個部份涉及的蠻廣的，而且呢也可以說是蠻有自己的一套對佛法或禪宗的見解，我們佛家來講就是正知正見或是一個判斷，這一點在論文方面是不容易的。

第五點是一般的觀念方法，基本上就是一般觀念方法比較研究算是相當夠水準。

第六個是對於「注」能夠善加利用，「注」用的非常的好，現在寫論文很多人對這個「注」能夠不去干擾到正文的部份，但是又能夠解釋正文很多不足的地方。

第七點又會通了中國哲學跟西方哲學很多的觀念，這點也是很不容易。譬如說一般研究佛學的，他只曉得佛學的一部份，然而禪宗涉及的領域很廣，又涉及到西方哲學的部份，再把它會通很不容易。

那麼再下面一點（第八點）就是：注意到禪宗的特質。禪宗的特質就是說作者想要把禪宗不僅用在一個宗教的立場，而且就是要進入學術的立場，但是也不失掉宗教的特質。這一點也是你（黃連忠）想要去表達的。

那還有一點（第九點）就是歸納整合諸說，大部份都得到它的要

點，歸納整合很多的說法。

最後一點（第十點）就是附錄圖表，這些可以跟注合在一起，這些都是很好的，以圖表及注的大量結合使用，一目了然，可以看出論文的研究用功及整理的工夫。

以上十點，不是十大門派。我不知道我有沒有判斷錯誤喔！那麼另外我想從你的方法論裡面，論文中還是覺得有些可以商量的部份。

首先我想從你的研究方法來說，……你在方法論上用了好幾種，譬如說第一個是文獻的方法、文獻學的方法，第二個是禪宗語言學這個方法，第三種有詮釋學的方法，第四種是思想體系的方法，第五種是屬於思想比較或宗派比較，還有老莊跟禪比較的方法。第六種是思想史、佛教史的研究方法等。大概可以分為七種，你都用到了，但是你沒有寫得很完整。……（你提到）禪宗最早的第一個公案，來源有問題，對不對？這裡面當然說你用了一個解釋，從現代詮釋的立場來解釋說它雖然是偽造的，它亦具備有詮釋學的意義，我覺得你這個話說得非常好。就是說：偽書是不是就是沒有價值？像那個「十六字心傳」，有人說這是偽書，可是不一定說它沒有價值。不管它是偽還是真，至少說即使是偽，我們怎麼去詮釋它解釋它，這個倒是很有意義的。……下面在二一九頁這裡「南泉斬貓」這個地方，你是用了你的一個解釋，那我所知道譬如說像巴壼天先生的解釋，他就講說貓是「自性」。那麼我不知道你的解釋，你的看法還是你根據了一些什麼公案或者什麼這樣的一個抉擇。

黃連忠：

跟老師報告，有關於南泉斬貓的解釋很多，在古代禪師他們用詩偈的方式來表達，近代一些學者或者是一些居士對南泉斬貓比喻成自性或者鞋子比喻成什麼，我個人覺得這樣的比喻不一定是都有道理的，如果就他一個詮釋的方便來講是可以的，但我這邊自己用的這個方法是我自己綜合的說法，自己提出來的。

熊教授：

　　好！我沒意見，我只是說我想瞭解你的來源是根據什麼。下面談到「莊禪異同」，我想請問你像禪宗是要不落兩邊，莊子有時候也很像，兩個說是很像，請問你如何去判斷莊跟禪有什麼不同？

黃連忠：

　　莊學跟禪學的不同，個人淺見是認為莊學是站在道家思想的立場，所以我們應該是從它的本體思想來看，那麼道家思想重視自然的觀念，除去了人間的機巧，不落有為的角度，回歸到自然本然的狀態。那麼這個禪宗不是這樣子的，禪宗它認為沒有所謂自然或不自然的問題，一切都是虛幻的、不生不滅的，所以兩者本體思想是不同的，至於語言上面我覺得有很多重疊或共法的情況，尤其是禪宗用了大量的有關莊學的術語，「得蹄忘荃」的觀念啦！都是從《莊子》裡面出來的，我是就語言的形態來說，其實他們兩個差別並不大，而且有很多都是要勸我們一般人離開機巧心啊！離開了對立、有為，但是就它的真實的目標來說，莊學也許他透過無用是為大用，透過許多逍遙，透過齊物，透過養生的觀念，回到一個自然或本然的「道」的境界。這跟禪宗到「悟」的本體是不一樣的。

熊教授：

　　我同意你的看法。另外二八五頁，你談到這個「證量」第六行談到「四果阿羅漢」，我個人有個意見，因為禪宗它是大乘，如果你提到「四果阿羅漢」，是不是就是小乘的禪了呢？就是早前的禪了呢？會不會引起誤解？

黃連忠：

　　禪宗雖然在中國的判教是被歸入大乘的，但是從大乘佛教它其實有包含了小乘的部份。就是說在禪宗是佛教的一個宗派，雖然在判教上，我們把禪宗判為大乘，可是傳統上我們很深入去分析，禪宗很多的修行方法、觀念，其實是受到小乘佛教很大的影響。所以，它的外表或者是形式上說是要救渡眾生是大乘的，可是有很多包括禪宗他們的一些叢林的制度，其實是從小乘或上座部佛教發展影響過來，所以這一點我想，尤其是果位的部份只是做一個比較。

熊教授：

　　是！你的話沒有錯。但是我所要談的就是說，因為禪宗他是要「見性成佛」，它的重點在見性成佛，那小乘並不是它要求小乘，可能他過程要見性成佛之中，他沒有見性成佛，但是它修到的可能是小乘的「羅漢果位」，可能是這樣子。可能在禪宗這個精神來講應該是不同的。因為從它的「悟」來講的話，如果你悟的不是屬於見性的悟，不是屬於禪的悟，可能這個地方，可以釐清一下。下面還有就是在293頁，這是你提到「無絃琴」裡面，就是有關思想體系的方面，那無絃琴你還聞否？如何如何，你這邊有一段解釋，假如說我們從《楞嚴經》的觀念裡面講「聞性不生滅」，注意：聞的是生滅的？還是聞那個不生不滅的？

黃連忠：

　　在《楞嚴經》裡面講到聞性不生不滅，是指它的根性。我們聽聞的根性是不生不滅的。但是我們聽聞的不生不滅的根性，它是含容在我們世間生活裡面的聽聞的知覺裡面，換句話說是以世間的生滅法的聽聞的能力，去反求自覺到不生不滅的根性的這方面來。所以它所謂的聽聞，就是這禪宗常常用世間的象徵來表法它出世間形而上不生不滅的境界。「無絃琴」我想它可能是一個象徵而已。

熊教授：

　　我想到你的結論部份，有一個問題是講「悟」，一個是禪宗語錄裡面就講：「老僧大悟若干次，是小悟若干次，是大澈大悟若干次。」有沒有這種的情形？那到底這個「悟」是哪一個「悟」才算呢？悟了以後會不會再迷呢？你的看法呢？

黃連忠：

　　這個「悟」的名詞看起來只有一個字，但是在佛教，特別是禪宗裡面它幾乎是具有無限寬廣的意義。所謂無限寬廣的意義就是說我在個人研究的過程中有個淺見：禪宗的「悟」它是有一個境界類比到「相」的範疇，如果是相的範疇，它就是「報身」的境界，如果是報身的境界的話，這是一種推理，我是這樣的推理。如果是報身的境界，換句話說，每個人悟的狀態是不一樣的。可能悟的「理」它的原理是相同，但是它的相狀是不同的，換句話說老僧的「悟」，有時候是「淺悟」，有時是「大悟」，或者是「澈悟」，那麼他可能是針對悟的那種境界、報身的境界做為一點分別。一般來說，「悟」可能有時間上的問題，有些悟可能只有剎那之間，電光火石之間悟道。也有可能是長時間的，那也有可能。在大乘佛教有個觀念，「悟」本身它有體相，就是一個狀態，如果悟得更深的時候，會發現前面的悟不真切或不真實，或如夢幻，或者是範圍比較小。那如果以這個觀點來看，禪宗的悟事實上非常複雜，有很多的「悟」缺乏檢證，自己覺得自己「大悟」了，可是那個「悟」很可能是一種迷，在真正明眼人的抉擇眼光來看，那是一種迷，或者是不究竟。至於「悟」會不會退轉的問題，這牽涉到他悟得澈不澈底或者是鞏不鞏固。

熊教授：

　　我個人的看法就是說，他真正的悟的話應該是見性，這是第一個。

第二就是說，你也提到了一個是理悟，一個是證悟。到底你是理悟還是證悟？這裡面我想到一個問題，像五祖法眼傳給圜悟克勤的時候，他跟他對答機鋒轉語，法眼就講了一句話，他說：「以後你會知道你悟了沒有。」後來他（圜悟克勤）生了一場大病，他覺得我以前悟的一點用都沒有。可見說他以前悟的是理悟，可是經不起檢證。又一場大病，那大病是考驗，結果他覺得他沒有悟，最後他開悟了，他才寫了那首偈子：「金鴨香囊錦繡幃，笙歌叢裏醉扶歸。少年一段風流事，只許佳人獨自知。」所以說這個「悟」，應該是像馬祖道一講的「一悟永悟，不復更迷」，這才是真悟，否則那都是假悟。那只能說相似的悟，好像是悟。所以說這裡面就是在學理上是證悟還是理悟的問題。有理可頓悟、事須漸修，那是另外一個值得討論的問題。

　　最後的結論，就是你在結論的部份也都有把你整個所學的做了一個結論，那我想說結論部份應該還要加上一些你在禪宗的公案對禪宗的貢獻之外，它對於傳統教育給了我們什麼樣的啟發？譬如說：孔子的教育就是一種對話式的，到後來卻變成是科舉制度了；禪宗也是一種對話式的，而且具備很豐富的肢體語言，包含各種不拘一格的方式，這種教育即使在我們現代也非常有意義的，正是我們現在所缺乏的，我們現在只是一個知識教育，所以在這個部份禪宗的教育不但給禪宗本身有什麼貢獻？給佛教有什麼貢獻？給我們中國的傳統教育有什麼貢獻？以至於對我們現在有什麼貢獻？我想這個地方不妨結論的部份我們還可以探討一下。我想最後就是我講對也是三十板，講錯也是三十板，你覺得該打幾板？你覺得自己該打幾板？

黃連忠：

　　各打三十大板。謝謝老師。

高教授：

　　主席、各位老師還有今天的畢業同學，這個論文的優點，剛剛熊老師已經說的非常多了，我們大概都可以肯定了，不管在質或在量上都有他可觀之處了，尤其對於一些資料的整理跟分析，非常非常的豐富，也非常的細膩。表示作者對於這個問題跟文獻的了解非常的精熟了，這個都是這一篇論文的一些優點，這作為一個口試它的目的，其實是要幫助這篇論文更加的成熟，所以大概提出一些想法提供作者做參考。……一開始正文的第一頁是「本文研究的目的與價值」，你順著碩士論文還有整個主題做研究，這個是對的，不過這個地方只是凸顯你的主觀性的一個興趣跟價值，那個客觀性與理論性意義比較沒有被充分的做凸顯，我覺得這個地方其實是可以把它做一個凸顯，其實沒有什麼問題。……另外就是在第五頁，第五頁的第三段第七行：本文走的路線是「以論(《大乘起信論》釋禪)與「範疇論禪」的一個 system，這是你的一個基本的進路沒錯喔！但是這個講法是不是符合整個禪宗的一個講法，就是可能會有問題，因為在你後面也談到了，譬如說：如來禪、祖師禪的區分，你也引到了吳汝鈞先生的分法，就是認為禪宗有兩個系統的發展，如果這樣來看，那麼《大乘起信論》可能只能作為其中的一個，不一定能作為兩個的解釋的基礎。所以如果這樣來看，你那個基礎可能會有一點問題，大概你要把它照顧到，看你要怎麼去解釋它了。

黃連忠：

　　這個問題我是從兩個思考點去處理，在論文中並未十分明確而詳細的解說，在此謹以口頭報告說明。第一個是「如來禪」與「祖師禪」的基本的禪法判攝問題，我的碩士論文是研究宗密的禪法判攝，當時宗密在《禪源諸詮集都序》中提到了達摩門下相傳的「最上乘禪」，也是「如來清淨禪」，就是「如來禪」，直到仰山慧寂禪師另立「祖師禪」的名稱，其實兩者判攝立場不同，我個人見解是「祖師禪」含容在「如來禪」中，也就是宗密的判攝總括了達摩禪及其理論，而「祖師禪」卻只特別

標出「祖祖相傳，以心印心」的禪法而已，因此以禪宗的解釋系統而言，應該以宗密的完整判攝為主要依據；第二，就《大乘起信論》的基本性格來看，可能是比較趨向「北宗」或「如來禪」的詮釋，可是我所謂的「以論釋禪」，主要是藉用《大乘起信論》的體相用範疇，做為一個解釋的進路，而體相用範疇可以適用於解釋禪宗的南北宗理論，但更重要的是，我藉用這個範疇說明並試圖架構禪宗公案中「悟」的本體、境界與工夫的系統，所以只是一個方便，而不觸及「如來禪」與「祖師禪」的區別。況且，如果南宗的禪是「頓悟」的禪，後來的「公案禪」是講究修行實踐現量的主觀體驗，那麼解釋或詮釋系統再採用南宗或公案的有限語言及反對系統性的性格，自然無法客觀的表述；相對的，如果有適宜的範疇及比較完整的解釋系統，反而更能呈顯南宗禪或公案禪的特色，也比較客觀，比較具有學術探討的價值，所以我選擇了「以論（《大乘起信論》釋禪）與「範疇論禪」的進路。

高教授：

另外，就是在第七頁，就是說你要把它做一個現代化的理解跟詮釋，可是人家會不會反過來問你說，我們在做一個所謂現代的理解或詮釋的時候，會不會有一種硬是讓一個傳統的東西符合現代的規格，以至於我們反而使禪宗原有的精彩被遮蔽了，會不會有這樣的困擾？

黃連忠：我個人認為會！

高教授：那怎麼避免？

黃連忠：

很困難，我覺得實在是非常困難。因為禪宗重視當下的現量體證，如果離開了「當下」或是進入了「相對」的思考模式，必然遠離了「禪」。換句話說，「禪宗原有的精彩」是不容擬議的，不容商量的，既然如此，任何的詮釋包括現代的學術研究都是遠離了公案的真精神，但是若透過比較週延的研究方法論，卻能夠彰顯公案在主觀現量體驗之外的價值與

精彩。

高教授：

　　這個地方是你的優點，因為現在禪學或整個佛教它不可能自外於這個世界，它必須要蛻化！那麼我們也大量的會沿用一些西方的經典或者是想法做為我們理解的基礎。事實上，你在後面用到很多詮釋學、結構主義都用到了，所以在這種情況下，我們不得不用，那麼對於這個使用也可能在某個意義來說，的確會遮蔽了禪宗的一些義理，但是我們如果有一個程度的自覺的話，可能還是可以進一步地對它做一種解釋或說明！另外，既然我們是研究禪宗，我們可不可以從禪宗自己的言說系統裡面，找出所謂的一個範疇？這個範疇會不會更恰當於我們用《大乘起信論》的體相用來對它做研究？

黃連忠：

　　這個部份是我在寫作中非常關心的一個問題，希望能夠直接從祖師們的禪學理論或禪宗公案本身找到適合的範疇，因為公案內容直接是對話的，但是從其他的禪學說明部份，可不可以找到呢？所以我從「人天眼目」把很多的分類拿出來談，可是牽涉到禪宗它有兩個問題，第一個它不走理論的架構路線，所以它算是一個禪學的開示，因此他本身的理論系統比較弱。第二個是禪宗非常喜歡用象徵，用很多語言、詩句來象徵，或者是說踞地獅子等，它就是許多的象徵，可是它並不符合所謂的學術語言的規格，它跟天台宗，它跟《大乘起信論》或很多其他的論典，有很多在表述上的差距，不過這是我一直想要努力的一個方向。希望能夠就禪宗的一個言說的系統來討論禪宗的觀念和思想。

高教授：

　　你在一九五頁也引吳汝鈞先生那個講法，其實那個講法可能跟牟

先生的講法有一點關係，因為牟先生認為惠能的那個講法就是比較接近天台宗的一個看法，跟後來的神會事實上是有一個距離，這個地方其實可以稍微留意一下。另外就是你引巴壺天先生那一段話，在九三頁引文的第六行，像上述語言的層次和語意學所說的一個語言層次是不同的，你覺得這個最主要的不同是什麼？也就是說語意學是所謂的對象語言跟所謂的後設語言，那麼現在他說語言的層次他說是不同，你覺得不同主要是那個意義上的不同？

黃連忠：

我這邊所謂的不同，是指形式上面。他把語言當作是一個客觀的研究的對象，他有他指涉的意涵。可是在禪宗的公案裡面，他很多的語言並沒有一個客觀的指涉對象，就是說我們講到所謂的後設語言，或者是所謂的對象語言，對象語言是指有對象的、主觀與客觀的、相對立性。後設語言是我們一般對於客觀事物的後來的一種詮釋。但是這兩種情況都好像不適合用於禪宗的公案，因為禪宗的公案它有時候一句話並沒有對象，他就是因為要跳脫對於對象二元對立的思考，所以講那一句話，他的目的就是要跳脫，所以用對象語言可能不適當。至於後設語言他是對已經發生的語言或者是說詮釋的時候，可是禪宗強調的是當下，許多語言是它的一種工具，所以也不能歸類成後設語言，這是一點基本的了解。

高教授：

可以啦！這個說法可以成立。不過就是可能這樣來看，就是說你剛剛那個說明的確可以成立，如果說想以所謂的對象語言跟後設語言，用這個系統來理解所有禪宗的一些語言上的意義是不足的，這個我接受，這沒有問題。不過就是說那麼在禪宗裡面事實上他有語意學所說的對象語言跟後設語言，這個也有。所以說他雖然是不同。但是我們也不

能用對象語言跟後設語言來作為一個週延性的一個理解的基礎,但是我也不能認為說對象語言跟後設語言是完全不可以參與對於禪宗的一個語言上的討論。我想這兩個可能要把它做一個分開。然後我們看後面就在182頁,有一個圖表,那個圖表最後為什麼用「無」來做最後?這個會不會跟佛教有一點距離了?

黃連忠:

　　這個「無」,基本上因為它是無念、無相、無住,這牽涉到一個問題是在格義佛教裡面,我們談到「無」,是不是就是等同於佛教的「空」呢?我們以前在學習的過程中,老莊的無道家的無跟佛教的空,可能在格義的解釋上是可以通用的,但是可能兩者內涵不同。可是到了惠能的時候,我發現惠能他是一個中國禪思想很重要的關鍵代表人物,他提出了無念、無相、無住,是統合了佛教的經論,自己提出了一套體系來,提出的這一套體系我特別把這個「無」提出來,是因為他已經跳脫了格義佛教那種會通的格局,他自己提出的「無」是一個中國佛教禪宗式的「無」,那這個「無」不僅影響到了後來他的一些弟子們各家各派的一些思想。所以這個「無」並不是道家的或格義佛教談的「無」,也不是否定詞,而是「離二相諸塵勞」的「離」的意思,也就是超越二元對立的意思。

高教授:

　　我想時間也差不多了,如果有問題我們以後再說,不過基本上肯定你的整個理解,我是覺得可以,而且這個資料上使用很好。可能就是因為使用到一些哲學的觀念與術語,這一點稍微要留意,不要因為比較了解上的一種偏差而影響你論文的一些水準。所以這一點注意一下就好了,OK!

黃連忠：謝謝老師。

王教授：

　　我一看到你這個題目，居然你寫「公案體相用思想研究」，我覺得這個是很不容易的，同時你的全文結構剛才熊教授講過了，我再把我自己的意見可能跟熊教授有完全一樣的，有的可能是我們講法有點不同。我覺得你全文的結構很完整，從第一章到最後一章。第一章導論，最後一章就是結論，雖然是份量比較少，不過內容大概都包括到了。那待會我再分別說明一下，問題就是說你的圖表特別多，因為每張圖表都非常詳盡地把表列出來，那麼讓以後研究的人一翻開你的書或者看到你的圖表，而且不但是在論文裡面插頁，而且你後面還特別說明在哪一頁什麼表上，我們要看圖表一下子可以查得出來，這是很方便的事情。第三點就是說你的內容，整體說來的話，你的分析或者是你的評論都非常的精密，敘述有序蠻不錯的，那麼你的資料蒐集，真的蒐集的很夠多了，剛才你說你大概是用掉五分之二這五分之二你後面附的參考書目的話，我覺得相當多。那剛才你自己說論文方面可能是沒有那麼深的造詣，可是我想你在讀這些書的時候是讀原文還是讀翻譯？

黃連忠：

　　跟老師報告，大體上讀翻譯本比較多，但是碰到鈴木大拙的東西，我都想去找原文，也試圖看了一些。我自己沒有辦法完全通讀，我有專門請日文的老師幫我看，有些重要的篇章和段落，也請他幫我翻譯，有些問題我會問他，因為有些關鍵詞語可能會有出入，此外就是有時候我也跟王老師請教，王老師也給我很多的協助，本來我有附一些原文，但是可能老師們意見說覺得不一定很適合用，所以我就通通拿掉了。

王教授：

　　其實不用附原文也沒有什麼問題了，因為我想尤其是思想這個東西如果你一定要看原文，就是原典要自己看，或者是請人家懂的人解釋，我想這樣就已經夠了，當然能夠看是最好了，可是你要寫論文裡面附原文的話，那老師們又看不懂了，那這一點我也是覺得你也是蠻了不起，那麼在整體來說的話，一方面你是學術性的研究，一方面也沒有完全脫離那個宗教的一個範疇，所以可以說宗教和學術兩方面並重。因為我一開始想你是寫宗教呢？還是寫學術？我慢慢從你論文裡面去看，發現你兩方面都還算能夠兼顧到。……道家與道教跟佛教有什麼不同還是一樣？

黃連忠：

　　我覺得道教跟佛教有很大的不同，如果是道家的思想，他比較純粹的從自然的思想或者是說一個本然的狀態，或是一個道的立場來看的話。它是屬於精神上的形而上實有的立場比較濃厚。可是道教的話，若從一個宗教立場來看，包括丹鼎、符籙、服食與養生等，它就是將原來道家的思想更加具體化，比較重視的是世間的關懷，或者是走一個宗教修持的立場。這跟佛教最大的不同是在於，他們的歸趨的目標是不一樣的，道教也許它在成仙，或者是達到它們所謂的一個聖賢的境界。這跟佛教所謂的開悟、證果的境界是不一樣的。

王教授：

　　所以就佛教來講的話，是對人生的一個終極，人生要走上什麼樣的一個境界呢？

黃連忠：

　　禪宗以大乘佛教徒的立場來看，就是從菩薩的境界走到佛的境界，他們說四弘誓願也就是說濟渡眾生到誓成佛果，最後有一個圓滿的結

果，道教並不是這樣子的，道教也許從服食養生的觀念，達到能夠升天作為天仙，或者是一些真人、神人、至人或聖人等。

王教授：

　　然後再看到一六八頁，你提到印順法師對熊十力《新唯識論》「即用顯體」的觀念加以批駁，這個批駁之後有你自己的想法，你對他的批評是否贊成？

黃連忠：

　　印順法師在批駁熊十力的《新唯識論》，他原來的立場是反對熊十力提出的佛教本體論，他反對熊十力兩個問題：第一是反對用易學、用易經的觀念來解釋佛教，但是他並沒有明說；第二他最主要反對熊十力的本體論，他不認為佛教有一個超越根據的形而上的實體，他是反對這個說法，可是我覺得印順法師在這邊前後有一點點立場上的不一致，我認為他並不是完全反對佛教有本體論，在他其他著作有提到說其實有佛教式的本體論，但是他反對的是熊十力以易學摻入之後，造成所謂的西方哲學式的本體論，他反對這個。所以我覺得印順法師他沒有錯。只是他反對得太強烈了一點，所以會讓我們讀者以為佛教是沒有本體論的，我為了要說明這一點才如此。……印順法師是我相當尊崇的法師，可是我覺得這裡面最大的問題就是說，我在一七四頁佛性的本體論作為解說佛法特質的手段跟工具，並不是說言詮的佛心本體就等於實證的佛心本體。

黃教授：

　　剛才熊教授對佛學很有研究，當然你指導教授他有開佛學的課，他對佛學也很有研究。我歸納心來這兩點，優點剛才王教授也提到熊教授所說的，他說他看得很清楚，他提供十點這個優點，但是也提供許多譬

如說形式上結構方面的問題，在內容方面他有提供許多的意見，那我想歸納起來，大概有三方面：一個就是資料，資料最重要，我想第一點這個資料要掌握，……你看到的書很多，你這個參考書很多，參考書裡頭有許多資料。對於你的內容方面我都還很贊同，你也花了很多的功夫。……

王開府教授：

　　謝謝主席黃老師，還有熊老師、高老師，還有王老師。在這個學期快結束的時候，大家都很忙的時候能夠來看看連忠的論文，給他很多很好的指導。我想這個論文，連忠他本身當然是很用心，不過還是有一些問題剛才各位老師提出來的，我想要仔細去思考。熊老師提到的就是你在論文前面講到論文研究進路的部份，這裡面對於方法的方面講的不夠，這個可能是兩個問題，一個是你怎麼安排你的論文的方式，章節的安排，跟你用什麼方法去進行研究，這可能要分開來處理。那麼禪宗熊老師提到你的論文裡面可能要處理的，交代的就是禪宗在佛教的特質是什麼？什麼叫做禪宗？剛才黃老師也講到禪宗怎麼形成的，這個部份可能也要有一些交代，那麼公案對禪宗的重要性在那裡？…………非常感謝各位老師給連忠這麼豐富精彩的指導，非常謝謝！

歸夢猶憶山水長——紀念父親專文　　　　黃連忠

八十六年十一月廿一日清晨七時，父親走了。

每次想到父親是我一生精神與物質的最大支柱，毫不保留的撫養我、照顧我、呵護我、疼惜我，他是我一生最能感受到親情溫暖與真愛付出的人，在理性與感性等各方面完全支持我的人。他是我心靈的良師、暢談人生的知己與心心相依的父子深情。我不知道我還能夠說些什麼？進而來表達對父親思念於萬一呢？然而，他走了！

他走了，我一直試圖寫下對父親懷念的隻字片語，藉以表達人子的追思，但是每一提筆，我就淚如雨下，久久不能自抑，如今已將近五個月了，依然如此，我也不知道是爲了什麼？想想在人前絕不輕易落淚的我，常常在夜深人靜時分哭得像小孩一般，往往像是洪水潰堤一發不可收拾。老爸！我愛您！您在那裏呢？

記得父親剛剛往生不久，我身爲長子一肩挑起持家的重擔，又要安撫母親的悲傷情緒，又要妥切的以純正佛教的精神與儀式，爲父親舉辦法會，自己內心強忍著悲痛，勉力爲之，方知持家的艱難與失親的悲慟是很多人共同的經驗。人生，真是一段痛苦的行旅啊！

佛教慈雲雜誌社的樂老師，得知父親往生的消息，希望我能將整個過程寫下來發表，可惜紙短情長，世俗的一切其實並不是那麼重要，我感恩懷念父親的心情，永遠是無法用人間的文字來形容於萬一，又何必寫些糟粕呢？

人生一世，生生老老會生病會死亡，但是父母親情卻是累生多世的因緣，也是人間最爲深刻的記憶與最值得感恩與惜緣的對象。因爲他們，才有我們能夠讀書上學工作與結婚生子。想到我父親，他不僅是標準的父親，認真負責的好老師，也是一位重情重義的大家長，在我心目中是永遠的典範！

　　人世間有太多的恩怨情仇，點點滴滴都是銘刻我心。唯我父親的慈愛，像崇山峻嶺連綿的青峰，護佑著我；更像是廣大無涯的滄海，繫念著我。讓我有最深的依靠與扶助，特別是我有值得慶幸的事，像是一口氣考上五所國立大學博士班的成績，父親是最高興的人；我多次的領獎，父親多半陪伴在旁；當我有無助困擾的時候，父親三言兩語不僅給我最大的鼓勵，同時也能夠當下撥雲見日，讓我走出困局。父親慈愛的眼神，柔和情深愛護著我，關注著我，至今想來猶在目前。然而，他走了！

　　多少年來，由於父親是國小老師，家裏的經濟是父親的重擔，他為了給三個小孩良好的教育與溫飽的家庭生活，省吃儉用的都給了我們。記憶深刻的是我大學時代吃了四年的素食，他雖然心疼卻每次為我特別準備素菜，如今想來，深覺慚愧。還有，父親知道我喜歡佛法歡喜讀書，他花了一個半月的薪水為我買了一套佛教大藏經。在多次往返大陸探親的時候，他最喜歡帶我去，並且給我很多錢買大陸的書籍，記得有一次我在淡江突然收到一套廿五史，歡喜若狂，父親才打電話給我說：「你喜歡嗎？」他，是我此生的佛陀，是我的守護天使，是我的護法，更是我的觀世音菩薩！

　　「病身最覺風露早，歸夢猶憶山水長。」就在我快拿到博士學位的時候，就在我經濟與創業快要能夠穩定自立的時候，就在我尚未結婚生子的時候，就在我剛要能夠反哺回饋報答養育之恩的時候，父親走了！

　　父親在住院的四個多月的日子裏，我在補習班上課的學生們知道這個消息之後，主動自願的到醫院探視父親，並到我家幫忙，甚至在父親病故之後，幾乎是住在我家，全程的協助與照料，我也是由衷的感激，無以為報。

　　父親走了，思親念恩之心與日俱增，有時想來總覺得父親這一生遭逢戰亂，流徙大江南北，看盡人情世故，含辛茹苦，只為了成全我們子女，這是何等的偉大啊！假設以後我有絲毫的成就或點滴的功業，我可

以這麼說：「是我的父親，他以一生的奉獻成就了我，才有今天的我！
」

　　感念父親的恩德，我願意將近年來教學上學生感謝或肯定我的話，
選錄一些，供養給我的父親，希望能夠讓世人了解並顯揚父親的名聲，
因爲他生育了一位願意一生奉獻教育的孩子。

　　人生一世，如草露、如飛霜、如閃電的迅光、如風中的柳絮，轉眼
幻化，了無痕跡。名位與虛利如朝嵐浮雲，人情酬酢如夕煙波光，我願
意將一切的成就歸於我敬愛的父親，歸於生生世世的眷屬，歸於蒼茫大
地的眾生！

索引

國家圖書館出版品預行編目資料

禪宗公案體相用思想之研究

黃連忠著. – 初版. – 臺北市：臺灣學生，
2002[民 91]
面；公分
參考書目：面
含索引

ISBN 957-15-1142-0 (精裝)

1. 禪宗 – 修持

226.66   91015800

禪宗公案體相用思想之研究（全一冊）

著　作　者：黃　　　　連　　　　忠
出　版　者：臺　灣　學　生　書　局
發　行　人：孫　　　　善　　　　治
發　行　所：臺　灣　學　生　書　局
　　　　　　臺北市和平東路一段一九八號
　　　　　　郵 政 劃 撥 帳 號：00024668
　　　　　　電　話：（02）23634156
　　　　　　傳　眞：（02）23636334
　　　　　　E-mail：student.book@msa.hinet.net
　　　　　　http：//studentbook.web66.com.tw
本書局登
記證字號：行政院新聞局局版北市業字第玖捌壹號
印　刷　所：晟　齊　實　業　有　限　公　司

定價：精裝新臺幣五○○元

西　元　二　○　○　二　年　九　月　初　版

22601　　有著作權‧侵害必究
　　　　　ISBN 957-15-1142-0 (精裝)